U0585328

怪世奇谈

冯骥才 著

作家出版社

图书在版编目（CIP）数据

怪世奇谈 / 冯骥才著 . -- 北京 : 作家出版社，2025. 8.
--（冯骥才小说文库）. -- ISBN 978-7-5212-3649-1

Ⅰ. I247.5

中国国家版本馆 CIP 数据核字第 2025Q3W360 号

怪世奇谈

作　　者 : 冯骥才
策划编辑 : 钱　英
责任编辑 : 省登宇
装帧设计 : TT Studio
出版发行 : 作家出版社有限公司
社　　址 : 北京农展馆南里 10 号　　　邮　　编 : 100125
电话传真 : 86-10-65067186（发行中心）
　　　　　86-10-65004079（总编室）
E-mail:zuojia @ zuojia.net.cn
http://www.zuojiachubanshe.com
印　　刷 : 北京博海升彩色印刷有限公司
成品尺寸 : 145 × 210
字　　数 : 320 千
印　　张 : 13.75
印　　数 : 001—5000
版　　次 : 2025 年 8 月第 1 版
印　　次 : 2025 年 8 月第 1 次印刷
ISBN 978-7-5212-3649-1
定　　价 : 52.00 元

写作中的冯骥才

摄影：ALEXANDER RUAS（美）

冯骥才

　　1942 年生于天津，祖籍浙江宁波，中国当代作家、画家和文化学者。在中国当代文学史上，冯骥才是新时期崛起的第一批作家，也是"伤痕文学"的代表人物，其作品题材广泛，形式多样，尤以"文化反思"系列小说著称，多次在国内外获奖。已出版各种作品集二百余种，代表作有《啊！》《雕花烟斗》《高女人和她的矮丈夫》《神鞭》《三寸金莲》《珍珠鸟》《一百个人的十年》《俗世奇人》《单筒望远镜》《艺术家们》等。作品被译成英、法、德、意、日、俄、西、阿拉伯等二十余种文字，在海外出版译本六十余种。冯骥才的绘画以中西贯通的技巧与含蓄深远的文学意境见长，因此他又被称为"现代文人画的代表"。自 20 世纪 90 年代初以来，他投身于中国的城市历史文化保护和民间文化抢救，其倡导与主持的中国民间文化遗产抢救工程、传统村落保护等文化行为，对当代人文中国产生了巨大的影响。

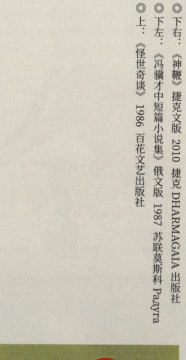

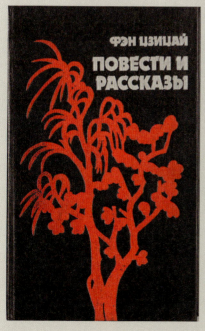

◎ 下右：《神鞭》捷克文版 2010 捷克 DHARMAGAIA 出版社

◎ 下左：《冯骥才中短篇小说集》俄文版 1987 苏联莫斯科 Радуга

◎ 上：《怪世奇谈》 1986 百花文艺出版社

传奇的人物
历史的寓言
深邃的哲理
独特的风格

原著：冯骥才
改编：张子恩
导演：张子恩
摄影：顾长卫
美术：张琪 李行震
作曲：李耀东
主演：

亚为 国
王宝莉
陈守新
徐 炎
张 陈

神鞭

◎ 电影《神鞭》 导演张子恩 1985 西安电影制片厂

◎ 电视连续剧《神鞭》 导演周友朝 2002 西安电视剧艺术中心

◎ 年画《神鞭》 赵静东作 1988 天津人民美术出版社

◎ 康熙老纸画神鞭 1990 冯骥才作

◎《三寸金莲》2004 作家出版社

◎《三寸金莲》日文版 1988
日本亚纪书房

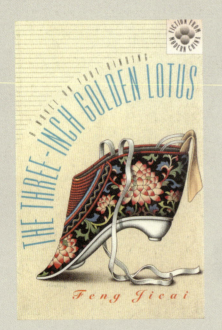

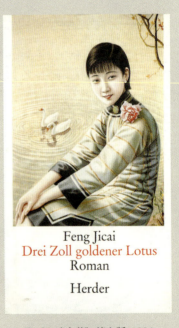

◎《三寸金莲》英文版 1994
美国夏威夷大学

◎《三寸金莲》德文版 1994
德国 Herder

◎《三寸金莲》日文版插图　1988　（日）纳村公子作

◎《三寸金莲》日文版插图　1988　（日）纳村公子作

◎ 下右：绣鞋各式 1986 冯骥才作
◎ 下左：大能人戈老婆子 1986 冯骥才作
◎ 上：复缠会首领戈香莲

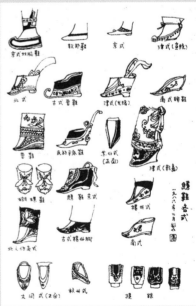

◎ 月桂和月兰 1986 冯骥才作

繪圖金蓮傳

作者　插圖　馮驥才

書　　法　任步武

書前閒話

人說小腳裡頭藏着一部中國歷史這話去了三
寸大小腳丫子此煙麥兒長黠有限成年論輩子
給裹腳布裹得不透氣除去那股子味兒裡頭
還能有嘛。

繪圖金蓮傳　第　回　俯仰堂

歷史一段一段一朝與一朝止亡中興與中山興興
亡止止護得小百姓不得安生碾嘍碾喝碾穿碾藏。
可就碾不着小腳的事兒打李後主到宣統爺女
人裹腳興了一千年中間換了多少朝代改了多
少年婦小腳不一直裹歷史幹它嘛了上趕太后
妃子下至漁女村姑女的李清照武的秦紅玉誰
不裹腳不裹我信大清入關時下一道令旗人不
准裹腳還要漢人效足那陣子大清正兒可凶

◎《绘图金莲传》任步武手抄本 十万字 2001 香港新风出版社

◎《绘图金莲传》插图　　　　　　　　◎《绘图金莲传》插图

2001　王美芳、赵国经作　　　　　　2001　王美芳、赵国经作

◎ 左：京剧《三寸金莲》武汉京剧团演出节目单
◎ 右：中央芭蕾舞团芭蕾舞《香莲·赛莲》剧照

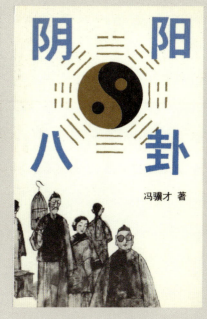

◎ 左：《阴阳八卦》 1988 百花文艺出版社
◎ 右：《阴阳八卦》日文版 1999 日本东京小学馆

◎ 逢人无话哈哈哈　1992　（日）纳村公子作

◎ 倒霉上卦摊　1992　（日）纳村公子作

第十六回 ▲ 陽春三月

◎ 下：黄家大院　1988　冯骥才作
◎ 上：阳春三月　1992　（日）纳村公子作

◎ 二爷、二奶奶 1988 王书朋作

◎ 蓝眼、万爷 1988 王书朋作

我的小说库

（自序）

作家出版社要帮助我以出版方式建立起我的小说库。这想法我不曾有过。

从字面上解，库是存放或收藏东西之处。"我的小说库"应是专放我的小说的地方。可是我的小说都在哪里呢？还不清楚。

和多数作家一样，每写完一篇小说，发表或出版后，便不会再去顾及。写作时与小说的情节、人物、细节、语言死死纠缠，以至"语不惊人死不休"。待写完发表后，便与小说的一切再无瓜葛，很少去翻看，有的甚至一眼也没再看过。为什么？作家竟如此无情吗？当然不是，是因为作家把自己的全部心灵、精神与创造力，都放在下一部小说里了。

作家的工作就是不断拿出对生活的新发现、对文学的新理解，创造出具有新的审美价值与思想深度的作品来。作家永远属于将要写作或正在写作的作品。这样，一路写下来，一边把一篇篇小说交给读者，一边随手放在身边什么地方。丰子恺说放在身边一个篮子里。我没有篮子，我随手乱放。

断断续续写了四十多年小说，究竟写了多少，都是哪些小说，我不大清楚了，以致今天整理我的小说库时，充满了好奇——我怎么写过这篇小说？那篇小说又写了什么？时隔久了，记不清楚，这很自然，就像分别太久的老朋友们。

但谁还需要这些在岁月里长了胡子的小说？

前些天法国一位艺术家把我一个短篇改编成话剧，要在戏剧节上演。据说她很喜欢这个叫人发笑、自谑性、黑色幽默的故事。这小说名叫《我这个笨蛋》，是我 1979 年写的小说。细节大多记不得了，只记得这小说充满了批判性的调侃和那时代的勇气。还有一次，我收到一位意大利读者寄来的一支名贵的石楠木刻花的烟斗。他是看过《雕花烟斗》后受了感动寄给我的。《雕花烟斗》是我的第一个短篇，写于上世纪七十年代末。

我很奇怪，这些早期的小说还有人会读吗？读者没有把它当作陈谷子烂芝麻吗？其实对于读者来说，没读过的书永远是新的。或者说，书不分新旧，只是有没有阅读价值。有的小说会过时，有的小说可以跨时空。好小说是不长胡子的。

由于这次对"小说库"做整理，我才知道几十年里我写了一百多部长长短短的小说。现在，当我触摸它们时，我仿佛碰到了一个个阔别已久的朋友，感到一种老友重逢的欢悦，我很快拥抱起它们！我闻到了它们曾经的动人的气息，看见了它们昔日的光影与表情，甚至感受到那些过往生活特有的一切。尽管昔日里年轻、单纯还幼稚，但是我被自己昨日的真诚与情感打动了。我从中发现我曾经苦苦的追求、曲折的探索、种种思考，以及得与失，它们原来全在我的小说库里。

只有我离开过它们，它们从来没有离开过我。

在写作中，小说是其中一种；但小说不同于其他写作，它是一种特殊的写作，是虚构的、无中生有的、想象的、创造的。它通过现实主义的写作，对社会现实做出一己的判断；采用浪漫主义的写作，张扬生活情感与想象；凭借荒诞主义写作，强烈地表达生活与人性中的假恶丑与愚昧。一个作家不会只用一种手法写作。何况我生活和写作的城市又是一座"天下无二"的"双城"：一半本土，一半洋化。我是吃着两种食品——煎饼果子和黄油面包长大的。我在两种文化的融合又撞击中生存，我不同于任何人。因之，我的小说世界错综复杂，我的探索之路辗转迂回；尽管小说是纯虚构的，但它或隐或显地折射出我身处的时代的变迁、特异的地域和我人生与精神多磨的历程。

本小说库凡八卷，长篇两卷中篇三卷短篇三卷。虽非全集，略做取舍，但它是我迄今为止小说作品最为齐全的版本。其本意为二：一是为读者提供我小说作品的全貌；二是为自己漫长的小说人生留下一份见证。

为了这个小说库，我的工作室同仁和作家出版社编辑们对我散布各处的小说广为搜集，严格整理，勘误改正，悉心尽力；此事此意，有感于心，在此一并深表谢意。

是为序。

目录

神鞭

三寸金莲

阴阳八卦

神鞭

· 送你一件古董
（新版序）

在我的文学生命中，《神鞭》称得上一件古董了。它写于上个世纪八十年代，乃是我从伤痕文学跳到文化小说的第一个深深的足痕。那时代《神鞭》着实风光过。各种转载何止千万；译成异国文字不下十种；亦拍过电影，画成连环图画。我的日文翻译纳村公子小姐在承德避暑山庄居然还看到画着《神鞭》中诸位奇人的"毛片"。

然而这只是风光一时。

作家的作品都是写给自己同时代人的。其用心，有的出于时代的责任，有的要与读者交流或碰撞。小说引起注意的一个根本的缘故，是与时代合拍。我说这时代是广义的。有时代的思潮，有世风，有社会的敏感点，也有的是契合了时人的情味。往往作品问世之后的火爆，作家事先并不预知。那是由于作家过于敏锐的心灵感知到生活的心律吧。

然而，这样一种作品经历了物换星移和事过境迁之后，又会怎样？社会生活换一番风景，世人换了一种心情与关注；连审美的偏好也去之千里。当新的一代读者再打开你的这本书，一准不会有原先那样的激情。

因此，对于作家最关键的是第二代读者。

如果作品没有第二代读者，作品的生命便要终结。作品只是一次性或一过性的了。故而，我很看重《神鞭》的问世和改编为电影的十八年后，近期又改编为电视连续剧，也很看重这次小说原作的新版重印。只有第二代读者接受它，它才有延续下去的可能。因此，在新的一代读者阅读我这篇小说时，我也阅读读者。我要看读者对这小说的兴趣到底怎样，他们从哪个角度来接受这小说——我要给自己的小说与文学切脉。当然，这样做更是为了我今后的写作。任何作家都不想把自己的小说当作年历，翻过便扔掉。他们总是梦想着使小说成为一种心灵的经文，让读者一代代读下去。

我忽想到，马家窑人使用他们那些美丽的陶罐时，与今人在博物馆里欣赏这些陶罐时，是大不一样的。马家窑人喜爱它的结实与壮美，今人则着迷于这老古董当年那种纯朴又神奇的想象。

我多想自己的作品变成一件真正的古董！

我怀着这种痴想，看着这本老书从印刷机里缤纷又芬芳地再现。

冯骥才

2002 年 10 月

古古古古古古古，今今今今今今今，

古非今兮今非古，今亦古兮古亦今；

多向精气神里找，少从口眼鼻上认，

书里书外常碰巧，看罢一笑莫细品。

　　那年头，天津卫顶大的举动就数皇会了。大凡乱子也就最容易出在皇会上。早先只有一桩，那是嘉庆年间，抬阁会扮演西王母的六岁孩子活活被晒死在杆子上。这算偶然，哄一阵就过去了。可是自打光绪爷登基，大事庆贺，新添个"报事灵通会"，出会时，贾宝玉紫金冠上一颗奇大珍珠，硬叫人偷去。据说这珠子值几万，县捕四处搜寻，闹得满城不安。珠子没找着，乱子却接二连三地生出来。今年踩死孩子，明年各会间逞强斗胜，把脑袋开了瓢。往后一年，香火引着海神娘娘驻跸的如意庵大殿，百年古庙烧成了一堆木炭。不知哪个贼大胆儿，趁火打劫，居然把墨稼斋马家用香泥塑画的娘娘像扛走了。因为人人都说这神像肚子里藏着金银财宝。急得善男信女们到处找娘娘。您别笑，您也得替信徒们想想：神仙没了，朝谁叩头？

　　天津人，好咋呼。有人直眉瞪眼说，他看见娘娘给人藏在鼓楼东海福南味店的后院里。一伙人不管掌柜伙计阻拦，跳墙进去，把堆在院角两垛黄酱坛子胡乱折腾一遍，也不见影儿，肝火没处泄，就砸酱坛子，还有的往上边撒尿。偏巧这家掌柜和知府大人沾点亲，便把闹事的抓起几个来。索赔却赔不起，因为，这几个都是整天惹祸招灾、无事生非的土棍儿，家里顶多一床褥子，两床被，几十个臭虫，连吃饭的家伙都没有。这下子，主张禁会的老爷们算逮住理儿了，到处嚷嚷说，天津卫这地方五方杂处，民风霸悍，重义尚气，易滋事端，不宜举办这种倾城出动的皇会。可谁能把会禁掉？

您再想想，天津卫是靠渔盐漕运发的家。行船出海，遇上黑风白浪，就得指望海神娘娘护佑了。即使头品顶戴，大聚宝盆，也拿灾病没辙，更别说命同猫狗的小百姓们。所以人们就借着海神娘娘诞辰吉日，百戏云集，万人空巷，烧香祝寿，讨娘娘高兴。还要把娘娘的塑像从东门外的天后宫里请出来，黄轿抬，华辇推，各会随驾表演逞技，城里城外浩浩荡荡绕几天，拿娘娘的威严，压一压邪魔妖怪。

人都说，人管不了的事，全归神仙管。天津卫这里的"三界、四生、六道、十方"，都攥在娘娘的手心里。可是娘娘也有偷懒耍滑的时刻，又把一些扎手的事推回到人间来。原来神仙也会推活船儿。人不尽天职，天不从人愿，于是就生出今年皇会上这桩稀奇古怪的事来。

第一回
邪气撞邪气

三月二十二，照例是娘娘"出巡散福"之日。

这天皇会最热闹。津门各会挖空心思琢磨出的绝活，也都在这天拿出来露一手。据说今年各会出得最齐全，憋了好几年没露面的太狮、鹤龄、鲜花、宝鼎、黄绳、大乐、捷兽、八仙等等，不知犯哪股劲，全都冒出来了。百姓们提早顺着出会路线占好地界，挤不上前的就爬墙上房。有头有脸的人家，沿途搭架罩棚，就像坐在包厢里，等候各会来到，一道道细心观赏。

干盐务的展老爷今年算是春风得意了。他顺顺当当发了一笔财，又娶了一房如花似玉的小婆，心高气盛，半月前就雇了棚铺，在估衣街口最得看的开阔地，搭一个气派十足的大看台。上头用指头粗的宜兴埠苇子扎成遮阳棚顶，下头用冒着松香气味的宽宽的白板松子铺平台面，两边围着新席，四匹红绸包在外边，又打胜芳买来几盏花灯挂起来。另外还雇了几个打小空的，换上一色青布裤褂，日夜轮班站在台前护棚。

俗话说，这叫拿钱壮的，也是拿气壮的。怕事的小百姓们不觉站远些，不知哪股邪气要是和这股气撞上，非出大事不可。谁知这预感居然应验了。请往下看——

自打出会那天，展老爷新娶的小婆就闹着要登台看会。谁不知，这小婆是打侯家后小班里赎来的姑娘子。本名紫凤，善唱档调，艺名唤作"飞来凤"。这飞来凤本是弱中强。如今绝不像一般从良女子，隐姓埋名，稳稳当当过起清闲富足的日子。她偏偏要到这紧挨着侯家后的估衣街上露个脸儿，成心叫人认出她，看她，咬着耳朵议论她，却不敢对她这个摇身变成官眷的老娘指指点点。她还有另一层意思：以她这种贫贱身份，只要在人前一出头，展家大奶奶死也不肯同时露面，这就能压过大奶奶一头。但她没料到，大奶奶不来，展老爷也不敢来，死缠硬逼全没用，她便赌气自己来，而且打好主意闹出点名堂，叫姓展的一家子知道她不是软茬儿。

她坐在一张铺着绣花垫子的靠椅上，戴着翠戒指的雪白小手有姿有态地往扶手上一摆；在她的身后，站着一个老妈子，头上梳着苏州鬏儿，横竖插满串珠、绒花、纯银的九连环簪子，足蹬小脚细羊皮靴，青洋绸肥腿裤，月白色大襟褂子绷着四寸宽的花袖箍儿，襟口掖着一条纺绸帕子。她姓胡，人叫她"胡妈"，是展家最会侍候人的老佣人。当下她站在飞来凤椅子后边，还在飞来凤身旁放一张茶几，摆好各类零食，像大官丁家的糖堆儿、鼓楼张二的咸花生、赵家皮糖、查家蒸食等等，名家名品，应有尽有，罩上玻璃罩子，防备暴腾上尘土。但飞来凤很少掀开罩子捏点什么吃，却偏偏让胡妈把台下挎小篮卖杨村糕干的村姑叫上来，张口就说"包圆儿"了。其实她根本不吃这种街头小食，她一是摆份儿，二是成心糟践展老爷的钱。这还不算，每逢一道会来到棚前，她必叫仆人拿着展老爷的名帖去截会。依照皇会的规矩，有头有脸的人家，如果专意看哪一道会，便叫仆人拿着名帖到会头前，道一声辛苦，换过帖，请求表演，就算把会截住了。会头把旗子一摇，小锣当当一敲，全会止住，表演一番，像狮子、重阁、法鼓、杠箱等，都有一段精彩的功夫。演过一段，会头的小锣当当再响两声，就走过去，后一道会便跟上来。截会的人必须送上事先预备好的点心包，作为犒劳答谢。

飞来凤早就使钱请来"打扫会"，把台前街面喷水扫净。这几天，她不管有没有看头，逢会必截。展老爷财大势大，捧出他的名帖，谁敢拨拉脑袋。何况她犒赏极厚，看台上一边堆了数百包点心，一码十斤大包，正经八百都是祥德斋的大八件。即便天津八大家，也没这么大手大脚过。这一来，她看会，人家都看她，看看这个走了红运的小娘儿们怎么折腾法。

虽说她赌气这么干，可是拿钱大把大把往台下撒，也是神气至极。此刻，鹤龄会的鹤童们，舞着"飞""鸣""宿""食"四只藤胎布羽的仙鹤，转来转去，款款欲飞，还朝着她唱吉祥歌。胡妈在她耳边说："二奶奶，您瞧，那小童子脖上套着的银圈圈，就是乾隆爷看会时赐给的。听说，乾隆爷当年是坐在船上看会，还不如您这儿得看呢，嘻！"

飞来凤忽然想到，去年皇会，她还在侯家后，同宝银、自来丑、月中仙几个姑娘子，嘴里嚼着冰糖梅苏丸，在人群里挤得一身臭汗。说不定那姐儿几个现在正在人群里，眼巴巴望着自己呢！想到这里，鹤龄会已然演完，她心中高兴，叫仆人拿点心，赏给敲单皮鼓的、吹唢呐的、舞龙旗的，连同扛软硬对联的，每人一大包；六个鹤童和会头每人两大包。

鹤龄会收获甚丰，兴冲冲就要起行，忽见一人拿着朱漆大凳子，啪的迎头一撂，一撅屁股坐下来，大模大样架起二郎腿，翘着下巴朝会头冷口叫道："等等。照刚才那样儿，给你三爷演上十八遍。点心包——二奶奶那儿有的是，她替你三爷给啦！"

这几千人开了锅似的热闹场面，好像折一大盆凉水，登时静下来。再瞧这人的打扮，可算隔路——

古铜色湖绸套裤，裤腿紧缠着宝蓝腿带，净袜乌鞋，上身一条半长的深枣红拷纱袍子，挺像本地小阔佬，可袍子外边紧巴巴套着件没袖没领的小短衣，像马褂又不是马褂，倒像张七把摔跤时那件坎肩。这件小短衣做工挺讲究，上边耷拉着怀表链，胸口上还挂着七八个稀奇古怪、不金不银的牌牌儿。有些在鸟市看过洋片匣子的人，认出这是洋人身上的东西。可是他帽翅上插着那小梳子干吗用？广东娘儿们好在头发上插一把小梳子，随时拢拢头发，但从没见过老爷儿们玩这套。别看这小子一身四不像的侉打扮，还挺得意，好像人人看他这身穿戴都眼馋。

有人才要拿话逗弄他，一瞅他帽子下边瘦瘦的青巴脸，梆子头底下一双横眼，尤其左边那只花花眼珠，一缩脖子赶紧把话咽进肚里。这原来是大混星子玻璃花！

在这城北估衣街上，甭说招他，谁敢多瞧他一眼？连老娘儿们哄孩子都轻轻唱这么两句："别哭啦，快睡吧，玻璃花，要来啦！"这也算是一种传统教育方式——在怀抱里就加入浓烈的社会内容。

可是，玻璃花今儿要做嘛？

凡是在这一带市面上混日子的人，心里都有数，玻璃花今儿并不是胡闹来的。要问这根由，那就得提到他那只花眼珠子的来历。

够份儿的混星子，都得有一段凶烈、带血的故事。

十年前玻璃花还是一个无名的土棍，小名三梆子。有一次，他闯进香桃店，闹着"拿一份"。香桃店是侯家后俗称"大地方"的大妓馆。店大人多，领家招呼七八个伙计操着斧把围起他来。那时打架兴用斧把，因为斧把一端是方的，有棱有角，抢上就皮开肉绽。依照混星子们的规矩，必须往地上一躺，双手抱头护脑袋，双腿弯曲护下体，任凭人家打得死去活来。只要耐过这顿死揍，掌柜的就得把他抬进店，给他养伤，伤好了便在店里拿一份钱，混星子们叫"拿一份"。这天，三梆子就这样抱头屈腿卧在那儿，叫人打上一袋烟工夫。他仗着年轻气盛，居然没吭一声。一个在这店里拿份的混星子死崔，将斧把头砸在他左眼上，血糊糊的，只当瞎了。伤好后，眼珠子还在，却黑不黑白不白成了花花蛋子，那个打坏他眼珠儿的死崔，在江叉胡同的福聚成饭庄花钱摆一桌请他，当面赔罪。这死崔心毒手黑，暗中在靴筒掖一柄小刀，只要他闹着赔眼珠，就拔刀下手。谁知道，三梆子非但不闹，却花钱买下这桌酒饭，反过来谢谢他。这因为混星子们不带伤不算横，弄上这点彩儿，正是求之不得。真怪！这世上真是嘛人都有：有的对别人下狠手表示厉害，也有人对自己下狠手显威风，有的把伤藏起来，以为耻辱，有的就挂在脸上，成了光荣的标记。从此，三梆子得号"玻璃花"，也就名噪津门了。侯家后的妓馆，无论大店小店，随他抽份拿钱。遇到客人找碴闹事，花丛荆棘，叫他知道，必来报复。那些身不由主的姑娘子，争着要他当后戳，求他坐劲，哪个不是他的相好？飞来凤在侯家后也是个人物，没在他怀里打滚撒娇才怪呢！精明人拿这些瓜葛一连，就明白玻璃花今儿成心是恶心攀上高枝的飞来凤来了。天津人管这叫"添堵"。

其实，飞来凤一瞧突然扎进来这人的装束，就认出是玻璃花。

虽说这混星子是地道的土造，偏偏喜好洋货，飞来凤脖子上挂的鸡心盒的洋金链，还是这小子送的呢！她从良之后，就一直揪心玻璃花会跟她捣乱，没想到今儿当着成百上千的人给她难看。她不知道玻璃花要把事闹得多大。眼下，这小子正犯劲，软硬法子都使不上。如果叫仆人轰他，非惹得他翻天覆地，搅成满城丑闻不可。她急得心里有点发躁。

会头是个识路子的明白人。二话没说，旗子一摇，指挥鹤童们面向玻璃花，一连演两遍。然后走到玻璃花面前掬着笑说："三爷，您老给个面儿，改天再去拜会您。"

玻璃花面不改容，声不改调："去你妈的！向例出会都兴截会，怎么就不准你三爷？"

"这不是单给您连着演过两遍了吗？"会头小心翼翼，生怕玻璃花借个词儿，闹得再大。

"你耳朵长倒了？没听三爷说，叫你演十八遍！"玻璃花说。

会头给难住了。他明白，绝对不能动肝火，就稳稳当当地说："三爷，我们这会停了不少时候了，后边还压着三四十道会呢！压长了人家不干。您是天津卫最开面的老爷。三爷您要看得起我们鹤龄会，改日给您演上整整一天，怎么样？"

"去去去，别他妈择好听的说给我！"玻璃花非但不动心，反而把话凿死，"你三爷是嘛人，你拿耳朵摸摸去，说过的话嘛时候改过？"

两下这算僵住了。后边挤上来几个穿戏装、勾花脸的汉子。这是五虎杠箱会的人，压在后边，等不及了。那扮演濮天鹏的汉子，人高马大，再给硬衬一托，显得魁梧粗壮。他上来对玻璃花一抱拳，说话却挺客气："您先受我一拜。"声音嗡嗡贯耳。

玻璃花斜瞅他一眼，没当回事，颠着二郎腿，仰脸朝天，故意变尖了嗓音说："今儿不刮西北风，怎么吹得夜壶直响。"

人群里发出呵呵笑声。

这一句话把杠箱会的汉子噎回去。天津人说话，讲究话茬。人输了，事没成，话茬却不能软。所谓"卫嘴子"，并不是能说。"京油子"讲话，"卫嘴子"讲斗，斗嘴也是斗气。偏偏这汉子空长一副男人架子，骨头赛面条，舌头赛凉粉，张嘴没一句较上劲儿的话："三爷，眼瞅着快下晌了，弟兄们耍了一天，还饿肚子呢！不看僧面看佛面，不看佛面，也看娘娘的面子，就叫我们快点过去吧！"

"嘛？看娘娘的面子？娘娘的面子也不如二奶奶的面子。那台上堆着都是祥德斋的点心，饿了就找她要去！"玻璃花说着，用他那只灰不溜秋的花眼珠向飞来凤瞟一眼。

看来他今儿非要向飞来凤脸上抹一把屎不可了。

飞来凤坐在台上一动没动。站在身边的胡妈看得出，二奶奶涂了红油的嘴唇都发白了。

这一来，几方面的人全说不出话来。玻璃花占了上风，神气十足，打怀里掏出一个磨花的洋料小水晶瓶，打开盖，往掌心倒出点鼻烟，在上嘴唇两边抹个大蝴蝶，吸两下，打几个喷嚏，益发来了精神，索性把脚拿到凳子上，看样子今儿要在这儿过夜。

四周的百姓看不成会了，却都瞪大眼珠子，瞧这局面怎么收场。天津卫逢到这种硬碰硬，向例是不碰碎一个不算结。

第二回
跳出一个大傻巴

反正老天爷不会一边倒。这世道就像一杆秤，不会总摆不平，无论身内身外的事，都好比撂在这秤上。一头压下去，另一头就该翘起来。月光照完东窗，渐渐去照西窗；运气和霉气一样，在众人头上蹦来蹦去。日头太毒，便逼来浓云疾雨；雨下得过狂，又招来一阵大风，直把云彩吹得一丝不见。就说眼下玻璃花把会硬截在估衣街口，人们干瞪眼、愣没辙的当口，忽然，一个三十来岁的汉子走进人圈，朝玻璃花作个长揖，说道："这位大爷，你老开心顺气。抬抬胳膊放他们几位过去就算了。"

敢出头管事，胆子就算好家伙，但他的话茬并不硬，不像个打算使横的人。玻璃花打量这汉子：中等个子，方面大耳，秤锤鼻子，眯缝着小眼，脸颊上粗粗拉拉净是疙瘩，还带点傻气。再瞧他身上那件崭新的蓝布大褂，甭猜，一准是个缺心眼的穷汉子，换上新衣专意来看会，碰到这场面，不知轻重地想当个和事佬。因此玻璃花更上了劲，撇嘴一笑，站起身，晃晃悠悠走到这人跟前，"嘿，傻巴，哪位没提裤子，把你露出来了？你也不找块不渗水的地，撒泡尿照照自己。这是嘛地界，你敢扎一头！"

这话不错。眼前这种事躲还躲不开，竟还有人往里边掺和，可见此人多半是个大傻巴。他瞅玻璃花这架势，非但没有赶紧缩回去，偏偏觍着脸笑嘻嘻地说："今儿，大伙都图个吉利，多一事不如少一事，你老也少生气。"

"看来，你小子倒挺孝顺。告诉你，三爷向来肚子里没气，专会气人！"说着又瞭了飞来凤一眼，然后拿这傻巴找乐子，"头次咱爷俩见面，你拿嘛孝敬我？脱下你这大褂，三爷正少个门帘。哎，要说你这辫子真不赖，就揪下它来送你三爷吧！"

傻巴头上盘着一条少见的粗黑油亮的大辫子，好像码头绞盘上的大缆绳。若非精足血壮，绝没有这样好的头发。不等他说话，玻璃花上手抓住，打着哈哈说："给你三爷还舍不得？"

说话一扯，竟没扯动。这傻巴就像一根铁柱子，辫子就像拴在铁柱上的粗绳子一般。玻璃花本想吓唬他一下，叫他疼得嚷两声，开开心，只用了四成力，可这一下没扯动，立即把他的肝火逗起来。得势人的脾气是沾火就着的。他大叫一嗓子："我揪下你这狗尾巴！"这回使足了十成力，猛一扯。只听"啪"一响，四周的人不禁抬手捂脸，不忍看这把辫子生扯下来的惨状。谁知道，这一下根本没扯动，由于用劲过大，反倒把玻璃花带过来了，踉踉跄跄几乎和这傻巴撞个满怀，傻巴忙用双手搀住他说："你老站好了！"那样子，就像晚辈给老辈叩头行礼那样。

人们止不住哄的一声笑了。玻璃花大怒，待他把傻巴的辫子挽上一道，要加劲狠扯时，忽觉得攥在手心的辫子咪溜一下没了，跟着眼前黑影一闪，咪——啪！好像一条皮鞭抽在自己脸上。由左眼角到右嘴角，斜着一道，火辣辣的疼，他瞪眼一瞧，那傻巴倒背手站在他对面。大黑辫子已经松松绕肩一圈，辫梢搭在胸前。玻璃花蒙了，不知这一下怎么挨的，但傻巴的小眼睛却露出吃惊目光，仿佛他自己也不知道这是怎么档子事。

玻璃花不觉向飞来凤瞅一眼，那小娘儿们脸上竟显出几分神气。

"好你妈的，今天三爷算碰上对手啦！来，三爷非把你卸了不可！"玻璃花一边脱去袍褂，一边吼，"三爷叫你爹从今天就绝后！"面对傻巴拉开动武的架势。

傻巴双手直摇，不愿意动打。

看热闹的人见要出事，胆小的赶紧溜走，胆大的也往后退。只有一些土棍儿站着不动，拍着手，念着歌，起哄架秧子：

> 打一套，闹一套，
>
> 陈家沟子娘娘庙，
>
> 小船给五百，
>
> 大船给一吊。

虽说混星子只讲使横逞凶，耍光棍儿，不讲功夫，玻璃花却跟一位本领高强的师傅练过一年半载，但他凡事不经心，心浮气躁，半了咯叽会几下子，仅仅能对付一气。他见傻巴站在那里不肯出招，先下手为强，上去劈胸就是一拳。这拳将要碰到傻巴，忽然一条黑蛇似的东西已到眼前。他脑子一闪，又是那条辫子！他赶忙收拳闪躲，辫梢闪电般在他眼珠上一扫，眼睛顿时睁不开了；紧接着"咻——啪"，前身重重挨了一下，好像钢条抽的，劲力奇猛，他胸口发闷，眼前一黑，脚底朝天摔在地上。四下登时一片喊叫，有的惊叫，有的呼好。

玻璃花的脑袋像拨浪鼓那样摇两下，稍稍清醒就赶紧一个滚儿跳起来，却见傻巴照旧那样背手站着，长辫子仍然搭在胸前，好像根本没动劲，但一双小眼烁烁放出光彩。这一下真可谓神差鬼使。玻璃花虽然给打得蒙头转向，还没忘了瞅一眼飞来凤。飞来凤那里正笑吟吟嗑瓜子儿，好像看猴戏一般。

玻璃花狂叫一声："三爷活腻啦！"回身操起朱漆凳子朝傻巴砸去。他用劲过猛，凳子斜出去，把鹤龄会的灯牌哗啦一声砸得粉碎，破玻璃满天飞。众人见事情闹大了，吓得呼喇散开，由于不知东西南北，反而挤在一起。有的土棍儿便往人群里扔砖头了。不知谁叫一嗓子："台上的点心管饱呀！"一群土棍儿就像猴子纷纷爬上台，抢点心包。玻璃花挤在人群里，左一脚，右一脚，踢打挤来挤去的人，他心疼刚才脱下身的袍褂怀表给人乱踩，又想瞅住那傻巴拼命，但傻巴早已不见，台上的飞来凤也不知飞到哪儿去了。

一个头扣平顶小帽的矬混混儿挤上来，扯着脖子叫着："三爷！嘛事？哥儿们来了！"

"去你奶奶的，死崔，早干吗去啦？快给我揪住那傻巴！"

"傻巴？哪个傻巴？"

"他——辫子，揪住他的辫子！"

这话奇了！在那年头哪个爷儿们脑袋后面没辫子，揪得过来吗？

第三回
请神容易送神难

玻璃花鼻青脸肿，一头扎进估衣街上的大药铺瑞芝堂里，找冯掌柜要了后院一间房躲起身。一来因为他把皇会搅乱，保不准官府跟他找点麻烦，好汉不吃眼前亏，躲过势头再说。二来因为像他这种大混星子，当众栽了，脸皮再老也挂不住，那几下挨得又不轻，挂着彩去逛大街，岂不更难看！三来因为冯掌柜是个脓包，在这药铺养伤再好不过，吃药用药随便拿，冯掌柜还精通医道，尤擅推拿按摩，可以给他医治。

冯掌柜巴不得有机会叫玻璃花使唤，拉好关系，以后少跟自己搅和。他细心给玻璃花疗理，还好酒好菜侍候。玻璃花的伤愈来愈见好，心里也就愈烦躁。他不知该怎么出去露面，要想重振雄风，非得把傻巴那条辫子扯下来不可，偏偏找不到傻巴踪影。如果那傻巴是外地人，碰巧撞上闹一下就滚了，他还真没处捞回面子。但听傻巴口音还是地道的天津味儿，这小子究竟在哪儿？自打那天，玻璃花一直躲在药铺里，外边一切消息都靠死崔打听。死崔整天在外边转，非但没找着傻巴，捎回来的全是气煞人的传闻。据说傻巴扬言，还要拿辫子把他两眼抽成一对"玻璃花"，往后叫他连饭锅茅坑都分不出来。还说只要他脱下裤子在估衣街口，屁股上插一串糖堆儿，撅一个时辰，今后傻巴绝不在天津出现。还有些更难听的话，气得玻璃花连喊带骂，非要找到傻巴，分个雄雌。但他冷下来一琢磨：自己不是个儿。于是只能屋里摔桌子打板凳，把冯掌柜摆在条案上的一对乾隆官窑的青花帽筒都摔了。弄得冯掌柜直挠头，不敢言声儿。请神容易送神难，只好挨着。

一天，展家的老妈子胡妈来了，说要见玻璃花。玻璃花藏身在此是绝密的，因此冯掌柜只好摇着脑袋说没见过玻璃花。胡妈笑了笑，把一包东西交给冯掌柜说："这是我家二奶奶送给他的。"转身就走。

冯掌柜把包儿拿到后院。玻璃花打开一瞧，竟是一件碧青崭新的洋马褂，兜里鼓鼓囊囊，掏出来看，竟然是张帕子包着一块真正洋造的珐琅表，上边画着洋美人打秋千。这是飞来凤送给他的。她准是猜到，闹事那天，自己丢了怀表马褂，便照样弄来两样更好的叫自己高兴。这小娘儿们真念旧！他对冯掌柜说："瞧这洋货多爱人！哎，你他妈为嘛不卖洋药，我听说有种洋药，比指甲盖还小，无论哪儿疼，吞下去眨眼就好。你是不是有药不给我用？看着我疼得冒汗，你好解气？"

冯掌柜赔着笑说："三爷说到哪儿去了！有好的，还能不尽着您？我这是国药店，没洋药，你老要吃，我叫伙计到紫竹林去买，那药叫嘛名号？"

"叫……叫白、白……你是卖药的，干吗问我？"他忽然瞪起眼。

"洋人的东西我哪懂？您这件坎肩就没见过。"

"这哪叫'坎肩'，这叫'洋马褂'，洋人穿在小褂外边的，你他妈真老赶儿！"他嘴里骂骂咧咧，心里却挺美，手指头捏着表链玩。

"你老帽子上的小梳子呢？"冯掌柜见玻璃花高兴，自己也轻松了。有意卖个傻，好显得玻璃花有见识。

"这也是洋打扮！你真是不开眼，土鳖！"

冯掌柜虽然挨了骂，却挺舒服，他搓着手，笑道："赶明儿，我也学你老，头上挂个梳子。"

"屁，土豆脑袋也想挂洋梳子！"玻璃花说着，不知想到哪儿，神气忽然一变，问道，"哎，展家送东西来的那个老妈子怎么知道我住在这儿？"

冯掌柜摇头说不知道。其实眼下满城已经无人不知，丢人现眼的玻璃花躲进瑞芝堂药铺。自打他藏到这儿的第三天，就常常有人假装买药，扫听他的下落。药铺里的人都瞒着他。不是怕他，而是怕死崔。

但愿死崔这号人只在这书里，世上一个别有。

这小子原先家住在河北粮店街，人刁心毒，原名崔大珠。有一次，他灌了几挂肉肠子，晾在当院，被人隔墙用竿子挑了去。一般人碰到这种事儿，爱闹的就四处查找，无能的自认倒霉，往后再晾肠子换个地方挂也就算了。崔大珠偏不，他买包砒霜掺在肉里，灌了一挂肠子，仍旧挂在老地方，转天又被人偷去。再过一天，就听说前街上开水铺的皮五一家四口都死了。据说是给砒霜毒死的。县里下来人查来查去，把崔大珠抓了去。崔大珠毫不含糊，上堂就点头承认是他在肉肠子里下了毒，但他说这是药耗子用的，谁叫皮五偷嘴吃？这话不能说没理。官府把这案子翻来倒去，也没法给崔大珠治罪，只好放了。可是从此粮店街上，没人再敢搭理这个心比砒霜还毒的人了。那年头，没有"道德法庭"一说，他在人心中被判了死刑，得了"死崔"这个外号。他自知在河北那边待得没味儿了，就挪窝到估衣街上来。估衣街上有两个人人恨又人人怕的家伙，一个是面狠的玻璃花，一个是心毒的死崔。当下，两条狼都扎在冯掌柜的羊圈里。

玻璃花转转眼珠，问冯掌柜："你说，为嘛飞来凤那娘儿们送我这洋表洋马褂？"脸上明显冒出一股气来。

冯掌柜不知这是哪股气，又不能不答，便说："讨您喜欢呗。"

"滚你妈的！那天我给她添堵，她知道我丢了洋表洋马褂，今儿成心拿这玩意儿给我添堵！"玻璃花甩手把衣服怀表狠狠摔在地上，大叫："明儿，我弄瓶镪水泼在她脸上，叫她成活鬼！"此时已然满脸杀气。

冯掌柜吓得腿发软，想跪下来。他不知怎么对付这个说火就火、软硬不吃的混星子了。他弯腰把马褂怀表拾起来，说话的声音直打哆嗦："幸亏这洋表结实，没坏，一点儿没坏。还是你老这洋货好！"

"拿榔头来，我把它砸瘪了！"玻璃花吼着。

这时，门儿"呀"的一响，进来一个细高爽利的年轻汉子。这是冯掌柜新收进铺子的小伙计，名叫蔡六，精明能干，刚进铺子一年，一个人已经能当俩人使唤。蔡六知道掌柜的被玻璃花缠住了，在窗根下偷听一会儿，心里盘算好了才推门进来。他进门就说："三爷，小的有句话，明知您不爱听，也得说给您听。"

玻璃花拿眼一瞄他，分明一种找碴的神气，"有屁就放！"

蔡六并无怕意，反而坐在玻璃花对面的椅子上，笑道："你老纯粹给自己蒙住了！"

冯掌柜见自己的伙计敢这么讲话，吓得头发根冒凉气。玻璃花伸出的手指尖几乎碰到蔡六的脸，"嘛意思？"

蔡六纹丝儿没动，还是笑呵呵，"小的估摸，您到今儿还不知道那玩辫子的是谁。"

"谁？你知道，为嘛瞒着你三爷？！"

"三爷是嘛人，您不叫小的张嘴，小的哪敢在您面前逗大尾巴鹰？"

"三爷叫你说！"玻璃花没想到这小子知道傻巴，急啾啾地问。

玻璃花的火气明显落下一截，蔡六含着笑点点头说："好，我告您，那玩辫子的在西头担挑儿，卖炸豆腐，人叫'傻二'，这是贱名。"

天津卫的孩子从小都有个贱名，叫什么傻蛋、狗剩儿、狗蛋、屁眼子、大臭、二臭、三臭、秃子、狗不理等等。据说，那是为了叫阎王爷听见，瞧不上，就写不到生死簿上去，永远也点不走，能长命。不管人们信不信，大家都这么做，图个吉利。

"这傻王八蛋的大名呢？"

"臭炸豆腐的，谁叫他大名？"

"他的窝在哪儿？"

蔡六见玻璃花被自己的话抓住了，便有意说得静心静气，慢条斯理，好压住玻璃花的火气："多半在西头吕祖堂一带。哪条街哪个门可说不准。我小时候，家就在吕祖堂后边。记得六七岁时，我娘领我去庙里烧香，认师父，打小辫儿。不是说，那么一来，就算入佛门了；有佛爷保着，不会再惹病招灾。那天，正赶上傻二去剃小辫儿。按照庙里的规矩，凡是认师父的，到了十二岁再给老道点钱，老道在大殿前横一条板凳，跳过去，就出家成人，熬过了'孩灾'。俗例这叫作'跳墙'。照规矩，跳过板凳，就不许回头，跑出庙门，直到剃头铺，把娃娃头剃成大人样。这例儿三爷您听说过吧？"

"往下说——"

"傻二的辫子长得特足。十二岁跟大人一般粗细，辫梢长过屁股。他跑出庙门，没去剃头铺，直奔回家，听说他舍不得头上的辫子。所以他现在才长得这么粗，像条大鞭子。"

"你总提他穿开裆裤时候的事儿干吗？三爷问他那狗尾巴上有嘛功夫？"

"您别急，小的全告诉您，半句也不留。听人说他爹有两下子，可从来没跟人使过，天天都在西头那边走街串巷，卖炸豆腐，听说他家是安次县人，那边人多练查拳。但傻二能耍辫子，从来没人知道。再说天下谁听说过辫子上还能有功夫？外边人都议论着，拿辫子当刀枪使唤，真是蝎子屎——毒（独）一份儿了。"

"那傻巴的功夫是他爹传的？"

"多半是吧，还能有谁？对了，从小听说，他爹罚他，就把他小辫拴在树上吊着。人都说他爹做买卖挺和气，对孩子却够狠的。他家就爷俩儿。还有人说，傻二是他爹领来的。亲骨肉谁舍得把儿子的小辫拴在树上吊着？现下再回回味儿，想必那就是练功吧！"

"说完了？"

"啊——"

"就这点屁，顶嘛用，滚吧！"

蔡六没动劲儿，稳稳当当说："您别急。事说完，话没完。小的想告诉您，那傻二虽然有功夫，三爷您能耐却比他强！"

玻璃花用他那浑球般的花眼珠盯蔡六一眼，"你小子拿我找乐子，还是捧我？"

"哪儿的话。小的再有胆，也不敢跟您开涮！小的虽然不会武艺，却看得出来，傻二全靠着那条辫子占便宜。您琢磨，动手时谁还防着对方的辫子？可他的辫子一甩出来，就等于两条胳膊再加上一条。三条胳膊对您两条胳膊，您还不吃亏？"

玻璃花听得入神，不觉点两下头。冯掌柜忙说："那辫子一转，何止三条胳膊，简直是千手观音。"

玻璃花没搭理冯掌柜，直盯着蔡六一张白净的脸儿问道："你说三爷拿嘛法儿降他？"

蔡六这才给玻璃花指出一条明道："您有那么多有能耐的朋友，谁有绝招就叫谁来，他们还不全听您三爷的招呼！"

"去你妈的！三爷打架向来一对一。"玻璃花说着照蔡六当胸就一拳。蔡六却看出玻璃花尖巴脸上有了活气，显然是听得中意，也中了自己"移花接木"之计。

这时，矬壮的死崔闯进来。蔡六忙给冯掌柜使了眼色走出来。到了前屋，蔡六笑着对冯掌柜说："这下子，玻璃花该滚蛋了。"

冯掌柜迷迷糊糊，没弄明白。蔡六说："我知道他怕傻二那条辫子，便出个道儿，叫他去找人帮忙。他一去，咱就算把这位爷请出去了。"

"他肯去吗？"

"他恨不得吃了傻二，怎能不去？"

"要是打不过傻二，不又回来了？"

蔡六笑道："您放心，无论胜败都不会回来了！如果胜，就用不着住咱铺子里；如果败，甭说咱铺子，连估衣街上也待不住了。"

冯掌柜依然忧虑未解地说："崔四爷未必肯叫他去吧？"

蔡六说："您还没看透，死崔不是不叫他出头露面。他这一招够绝——他先把玻璃花关在咱药铺里，然后在外边散风说，玻璃花藏着不敢见人。为了叫人们嚷嚷玻璃花尿了，把玻璃花名声弄臭。下边，他巴不得撺掇玻璃花去找傻二拼命，好借傻二的辫子除掉他！"他的口气很肯定，好像把下面三步棋全看在心里。

"这不能，他们是一伙的！不是哥儿们爷儿们吗？"

"别信那套！嘛叫哥儿们爷儿们？不过为了给自己助威。轮到两人分一块肉时，刀尖又专往哥儿们身上要命的地方捅。"

冯掌柜听到这儿，白胖胖的脸现出笑容，他没料到这新来的小伙计有脑子又有办法。他像危难中碰到保护人，好像大雨中找到一块房檐。他不由自主提起茶壶的铜提梁，给蔡六斟茶，一边问蔡六："你刚才说傻二那些事都是真的？"

"管它真假，唬住他就成！"蔡六接过茶碗，不客气地喝了。

他故意这样不客气，好像应该应分一样。因为这么一来，他在这个脓包掌柜面前的身份就不同以往了。

第四回
不信也是真的

　　不等天大亮，玻璃花就叫死崔陪着，打药铺出来，到南门外去请打弹弓子的戴奎一。两人横穿出估衣街，到了北城门口，并没走"进北门出南门"那股近道，而是沿着城根儿往西，绕城半圈才到南门外。这因为玻璃花怕人瞧见他，一路还穿街走巷，专择僻静人稀的路走。混星子们在街上向来爱走街心，车轿驴马都得躲着他们，他们还拿眼东瞅西瞅，谁要是多瞧他们一眼，碴子就来了。今儿玻璃花却使劲低脑袋，恨不得把脑袋揣在怀里。死崔在一旁心想：我叫你小子打今儿甭想再露脸儿啦！

　　那时，南门外一片大开洼，净是些蚊子乱飞的死水坑，柳树秧子，横七八叉的土台子，没人添土的野坟，再有便是密不透气的芦苇荡。住在这儿的多是雁户。拿排枪打野雁、绿头鸭、草鹭和秧鸡，到墙子那边去卖。这是个常年热热闹闹的野市，俗叫"南市"，凡吃、穿、用的，随便买卖，应有尽有。鲜鱼新米、四时蔬果之外，还有些打八叉的小商小贩，倒腾各种日用的新旧杂货。江湖上的"金、瓶、彩、挂"，什么拆字的，算马前课的，拉骆驼或"黄雀叼帖"的，打把式卖艺的，变戏法的，耍滦州影儿的，唱包头落子、哈哈腔、西河大鼓的等等，都聚在这儿混吃糊口。天津这地方，有块地儿就有主儿。河有河霸，渔有渔霸，码头上有把头，地面上有脚行，商会有会长，行行有师祖，官场里上上下下，大大小小，一个衙门里有一个说一不二的老爷。在这集市上，欺行霸市要数"三大块儿"——戴奎一、何老白、包万斤，都是"安座子"已久的老江湖。这三位"大块儿"（"大块儿"是指身上的钢筋铁骨腱子肉）能耐最大的便是戴奎一。他手里的一把弹弓可称天下奇绝。顶拿手的一招，是把一个薄瓷的小酒壶横放在桌上，瓶口放一颗泥弹儿，这泥弹儿与瓶口大小不离，他站在三十步远的地方一弹射去，把那泥弹儿打碎在壶中，绝不损伤瓶子。他用这手绝顶功夫招人观看，实是卖"化食丹"。只要演过几招弹弓，他就捧着一块血淋淋的鲜牛肉，生嚼生吃，再吞下几粒羊屎蛋似的丸药，口称这丸药到肚里，生冷俱消。他拿这种叫人目瞪口呆的法儿卖药，人们花钱买药，并非相信这药真能化食，而是害怕他这股恶劲。据说，光绪二十年，河南来个马班儿表演"小刀山"。河南的马班子大都会几手少林功，恃仗本领在身，没有先去拜会他，把他惹恼了。当一个年轻的女把式爬上三四丈高的大杉篙拿大顶时，戴奎一站在远处大叫一声："戴爷给你换个左眼！"开弓一打，啪的把一个泥珠射进那女把式的左眼窝，马班子的男男女女都要跟戴奎一动武，眼望着这把上了子儿的弹弓，谁敢靠前？从此谁也不敢招惹他了，就是玻璃花那左眼放着没用，也不愿意换个泥球。

"戴爷，咱哥儿们麻烦您来了！"玻璃花拱拱手说。他此时气不壮，说话时精神也不足。

"您这是嘛话，三爷！哥儿们我在城南，您在城北，城隔着人，不隔着义气。前儿，崔四爷来，把您的话捎给我。我跟四爷说了，只要您三爷一句话，咱哥儿们掉脑袋也认！不过……我刚才用脑瓜又琢磨琢磨，那个卖炸豆腐的傻小子，值我戴奎一的一个泥球吗？啊？哈哈哈哈……"

戴奎一咧大嘴叉子，仰面狂笑。他光着膀子，这一笑满身疙瘩肉像活耗子那样上下直动。他长得人高面阔，猿背蜂腰，鹰鼻豹眼，宽宽一条橘黄色亮缎腰带上，别着一根柳木叉架、牛皮筋条的大弹弓子。当下，他正站在自家店门口，店内迎面墙上挂着两副死人的骨头架子。这背景和打扮一衬一托，就愈发显得凶厉。本来戴奎一答应好今天为玻璃花去拔撞。虽说他向来天不怕地不怕，但是个人就有脑子，这两天耳边经常听到有关傻二的辫子的传言，传得神乎其神。在将信将疑之间，他开始掂量起来，为这个从来也没对自己出过力、眼下正走背字的混星子，去碰碰那个不知根底的傻二，值不值得……

死崔好像看见了戴奎一心里怎么拨棋子儿。他想，如果戴奎一不帮忙，就会挤着玻璃花对傻二暗中下手。反正玻璃花绝不敢再跟傻二明着较量，而且已经几次计划着，派几个小混星子暗中对傻二下手。暗着干向来比明着干能成事。只要把傻二弄残，玻璃花就会在估衣街上重新抖起来。故此，必须设法使戴奎一去和傻二打一场。如果戴奎一赢了，就在外面散风说，玻璃花没能耐，借刀杀人，玻璃花的脸上也不光彩；如果傻二赢了，戴奎一必然恨玻璃花毁了他的名声，还会有玻璃花的好？想到这儿，他就拿话激戴奎一："戴爷，听那傻巴说您根本算不上咸水沽人。"

"怎么讲？"戴奎一没听明白这话是嘛意思。

"那傻巴是咸水沽人。他说，咸水沽水硬，人也硬，不出螃蟹。"死崔说。

"我听不懂你的话。"戴奎一说。

死崔含笑道："就是骂您呗！螃蟹的骨头长在外边，肉长在里边，外硬里软，不过看上去挺硬罢了。您先别生气，那傻巴还有话——他说，要论胳膊大腿之外的功夫，谁也顶不住他的辫子，您的弹弓子不过是小菜儿！"

对付人的本事，全看能不能摸准对方的要害。看准要害，一捅就玩完。死崔深知，戴奎一虽然人高块大，心眼并不比针眼大。他更懂得，嫉妒这东西挺狠：男人嫉妒男人，女人嫉妒女人，同辈嫉妒同辈，同行嫉妒同行；出门在外，同乡还嫉妒同乡。——没听说过，山海关一个名厨子，会嫉恨起广东一个卖字画的，哪怕这舞笔弄墨的家伙比他名气再大。

果然，戴奎一的胸膛里盛不下这几句话，气得骂开了。

死崔火上再浇油，"人家都管傻巴那辫子叫'神鞭'！"

这"神鞭"是他为了气戴奎一，顺口编出来的。

"嘛叫'神鞭'？"戴奎一吼着。他心里的火顺着血流遍全身，手背、胳膊、脖子、太阳穴上的面条粗细的青筋，根根都鼓胀起来。

"他说，只要是凡人，想抽谁就抽！"死崔说着拿一双乌黑的小眼瞅着戴奎一发怒的脸。他要眼看着这妒火，直把戴奎一的胸膛烧透了才成。

戴奎一大叫道："他是神仙，我也把他射下来！"说着，把腰间的弹弓取在手，扭身来一招"回头望月"，把两个泥弹儿连珠射上去。只听天上啪一响。第二个泥弹儿飞去得更急，直把第一个打得粉碎。

玻璃花拍手叫道:"好功夫!管叫那傻巴的脑袋成漏勺!"

戴奎一听了,脸上立见笑容。他叫徒弟进屋取出一个缎面绣花弹囊,再从一排排晾在青石板上的泥弹儿中间,择出一些最圆最硬、颜色发黑的胶泥弹儿装满袋囊。戴奎一转了转眼珠儿,进屋拿了两个铁弹丸掖在腰间,便走出屋来,带着两个徒弟,与玻璃花、死崔去找傻二打架。

从西关街走到头儿,有个土坯打墙围着的院子。墙挺高,上边只露出三两个青瓦顶子,几棵老枣树黑紫黑紫,没发芽儿,带刺的树杈,密密实实罩在上边。院里没动静,树上没鸟叫,烟囱眼里没有烟往外冒,倒像什么奇人怪客住在里头。

有人给玻璃花壮胆,他顿时精神多了。上去"啪啪"拍门,扯着脖子叫喊:"耍狗尾巴的,三爷找上门儿来了!"

砸了一会儿,毫无响动。他找了半块砖刚要朝门板砸去,忽听一个哑嗓音:"我在这儿!"

他们不觉回头瞧,只见不远处的几棵大柳树下,站着傻二。还是那件蓝布大褂,粗长的辫子盘在头上。玻璃花跑上去,恨不得把傻二撕了,"你别以为三爷栽了,今儿找你结账来啦!"

傻二态度谦恭,话说得诚心诚意:"三爷说到哪儿去了?我哪有能耐跟您闹。那天我也是稀里糊涂,赶巧碰您三爷两下,您不当回事就算了!"

"好小子,你还想寒碜我!你他妈'稀里糊涂'就把我打了?好大口气!傻巴,明白告你,今儿还不用三爷教训你。这位,瞧见了吗,戴奎一,南市打弹弓的戴爷——你三爷的兄弟,来给你换眼珠子来了。有能耐你就使！"

戴奎一站着没动，拱拱手说："我这个属螃蟹的，来会会神鞭！"这几个字，酸不溜秋，拿着劲儿，好像从牙缝里挤出来的。

傻二听蒙了。嘛是属螃蟹的？神鞭？神鞭是嘛玩意儿？他说："我别听岔了音儿。闹不明白您说的是嘛话，劳驾再说一遍。"

戴奎一嘿嘿一笑，"你是听美了，还想再听一遍。我可从来不用嘴皮子侍候人。既然咱俩都是咸水沽人，拿咸水养大——有你没我，有我没你，来吧！"他脱去外衣，取弓上弹。

玻璃花凑上前说："戴爷真行，往后城北有事就找我。哎，您可小心他的辫子！"

傻二又听什么喝咸水的话，更加莫名其妙了，不等他问明白，戴奎一狠巴巴逼着他："怎么玩法？"

傻二说："算了，您的功夫我见过。咱们何必做仇呢？"

死崔在旁边叫道："您听明白了吗？戴爷，他只说见过您的功夫，可就不说好坏。见过算嘛？吹糖人、捏面人的也见过！"

这是往火头上再吹一口气。戴奎一气呼呼盯着傻二的脸说："你不动，我动！"他已然把弹弓抻开，拉紧的牛筋直抖。

傻二想了想，走到三丈远的地方站好，对戴奎一说："您打我三个泥弹儿，咱就了事，行不？"

戴奎一说："三个？不用，一个就穿瓢！看着——"

说着，右腿往后跨一大步，上半身往后仰，来个"铁板桥"。这招也叫"霸王倒拔弓"。随即手指一松，弓声响处，一个泥弹儿朝傻二飞去，快得看不见，只听得咪的穿空之声，跟着，啪！泥弹儿反落到场地中心，跳了三下，滚两圈儿，停住了！再瞧，傻二的辫子已经从头顶落在肩上。这泥弹儿分明是让辫子抽落在地的。这一下真可谓"匪夷莫思"，使戴奎一和众人亲眼看到傻二辫子上不可思议的神功了。

戴奎一输了一招。顾不得刚才自己说过的话，出手极快，取出那掖在腰间的两个生铁弹丸，同时射去。这叫"双珠争冠"，一丸直取傻二的脑袋，一丸去取下处，使傻二躲过上边躲不过下边。这招又是戴奎一极少使用的看家本事。

铁弹丸又大又沉，飞出去呜呜响，就听傻二叫声："好活！"身子一拧，黑黑的大辫子闪电般一转，划出一个大黑圈圈。啪！啪！把这两个弹丸又都抽落在地。重重的铁弹丸一半陷进地皮。傻二却悠然自得地站在那儿，好像挥手抽落两个苍蝇，并不当回事儿。众人全看呆了。

这一下，如果不是亲眼瞧见，谁都不会信。但事有事在，不信也是真的。

戴奎一大脸涨成红布。他不能再打了。原本说好打一个弹儿，已经打出三个；再说，自己也没有更厉害的招法了，只有认输。他把弹弓子往腰带上一插，拱手说："该你的了，撒开手来吧！"

傻二摇着双手说："戴爷，您要再打，我也绝不还手。今儿咱们算交个朋友，不算比功夫。您不过打几个弹儿玩玩罢了。"

这几句话丝毫没有带着钩儿刺儿，明摆着这傻二不想多事。戴奎一心里盘算，要是就此打住，还能带着脸儿回去；要是闹下去，非把脸儿丢在这里不可。自己绝对顶不住傻二这条神出鬼没、施过法术似的辫子。还是识路子，借傻二的话赶紧下台阶为好。这时，傻二又说："戴爷，我是炸豆腐的，不是武林中人，也没打算往这里边扎。故此，不愿跟任何人做仇。您刚才说的那些话，我琢磨不透——你干吗说我是咸水沽人？我往上数八辈都是安次县人，我也生在乡下老家。还有，您说那'神鞭'指的又是谁？是您弄拧了，还是有人拿瞎话赚您？反正我说的都是实在话，没一个字儿虚的。"

这几句话，登时把戴奎一心里的火全撤了。他没答话，双手抱拳朝傻二拱一拱说："你是亮堂人，我——走了！"转身没搭理玻璃花和死崔，径自去了。

傻二见事情了结，也回家了。

玻璃花赶上戴奎一说："戴爷，不能就这么算了。甭听傻巴得便宜卖乖的话。您一走，可就算栽给他了。您不是还有一手'换眼珠'吗……"

戴奎一好似胸膛鼓满气，不吭声，大步噌噌往前走，走着走着，忽然停住，张嘴大骂玻璃花："滚你妈的，我差点叫你砸了牌子！你他妈打不过人家，拉我来垫背。我姓戴的从来没像今天这么窝囊过，你还把我往死里推。我先给你换个眼珠子！"说着，扯起弹弓就要打，皮筋一下拉得像线儿那么细。看来，他要把心里怒气全拿这泥弹子发泄出来。

玻璃花一害怕，竟然扑通跪在地上，惊恐地大叫："戴爷，戴爷，您是我爷爷！您千万不能废我，我家里还有八十岁老母和怀抱的儿子呢！"

其实他光棍一条。这是江湖上求人饶命的套话。

混星子们哪能怕死？玻璃花向来拿死当儿戏，今儿为嘛脓了，难道叫傻二的辫子把脊梁骨抽折了？这一来，众人可就瞧不起玻璃花了。

"死崔，你还不打个圆场！"玻璃花想叫死崔了事。

死崔嘿嘿阴笑，一句话不说。他要的正是这个结果。

玻璃花只好跪在地上向戴奎一求饶。

戴奎一使劲一扯弹弓，泥弹子没往外打，倒把双股的牛筋条"啪啪"全扯断了，弓架撇在道边沟里。他板着铁青大脸二话没说，带着徒弟走了。

玻璃花跪了一阵子。忽然想到死崔，扭头一看，空无一人，死崔早不见了。

他站起身，想了想，觉得事情有些不妙，便直奔北大关的"锅伙"。这"锅伙"是混星子们聚会议事的地方。死崔正在里边，他进屋就和死崔闹翻了。死崔不像往常，不单不怕他，反而比他还横；平时跟在他屁股后边的小混星们，也都跟他上劲儿。以往，他给一股恶气顶着，在估衣街上说一不二，今儿仿佛气散了，怎么也硬不起来，竟叫混混们像轰狗一样轰出来。他没处去，又跑到瑞芝堂药铺，还惦着住到后院那间屋去。此时，照看铺面的已是蔡六。这小子皮笑肉不笑，话里话外使点损腔，没叫他进去，反把他请出来，气得玻璃花在街上大骂："好啊！破鼓乱人捶呀！等三爷把傻巴儿的辫子揪下来，就砸你的铺子！"

蔡六拿鸡毛掸子轻轻抹着柜台上的尘土，好像没听见。路上的人都站住脚，看玻璃花大吵大闹，就像看笼子里边的恶虎，样子虽然可怕，却又没什么可怕的了。

第五回
谁知是吉是凶是福是祸？

　　一连好些天，傻二没有担挑上街卖炸豆腐了。甭说出门，只要门儿开条缝，就有小孩子在外边叫："神鞭出来喽！"还有些闲人，蹲在家对面的大树下边，等着瞧他，好像等着瞧出门子的新媳妇。平时，他整天进进出出也没人瞧，站在街头扯着嗓子叫喊："油炸——豆腐！"声音从这条街传到那条街，也叫不来几个。看来世上的事，不是叫喊就成的。

　　他真后悔！那天万万不该使唤辫子。他还觉得对不起死去的爹。他爹咽气前，拿出一辈子最后一点劲儿，把平时叮嘱过成百上千遍的话，吭吭巴巴再重复一遍："这辫子功……是咱祖宗一代代传下来的。我一辈子也没使过……记着……不到万不得已，万万别使……露出它来，就要招灾惹……祸，再有……传子传孙，不传外人……记好了吗？……"

　　临终的话，就是遗言。老子的话平日少听两句没嘛，遗言不能违背。可是，那天见到玻璃花截会，自己哪来那么大的火气？整个头皮都发烧，连辫子好像也有了感觉！头发根发抖，辫子往上撅，好似着了魔，控制不住要痛快地发泄一番。他抽玻璃花头一下，几乎想也没想，辫子自己就飞出去了。哪里知道辫子上竟有千斤力呢！

他自小跟爹学辫子功，不曾与人交手，不知如此神速和厉害！而且使起来，随心所欲，意到辫子到，甚至意未到辫子已到。这辫子仿佛能先知先觉。他疑惑，是不是祖宗的精灵附在上边？

正如父亲再三嘱告的话，辫子一使出来，就给他招惹一串麻烦，先是玻璃花，玻璃花引来戴奎一，戴奎一引来在西市上的砸砖头的王砍天，王砍天又引来鸟市上拉硬弓的柳梆子……全都叫他抽跑了。几天前，四门千总马老爷打发人拿着帖子请他去，想派给他一个小缺，在护城营当什长，只教授武功，别的不干，饷银不高，倒是清闲得很。但他家世代不沾官场，他相信：进了官场，没好下场。当即对千总爷说，自己只会耍辫子，属于歪门邪道，拳脚棍棒，一概不通，推掉了这个差事。千总爷也不勉强他，只叫他耍耍辫子，当玩意儿看看，他不好再推辞，花里胡哨耍一通，耍上性，还当场打落飞来飞去的几只蜻蜓，千总爷看得眼珠子都瞪圆了，当即把府、县、镇、署、前后左右中各营的几位老爷用轿子抬来，叫他重新再耍一遍。他只得照样再耍耍，不用真本事，几位老爷已经开了眼，赏了他许多财物。老爷们一点头，傻二的大名就不是歪名。于是，从早到晚，都有人来拜师。人们不知道他的姓氏名号，又不好问，人家都出了名，还好问人家姓嘛叫嘛，只得尊称他"傻二爷"。他三十来岁，一直被人称呼贱名"傻二"，忽然贱名后边加个"爷"字，反而有点别扭。他还想叫"傻二"，还想卖豆腐，但已经不行了，眼下，只有一条祖传的规矩得牢牢把住，便是不收徒弟。他不管那些求师心切的人怎么死磨硬泡，索性闩上门，砸门也不开。饿了就炸豆腐吃。但是，总不能天天吃炸豆腐活下去吧。

他捏着自己这条大辫子，耳听外边把那个不知从何而来的"神鞭"的绰号，愈叫愈响，真不知是祸是福，是吉是凶。一方面，他想到这辫子居然把地面上那些各霸一方的有头有脸的人物，统统打得晕头转向，暗暗自得；另一方面他又犯嘀咕，天津卫这地方，藏龙卧虎，潜龙伏蛟，强中自有强中手，能人后边有能人，以后不知还要引出嘛样的凶神恶煞呢。他总有点不祥的预感！

第六回
祖师爷亮相

不出所料，三天后，有人又嚷又叫，使劲砸门了。听声音，就知不是好来的。开门看，又是玻璃花。但这小子一见傻二就后退三步，好像是怕叫辫子抽上，看来他是给辫子抽怕了。

然而，今儿玻璃花精神挺足，大拇指往后一挑，撅着下巴说："傻巴，你看看，今儿谁来会你了？"

大门外停着一顶双人抬的精致的轿子。前后跟着八个汉子，一水青布衫，月白缎套裤，粉绿腰带，带子上的金线穗儿压着脚面；脚上穿薄底快靴，头上各一顶短梁小帽，显得鲜亮爽利。单从这跟随的衣着上看，轿子里坐的绝非一般人。此地人多官多，官儿从七品数到一品，城里城外到处都竖着旗杆刁斗，老爷便是各种各样的了。谁知这是谁？但这阵势已经把傻二唬住了。

"怔着干吗？"玻璃花朝傻二厉声叫道，"还不有请索老爷。"

傻二说："有请索老爷！"心里却糊里糊涂，不知这索老爷是哪位。

轿夫扬起轿杆，两个跟随上去左右一齐撩起轿帘，打里边走出一个老者：清瘦脸儿，灰白胡子，眉毛像谷穗长长地从两边耷拉下来；身穿一件扎眼的金黄团花袍子，宝蓝色贡缎马褂，帽翅上顶着一块碧绿的翡翠帽正，镶在带牙的金托子上。他耷拉眼皮，像闭着眼，似乎根本没瞧傻二，大气至极。看上去，不是微服私访的大官，就是家财万贯的大老爷，多半是来请自己去做武师或护院的。他正盘算，万一这位大老爷请他，自己怎么谢绝。但玻璃花一说出这老头姓名，叫他心里像敲锣似的一响："索天响，索老爷。津门武林的祖师爷，不认得，还是装不认得？"

天津谁人不知索天响的威名！他在武林中稳坐头把交椅。都说，单指拿大顶，脚踢苍蝇，躺在蜘蛛网上睡觉，是他的"三绝"。他住在西门里镇署对过的板桥胡同，但幽居深院，找他不见，也从不在公众前露面，他的名帖却没有走不通的地方。大人物都是金脸银脸儿，本都是难得瞧见的，今儿居然找到他门上。傻二不明其故，又有些受宠若惊。他恭恭敬敬给索天响作了长揖，说道："您老要是不嫌脏，就请屋里坐，我给您泡茶。"

索天响好像没听见他说话，眼睛仍旧半闭半睁，不说话，也不动地方。

玻璃花便朝傻二叫道："索老爷是嘛身份，能进你狗窝？索老爷听说你小子眼里没人，叫你见识见识，也教教你今后怎么做人。"

傻二慌忙摇手，惊惊地说："不成，不成，我哪是索老师傅的对手！身份，辈分，能耐，都差着十万八千里，绝不成！索老师傅，傻二在您面前，屁也不是。"

索天响的神气好像睡着一样。待傻二说完，他却开口冷冷地说："你不是要拿什么'神鞭'，把我当'冰猴'抽吗？"嗓音又哑又硬，像是训人。

"我可不敢这么狂！索老师傅，我……"傻二不知是惊是怕，说不出话来。

"好，我问你，你的功夫跟谁学的？"索天响依旧半闭着眼。

"傻二这点能耐是家传的。"

"哪门哪派？"

"门派？提不上门派。我爹也没跟我说过。"

索天响轻蔑地一笑，依旧闭着眼说："没有门派，叫嘛功夫？那不成了戴奎一的江湖之技了？好，我先考考你的见识，你——"他虽然听见傻二惶恐的推辞声，还是硬逼着问道："天津卫谁的功夫最高？"

"自然是您索老师傅，您底下才是霍元甲、鼻子李、铁手黄。"傻二说完脸上掬出笑容，以为索天响听了准高兴。

谁知索天响听到霍、李、黄三个，两边嘴角同时向下一撇，似乎说那三个在他名字后边也不行，应当只提他一个才是。索天响干咳两声，又问："武林人常说，南拳北脚。你会几种南拳？"

"我……一种也没见过。"傻二挺窘。

"哼，你这也自称练武之人。那你说，你听说过几种南拳？"索天响的口气，很像主考官。

"……听人说，梅花拳厉害得很。我还听……"

"胡说！"索天响截住他的话说，"南北都有梅花拳，你说是哪个？北方查拳分十路。一路母子，二路行手，三路飞脚，四路升平，五路关东，六路埋伏，七路才是梅花。南拳分大小梅花拳，并非十分厉害。厉害的要数——刘拳，蔡李佛拳，洪佛拳，白眉拳，虎鹤双形拳，龙形拳，南杖拳，螳螂拳，插拳，黑虎拳，太虎拳，龙门拳，铁线拳，天罡拳……"

索天响一口气顺溜地说出一百多种，傻二听得瞪圆小眼，心想今儿碰上高人，该栽跟斗了。

玻璃花得意至极，叫着："傻巴，听傻了吧！你有师娘吗？"

索天响的跟随们也都面露讥笑。

索天响接着问道："你上辈说没说，你这点功夫，是从哪路拳里化来的？"这口气愈加咄咄逼人。

"形意吧——好像是。"

"好，你说，形意为谁所创？"

"说不好！是不是达摩老祖创的？"

"哈哈，达摩老祖！那都是乡野之人，不学无术，以讹传讹。你连形意拳的开山鼻祖都说不出来，也敢把自己和形意扯到一块。这形意本是国朝初年山西蒲州人姬龙丰所创。张芸的《形意拳述真》说：'明清之交有姬公际可，字隆风者，蒲东诸冯人，精大枪术，遍游海内，访求名师，至终南山，得岳武穆五拳谱，意既纯粹，理亦明畅，后受之于曹继武，于是传衍下来。'这在雍正十三年的《心意六合拳谱》、马学礼的《形意拳谱》上都有记载。形意分三派。河南一派传马学礼，山西一派传戴龙邦，河北一派由戴龙邦传给李洛能。你既是安次县人，家学形意，可知道李洛能？"

傻二听得汗都下来了，他摇摇头，但不甘心在玻璃花和周围一些人眼里一无所知，草包一个，想了想便说："我爹曾对我说，我祖上创这辫子功，是从豹子甩尾悟出来的。这便是得到'形意'的要领。"

"更是胡说！你要说'少林五拳'，还扯得上。'少林五拳'为龙、虎、豹、蛇、鹤五形拳。内应心、肝、脾、肺、肾五脏，外应金、木、水、火、土五行，并与精、力、气、骨、神交互修炼。其中确有一门'豹形拳'。形意的'十二形'为熊、鹞、龙、虎、龟、燕、蛇、猴、马、鸡、鹰、鸟台。哪来的'豹'？形意要六合，心与意合，意与气合，气与力合，肩与胯合，肘与腰合，手与足合。还有三层道理，三层功夫，你可懂？"

"嘛叫'三层'？"傻二搭不上腔，真像个不掺假的傻巴了。

"嘿，今儿可算费了牛劲。听着，三层道理是——练精化气，练气走神，练神还虚。三层功夫是—— 一层明劲，二层暗劲，三层化劲。你连这个也没听说过？我的徒孙也能背出来呢！"

"我真正嘛也不懂。您老跟我盘道，我嘛也说不出来。"

"好笑！凭你这点道行，也想往津门武林中插进一脚来？还要称王？可笑！你年轻，不懂事，才这样轻狂。我可以告明白你，打你没生下来，这世上的每一寸地面上都有名有姓。你想立足，谈何容易。你别是缺心眼儿吧？"

玻璃花和众人一齐哄笑。

"索老师傅，我绝不想往武林里扎。我只会耍几下辫子，身上的功夫就像破鞋跟儿——提不上。"傻二认真地说。

"哦？"索天响一直半闭的眼睛忽然睁开，一双灰眼珠淡而无光。他问："你身上没功夫？"

"我能骗您？您不信就试试我。"

"好，我试试你。你动辫子吗？"索天响说。

"不动辫子，就试腿脚，您一摸就知我身上没功夫。"

索天响说："咱有话在先，说好就试腿脚呵！"然后双手一分，就要动武。

一个跟随上来问索天响，是否脱去袍褂，索天响摇摇头，只把袍子的前襟提起来别在腰带上，对傻二说一句："我这叫'三十六招连环脚'，瞧！"说着就来到傻二跟前，两条腿使出踢、蹬、踹、点、扫、铲、钩、弹，专取傻二下盘。一招一式，有姿有态，出手绝非寻常，颇有大家气派。傻二忽想起春和营造厂的粉刷师傅毛吹灯，每次粉刷房子，都穿一身黑，一举一动，像天福戏园老生马全禄的做派那么讲究。刷完浆，身上居然一个白点不沾。凡是这种高手，举动就不一般，自己绝不可半点大意。他想到父亲教过他的八字身法——吞、吐、沉、浮、闪、展、腾、落，一边回忆，一边用心使用，虽然生疏，倒能躲左避右，应付一气。他因有言在先，不动辫子，逢到机会也绝不甩出辫子来。打了一阵子，觉得有点奇怪，这索老师傅的拳脚固然有招有式，举手投足讲究又好看，怎么没有叫人触目惊心、突兀险奇的招数？看来，这老头不愿意欺侮晚辈，有意对自己摆摆样子，并不打算伤害自己。这也是人家祖师爷该有的气度。

这是五月天气，今儿芒种，天阴发闷。索天响两边太阳穴已经沁出汗来，脑袋晃动，太阳穴，就像蝉翼一般，闪闪发亮。按说索天响这种轻功极佳的人不该这样，也许年岁大了，毕竟不如年少，再过数招，居然"呼呼"有些微喘。傻二说："您老是不是歇一歇？"索天响乘他说话，不大留意，冷不防扬起一脚，直踹傻二的小肚子，这一脚可是往要害的地方去的。傻二不由得来个"嫦娥摆腰"，刚好把这脚让过去。索天响踢空，用劲又过猛，险些把身子带出去。他赶忙收腿，一时立不稳，慌乱中两只手摆了摆，才算立住身子，就势手一指傻二，说道："你既然累了，我让你喘喘。"

在场的人都看出索天响有些气力不济。傻二心想，这老头儿远道来，闷在轿子里，中了暑热吧，便收住式子，说："我去给您老端茶。"刚转身，只觉得身后寒光一闪，一阵冷森森的风直奔自己的后脖子。他心想不好，头上的发辫反应比他的念头更快。"啪"一响，再扭身，只见地上插着一柄半尺多长扎眼的快刀。索天响像木头柱子戳着发呆，右手的手背上有一条红红的印子，显然是给自己的辫子抽的。而自己的发辫已然搭在肩上，就像玩蛇的，绕在肩上的大青蛇，随时都会再蹿出来。这突然的变化，叫众人看傻了。有人想到，怪不得索天响刚才不脱袍褂，原来怀里藏刀，那傻二又是怎么比眨眼还快，把这刀抽落在地上的？

索天响偷袭不成，一不做二不休，抢上一步要去拔插在地上的刀子，傻二的辫子比他的手快得多，辫梢一卷刀把，往上一拔，就劲唰的扔出去，嚓！直剁到左边一棵大柳树上，深入寸许，震颤有声。

四下响起叫好声！

索天响浑身上下，数脸皮没色了。他对傻二说话的口气依然挺大："你小子言而无信，称不上武林中人，说好不动辫子，乘我不防动了。你等着，改天叫你尝尝少林正宗'山'字辈儿的佛门拳。所谓内、初、山、寺、团、同、胜、国、少、年、用、者、思、多、猷、民，都是大架佛门，'山'字是前三辈，使出这功夫，保叫你断筋折骨，皮开肉裂！"说完这套话，一头钻进轿子，不等跟随上来落轿帘，自己就把轿帘拉下来，跟着就走。那玻璃花已然跑到轿子前边去，走得更快。

傻二站着没动，眼瞅着飞快而去的轿子，心里纳闷，这等声名吓人的人物，怎么一动真格的就完了。见面先盘道，拿辈分当锤子，迎头先一下，论功夫，一身花拳绣腿，全是样子活。一分能耐，两分嘴，三分架子。能耐不行就动嘴，嘴顶不住还有架子撑着。他原先以为天底下的人都比自己强，从来不知自己这条辫子，把这些头头脸脸的人全划拉了。原来大人物，一半靠名，那名是哪来的，只有他妈鬼知道了。他开始相信自己的本领了。他高高兴兴走进院子，关上门，站在当院，拿桩提气，认认真真耍了一套祖传的一百单八式的辫子功。他愈发感到这辫子真是随心所欲，挥洒自如，刚猛又轻柔，灵巧又恢宏，似有一股扫荡天下、所向无敌之势。他脑袋一晃，唰，辫子顺溜溜盘绕在头顶，这时他心里拱起一股暖乎乎的美劲儿，但冷静下来之后，又觉得这美劲儿里头，还是混着一些模模糊糊、说不清楚的不安。是啊，世上的事不知道的总比知道的多，想象的总比实在的容易得多。走着瞧吧！

第七回
广来洋货店的掌柜杨殿起

人像蜜蜂，哪儿开花往哪飞。

您点儿高时，乱哄哄一大团围住您，没法分清；可是等到您点儿低的时候，真假远近，可就立时看得一清二楚。天津卫有句俗话，叫作：倒霉认朋友。

这几个月，落了坏的玻璃花算尝到了倒霉的滋味。没人理他，也没人怕他。一个人，就是一股子精气神。像他这类人，没人怕，一切全完。他没胆子在估衣街上露面了，那里的威风、便宜、势头、气候，连侯家后大小店铺以及姑娘班子里的油水，一概都叫死崔霸去。他后悔，当年他势头最硬时，没借着死崔打坏自己一只眼，把他废了。现在干瞪眼、生气，也没辙。谁叫自己栽给傻二？怨谁，怨天怨地，不如怨自己。往往坏事的根由还是自己。

他不敢再去找人帮忙。戴奎一，王砍天，柳梆子，全弄得身败名裂。他指望索天响打败傻二，谁想到这祖师爷竟是嘘牌的。索天响挨了一辫子，露了馅，回去后，家里边差点叫徒弟们端了。傻二"神鞭"的威名便加倍叫响。人们一谈起"神鞭"，自然扯到玻璃花。就是他在皇会上一闹，才惹出这条"神鞭"，要不傻二今天还在卖炸豆腐，埋没着呢！因此无论谁说神鞭，还都得从他那天"四脚朝天"的大跟斗说起。愈是把神鞭说神了，就愈得把他说得惨些。他还能牛气起来？只有甘心当小狗子。

有一天，他没钱花了，就来到东北城角三义庙左近的展家，敲门后，找飞来凤借钱。胡妈出来拿一包碎银子，说是二奶奶给他的。他觉得这样有点像打发要饭的，又一想自己当下还不如要饭的呢，便接过银包，对胡妈说："告诉你家二奶奶，钱花完了，还来找她。"他用这些银子混了二十天，花完了，真的又来敲后门，胡妈出来告诉他：大奶奶把二奶奶锁起来了。他不信，以为飞来凤不理他。便隔着那堵磨砖对缝的高墙，往里边扔砖头，把院子里的金鱼缸砸碎了，引出展家几个男仆要抓他，吓得他一口气跑到海河边，在盐坨里藏了一天一夜，饿了就抓点盐末子往嘴上抹抹。第二天清早才爬出来，刚走到宫北，忽听有人叫"三爷"。他心里一惊，因为这几个月没听人叫他"三爷"了。扭头瞧，原来是广来洋货店的掌柜杨殿起。

杨殿起专门倒腾洋货，卖美国斜纹布、英国麻布、日本的 T 字布和绉纱。各国的瓷器、金属器、纸张、烟卷、针线等等小商品也够齐全。这几年，喜好洋货的人渐渐多起来，有人见洋货得使，有人买个新鲜，有人拿洋货为荣，这就使他的买卖愈做愈赚钱。他还带手收罗土产的红枣、黄麻、驼毛、花生、蚕茧、草帽辫、牛皮羊毛以及骨角等等，卖给洋人运出海去，得利也不少。那年头，没有进出口一说，实际上进出口全都叫他包了，做的是来回都赚钱的买卖。这人细高挑儿，小白脸儿，目光锐利，精明外露。脑子快得很。他在紫竹林里结识不少洋人，能说几种洋话，家里有的、摆的、拿的、吃的，净是稀奇好玩的洋玩意儿，叫洋货迷们看了眼馋。有时他还陪着蓝眼睛、红胡子、金头发、白手套的洋人们在城里城外逛一逛，比洋人更不把中国人放在眼里。那时，攀上洋人算一种荣耀。站在洋人堆里，自己也觉得比中国人高一截儿。别看玻璃花喜欢洋货，在杨殿起看来不过是个土鳖。不过，杨殿起来船运货，必须同玻璃花这类人打交道。玻璃花也弄点古董玩器，来和杨殿起换些新鲜洋货，这样一来二去，两下就算很熟了。

杨殿起把玻璃花请到后屋，茶水点心照应，一口一个"三爷"，却绝口不谈玻璃花当下的处境。

玻璃花心想：自己的事，有耳朵不聋就能知道，多半这小子刚打外边做生意回来，还没听到自己的事，不然不会这么待承他。买卖人无论看货看人，都瞧行情。但如果姓杨的真不知道，就该唬着他。

"三爷新近又弄到嘛好玩意儿？"杨殿起问。

"好玩意儿倒是常有。估衣街上那些老板掌柜的，哪个弄到新鲜东西不孝敬我？"玻璃花说。

杨殿起粉白的脸上浮现一丝嘲笑，才出现又消失了。他接着问："有嘛，拿一件瞧瞧？"

玻璃花忽然想到飞来凤送给他的那块怀表在身上，便掏出来往桌上一撂，说："瞧吧！"那神气，好像还有十块八块。

杨殿起根本没伸手去摸，只用一种不以为然的眼神扫一下，起身从柜子里取出一个鸡心样的洋缎面的小匣子，也放在桌上，"你瞧瞧我这块，打开——"

玻璃花也想装得吃过见过，不去动，但心里痒痒，止不住动手打开匣子，里边平放着一块辉煌锃亮、式样新奇的大怀表，个儿大，又讲究。自己那块表摆在旁边，就像不入品的小乡甲站在人家一品中堂身边一样。杨殿起从匣里拿起表来，用手指轻轻一推表壳上小小的金把儿，里边居然发出比胡琴还好听的悦耳之声。玻璃花看得那只花眼珠都冒出光来。杨殿起对他说："这比你那块画珐琅的怎样？三爷，你听了别生气，你那块是平平常常的洋货，我这块在洋货里才是上等的。这叫'推把带问'。瞧！镂金乌银壳，打点打刻不打分，一个钟点打四次，每刻一次。你要是想问几点，不用看，一推这把儿，响几下，就是几点。"

杨殿起说着又推一下小金把儿，叮叮当当打了八下，墙上的挂钟的时针正指在"Ⅷ"字上。

"里边好像有个人儿。"玻璃花情不自禁叫起来。

"比人报得还准！人还有遗忘的时候呢。"杨殿起笑道。

"嘛价儿？"玻璃花问。

杨殿起说："这是压箱底的宝贝，哪能卖呢？"说着把表收在匣里。匣子却摆在玻璃花面前。

玻璃花忍不住总去瞅，一瞅心里就像有个小挠子，挠他的心。他瞟了杨殿起一眼，忽然说道："你他妈别来这套，不想出手你给我看？你箱子里绝不止这块表，还不是装满了洋货！"

杨殿起笑而不答，好似默认了，跟着把话扯到另一件事上去，"您那两个小铜炉还在手里吗？"

于是两人斗起法来。杨殿起一边贬他的铜炉是宣德炉，年份太浅，一边还追着要。这铜炉原是北大关落子馆唱莲花落的一斗金孝敬他的。他曾经拿这炉子，打算和杨殿起换一副玳瑁架的洋茶镜，没有成交，这次又嚼了半天舌头，还是没谈妥。杨殿起掏出一个洋指甲剪子，嘎嘎剪指甲，玻璃花头次见到这稀奇玩意儿，看得入了迷，再也沉不住气了，说拿自己两个铜炉加上飞来凤给他的珐琅表，换一块"推把带问"的怀表，外加这把指甲剪子。杨殿起觉得很合适了，但仍不吐口，非要玻璃花把铜炉拿来细看一看再说。

"我那两个炉子存在一个小混混家，今晚我去取，明早给你送来。"

"那好。明早我正要你跟我走一趟。"杨殿起说。

"哪儿？"

"紫竹林。"

"干吗去？"玻璃花一怔。紫竹林是洋人的租界，那时候，一般人都怕去租界地。

杨殿起笑了。

"瞧你，喜欢洋货，却怕洋人。我不告诉你，但准有你的好处。"

玻璃花脖梗一歪说："三爷怕过谁？好处不好处，咱爷们不在乎，你得说明白，嘛事？"

"有位洋大人要会会神鞭。你不是跟他交过手吗？洋大人请你去说说，神鞭那小子有嘛绝活，这还不容易。你就劲还可以逛逛洋场。"

玻璃花一听这话才明白，原来杨殿起早就知道自己的景况。他没给自己白眼，是因为有求于自己。准是洋人给他什么好处，他才为洋人找自己的。好小子！想白使唤人，没那样便宜事！他就故意说自己明天有事去不成，想挤杨殿起现在就拿出表来。杨殿起立刻明白玻璃花这点蠢念头，他换了一种教训人的口气说："你挺明白的人，怎么犯傻了？这洋大人是东洋武士，要找神鞭打一架。你琢磨，咱国货抵不上洋货，国术哪能抵得过洋术？这东洋武士要把神鞭撂倒，你三爷不是又精神起来了，这事情一半也是帮你的忙哪！难道你打算后半辈子就这样窝窝囊囊下去了？东西算嘛？都是身外之物，再说，我还能少你的？"

玻璃花一晃脑袋，登时明白过来，马上答应明天去紫竹林。他把桌上的点心全划拉到肚子里，起身走出洋货店，乘着肚里有食，胡混一天，天擦黑就去金钟桥边那个小混混家去要铜炉。他踢开门，掏出一把刀子在自己胳膊划一道，鲜血直淌。小混混以为玻璃花报复来的，"扑通"趴在地上直叩头，没想到玻璃花开口却是要铜炉。他当即拿出铜炉来，用纸包好，交给玻璃花。玻璃花见床上放着一顶崭新的珊瑚顶子的小帽翅，不知这小混混打哪抢来的，他顺手操起，扣在头上就走了。

第八回
出洋相

　　转天大早，玻璃花换上出会那天不中不洋的打扮，袍子外边特意套上飞来凤送给他的那件洋马褂，来到广来洋货店。杨殿起见了就笑道："袍子外边怎么还套上西服坎肩？哈哈哈哈，到洋人那儿去，哪能这种打扮，甭说你这套行头不伦不类，就是穿上地道的洋装，在洋人眼里也是中国人，洋人反而看不上。"

　　杨殿起的穿装是顶顶考究又华美的国服。横罗大褂，拷纱马褂，两道脸儿的银缎鞋，一码崭新，用料上等，做工更是精致讲究。腰带上坠着九大件：扳指儿啦，怀表啦，笔筒啦，眼镜啦，胡梳啦，鼻烟壶啦……一概装在镶金嵌银的绣花套子里，下边垂着八宝流苏，一走三摆，手里还拿一把香妃竹的绢面扇，上边有字有画。

　　"好啊，铃铛寿星全挂齐啦！"玻璃花叫道，"八大家的老爷们也不过这一身吧！"

　　杨殿起笑一笑，没吭声。

　　玻璃花觉得自己跟人家一比，就露穷相了。这要在过去，他准得开口向杨殿起借身行装，现在不知为嘛，舌尖嘴皮都不硬气。他一面脱去洋马褂，一面把纸包的铜炉交给杨殿起。杨殿起打开一看，就说："呀，那天我在灯下没看清楚，一直以为是宣德炉，谁知竟是假宣德，你瞧这锈，都是浮锈，纯粹是做出来的；再看底上的字儿，多赖！算了算了，带去当作见面礼送给洋大人吧！"说着交给同去的小伙计。

"你他妈别拿它借花献佛，我没钱时，还指着它当点钱花呢！"玻璃花说。

"你堂堂三爷，干吗说话露这种穷气。我嘛时候叫你流过血？和你交朋友，就得认赔！你凭良心说，是不？"

杨殿起说着笑着，两人一同穿过二道街，来到河边，那里早停着一辆大胶皮轮子的东洋马车。两人钻进四面透亮玻璃车篷，伙计登上车尾的踏板上，车夫"当——叮"一踩罐子样的大铜车铃，车子直上新修官道，唰唰地奔往东边的紫竹林租界。

玻璃花几年没进紫竹林，隔着玻璃窗子认出道边的江苏会馆、风神庙、高丽馆，以及邢家木场堆成大山小山似的蒿秆木板，溜米厂晾晒的东一片西一片的白花花的小站米，都是老样子。可是一进马家口，满认不得了。洋房、洋行、洋人，比先前多许多。各种各样的洋楼都是新盖的，铺子也是新开张的；那些尖的、圆的、斜的楼顶上插着的洋旗子，多出来好几种花样。还有一些树直花斜的园子，极是雅静；路面给带喷嘴的洒水车淋湿，像刚下过小雨，又压尘，又潮湿，男女老少的洋人，装束怪异，悠闲地溜达，活像洋片匣子里看的西洋景。玻璃花恍惚觉得自己留洋出海，到了洋人的世界中来。

杨殿起叫车夫停了车子。两人下车，伙计付了车费。没等玻璃花闹明白这里原先是哪条道，忽然一个东西飞来，又硬又重，啪的一下砸在他的腮帮上。他晕晕乎乎，还以为是谁扔来的砖头；前几天，在东门里就不明不白挨了一下，多亏歪了，砸在肩上。他捂着生疼的脸大骂："× 你姥姥，都拿三爷不当人！"

"别乱骂，这是洋人的球。"杨殿起说着，拾起一个毛茸茸的球儿给玻璃花看，"瞧，这叫网球。"

只见左边一片绿草地上，一男一女两个洋人，中间隔着一道渔网似的东西。每个人手里都攥着一个短把儿的拍子，朝他咯咯笑，那男的愈笑愈厉害，索性躺在地上，笑得直打滚儿，一会儿肚子朝上，一会儿屁股朝上。那女的边笑边朝这边喊着洋话。杨殿起也朝他们喊洋话。

"你说的嘛？"玻璃花问。

"他们向你道歉，我说别客气。"

"客气？他打了三爷，就该赔罪！"

"您真不明事理。洋人能朝你笑，还道歉，就算很客气了。我看这两个洋人年轻，要是年岁大的，对你客气？不叫狗来轰你，就算你走运。"

"我他妈要是不客气呢？"

"叫白帽衙门的人碰见，起码关你三个月，还得挨揍，挨饿，外带罚银子。行了，三爷，别瞧您在天津城算一号，在这儿，随便一个洋人，就比咱知府大三品。这儿不是咱的地盘。咱平平安安，把东洋武士请去给您消消那口气，比嘛不强！"

玻璃花捏捏这又硬又软、挺稀罕的球儿，说道："行，三爷不跟他生气。但也不能白挨这一下，这洋球归我啦！"

他扭身刚要走，那女洋人穿着白纱长裙，像个大蝴蝶，跑上来两步，喊几句洋话。杨殿起叫玻璃花把球扔给她，少惹麻烦，玻璃花心里窝囊，也没辙，发泄似的把球狠狠扔过去，口中骂道："拿彩球往你三爷头上砸，三爷也不要你这臭娘儿们！"

那边两个洋人都不懂中国话，反而笑嘻嘻一齐朝他喊了一句洋话。玻璃花问杨殿起："他们说嘛？三块肉？是不是骂我瘦？"

杨殿起笑着说："这是英国话，说是'谢谢'的意思。这两个洋人对你可是大大例外了。我来租界不下一百次，也没见过这么客气的！"

嘻嘻，玻璃花心里的怒气全没了。

没走多远，杨殿起引他走进一座洋人宅院。头缠青布的黑脸印度仆人进去报过信，他们便登上摆满鲜花的高台阶，见到一个名叫"北蛤蟆"（实际叫"贝哈姆"，是玻璃花听了谐音）的洋人，秃脑袋，黄胡子，挺着松松软软的大肚子。人挺和气，总笑，还是哈哈大笑，好像觉得一切都很好玩。此外，还有两个上了岁数、身上散香气的洋女人，眼珠蓝得像猫，腰细得像葫芦，仿佛一碰就折。玻璃花头次在洋人家做客，真有点蒙头转向。特别是处处洋货——洋房、洋窗、洋桌、洋椅、洋灯、洋书、洋画、洋蜡、洋酒、洋烟和种种古怪有趣的洋零碎，叫他眼睛花得嘛也看不清楚，而且一半连名字也叫不上来。连养的一只长毛的花花大洋狗也隔路，趴在地上看不出哪儿是脑袋。以前，弄点洋货，好比大海捞针，这次算是掉进"洋"海里了。

杨殿起和北蛤蟆去到另一间屋，不知干吗，甩下玻璃花一人。他正好得机会把这些洋玩意儿细心瞅一瞅，否则就白来了。他一眼先瞧见桌上有个黄铜小炮，心想多半是个小摆设，好奇地一按炮上的小钮，"咔"一下，从炮口射出一个东西，掉在地上，吓他一跳，再看原来是根洋烟卷。他把洋烟卷拾起来，却怎么也塞不回去了。他以为自己把这东西弄坏了，便将烟卷揉碎，偷偷掖在坐垫下边。他老实地坐了一会儿，不见人来，斜眼又见手边有个倒扣着的小银碗，上边有柄，柄上刻着两个光屁股的女人。他轻轻一拿，只听"叮叮叮"响，原来是铃铛。应声就有一个大胡子的印度人跑进来，瞪圆眼睛对他说话，他不懂，以为人家骂他，可这大胡子立即端来一杯又黑又浓又甜又苦的热水。

他不通洋话，吃亏不小。杨殿起和北蛤蟆有说有笑，说来道去。那北蛤蟆对杨殿起腰上拴的九大件感兴趣，从进门到出门，不断地摸摸这个、捏捏那个，不住地怪声呼叫，还拉来那两个女人看，好像见到什么宝贝。他坐在一旁，不知做什么，又不懂得洋人礼节，只好随着杨殿起去做去笑，人家点头他点头，人家摇头他摇头。一举一动都学人家，可活活累死人。后来北蛤蟆似乎对他发生了兴趣，总对他笑。到底是喜欢他，还是他脸上蹭了黑？弄不明白。一直到他与杨殿起告别时，北蛤蟆连说几声"白白"，又看着他，拍着自己的秃脑壳狂笑不止。

杨殿起进紫竹林，就像回老家，东串西串，熟得很，也神气得很。他叫玻璃花在一个尖顶教堂门前稍稍等等，自己进去一阵子才出来，然后带他往左边拐两个弯，再往右拐三个弯儿，走进一家日本洋行。这儿从院子到走廊都堆着成包成捆的中国药材、皮货、猪鬃、棉花之类。打这些冒着各种气味的货物中间穿过，在一间又低矮又宽敞的屋子里，与洋行老板喝茶。杨殿起换了一口日本话与老板谈了一会儿，老板起身拉开日本式的隔扇门，只见当院一张竹榻上，盘腿坐着一个穿长衫的日本人，垂头合目，似睡非睡，倒挺像庙里的老和尚打坐。

洋老板会说中国话。他告诉玻璃花，这就是东洋武士佐藤秀郎先生。跟着，洋老板朝佐藤咕咕嘎嘎喊了几句日本话。

佐藤把他谢了顶的脑袋一抬，露出一张短脸；眼儿一睁，一双藏在眉棱子下边的鹰眼，灼灼冒光。他双臂一振，像只大鸟，款款跳下竹榻，立在地上，原来是个矮子，矮身短腿，胳膊奇长，评书上说刘备"两手过膝"，原来世上真有这样的人。这家伙阴森森，真有点吓人。

洋老板叫玻璃花讲讲神鞭的能耐，玻璃花虽与神鞭交过手，又亲眼见过神鞭大败戴奎一、索天响等人的情景，但至今他也没弄明白那辫子怎么来怎么去，一闭眼只觉得晃来晃去，有如一条蛇影。此时，他为了在洋人面前表示自己是有用之人，便把那神鞭真真假假、云山雾罩地白话一通，真说得比孙猴子的金箍棒还厉害。

没料到，东洋武士听得上了火。他叫人拿来一杆赶大车的马鞭，交给玻璃花，叫玻璃花抽他。玻璃花哪敢。

洋老板说："佐藤先生叫你抽，你自管用劲抽。"

杨殿起也说："东洋武士瞧不起没能耐的，你不抽我抽。"

玻璃花心想，三爷不抽你是客气，打便宜人谁不会。他挽起袖口，抢起鞭子死命朝佐藤抽去。"啪"一响，并没抽上佐藤，鞭鞘好像挂在什么地方了，抬头看看，头上无树，也没有别的东西缠绕，再一瞧，原来是给佐藤抓在手里。玻璃花吃惊地叫出声来："这——"

佐藤已撒开鞭鞘，叫他再抽。他一鞭鞭，上下左右地，一鞭比一鞭狠。但每一下都给佐藤抓住，出手之快，看也看不清。玻璃花把鞭子扔在地上，抱拳说："佩服，佩服，佐爷！我没见过这种本事。"

杨殿起笑道："你就知道洋货好。洋人不强，洋货能强？"

老板把这些话翻译给佐藤，佐藤脸上毫无得意之色，大声喊来四条身材矮粗的日本汉子，看上去个个结实蛮勇，一人手里一杆长鞭。四人站四角，挥鞭抽打佐藤，佐藤左腾右跃，鞭子渐渐加快，佐藤的身子化成一条鬼影也似，分不出头脚，却没有一鞭沾上他。只听得鞭子在空气里挟带劲风的飒飒声。玻璃花看得发晕，一只眼显然更不够使的了。

忽然，鞭影中发出佐藤一声怪叫，佐藤就像大鸟从闪电中蹿出来一样转眼间落在竹榻上。四条日本汉子傻站在那里，鞭子挥不动，原来四条鞭子的鞭梢竟给佐藤挽个扣儿，扎结在一起了。

杨殿起大声叫好称绝。玻璃花连"好"都喊不出来，为了表示自己不是外行，他琢磨一下，对佐藤说："佐爷，原来您练的是专门抓小辫！"

佐藤秀郎不答话，神气却傲然，好似天下所有人的辫子都能叫他抓在手里。玻璃花真算不白来，大开眼界，由此便知，天底下，练嘛功夫的人都有，指嘛吃饭的也有。当下，佐藤拜托玻璃花，送一张战表给神鞭傻二，约定三日后在东门外娘娘宫前的阔地上比武，到时候不到人就算认输。玻璃花见有这样的后戳，胆气壮起来，答应把战表交到傻巴手心里，把话捎到那傻巴的耳朵眼里。随后，杨殿起又用日本话同老板佐藤说了一小会儿，玻璃花插不上嘴，有些气，心想杨殿起这小子不是有话背着自己，便是有意向自己炫耀通洋语。分手时，玻璃花为了表示自己不是土鳖，就把刚才从"北蛤蟆"那里听来的两个字儿的洋话说出来:"白——白!"

这一来,反弄得日本人大笑。

在返回城去的马车里,玻璃花问杨殿起,洋人为嘛总笑自己。杨殿起说:"三爷不知,洋人和咱中国人习俗大不相同,有些地方正好相背。比如,中国人好剃头,洋人好刮脸;中国人写字从右向左,洋人从左向右;中国书是竖行,洋人是横排;中国人罗盘叫'定南针',洋人叫'指北针';中国人好留长指甲,洋人好剪短指甲;中国人走路先男后女,洋人走路先女后男;中国人见亲友以戴帽为礼,洋人就以脱帽为礼;中国人吃饭先菜后汤,洋人吃饭先汤后菜;中国人的鞋头高跟浅,洋人的鞋头浅跟高;中国人茶碗的盖儿在上边,洋人茶碗盖儿在下边。你刚才在贝哈姆先生家把碟子当碗盖,盖在茶碗上,当然人家笑话你了。"

杨殿起说这些话时,有一股精神从小白脸儿直往外冒。

"你敢情真有点见识!"玻璃花感到自愧不如。可是他盯了杨殿起的脸看了两眼,忽然说道:"我明白了——你小子原来两边唬——拿中国东西唬洋人,再拿洋货唬中国人。今儿你腰上拴这些铃铛寿星,就是为了唬北蛤蟆的。对不对?哎,我那两个铜炉子呢?"

杨殿起没说话,从怀里摸出两样东西给他。一样是指甲剪子,一样是块亮闪闪的金表,正是昨天见到的那种"推把带问"的。但不是昨天镂金乌银壳那块,而是亮光光、没有做工的镀金壳,显然是杨殿起刚从洋人手里弄来的。

"你小子,拿我那两个铜炉子换了几块表?"玻璃花问。

杨殿起看他一眼说："你不要就别攥在手里，拿来！我把那两个假宣德还你。你知道我往里搭进多少东西？一大挂五铢钱，还有一盒子血浸铜浸的玉件！"

　　"好小子，反正真假都由着你说。你和北蛤蟆跑那屋捣嘛鬼，我也不知道。认倒霉吧！"玻璃花推了一下表把，放在耳边，美滋滋地听一听，随即把表揣在怀里，链卡子别在胸前。

　　"你可还得给我再搜罗些铜佛、掸瓶、字画什么的。我——还有些好玩意儿，你见也没见过呢！"杨殿起说。

　　玻璃花身子随着车厢的摆动，眼瞅着在胸口上晃来晃去的金表链，听着杨殿起的话，忽然精神抖擞起来，"等东洋武士打赢，三爷我翻过把来，咱他妈就大折腾折腾！"

第九回
佐爷的本事是抓辫子

四名长衣短裤的日本汉子在娘娘宫前的阔地上，用刀尖画个大圈，场子就打出来。不管人多挤，谁的脚尖也不敢过线。

这儿，除去山门对面的戏台不准上人，四边的楼顶、墙沿、烟囱，能站人的地方都站满了人。还有些人爬到过街楼"张仙阁"，推开窗子往下瞧。只见东洋武士佐藤秀郎和神鞭傻二面对面站着。东洋武士浑身全黑，短身长臂，鼠面鹰目，那样子非妖即怪。傻二还是宽宽松松一件蓝布大褂，辫子好像特意用蓖麻油梳过，上松下紧，辫梢夹进红丝线头绳，漂漂亮亮盘在顶上。人们都盯着他这神乎其神的辫子，巴望亲眼看见他显露神功。

东洋武士一抬手，玻璃花捧上一根碗口粗、四尺长、上平下尖的木桩子。东洋武士接过木桩，尖儿朝地，拿拳当锤，喱、喱、喱、喱，硬往下砸，眼见木桩一寸一寸往地下扎。这一出手就把人们看呆了。玻璃花高兴地又喊又叫。

玻璃花纯粹傻蛋一个。前三天说好，今天比武，日本洋行的老板不来，这边全靠杨殿起和玻璃花照应。杨殿起还得当翻译。偏巧昨晚杨殿起说铺子里有急事，坐船去了宁河的东丰台。玻璃花哪知道杨殿起由于天津人自打咸丰九年望海楼那桩教案，仇洋的情绪好比涨满的河水，使点劲就会溢出来，他怕招惹众怒，耍个滑儿躲开了。玻璃花竟然挺美，他以为杨殿起不在，日本人又不懂中国话，他想怎么说就怎么说了："傻二，瞧！今儿东洋的哥儿们，替三爷我拔撞来了。怎么样？三爷的路子野不野？今儿叫你小子明白明白，是洋大人神，还是你那狗尾巴神。看谁还敢骑着三爷的脖颈子拉屎！谁他妈恶心过三爷的，今儿东洋哥儿们就替三爷出气！哎，傻巴，你怔着干吗？"

傻二确是有点发怔。

大前天，有人把战表包块砖头扔进他家院子，他就怵头。为嘛？说也说不明白。反正那时候中国人怵洋人，谁也不知道为了嘛。有原因就有办法，没原因就没办法。直到昨天后晌，他还犹犹豫豫，依然没有回表应战。这当儿有人敲门，他坐在屋里没开门，转眼却见一个人站在跟前，就是一阵风刮进来，也没这么快。这人身材瘦小，鼻子奇大，单看目光透彻的双眼，就知有修行深厚的功夫在身。没等他开口，这人纵身往后一跃，竟然毫无声息地贴在墙上，两脚离地三四尺，原来他左手的无名指钩在墙壁的钉子上，凭借这一指之力自由自在地悬起整个身体，就像蜻蜓落在上边一样，这功夫可是天下少见的。这人笑嘻嘻对他说："我看你的神气不对。哥儿们，难道你怵洋人？那你还算不上一条好样的汉子。洋人不过眼珠、头发、皮肤的颜色和咱不同，说话两样，至于其他么——喜怒哀乐，行止坐卧，吃喝拉撒睡，还不都和咱一样？他们吃饱不打嗝儿，受凉不打喷嚏，睡觉不打呼噜吗？要说能耐，各有各的长处，要说比武打架，非压他们一头不可。哥儿们，论功夫，你在我之上。可是我都不把洋人当回事，你呢？咱初次见面，总不能叫我把你看尿了吧！尿给谁，也不该尿给洋人！洋人的武功再各色，总离不开手眼身法步，你只要留神他用嘛法子，破法拆招，保你打赢。何况你还多一条辫子呢……哎，兄弟，你给我把扇子，这天跟下火差不多。"

傻二转身拿扇子，边问："师傅尊姓大名？"

"鼻子——李。"

只听这三个字，回身已然不见墙上那人。头两字"鼻子——"声音还是在那面墙上，最后一个"李"字，已经是从门外边传进来的。

原来此人竟是赫赫有名的鼻子李。轻功盖世，名不虚传。人家既然如此看重自己，胆气也就足了。至于人家说功夫在自己之下，也并非一般客套话。像这种有真本事的人，总爱把自己藏在别人的后边；没真本事的人才总往前蹿，生怕丢掉自己。怕人忘掉是最悲惨的事——这是题外的话了。

且说这时，东洋武士已经把木桩子砸进地里一尺半，地面上露二尺半，他双臂一展，落在木桩上，像只老鹰落在旗杆顶上。他并不进攻，而是朝傻二比画两下，叫傻二进招。傻二想到鼻子李嘱咐他的话，用心琢磨对方的招法，悟到东洋武士身材矮小，够不上自己的发辫，故此先立个木桩，站在桩上，居高临下，逮机会好捉自己的辫子。傻二看破对方招数，也就马上有了对策，他纵身贴前，拳掌并用，就是不动辫子。东洋武士手法极快，把他的来拳来掌，一一抵住，而那双鹰眼始终死盯着他头上的发辫。傻二主意拿定，不到紧要关口，绝不使唤神鞭。东洋武士也看透了他的用意，故意卖个破绽，待傻二贴前，猛出双掌，快若迅雷疾电，傻二赶忙招架，两双胳膊顿时绞在一起，傻二的左腕被拨在中间，只要对方发力，就可能被拨断。使辫子！他刚一动念，辫子已经抽在东洋武士的脸上，这一下，打得东洋武士立即松开双臂，身子一晃，险些掉下木桩，但傻二这一辫子打出去，似乎感觉辫梢碰到什么，这是东洋武士的手！他立即明白东洋武士今天憋足劲是来捉自己的辫子的，挨了打也没忘了抓他的辫子。他变个招数，不用横抽，而是如蛇出洞，寻到空隙直戳出去。软软一条辫子，使得像铁杆扎枪，刚猛异常。玻璃花在一旁叫道："佐爷！小心辫梢扫眼睛！"东洋武士不懂中国话，怔了一下，就给傻二的辫梢飞快地戳上眼睛，不等他睁开眼睛，傻二抡起辫子就抽，"啪"声如霹雷，打得东洋武士在木桩上转了两圈，若不是脚下有根，早跟土地爷热乎去了。

这两下把东洋武士打糊涂了，他闹不清辫子的来龙去脉，甚至不知这辫子究竟在哪儿。可是他忽然见傻二的辫子一甩，像棍子一样横在自己眼前，东洋武士见这机会绝好，出手抓辫，指尖将将沾上辫子，这辫子又变成链条在他手腕唰的缠了两道。跟着傻二来个"狮子摆头"，硬把东洋武士从木桩上甩起来，同时一拳打在东洋武士胸口上。这一拳为了不叫东洋武士借机抓他辫子，因而运足气力，锐不可当，直把东洋武士晕头转向地扔在对面的戏台上去。就这一瞬，傻二已然站在那木桩上，神鞭乌光光又松松地绕在肩上，双手倒背，神气顶足，好像站在那儿看戏。

在众人叫好和哄笑中，东洋武士就像名丑刘赶三，傻乎乎立在戏台上。不知谁大喊一声："打他妈洋毛子呀！"跟着一大群人跳进场子和四条日本汉子打成一团。看热闹的人见闹事了，有的往南跑，有的往北跑，反而挤成大瞎团。一时拳飞棒舞，不知谁揍谁。死崔忽然带着一帮小混混，冲进人群，围住玻璃花，一把将他胸前的金表夺去，跟着混混们手舞斧把、竹竿、门闩，把玻璃花打得杀猪一般号叫，一直把嗓子喊劈了，出不来声音。

第十回
它本是祖宗的精血

傻二鞭打东洋武士，不单威震津门，也落得美名四扬。本地乡绅送来厚礼和钱帖，才子们送来条幅对联，还有梅振瀛写的两对大漆描金的横匾。一块是"张我国威"，一块就是这"神鞭"二字，尤其这"神鞭"写得尤见气势。"鞭"字最后一捺甩出来，真像傻二的辫子一甩那股劲——又洒脱又豪猛。可惜他房小屋低，没处悬挂。本地的山西、闽粤两家会馆就召集买卖人募捐银钱，张罗泥工瓦匠，给他翻盖房屋。因为他这一鞭，压住了洋人的威风，也压住了洋货如潮、猛不可当的势头。一连多少天，卖国货的铺子盈利眼看着往上增。故此，无论傻二怎样推却，也推不掉众人这份盛情。紧接着，就有更多好武少年求他开山收徒，传授神功。他祖辈的规矩非子不能传。但不知谁在外边嚷嚷，说他大开门庭、广收弟子。每天叩门拜师的人很多，杂七杂八，嘛样都有。有的脑袋后边的辫子不比老鼠尾巴长多少，毫不自量，也要学辫子功。有一天，来一个黑脸的胖大汉子，辫子比棒槌粗，长得几乎挨地，竟然比傻二的神鞭还长。傻二愈看愈不对，上去一抓，掉下来一多半，原来掺了假发！傻二没工夫和这些人胡缠，便关上门，门板上贴张黄纸，写明不收徒弟。可外边照样有人自称是他的嫡传弟子。大仪门口的益美丰当铺迎面墙上，挂出一条大辫子，说是当年"傻二爷"送的。

下边贴张红纸，写着"神鞭在此，百无禁忌"八个大字，引得不少人去观看，说真说假，议论不已。后来各买卖铺一窝蜂都挂出辫子来，也就没人再论真假了。

市面上闹得这样厉害，傻二是凡人，凡人不能免俗，难免得意扬扬，迷迷糊糊像驾了云。他想自己出人头地，穿着打扮都得合乎身份，便在人家送来的礼品中，择了一套像样的袍褂，刚要试穿，忽听门外传来拨动橡头的声音，知道这是担挑儿剃头刮脸的王老六。自己也正该把辫子精心梳洗整理一番，便开门把王老六招呼进来。

王老六是宝坻县人，本领出众。据说他当年在老家学艺时，师傅叫他抱着挂霜的老冬瓜剃，只准剃去瓜皮上的一层白霜，不准划破瓜皮。老冬瓜都长得坑坑洼洼，练这一手才算真本事。王老六在西头一带，走街串巷二十多年，没听人说他划破过谁的头皮。可他今儿有点反常，不一会儿已经在傻二的头上划破五条口子，每划破一道口，就赶紧用胰子沫堵住，不叫血出来，杀得头皮好疼。傻二抬眼见王老六握剃刀的手直抖，便问："你怎么啦？"

这话问得直。王老六以为傻二看出自己心里的鬼来，扑腾跪在地上，浑身都抖起来，声音都发抖，"您饶了我吧，傻二爷！"

傻二摸不着头脑，但觉得事情里边有事，往深处一追，王老六招出。原来玻璃花和杨殿起把他找去，说洋人要花一百两银子买傻二头上的辫子。他们先给王老六十两，待王老六割下辫子，再把赏银补齐。王老六一时贪财应了这事，临到动手心里又怕起来。王老六说到这儿，把头磕得山响，掉着泪说："不管您打我骂我，还是饶了我，从今儿我都再不在天津卫担挑剃头了。我白活了六十岁，什么发财的机会没碰上过，如今百十两银子就把我买了。别看我岁数大，到老不做人事，也不算人！"

这事叫傻二听了吃惊不小。

他好言把这财迷转向的老东西安慰一番，打发走后，西城的金子仙来访。这位金先生在各大南纸局挂举单，卖字画，自然一手好字好画，以画"八破"称名于世。这八破，即破碎的古瓶、虫咬的古书，霉烂的古帖，锈损的古佛，熏黑的古画，断残的古钱，磨穿的古砚和撕裂的古扇。他原先最爱吃傻二的炸豆腐，现在就自称是傻二的"老哥儿们"，常来串门。每来必送一幅字，都是用最考究的红珊瑚笺帛写的。

傻二把刚刚发生的事告诉金子仙，并说："我纳闷，他们割去我的辫子有嘛用？至多半年不又长出一条？"

金子仙慌忙说："不，不，你快敲木头，这话不能说。这神鞭既是你父母的精血，又是国宝，焉能叫洋人弄去。"他沉一下，放缓口气说："老哥儿们，虽说你神功盖世，要论您这人……我下边要说的话就有点愣了……"

"你有话干吗留在肚里？"

"您——哩！您这人可算冥顽不灵。对外，看不明白世道；对己，看不明白……您这神鞭。"

傻二想一想，连连点头说："对、对、对！是这么回事。你怎么看？说说。"

金子仙的话题非同一般，神色也变得庄重起来，皱成干枣儿似的眉头上，还颇有些忧国忧民之意："如今这世道是国气大衰，民气大振，洋人的气焰却一天天往上冒。他们图谋着，先取我民脂民膏，再夺我江山社稷。偏偏咱们无知愚民，不辨洋人的奸诈，反倒崇尚洋人。就说市面上那些怪怪奇奇的洋货，都是海外洋人的弃物，愚民竟当作珍宝，怪哉！还有洋人的图画，徒有形貌，毫无神韵，更是无笔无墨，上无刘李马夏，下无四王吴恽，全然以媚俗取悦于人，愚民也好奇争买。有人瞧见，紫竹林一家商店摆着一件塑像，名号叫'为哪死'（维纳斯），竟是赤身裸体的妇人！这岂不是要毁我民风，败我民气！洋人不过都是猫儿狗儿变的，能有多少好东西？民不知祖，就有丧国之危！老哥儿们，您再想想自己头上这辫子，哪来这样出神入化？您自己也说过，想到哪儿，辫子就到哪儿，想多大劲儿，辫子就多大劲儿。凡人岂有这样的能力？这本是祖先显灵，叫你振奋国威民志，所谓'天降大任于是人'！洋人想偷神鞭，意在夺我国民之精神！身上毛发，乃是祖先的精血凝成，一根不得损伤。您该视它为国宝，加倍爱惜才是。老哥儿们，我看您为人过于憨厚，凡事不计利害，怕您吃亏，才不管您爱不爱听，把话全扔出来！"

这一席话，已然使傻二听得浑身起鸡皮疙瘩。人们常说，神呀，仙呀，灵呀，魂儿呀，现在竟都在自己身上。他瞥一眼自己的辫子，仿佛弄不明白是嘛玩意儿了。好像脑袋后边拖着的不是辫子，而是整个大清江山，那么庄严，那么博大，那么沉重。但再寻思寻思，这事情确乎有点神。谁有这辫子，谁又听说过这样的辫子？一时，他有种当皇上那样的气吞山河之感。还有种感觉——那时没有"使命感"这个词儿——他就是这种自我感觉。他心想，既然自己的功夫不能外传，就该赶紧娶妻生子，否则便会打他这儿中断了祖辈传衍的神功，对不起祖宗。他见金子仙是个古板人，循规蹈矩，能信得过，便拜托金子仙帮他找个媳妇。金子仙家正好有个老闺女，就送过门来。这女人名叫金菊花，模样平常，人却勤恳诚实，对他的辫子真当作宝贝一样爱惜，三日一洗，一日一梳，为了安全，剃头的事都由她自己来做。梳洗好拿块蛋黄色绣金花的软绸巾包上；还专门缝个细绢套，睡觉时套上，怕压在身子下边挫伤了。逢到场面上的事该出头露面，她在这辫子每一节都插上一朵茉莉花，香气四溢，黑中缀白，煞是好看。这女人就一步不离地守在他身边，防备歹人意外偷袭，这样子极像四月初八城隍庙赛会上，各所看守古董玩器的童子。

第十一回
神鞭加神拳

光绪二十六年，有个歌儿唱彻天津城：

一片苦海望天津，

小神忙乱走风尘。

八千十万神兵起，

扫除洋人世界新。

这歌儿来得突然，事情来得更突然。天下闹起义和拳！但如果您要在那时候活过，身子叫在教的二毛子们当驴骑，眼见过知府大人在洋人面前不如三孙子，您又不会觉得义和拳来得离奇突然。俗话这叫：事出有因嘛！

清明一过，直隶省遍地义和拳纷纷竖旗立坛。一入五月，文安、霸州、静海、丰润、青县、沧州、安次、固安等地团民，呼啦啦潮水般涌进天津卫，凭借着两丈高的城垣，与紫竹林的毛子们交上火。炮弹来回来去，像蝗虫一样飞。人都说义和拳能避洋枪洋炮，天津卫的哥儿们应声闹起来，把各个庙宇、祠堂、公馆、公所、学院，甚至大家宅院，全都占作坛口。镇守天津的总督裕制军弹压不住，换个笑脸，穿着朝衣补褂，方头靴子，向各路拳首三拜九叩行大礼。这一来，满街走的都是义和拳了。文官遇上下轿，武官碰上下马，叫这些平时仰头走路的大老爷们垂头丧气，小百姓们自然高兴。这时，像广来洋货店那样的字号，在"洋"字上边贴个"南"字，像玻璃花去紫竹林坐的那类东洋车，也改称作"太平车"。一切沾"洋"字都犯忌。信教的二毛子、三毛子、直眼们大都给团民们捉去。腿快的逃往租界。杨殿起虽然不在教，平时发了洋财，无人不知，他机灵得很，不等义和拳闹起来，便提早躲进紫竹林，后来"天下第一团"的首领张德成，用八十一条火牛往租界里一冲，他怕租界守不住，就随同贝哈姆的家眷坐轮船出海渡洋，从此不当中国人了。

这些日子，外边人都嚷嚷傻二去紫竹林拿神鞭打毛子，其实他一直待在家。他心里痒痒，想摆个坛口，但又犯嘀咕，不大相信义和拳真能闭住洋枪洋炮。金子仙更是不叫他和乱民掺和一起。他整天闷在屋里，并不死心。

五月十七日，傻二在家，听大街上有人叫喊，传告各家用红纸蒙严烟囱，不许动火吃荤，三更时向东南方供馒头五个，凉水一碗，铜钱五枚。义和拳大师兄要到紫竹林去拆洋人大炮上的螺丝钉，如果马到成功，洋毛子的炮弹就落不到城里来了。不一会儿，又有人喊叫，各家都用竿子挑起红灯一盏，红灯照仙姑今晚要降神火烧教堂。傻二将信将疑，叫金菊花照样做了，一天一夜，竟然真的没有洋人炮弹落下来；当晚城那边果然起了大火，冒起三柱粗粗的黑烟，夹着一闪一闪的大火星子，直把东半边天都烧红了，比正月十五放烟火盒子还要辉煌壮观。一扫听，原来是西门内、镇署前、仓门口的三座洋教堂，给红灯照借来神火烧着了。

转天，傻二在家中无事，忽听有人敲门找他。开门进来一个穿团服的矮小老头儿，倒梨样的圆脸儿，腰间别着一根九孔小管，自称是傻二老乡——安次县廊坊西边香芦村人。他忙请老头儿屋里说话。他不认得这老头儿，老头儿却知道他。因为老头儿和傻二的爹同辈儿。

"你听说一个外号叫'青头愣'的吗？"老头儿问他。

傻二想起，爹爹生前提到过此人，吹一口好笛，在村里的"吹歌会"领头。这会是纯粹的音乐会，红白喜事不吹，只在逢年过节演奏一番，讲求音调和味道。"青头愣"本姓刘，排行老四，由于头皮青得发蓝，乡人给他起了这个蚂蚱的绰号。傻二说："原来您是刘四叔呵！"

老头儿高兴地咧开嘴唇，直露出牙花，连连点头。这刘四说，早在乡间就听说天津卫出了一个"神鞭"，他猜到这是傻二爹，谁知这次到天津一扫听，没料到傻二爹没了，但功夫已经传到他身上。傻二问刘四，怎么会猜到是他家。刘四说，天下还有谁会这独门奇功？跟着，他告诉傻二所不知道的事儿——

传说傻二的老祖宗，原先练一种问心拳，也是独家本领，原本传自佛门，都是脑袋上的功夫。但必须仿效和尚剃光头，为了交手时不叫对方抓住头发。可是清军入关后，男人必须留辫子，不留辫子就砍头。这一变革等于绝了傻二家的武艺。事情把人挤到那儿，有能耐就变，没能耐就完蛋。这就逼着傻二的老祖宗把功夫改用在辫子上，创出这独异奇绝的辫子功。……

刘四啧啧赞赏地说："你祖辈有能耐，这一变，又是绝活！"

傻二好似一下子找到自己的根儿，心里十分快活，呼叫金菊花备些酒菜招待。刘四说，团有团规，不准吃荤、喝酒、逛窑子、诈钱财，违者挨一百杖，还要给赶出坛口。然后就问傻二身怀绝技，为什么待在家，不去竖一杆旗，上阵灭敌，光宗耀祖。他正色说："东洋武士都败在你手下，难道你还怕洋人？你匾上写着'张我国威'，挂在这儿给谁看的？你要是把这辫子当作古玩，它可就成死的了。如今，大男儿不去为民除害，以身报国，等啥？我老汉乡下还扔着一大家子人呢！"

　　"您……今年高寿？"

　　"整整七十啦！"刘四说。但乡下人操心少，活动多，吃新米鲜菜，都显得年轻硬朗。

　　"这样高龄也上阵吗？"

　　"不上阵，我一百多里下卫来干啥？虽然舞不动铁枪钢刀，穷哥儿们杀毛子时，我也吹吹笛，鼓鼓劲儿呗！"

　　傻二心里一动，眉毛也一动，问道："刘四叔，我入你的团如何？"

　　金菊花一旁想要阻拦，却给傻二的目光逼得没敢张嘴。

　　刘四笑道："不瞒你说，今儿是义和拳的总头领曹福田老师叫我请你来的，当下就在近边的吕祖堂。说啥入不入团，请你去做老师！神鞭一到，团民立刻要精神十倍呢！"

　　傻二把搁在心里的话说出来："人都说义和拳能避枪炮，这话当真？"

　　刘四看他一眼，说："不假。你要看，就随我来！"

　　傻二把"神鞭"往头上一盘，对刘四说声："走！"就拉着刘四走出大门。

他们来到吕祖堂，这清静的庙宇如今大变模样。殿顶墙头插满牙边绣面的黄红团旗，就像戏台上武生后背插着的靠旗，好不威风！大殿前月台上，团民正操演排刀，殿前摆一条大香案，供着大大小小许多神牌。一尊水缸大的生铁炉子插着数百棵线香，团团浓烟往上冒，直与那些旗子卷在一起。团民们齐刷刷站了一圈，四周还有不少百姓，观看团民拜神上法，表演过刀。这场面可是既奇特又神秘，傻二以前在乡间看过白莲教、红枪会铺坛，连气氛都很相像。

义和拳按八卦中的乾、坎、艮、震、巽、离、坤、兑，分八门，又分红黄白黑四色。曹团是乾字团，主黄，故团民一色黄包头，黄褡膊，黄裹腿。有的青蓝布衫外边罩一个金黄兜肚，镶滚紫边，当胸拿红布缝个"☰"字，高矮胖瘦，老少豪秀，嘛样都有，却一概威风凛凛，神情庄重，若有神在。

一个年轻团民跳到月台中央。这小子圆胖小脸，肥嘟嘟小噘嘴，左眼下有块疤，嗓门又哑又尖，一口地道的天津话。他脚上穿一双白布孝鞋，十分刺眼，自称能求来孙猴子附体。他走到香案前对着神牌先叩三个头。这些木头做的神牌上，用墨笔写着神仙的姓名，却都是戏里的人物。有关羽、姜太公、诸葛亮、张天师、周仓、孙行者、黄天霸、黄三泰、窦尔敦、杨六郎、武松、秦叔宝等等，他叩过头，站在香案旁一位络腮胡须、个子高大的师兄，拿起一道符，口中念道：

快马一鞭，

几山老君，

一指天门开，

二指地门开，

要学武技请师傅来。

这穿孝鞋的圆脸团民也口念一咒语：

北六洞中铁布衫，

止住风火不能来，

天有天道，地有地道，

齐天大圣护我身，五雷刚。

念过后，闭上眼，浑身猛地一抖，好像有神附入体内，跟着就陡然旋身疾转，手舞足蹈，每一动作都极像猴子。傻二看出这是"猴拳"的招式。大个子师兄问团民："何人下山？"这团民尖声答道："我乃悟空，刀枪不入也。不信就拿刀来试一试！"这声调与戏台上孙猴子的道白差不多。师兄操起一柄开了刃的九环大刀，朝这团民哗哗响举起来。这团民并不怕，拉开衣裤，一运气，肚子鼓得像扣上去的一个小盆儿。师兄一刀砍在肚子上，但听"咔"一响，居然皮肉不伤，刀刃砍过之处，只有一道白印，渐渐变红。这一来，团民愈发神气，对师兄叫道："你拿洋枪来，我也不怕！"师兄就从香案下取出一支洋枪。这洋枪里没上子弹，而是塞满掺了沙子的火药，抬起来，枪口对着团民。这场面可够惊心动魄，谁料这小子胆大包天，非但不避，反而把肚子凑近枪口，带着股刚烈气息，尖声叫得刺耳："来呀，毛子们来呀！"只听轰一响，硝烟飞过，这小子毫无损伤！他像掸尘土那样，把打在肚皮上的沙子用手都拂下来。众人看得说不出话来。傻二心想，这团民用的是不是硬气功！即便如此，这也是顶上乘的功夫。他从未见过，也没听说过。因此对这附神上法也就信多疑少。哪知道，那时义和拳就是用这样的高手，稀世的绝招，鼓动士气，使人相信上阵能避枪炮、灭洋人，以此招徕团众。经过这叫人信服的操演，那些要去打洋人却畏惧枪炮的哥儿们，就都嚷嚷着要入坛了。

这时，忽从五仙堂走出几个团首，簇拥着一个背披斗篷、腰悬大刀、气度非凡的黑瘦汉子。这汉子正是津门义和拳总头领曹福田。刘四忙引傻二登上月台去见曹老师。

曹老师是行伍出身，浑身带着干练精悍的劲头，见傻二就单手打个问讯说："神鞭一到，不愁赶尽洋毛子！"

众人见是神鞭傻二来入坛，一齐欢呼起来，气氛很是热烈。

傻二说："曹老师为咱中国人雪耻，要率弟兄们去紫竹林与洋毛子一决雌雄，胆量气节，都叫我五体投地。"

曹老师说："哪儿的话！你的神鞭给我添了十倍的力量。就请您当众略施神功，壮我士气！"

傻二马上慨然答应，叫八名团民挥刀砍他，眨眼之间，啪啪数响，不及看清，那八柄腰刀早给横七竖八抽落在地。惊得众人一时无声，然后哄地同声喊起好来。

傻二这几辫抽出精神来，他对曹老师说："几时去紫竹林接仗，我愿同往！"

"今日后晌就去。我给您两队团民，由您带领，殷师弟——"曹老师扭头对刚才演排刀、穿孝鞋那个圆脸团民说，"你跟着去！"

"好！"殷师兄过来对傻二说，"只要您叫我上，迎着枪子儿也上，如有半点含糊，就是狗娘养的！"

傻二对他含笑点头。他已经深为这团民的豪气所感动。

"眼看晌午，我就不回家送信了，快快上阵。"傻二说到这儿，心想还是上法在身更牢靠些，便抱拳对曹老师拱拱手说，"愿借神威！"

曹老师当即拿出黄表朱墨，写了咒符一张给他，傻二接过来看，上边写着：

> 家住东海南，
>
> 日没昆仑山，
>
> 沙子赛冰凌，
>
> 闭炮不冒烟。

这四句咒语后边还画个"五雷正法"的符图：

他看了半天，似懂非懂，等他把这符咒折成三折，塞进辫根里，感到满脑袋的头发都发烫。似乎真有法力注入他的辫子里。他想：神鞭加神拳，毛子全玩完。心里有种纵入紫竹林，一扫洋人的渴望。

这时，曹老师已经派遣三名精壮团民到紫竹林去下战表。那战表上这样写着：

统带津、静、盐、庆义和神团曹，谨以大役布告六国使臣麾下：刻下神兵齐集，本当扫平疆界，玉石俱焚，无论贤愚，付之一炬，奈津郡人烟稠密，百姓何苦，受此涂炭。尔等自恃兵强，如不畏刃避剑，东有旷野，堪作战场，定准战期，雌雄立见，何必缩头隐颈，为苟全之计乎？殊不知破巢之下，可无完卵，神兵到处，一概不留，尔等六国十载雄风，一时丧尽，如愿开战，晌后相候。

晌午，傻二随同团民饱餐一顿百姓送来的得胜饼和绿豆汤，然后，列齐队伍，刀上贴了符纸，开拔上阵。兵分作二路，曹老师一路出东门直捣马家口，傻二一路出南门径取海光寺。临行时，曹老师赠给傻二一块缝着乾字图样的头巾。他掖在怀里没戴，而是故意把那四尺多长的神鞭乌光光顶在头上。

一时，城中人都说，这一下，傻二爷要把毛子们都赶到海里去，就势还要拿神鞭将紫竹林里的洋楼和电线杆全都抽倒。说到电线杆，因为那时百姓们都认为电线杆里藏着洋人的妖法。

第十二回
一个小小的洋枪子儿

地有准，天没准，说阴就阴。虽然没有倾盆瓢泼往下浇，空中飘起又细又密的雨毛毛，不一会儿，树皮草叶就湿乎乎冒光，地皮也发滑了。

刚刚，傻二带领团民与毛子们打了一场硬碰硬的交手战。毛子果然有隔路的招数，挺着枪刺只捅不扎，与咱中国人使唤扎枪的法子大不相同，傻二也使出拿手好戏，辫梢专抽毛子们的眼睛，只要毛子睁不开眼，团民上去挥刀就砍。毛子吃了大亏，忽然脱开肉搏，退到土岗子后边放一排枪。傻二头一次与毛子们交战，这洋枪子儿比戴奎一的泥球神得多，连声音都听不见，辫子自然也毫无举动，身后的团民却一个个倒下去。待他们冲上土岗子，毛子们连影儿也没了。傻二见倒在身边一个团民，胸口给洋枪子儿穿三个洞，鲜血直冒，心里犯起嘀咕，还有几个年少的团民看着发怔，似乎也对"刀枪不入"起了疑惑。那个穿孝鞋的殷师兄走过来说："这几个哥儿们功夫没练到家，请不到神仙附体，就顶不住洋枪子儿！"

话刚说这两句，忽然跑马场那边毛子们打起炮来。西瓜大的乌黑的弹丸，眼瞧着远远地飞过来，落在开洼地里，炸得泥水、土块、小树乱飞。殷师兄一点也不怕，对众团民叫道："站好啦，甭怕，怕鬼才被鬼吓着！等大炮咋呼完了，毛子们就该出窝啦！"

团民们都迎着又凉又湿的风站着，没一个躲藏。

这阵炮没伤着人。随后，在前边墨绿色的树丛后边竖起一杆小洋旗来，摇了两摇，小鼓咚咚响，毛子们出来了，前后三排，端着枪，踩着鼓点直挺挺走过来。团民们正待迎上去肉搏，毛子们忽然变化阵势，头排趴下，二排单腿跪下，三排原地站着。轰！轰！轰！三排枪。立即就有许多团民向前或向后栽倒。其余团民不明其故，仍旧站着不动，殷师兄尖声喊道："趴下！趴下！"于是团民们和傻二都趴在泥地上。

毛子们换上子弹，轰！轰！轰！又是三排枪。

子弹贴着傻二他们的头和后脊梁骨飞去，压得他们抬不起头来。殷师兄就趴在傻二身边，他的头巾被打烟了一块，压得他必须把脸贴在泥地上，他嘴巴上蹭了一大块泥印子，气得他脸憋得通红，眼珠子直掉泪，奶奶娘地大骂，愈骂火愈旺，忽然跳起来，用那撕扯人心的尖嗓子大叫一声："× 他祖宗，我娘叫他们糟蹋，我把他们全 × 死！"就像疯了一样舞着宽面大刀冲上去。他那穿着白孝鞋的脚，几步就闯入敌阵中间。

应声的团民们立即全都蹿起来，迎着飞蝗一般洋枪子儿上，不管谁中弹倒下，还是不要命往前冲。傻二自然也不管身上有没有法了，夹在团众里，一直冲入毛子们阵中，挥刀舞辫，碰上就打。耳边听着咻咻枪子儿响，跟着还有一阵阵助阵的鼓乐声从身后传来。这乐曲好熟悉！是《鹅浪子》吧！它这悲壮的、尖啸的、凄厉的、一声高过一声的声音，好像带着尖，有形又无形，钻进耳朵，再使劲钻进心里，激起周身热血，催人冒死上前，叫人想哭、要怒，止不住去拼死！呀！这就是刘四叔那小管儿吹出来的吧！他来不及分辨，连生死都不分辨了。一路不知辫子已经抽倒了多少毛子。忽然轰一响，眼一黑，自己的身子仿佛是别人的，猛地扔出去，跟着连知觉也从身上飞开了。待他醒来，天色已暗，周围除去几声呱呱蛙叫，静得出奇，他糊里糊涂以为自己到了阴曹地府。再一看，原来是在一个水坑里，多亏这坑里水浅，屁股下边又垫着很厚的水草，鼻尖才没有沉到水面下边，不然早已憋死。他从水里站起来，身上腿上都没伤，肩膀给洋枪子削去一块肉，血染红了左半边褂子。

他爬上坑边一看，满地都是死人，有毛子，也有团民，衣服给小雨淋得颜色深了，伤口的血却被雨水冲淡，一片片浅红濡染尸体与草地。他忽然发现殷师兄和一个毛子死死抱在一起，一动不动卧在地上。他用手一掰，原来殷师兄的大刀扎在毛子的胸口里，毛子的枪刺捅进殷师兄的肚子，早都死了。在湿地上，那孝鞋白得分外刺眼。他四下把团民的尸体翻翻看，没发现一个有气儿的。不知为嘛，他急于走开这地方。

他辨明方向，往城池那边走。走不多远，忽见一个黄土台上，横躺竖卧一堆死人。细看竟是他老家来的吹歌会，已然全部捐了性命。牛皮大鼓被炸裂，木头鼓帮还冒着烟儿，地上扔着唢呐、笙、小钹、鼓槌。在这中间，斜躺着一个老头儿，头上的包布脱落，脑壳露在外边，给雨淋得像瓜似的，冒着幽蓝幽蓝的光。他手里紧紧攥着一根九孔小管，呀，正是刘四叔！他差点叫出声来。当他俯下身给刘四合上眼皮时，心里一阵难受，并涌起一股火辣辣的劲儿来，头发根儿都发炸，他猛仰头，一甩辫子，要只身闯入紫竹林决死一拼，但他忽然感到脑袋上的劲儿不对，再一甩，还不对，辫子好像不在脑袋上，扭头看，还在后背上垂着，真怪！他把辫子拉到胸前一看，使他大惊失色，原来这神鞭竟叫洋枪子儿打断了，断茬烧焦起来，只连着不多几根。掖在辫子里边的黄表符纸也烧得剩下一小半。嘛？神鞭完啦？

啊！他蒙了，傻了，不知道是怎么回事。一时好似提不住气，一泡尿下来，裤裆全湿了。

天黑时，他才回去，却不敢回家，又怕路上撞到熟人，叫人看见。他用曹老师给他的那块头布包上脑袋，进城后赶快溜进丈人金子仙家。金子仙听了，惊得差点昏过去，待他神志稍稍清醒，就忙把傻二严严实实藏起来，千万不能叫外人听到半点风声！

第十三回
只好对不起祖宗了

天津城陷后，很长时候，没人提起傻二。有人说，他去紫竹林接仗那天，踩响毛子埋的地雷，丧了性命；也有人说，他叫毛子们施了法术，关进笼子，还用电线捆起神鞭——那时人们不知电线怎么回事，以为其中有魔——装上船，运到海外展览。庚子变乱之后，一连几年，人心不定，社会不宁。毛子们拆去天津城墙，又把租界扩大一倍，天津地面上的毛子更多起来。中外一仗，有人打明白了，不再怕毛子；有人打糊涂了，更怕毛子。他们想，天上诸神下界，都拿毛子没辙，一条神鞭，即便真是祖宗显灵，也顶不住戗。

金子仙人够精细。他把傻二这么一个五六尺、咳嗽喘气的大活人，藏在家里半年多，居然没人知道。傻二养好肩上的伤，断辫子却一直没长好。那辫子是给洋枪子儿斜穿肩膀打断的，上边只剩下半尺多，养了半年，长过了二尺却愈长愈细，颜色发黄，好比黄羊屁股上的毛，而且尖头出了叉儿。头发一生叉就不再长，辫子少了一尺，甩起来不够长，也没劲，打在人身上就像马尾巴扫上一样。

这些天，金子仙父女和傻二的心情极糟，真像打碎一件价值连城、祖辈传下来的古董。金子仙跑遍城内外的药铺，去找生发的秘方。直把腿肚子跑细了一寸，总算打听到估衣街上瑞芝堂的冯掌柜有这样的秘方。金子仙马不停蹄来到估衣街，谁知药铺的掌柜早换了蔡六。蔡六说冯掌柜在半年前，洋人洗城时，叫一堵炸塌的山墙压死了。金子仙不死心，又幸亏他鼻子下边长了一张不嫌费事的嘴，终于在北大关"一条龙"包子铺后边找到冯掌柜。冯掌柜如今在一间豆腐块大的门脸房摆小糖摊。一提药铺，冯掌柜就哭了。

原来，庚子变乱之时，聂军门武卫军的马弁们在估衣街上，乘乱烧抢当铺，大火把瑞芝堂药铺引着。蔡六抢在水会来到之前，把账匣子扔到火里。药铺的钱账，早就由冯掌柜交给蔡六掌管，花账、假账肯定不少。这一烧就没处查对。火灭之后，蔡六买通一伙人，自称是债主，向冯掌柜讨债，冯掌柜拿不出账来，蔡六又里应外合，点头承认铺子欠着这些人债款，只有人家说多少给多少，直把冯掌柜逼得倾家荡产。最后把药铺盘出去，才把债还清，谁知收底盘下这铺子的正是蔡六。冯掌柜抹着泪说："这应了一句老话，真能治死你的，就是身边的人。"

金子仙感慨不已。人活五十，都经过九曲八折，都有追悔莫及的事，联想傻二的辫子，他后悔变乱时，不该叫傻二和菊花住在城外，若在身边，他绝不叫傻二去和洋枪洋炮玩命。他见冯掌柜胆小怕事，老实软弱，不会在外边多说多道惹麻烦，就悄悄把傻二辫子的事告诉冯掌柜。他明白，如果他胡诌一个什么亲戚得了鬼剃头，冯掌柜不会拿出秘方来。他话到嘴边，犹豫一下，不自主用点心眼儿，只说傻二喝醉酒，辫子叫油灯从中烧断的。冯掌柜听了，叫道："呀！神鞭断了，这还得了！你老别急，我这儿有个祖传秘方，还是太后老佛爷用的。这方子我没给过任何人。前年头里，阮知县得秃疮，掉头发，我也没给他使过这方子，只给他抄一个偏方。

偏方和秘方是两码事。我祖上传这方子时，有四句诀：'青龙丹凤，沾上就灵；黑狗白鸡，用也白用。'傻二爷不是凡人，那辫子是祖传法宝，只要用上这方子，保他眨眼就生出黑油油的头发！"

金子仙叫道："太好了！我就信祖传的！人家告我紫竹林一家德国药店，卖什么'拜耳生发膏'，灵透了，我就不信。不信洋人比咱祖宗高明。"

冯掌柜听得眉开眼笑。他先收了摊子，关上门，然后打开屋角的花梨木箱子，从箱底取出一个紫檀小匣，开了铜锁，捧出一个用宋锦裹得方方正正的小包，上边系着一条黄绫带子，解带剥包，再把一层又一层缎的、绸的、绢的、毛纸的包皮打开，最后才是一块玉片压着的几张药方。药方的纸儿变黄，那些拿馆阁体的蝇头小楷写的字依旧笔笔清晰。他恭恭敬敬把药方放在桌上，用镇纸压牢，取了纸笔，一边郑重其事誊抄，一边把各药的用法细心讲解出来："这是《千金方》。柽叶、麻叶……各三两……米泔水煮汤，要等它不凉不热时拿它给傻二爷洗发。它有促生毛发健旺之效。这是《圣惠方》，本是太后老佛爷最喜爱的梳头药。总共三味药：榧子，三个，去壳；核桃，两个，带皮；侧柏叶，一两，生用，放在一起捣烂了。切切记住，药引子必须是雪水。千万不能用一般河水井水。要用雪水泡透药末，再用梳子蘸这药水梳发。这核桃的功效在于'润肌黑发'，如果新发赤黄，就在里边多加一个核桃……你能记得住吗？"

金子仙拍着手说："行了，行了，这下神鞭保住了！"他又问道："多少钱，我付！"

冯掌柜虽然软弱，却好激动。他见金子仙这样高兴，又激动起来，摆着手说："分文不取！保住神鞭，也是保住咱祖宗留下的元气。我情愿赠送！"他又另给金子仙抄了两个秘方。一是"老佛爷护发膏"，一是"老佛爷香发散"。这样，洗梳撒涂的药，全都齐了。冯掌柜嘱咐他，把这药分在几个药店去买，别叫人暗中抄去了方子。医药之道，剽窃抄袭更是厉害。

金子仙心想，自己真是碰上大好人。千恩万谢之后，便揣起方子快快活活去抓药。回去按方一用，果见成效。这药仿佛藏着神道，不多天，傻二的头发渐渐变黑变亮，仿佛用油烟墨一遍遍染上的。随后就眼看着粗起来，有如春天的草枝。半月后，忽见每根头发都拱出乌黑崭亮的尖子来，好像蹿芽拔节，叫金家父女惊喜得直叫。而且，用药以来，金菊花用新鲜的雪水泡药，拿它天天给傻二梳洗头发，眼看日长三分，过年转春，那一条光滑乌亮、又粗又长的神鞭完全复元了。

傻二耍几下，和先前那条并无两样。

这时候，外边到处传说，傻二没死，也没给洋人运到海外，他的辫子叫油灯烧断了，像秃尾巴鸡一样躲在老丈人金子仙家里。于是就有好事的人，假装到金家串门，包打听。金子仙反而从这些"包打听"口中套出，这些传说竟是打冯掌柜嘴里说出来的。他想，没错！这些话正是自己告诉冯掌柜的。幸亏那天留个心眼儿，真话没全说，否则人们都会知道神鞭是给洋枪子儿打断的，岂不坏了大事！这真叫他后怕得很。他愈想愈气，直拍桌子，还要去找冯掌柜算账，但沉下心一想，对冯掌柜这种软弱的人，骂他一顿又有嘛用？别看这种人脓包，更坏事。他心中暗道：这也应上一句老话：可怜人必可恨！

傻二宽慰老丈人："何必气呢，明儿我上街一逛，露露面，保管嘛闲话全没了！"

第二天，金家父女陪着傻二城里城外转一大圈。人人都看见傻二，也看见傻二头上耀眼的神鞭，传言立时无影无踪了。看来，谣言不管多厉害，经不住拿真的一碰，就像肚子里的秽气，只能隔着裤子偷偷往外窜。

尽管在外人眼里，神鞭威风如旧，但傻二的心里不是滋味。那天，在南门外洼地上，看不见的洋枪子儿穿肩断辫的感觉，始终沉甸甸压在他心上，高兴不起来。虽然他在众人面前强撑着"神鞭"的功架，"张我国威"的大匾依旧气势昂扬地挂在家中。他五脏六腑总觉得空荡荡，没有根，底气不足。这辫子在头顶上就像做了一个灿烂又悠长的梦。现在懵懵懂懂地醒来，就像有股气从辫子里散了。

近一年来，金子仙的日子不好过。花钱买他的"八破"自来多是遗老遗少，而遗老遗少总是愈来愈少。他每天唉声叹气，不知要念上多少遍"古调虽自爱，今人多不弹"。但不卖画就没饭吃，肚皮常常会瓦解人的硬气劲。他便改用费晓楼的笔法，给活人画小照，给死人画小影。偏偏这时，洋人的照相业传进来，花不多钱，就能把人的相貌神气，一点不差留在小纸片上。洋人的照相术虽然奇妙，却也有缺陷，相片不能大，画像要多大有多大。但没等他发挥画像的长处，排挤照相，跟着打海外又传来一种擦炭画法，把相片的人放大，并且画得和相片一样逼真。这纯粹不叫金子仙吃饭了，气得他大骂洋人，逢"洋"必骂，发誓不买洋货，还把家里一台对时的洋座钟砸了。可是庚子之后，城拆了，没城门，不用按时辰开门关门，鼓楼上又驻扎洋人的消防队，那"一百零八杵"大钟早就停止不打。他便无法知道时辰，只有看太阳影和猫眼睛里那条线了，遇事常常误点。他犯上犟劲，就是不买洋钟洋表，于是就这样一误再误地误下去。

这时傻二与金菊花早搬回西头的家去住，日子却要靠金子仙接济。他见老丈人手头一天天紧起来，再下去该勒裤带了，就对金子仙说："我和菊花一直没孩子。辫子功必须传给子孙这条规矩，看来是行不通了。我寻思，一来，总不能把这门祖宗留下的功夫绝了；二来，一日三餐，柴米油盐，没钱不成。反正肚子空了，到时候准叫。我打算开个武馆，教几个徒弟，不知这样做，是不是犯了祖宗？"

金子仙没言语，想了三天，回答他："我看也只有这样了。反正功夫没传给洋人，就算对得起祖宗。但收弟子时千万要挑选正派人，宁肯少而精，切忌多而滥，万万不可辱没家风。"

傻二以为老丈人古板得很，这种违反祖宗的事，必定反对。听了这话，自己反倒犹豫起来，害怕祖宗的魂儿来找他。

金子仙之所以同意，还有一个说不出口的原因，就是金菊花不能生育，傻二无后，但如功夫不传外姓，便会生出再娶一房小婆的打算，因此金家父女极力撺掇他开武馆，收徒弟，金菊花还总拿着空面袋、空盐罐、空油瓶给他看。傻二被逼无奈，一咬牙，开山收徒。一时求师的人真不少，他从严挑选了两个，并给这俩取了艺名。姓汤就叫汤小辫儿，姓赵就叫赵小辫儿，待到功夫练成，再称呼大名。傻二还和金子仙商量出武馆的八则戒条，为"四要"和"四不准"，由金子仙用朱砂纸写好，贴在墙壁上：

一、要知尊师敬祖；

二、要知忠孝节义；

三、要知礼义廉耻；

四、要知积德累功；

五、不准另拜别师；

六、不准代师收徒；

七、不准泄露功诀；

八、不准损伤发辫。

收徒那天，傻二向祖宗烧香叩头，骂自己大逆不道，改了祖宗二百年不变的规条；但又盟誓，要把辫子功发扬光大，代代传衍。这才是真正不负古人，不违先辈创造这神功的初衷。

其实，他是给事情赶到这一步，不改不成，改就成了。祖宗早烂在地下，还能找他来算账？总背着祖宗，怎么往前走？

第十四回
到了剪辫子的时候

　　傻二开了武馆，一直教授这两个徒弟。徒弟都是富裕人家的子弟，学艺钱和额外的孝敬，足够傻二夫妇糊口了。他一心传艺，两个徒弟碰上这样难得的高师，自然认认真真学本事。几年过去，一百单八式的辫子功，实打实地学会了三十六式。可是这时候，大清朝亡了，外边忽然闹起剪辫子。这势头来得极猛，就像当年清军入关，非得留辫子一样。不等傻二摸清其中虚实，一天，胖胖的赵小辫儿抱着脑袋跑进来。进门松开手，后脑袋的头发竟像鸡毛掸子那样岔开来。原来他在城门口叫一帮大兵按在地上，把他辫子剪去了。

　　傻二大怒，"你没打他们？你的功夫呢！"

　　赵小辫儿哭丧着脸说："我饿了，正在小摊上吃锅巴菜，忽然一个大兵拦腰抱住我，不等我明白嘛事，又上来几个大兵，把我按在地上。更不等我知道为嘛，稀里糊涂就给剪去了。"

　　"等？等嘛？你不拿辫子抽他们！"

　　"辫子没啦，拿嘛抽……"

　　"混蛋！你不懂大清的规矩，剪去辫子，就得砍头？"

　　金菊花在一旁插嘴："你真气糊涂了。大清不完了吗？"

　　傻二一怔，跟着明白现在已是民国三年。但他怒气依然挺盛，吼着："他们是谁？是不是新军？我去找他们！"

"眼下这么乱，看不出是哪路兵。他们说要来找您。有一个瘦子还说，叫我捎话给您，他要找上门来报仇。"

"报仇？报嘛仇？他叫嘛？"

"他没自报姓名，模样也没看清。是个哑嗓子，细高挑儿，瘦得和咱汤小辫儿差不多，有一只眼珠子好像……"

正说着，有人在外边喊叫："傻巴，滚出来吧，三爷找你结账来啦！"随这喊声，还有一群男人起哄的声音。

傻二开门出去，只见一个瘦鬼儿，穿着"巡防营"中洋枪队的服装，站在一丈开外的地方，后边一群大兵穿着同样的新式军衣，连说带笑又起哄，傻二不知是谁。

"你再拿眼瞧瞧——连你三爷都不认得了？还是怕你三爷？"瘦子口气很狂。

傻二一见他左边那只不灰不蓝的花眼珠子，立时想到这是当年的玻璃花，心里不由得一动，听玻璃花叫着："认出来了吧？俗话说'君子报仇，十年不晚'。庚子年，那个曾经祸害你三爷的死崔，给洋人报信，叫义和拳五马分尸干了，也算给你三爷出口气。不过，毁你三爷的祸根还是你的辫子。今儿，三爷学会点能耐，会会你。比画之前，先给你露一手——"说着把前襟一撩，掏出一个乌黑乌黑的家伙，原来是把"单打一"的小洋枪。

傻二一见这玩意儿，立时一身劲儿全没了，提不住气，仿佛要尿裤。当年在南门外辫子被打断时的感觉，又出现了。这时，只听玻璃花说声："往上瞧！"抬手拿枪往天上一只老鹰打去，但没打中，把老鹰吓得往斜刺里飞逃而去。

几个大兵起哄道："三爷这两下子，还不到家。准是不学功夫，只陪师娘睡觉了！"

玻璃花说："别看打鸟差着点，打个大活人一枪一个。傻巴！咱说好。你先叫我打一枪，你有能耐，就拿你那狗尾巴，像抽戴奎一的泥弹子那样，把我这洋枪子儿抽下来，三爷我今晌午就请你到紫竹林法租界的'起士林'去吃洋饭。你也知道，三爷我一向好玩个新鲜玩意儿，玩得没到家，不见得打上你。要是打不上，算你小子走运，今后保准再不给你上邪活；要是打上了，你马上就得把脑袋上那条狗尾巴剪下来，就像你三爷这样——"说着，摘下帽子，露出一个小平头。

大兵们大笑，在一旁瞎逗弄："你叫人家把辫子剪了，指嘛吃饭？人家就指这尾巴唬人钱呢！"

"三爷，你先叫人挨一枪，可有点不够，给他上一段德国操算了！"

"三爷可得把枪对准，别又打歪啦，栽面儿，哈哈！"

玻璃花见傻二站在对面发怔，不知为嘛，一点神气也没有。这样玻璃花更上了劲，"傻巴，别不吭气，你要认脓，就给我滚回家去，三爷绝不朝你后背开枪！"一边说，一边把一颗亮晶晶的铜壳的洋枪子儿，塞进枪膛。

傻二瞅着这洋枪子，忽然扭身走进院子，把门关上。汤小辫儿和赵小辫儿见师傅皱紧眉头，脸色刷白，不知出嘛事了。墙外边响起一阵喊叫："傻巴傻啦，神鞭脓啦！神鞭神鞭，剪小辫啦！"一直叫到天黑。大兵走了，还有一群孩子学着叫。

神鞭傻二一招没使，就认栽给玻璃花，真叫人摸不着头脑。外边人都知道，玻璃花在关外混了多年，新近才回到天津，腰里掖着些银钱，本打算开个小洋货铺子。谁知在侯家后香桃店里又碰上飞来凤。原来大清一亡，展老爷气死，大奶奶硬把飞来凤卖回到香桃店，这么一折腾，人没了鲜亮劲儿，满脸褶子，全靠涂脂抹粉。玻璃花上了义气劲儿，把钱全使出来，赎出飞来凤当老婆。自己到巡防营当大兵，拿饷银养活飞来凤。他这人脑袋浑，手底下又糙，嘛玩意儿都学不到手。这洋枪是从管营盘的排长手里借来的，没拿倒了就算不错。今儿纯粹是想跟傻二逗闷子，怄一怄，叫他奇怪的是，傻二这么厉害，为嘛连句硬话没说，掉屁股就回窝了？他想来想去，便明白了，使他镇住傻二的，还是这玩意儿。于是他只要营盘没事，就借来小洋枪，别在腰间，找上几个土棍无赖陪着，来到傻二门前连喊带叫，无论他拿话激、拍门板、往院里扔砖头，傻二就是闭门不出。他们拾块白灰，在傻二门板上画个大王八，那王八的尾巴就是傻二的神鞭。这辱没神鞭的画儿就在门板上，一连半个多月，傻二也不出来擦去。他想，莫非这傻二不在家？

有一天，玻璃花在街上碰上赵小辫儿，上去一把捉住。赵小辫儿没了辫子，也就没能耐，好像剪掉翅膀的鸽子，不单飞不上天，一抓就抓住。玻璃花问他师傅在家干吗。赵小辫儿说："我师傅早已经把我赶出来，我也半个月没去了。"

玻璃花不信，又拉了几个土棍，拿小洋枪顶着赵小辫儿的后腰，把他押到傻二家门前，逼他爬上墙头察看。赵小辫儿只好爬上去，往里一望，真怪！三间屋的门窗都关得严严的，而且一点动静也没有。院里养的鸡呀、狗呀、鹅呀，也都不见，玻璃花等人听了挺好奇，大着胆儿悄悄跳进院子，拿舌尖舔破窗纸往里瞧，呀，屋里全空着，只有几只挺肥的耗子聚在炕头啃什么。

哎呀呀，傻二吓跑了！

傻二为嘛吓跑了？管他呢，反正他跑了。

玻璃花抬脚踹开门，叫人把梁上那块"神鞭"大匾摘下来，拿到院子里，用小洋枪打，可惜他枪法不准，打不上那两个字，只好走到跟前，在"神鞭"两个字上，各打了一个洞。

第十五回
神枪手

一年，才刚开春，草木还没发芽子，远远已经能够看见点绿色了。南门外直通海光寺的大道两边开洼地，今儿天蓝水亮，风轻日暖，透明的空气里飘着朵朵柳絮。这时候，要是在大道上放慢腿脚溜达溜达，四下望望，那才舒服得很呢！

玻璃花来到道边一家小铁铺，给营盘取一挂锁栅栏门的大链子。他来得早些，铁匠请他稍候一候。他骂一句街，便在大道上闲逛逛，逛累了，在道旁找到一个石头碾子，跷腿坐在上边，看见过路的大闺女小媳妇，就哼哼一段婆娘们哄孩子的歌儿，找个乐子：

> 小小子儿，坐门墩儿，
>
> 哭哭啼啼要媳妇儿，
>
> 要媳妇儿干——吗，
>
> 做鞋做袜儿，穿衣穿裤儿，
>
> 点灯说话儿，吹灯亲嘴儿。

女人家见他这土痞模样，不敢接茬，赶紧走去。他见道上行人不少，忽然想到要显一显自己才弄到手的小洋货，便打怀里摸出一根烟卷，叼在嘴上，还模仿洋人，下巴一甩动，烟头神气地向上撅起来。跟着他又摸出一盒纯粹洋人用的"海盗牌"的黄头洋火，抽出长长一根，等路人走近，故意手一甩，嚓的在裤腿上划着，得意扬扬点着烟，嘴唇巴巴响地一口口往里嘬，就这当儿，忽然"啪"一下，烟头被打灭，他还没弄清怎么回事，"啪"又一下，叼在嘴上的烟卷竟给打断；紧接着，"啪"帽子被打飞了。三声过后，他才明白有人朝他开枪。他原地转一圈，看看，路人全吓跑了，正在惊讶不已的时候，打开洼地跑来一个瘦瘦的少年，递给他一张帖子说："我师傅要会会您。"

他帖子没看就撕了，问道："你师傅是哪个王八蛋？"

瘦小子一笑，说："随我来！"走了几步，故意回头逗他一句："您敢来吗？"

"去就去，三爷怕嘛！神鞭都叫你三爷吓跑了！"玻璃花毫不含糊，气冲冲跟在后边走。

他随这瘦小子从大道下到开洼地，走不多远，绕过一小片野树林子，只见那里站着一个四十多岁的汉子，阔脸直鼻，身穿宽宽绰绰的蓝布大褂，头上缠着很大一块蛋青色绸料头巾。他见这人好面熟，再瞧，唷，这不是傻二吗！怎么这样精神？脸上的糟疙瘩都没了，一双小眼直冒光，可是玻璃花立即也拿出十足的神气唬住对方："傻巴，你是不是想尝尝'卫生丸'嘛味的？"他一撩前襟，手拍着别在腰间的小洋枪啪啪响，叫道："说吧，怎么玩法？"他拿傻二最怕的东西吓唬傻二。

谁知这傻二淡淡一笑，把对襟褂子中间一排扣儿，从上到下挨个解开，两边一分，左右腰间，居然各插着一把六眼左轮小洋枪，他双手拍着左右两边的枪，对瞪圆眼睛的玻璃花说："眼下，我也玩这个了。你既然要玩这东西，我陪着。我先说个玩法——咱们一人三枪，你一枪，我一枪，你先打，我后打。你那两下子我知道，我这两下子你还不知道。我要是不告诉你，那就算我欺负你了！你看——"傻二指着前边，十丈远的一根树杈上，拿线绳吊着一个铜钱，在阳光下锃亮，像一颗耀眼的金星星。

"你瞧好了！"

傻二说着一扭身，双枪就唰的拿在手里，飞轮似的转了两圈，一前一后，"啪啪"两响，头一枪打断那吊铜钱的线绳，不等铜钱落地，第二枪打中铜钱，直把铜钱顶着飞到远处的水坑里，腾地溅出水花来。

玻璃花看得那只死眼都活了。他没见过这种本事，禁不住叫起来："好枪法，神枪！神枪！"再一瞧，傻二站在那里，双枪已经插在腰间。这一手，就像他当年甩出神鞭抽人一样纯熟快捷，神鬼莫测。玻璃花指着傻二说："你那神鞭不玩了？"

傻二没答话，带着一种莫名其妙的微笑，抬手把头布一圈圈慢慢绕开取下，露出来的竟是一个大光葫芦瓢，在太阳下，像刚下的鸭蛋又青又亮。玻璃花惊得嗓音变了调儿："你，你把祖宗留给你的'神鞭'剪了？"

傻二开口说："你算说错了！你要知道我家祖宗怎么情况才创出这辫子功，就知道我把祖宗的真能耐接过来了。祖宗的东西再好，该割的时候就得割。我把'鞭'剪了，'神'却留着。这便是，不论怎么变，也难不死我们；不论嘛新玩意儿，都能玩到家，绝不尿给别人。怎么样，咱俩玩一玩？"

玻璃花这才算认了头，"三爷我服您了。咱们的过节儿，打今儿就算了结啦！"

傻二一笑，把头布缠上，转身带那瘦徒弟走了。玻璃花看着他的身影在大开洼里渐渐消失，不由得摸着自己的后脑壳，倒吸一口凉气，恍惚以为碰到神仙。他回到营盘后，没敢跟任何人说起这件事，怕别人取笑他。不久，听说北伐军中有一个神枪手，双手打枪，指哪打哪，竟说一口天津话，地地道道是个天津人，但谁也说不出这人姓名，玻璃花却心里有数，暗暗吐舌……

1984 年 6 月 5 日于天津云峰楼

附记：近来，忽有兴致，要在《雕花烟斗》《高女人和她的矮丈夫》等这一条路之外，也在《铺花的歧路》《走进暴风雨》等那一条路之外，另辟一条新路走一走。即写写地道的天津味儿。笔下纸上都是清末民初，此地一些闲杂人和稀奇事。写它作甚？所使何法？读者看后自得分晓。此乃若干中篇与若干短篇组成，不成"系列"，可谓"组合"，冠之总名：怪世奇谈。

作者

三寸金莲

· 书前闲话

人说，小脚里头，藏着一部中国历史，这话玄了！三寸大小脚丫子，比烟卷长点有限，成年论辈子，给裹脚布裹得不透气，除去那股子味儿，里头还能有嘛？

历史一段一段。一朝兴，一朝亡。亡中兴，兴中亡。兴兴亡亡，扰得小百姓不得安生，碍吃碍喝，碍穿碍戴，可就碍不着小脚的事儿。打李后主到宣统爷，女人裹脚兴了一千年，中间换了多少朝代，改了多少年号，小脚不一直裹？历史干它嘛了？上起太后妃子，下至渔女村姑，文的李清照，武的梁红玉，谁不裹？猴不裹，我信。

大清入关时，下一道令，旗人不准裹脚，还要汉人放足。那阵子大清正凶，可凶也凶不过小脚。再说凶不凶，不看一时。到头来，汉人照裹不误，旗人女子反倒瞒爹瞒妈，拿布悄悄打起"瓜条儿"来。这一说，小脚里别有魔法吧！

魔不魔，且不说。要论这东西的规矩、能耐、讲究、修行、花招、手段、绝招、隐秘，少说也得三两天。这也是整整一套学问。我可不想蒙哪位，这些东西，后边书里全有。您要是没研究过它，可千万别乱插嘴；您说小脚它裹得苦，它裹得也挺美呢！您骂小脚它丑，嘿，它还骂您丑哪！要不大清一亡，何止有哭有笑要死要活，缠了放放了缠，再缠再放再放再缠。那时候人，真拿脚丫子比脑袋当事儿。您还别以为，如今小脚绝了，万事大吉。不裹脚，还能裹手、裹眼、裹耳朵、裹脑袋、裹舌头，照样有哭有笑要死要活，缠缠放放放放缠缠，放放缠缠缠缠放放。这话要再说下去，可就扯远了。

这儿，只说一个小脚的故事。故事原带着四句话：

说假全是假，

说真全是真；

看到上劲时，

真假两不论。

您自管酽酽沏一壶茉莉花茶，就着紫心萝卜芝麻糖，边吃边喝，翻一篇看一篇，当玩意儿。要是忽一拍脑门子，自以为悟到嘛，别胡乱说，说不定您脑袋走火，想差了。

今儿，天津卫犯邪。

赶上这日子，谁也拦不住，所有平时见不到也听不到的邪乎事，都挤着往外冒。天一大早，还没亮，无风无雨，好好东南城角呼啦就塌下去一大块，赛给火炮轰的。

邪乎事可就一件接一件来了。

先是河东地藏庵备济社的李大善人，脑袋一热，熬一百锅小米粥，非要周济天下残人不可。话出去音儿没消，几乎全城穷家穷户的瞎子、聋子、哑巴、瘸子、瘫子、傻子，连癫痫头、豁嘴、独眼龙、罗锅、疤眼、磕巴、歪脖、罗圈腿、六指儿、黑白麻子，全都来了。闹红眼发痄腮的，也挤在当中，花花杂杂将李家粥厂围得密密实实。好像水陆画的小鬼们全下来了。吓得那一带没人敢上街，孩子不哭，狗不叫，鸡不上墙，猫不上房。天津卫自来没这么邪乎过。

同天，北门里长芦盐运司袁老爷家，也出一档子邪乎事。大奶奶吃马牙枣，叫枣核卡住嗓眼儿，吞饽饽、咽水、干咳、喝醋、扯着一只耳朵单腿蹦，全没用，却给一个卖野药的，拿一条半尺长的细长虫，把枣核顶进肚子里。袁老爷赏银五十两，可不多时那长虫就在大奶奶肚子里耍巴开了。疼得床上地下打滚翻个捶肚脑袋直撞墙，再找卖野药的，影儿也不见。一个老妈子懂事多，忙张罗人拿轿子把大奶奶抬到西头五仙堂。五仙堂供五大仙，狐黄白柳灰。狐是狐狸，黄是黄鼠狼，白是刺猬，灰是老鼠，柳就是长虫。大奶奶撅屁股刚磕三个头，忽觉屁眼儿痒痒，咪哧响滑溜溜，那长虫爬出来了。这事邪不邪？据说因为大奶奶头天早上，在井边踩死一条小长虫，这卖野药的就是大仙，长虫精。

邪乎事绝不止这两件。有人在当天开张的宫北聚合成饭庄吃紫蟹，掀开热腾腾螃蟹盖，里边居然卧着一粒珍珠，锃光照眼滴溜圆。打古到今，珍珠都是长在蚌壳里，谁听说长在螃蟹盖里边的？这珍珠不知便宜哪家小子，饭庄却落个开市大吉。吃螃蟹的，比螃蟹还多。这事算邪却不算最邪。更邪乎的事还在后边——有人说，一条一丈二尺长（另一说三丈六尺长）"金眼银鱼王"，沿南运河南下，今儿晌午游过三岔河口，奔入白河归东海。中晌就有几千号人，站在河堤上等候鱼王。人多，分量重，河堤扛不住，轰隆一声塌了方，一百多人赛下饺子掉进河里。一个小孩给浪卷走，没等人下去救，脑袋顶就不见了，该当淹死。可在娘娘宫前，一个老船夫撒网逮鱼，一网上来，有红有白，以为大鲤鱼，谁知就是那孩子，居然有气，三弄两弄，眨眨眼站起来活了。在场的人全看傻了，这事算邪到家了吧？

谁料时过中晌，这股邪劲非但不减，反倒愈来愈猛，一头撞进官府里。

东北城角和河北大街两伙混星子打群架，带手把锅店街四十八家买卖铺全砸了。惊动了兵备道裕观察长，派了捕快中的强手，把两边头目冯春华和丁乐然拿了，关进站笼，摆在衙门口，左右两边一边一个。立时来了四五百小混星子，人人手攥本《混星子悔过歌》。这正是头年十月二十五日，裕观察长来津上任时，发给城中每个混星子一本，叫他们人人背熟，弃恶从善。今儿，他们就冲衙门黑压压一片跪着，捧本齐声念道：

> 混星子，到官府，多蒙教训，
> 混星子，从今后，改过自新；
> 细思量，先前事，许多顽梗，
> 打伤人，生和死，全然不论。
> 纵然间，逃法网，一时侥幸，
> 终有日，被拿访，捉到公庭；
> 披枷锁，上镣铐，王刑受尽，
> 千般苦，万般罪，难熬难撑。
> ……

念到这儿，几百个小混星子，脸色全变，脑门上的青筋直蹦，眼里射凶光，后槽牙磨得咯咯响，好像五百个老鼠一起嗑东西。裕观察长坐在后堂听这声音，心里发瘮，浑身起鸡皮疙瘩。他本是气盛胆壮的人，可也顶不住这阴森森声音，竟然抖抖打起冷战来，赛要发热病。三杯烈酒下去也压不住，只好叫人出去，开笼放人。混星子们一散，身上鸡皮疙瘩立时消下去。

再说，县衙门那边，邪得更邪。十七位本地有头有脸有名有姓的人物，平时也都是好事之徒，联名上呈子说，西市上拉洋片的胡作非为，洋片上画的净是光膀子、露脖子，还露半截大腿的洋娘儿们。勾引一些浪荡小子，伸头瞪眼，恨不得一头扎进洋片匣子里去。呈子的措辞有股逼人之气。说这是洋人有意糟蹋咱中国百姓。"污吾目，即污吾心；丧吾心，即丧吾国也。"还说："洋片之毒，甚于鸦片，非厉禁净除不可！"向例，武人闹事在外，文人闹事在内。故此，文人闹起事更凶。可这次是朝洋人去的。邪乎劲一直冲向洋人。天津卫有句俗话：谁和洋人顶上牛，自有好戏在后头。看吧，大祸临头了！

果然，当天有人打租界那儿来说，大事不妙不好，租界各街口都贴出《租界禁例》，八大条：

一、禁娼妓；二、禁乞丐；三、禁聚赌酗酒打架斗殴；四、禁路上倾积废物垃圾灰土污水；五、禁道旁便溺；六、禁捉拿树鸟；七、禁驴马车轿随处停放；八、禁纵骑在途飞跑狂奔疾驰横行追逐争赛。

都说，这八大条，就是那呈子招惹的。你禁一，他禁八，看谁横？半天里，府县大人们碰头三次，想辙，躲避洋人的来势。估摸洋人要派使者找上门来耍横。大热天，县太爷穿上袍子补褂，备好点心茶水，还预备好一套好话软话脓话，直等到日头落下西城墙，也没见洋人来。县太爷心里的小鼓反而敲得更响。洋人不来，十成有更厉害的招儿。

　　这儿一大堆邪乎事，扰得人心赛河心的船，晃晃悠悠，靠不着边。有些人好琢磨，琢磨来琢磨去，就琢磨到自己身上。呀！原来今儿自己大小多少也有些不对劲的事儿。比方，砸了碟子和碗儿，丢东西丢钱，犯了小人，跑冤枉腿吃闭门羹，跑肚子，鼻子流血，等等。心里暗怕，生怕自己也犯上邪。有人一翻皇历，才找到根儿。原来今儿立秋，在数的"四绝日"。皇历上那"忌"字下边明明白白写着"一切"两字。不兴做一切事。包括动土、出行、探病、安葬、婚娶、盖屋、移徙、入室、作灶、行船、栽种、修坟、安床、剃头、交易、纳畜、祈福、开市、立券、装门、拔牙、买药、买茶、买醋、买笔、买柴、买蜡、买鞋、买鼻烟、买樟脑、买马掌、买枸杞子、买手纸等，全都不该做，只要这天做了事的，都后悔，都活该。

　　可又有人说，今儿的邪劲过大，非比一般，皇历上不会写着。这事原本有先兆——住在中营后身一位老寿星说，今儿清晨，鼓楼的钟多敲一下，一百零九下。本该一百零八下，所谓"紧十八、慢十八，不紧不慢还十八"。老寿星活了九十九，头遭碰上钟多敲一下。人们天天听钟响，天天一百零八下，谁会去数？老寿星的话就没人不信。这多出的一下正是邪劲来到，先报的信儿。愚民愚，没用心罢了。这一来，今儿所有邪乎事都有了来头。来头的来头，没人再去追。世上的事，本来明白了七八成，就算到头了。太明白，更糊涂。这些邪乎事、邪乎话，满城传来传去。人嘴歪的比正的多，愈说愈邪乎。可传到河北金家窑水洼一户姓戈的人家立时给挡住了。这家有位通晓世事的老婆子，听罢咧开满嘴黄牙，笑着说："嘛叫犯邪？今儿才是正经八百大吉祥日！您说说，这一档档事，哪一档称得上邪？穷鬼们吃上小米粥还不福气？袁大奶奶惹了大仙，没招灾，打嗓眼儿进去，可又打屁眼儿出来了，这叫逢凶化吉！兵备道向例最凶，今儿居然开笼了事！饭庄子螃蟹盖里吃出大珍珠，您说是吉是邪？那该死在鱼肚子里的孩子，愣叫渔网打上来，河那么大，哪么巧，娘娘显灵呵，不懂？要不为嘛偏偏在娘娘宫前边打上来的？这都是一千年也难碰上的吉祥事！吉利难得，逢凶化吉更难得。文人们上呈子闹事，碍您哪位吃饭了，可他们不闹闹，没事干，指嘛吃？洋人的告示哪是冲咱中国人来的？打立租界，咱中国人谁敢骑马在租界里乱跑？这是人家洋人给自己立规矩，咱何苦往身上揽，拿洋人当猫，自己当耗子，吓唬自己玩儿。我这话不在理？再说鼓楼敲钟，多一下总比少一下强，省得懒人睡不醒。东南城角塌那一块，给嘛冲的？邪气？不对，那是喜气！嘛叫'紫气东来'？你们说说呀！"

大伙儿一听，顿时心抻平了。嘛邪？不邪！大吉大利大喜大福！满城人立时把老婆子这些话传开了，前边都加上一句："那戈老婆子说——"可谁也没见过这老婆子。

老婆子一天都在忙自己的事。她有个小孙女刚好到了裹脚的年岁。头天她就蒸好两个红豆馅的黏面团子，一个祭灶，一个给小孙女吃了。据说，吃下黏面团，脚骨头变软，赛泥巴似的，要嘛样能裹成嘛样。

她要趁着这千载难逢的大吉利日子，成全小孙女一双小脚，也了却自己一桩大心事。却没料到，后边一大串真正千奇百怪邪乎事，正是她今天招惹出来的。

第一回
小闺女戈香莲

　　眼瞅着奶奶里里外外忙乎起来，小闺女戈香莲心就发毛了。一大块蓝布，给奶奶剪成条儿，在盆里浆过，用棒槌捶得又平又光，一排晾在当院绳子上，拿风一吹，翻来翻去扑扑响，有时还拧成麻花，拧紧再往回转，一道道松开。这边刚松那边又拧上了。

　　随后奶奶打外边买来大包小包。撕开大包，把小包打开摊在炕上，这么多好吃的。苹果片，酸梨膏，麦芽糖，酥崩豆，还有最爱吃的棉花糖，真跟入冬时奶奶絮棉袄的新棉花一样又白又软，一进嘴就烟赛的没了，只留下点甜味——大年三十好吃的虽多也没这么齐全！

　　"奶奶干吗这么疼我？"

　　奶奶不说，只笑。

　　她一瞅奶奶心就定了。有奶奶嘛也不怕，奶奶有的是绝法儿。房前屋后谁不管奶奶叫"大能人"。头年冬天扎耳朵眼儿时，她怕，扎过耳朵眼儿的姑娘说赛受刑，好好的肉穿个窟窿能透亮，能不受罪？可奶奶根本不当事儿。早早拿根针，穿了丝线，泡在香油碗里。等天下雪，抓把雪在香莲耳垂儿上使劲搓，搓得通红发木，一针过去毫不觉疼，退掉针，把丝线两头一结，一天拉几次，血凝不住。线上有油，滑溜溜只有点痒，过半个月，奶奶就把一对坠着蓝琉璃球的耳环子给她戴上了。脑袋一晃，又滑又凉的琉璃球直蹭脖颈，她问奶奶裹脚也这么美？奶奶怔了怔，告她："奶奶有法儿。"她信奶奶有法保她过这关。

头天后晌，香莲在院里玩耍，忽见窗台上摆着些稀奇玩意儿，红的蓝的黑的，原来四五双小鞋。她没见过这么小的鞋，窄得赛瓜条，尖得赛五月节吃的粽子尖，奶奶的鞋可比这大。她对着底儿和自个儿的脚一比，只觉浑身一激灵，脚底下筋一抽缩成团儿。她拿鞋跑进屋问奶奶："这是谁的？奶奶。"

奶奶笑着说："是你的呀，傻孩子。瞧它俊不？"

香莲把小鞋一扔，扑在奶奶怀里哭着叫着："我不裹脚，不裹，不裹哪！"

奶奶拿笑堆起的满脸肉，一下卸了，眼角嘴角一耷拉，大泪珠子砸下来。可奶奶嘛话没说，直到天黑，香莲抽抽噎噎似睡非睡一整夜，影影绰绰觉得奶奶坐在身边一整夜。硬皮老手，不住揉擦自己的脚；还拿起脚，按在她那又软又皱又干的起了皮的老嘴上亲了又亲。

转天就是裹脚的日子！

裹脚这天，奶奶换一张脸。脸皮绷得直哆嗦，一眼不瞧香莲。香莲叫也不敢叫她，截门往当院一瞧，这阵势好吓人呀——大门关严，拿大门杠顶住。大黑狗也拴起来。不知哪来一对红冠子大白公鸡，指头粗的腿给麻经子捆着，歪在地上直扑腾。裹脚拿鸡干吗？院子当中，摆了一大堆东西，炕桌、凳子、菜刀、剪子、矾罐、糖罐、水壶、棉花、烂布，浆好的裹脚条子卷成卷儿放在桌上。奶奶前襟别着几根做被的大针，针眼穿着的白棉线坠在胸前。香莲虽小，也明白眼前一份儿罪等她受了。

奶奶按她在小凳上坐了，给她脱去鞋袜，香莲红肿着眼说："求求奶奶，明儿再裹吧，明儿准裹！"

奶奶好赛没听见，把那对大公鸡提过来，坐在香莲对面，把俩鸡脖子一并，拿脚踩住，另只脚踩住鸡腿，手抓着鸡胸脯的毛几大把揪净，操起菜刀，噗噗给两只大鸡都开了膛。不等血冒出来，两手各抓香莲一只脚，塞进鸡肚子里。又热又烫又黏，没死的鸡在脚上乱动，吓得香莲腿一抽，奶奶疯一样叫："别动劲！"

她从没听过奶奶这种声音，呆了。只见奶奶两手使劲按住她脚，两脚死命踩住鸡。她哆嗦鸡哆嗦奶奶胳膊腿也哆嗦，全哆嗦一个儿。为了较上劲，奶奶屁股离开凳子翘起来。她又怕奶奶吃不住，一头撞在自己身上。

不会儿，奶奶松开劲，把她脚提出来，血糊淋拉满是黏糊糊鲜红鸡血。两只大鸡奶奶给扔一边，一只蹬两下腿完了，一只还扑腾。奶奶拉过木盆，把她脚涮净擦干，放在自己膝盖上。这就要裹了。香莲已经不知该嚷该叫该求该闹，瞅着奶奶抓住她的脚，先右后左，让开大脚趾，拢着余下四个脚指头，斜向脚掌下边用劲一掰，骨头嘎儿一响，惊得香莲"嗷"一叫，奶奶已抖开裹脚条子，把这四个脚指头勒住。香莲见自己的脚改了样子，还不觉疼就又哭起来。

奶奶手好快。怕香莲太闹，快缠快完。那脚布裹住四趾，一绕脚心，就上脚背，挂住后脚跟，马上在四趾上再裹一道。接着返上脚面，借劲往后加劲一扯，硬把四趾煞得往脚心下头卷。香莲只觉这疼那紧这蹩那折，奶奶不叫她把每种滋味都呷摸过来，干净麻利

111

快，照样缠过两圈。随后将脚布往前一拉，把露在外边的大脚趾包严，跟手打前往后一层层，将卷在脚心下的四个脚指头死死缠紧，好比叫铁钳子死咬着，一分一毫半分半毫也动弹不了。

香莲连怕带疼，喊声大得赛猪嗥。邻居一帮野小子，挤在门外叫："瞧呀，香莲裹小脚啦！"门推得哐哐响，还打外边往里扔小土块。大黑狗连蹿带跳，朝大门吼也朝奶奶吼，拴狗的桩子硬给扯歪。地上鸡毛裹着尘土乱飞。香莲的指甲把奶奶胳膊掐出血来。可天塌下来，奶奶也不管，两手不停，裹脚条子绕来绕去愈绕愈短，一绕到头，就取下前襟上的针线，密密缝上百十针，拿一双小红鞋套上。手一撩沾在脑门上的头发，脸上肉才松开，对香莲说："完事了，好不？"

香莲见自己一双脚，变成这丑八怪，哭得更伤心，却只有抽气吐气，声音早使尽。奶奶叫她起身试试步子。可两脚一沾地皮，疼得一屁股蹲儿坐下起不来。当晚两脚火烧火燎，恳求奶奶松松脚布，奶奶一听脸又板成板儿。夜里受不住时，就拿脚架在窗台上，让夜风吹吹还好。

转天脚更疼。但不下地走，脚指头踩不断，小脚不能成形。奶奶干脆变成城隍庙里的恶鬼，满脸杀气，操起炕笤帚，打她抽她轰她下地，求饶耍赖撒泼，全不顶用。只好赛瘸鸡，在院里一蹦一跳硬走，摔倒也不容她趴着歇会儿。只觉脚指头嘎嘎断开，骨头渣子咯吱咯吱来回磨，先是扎心疼，后来不觉疼也不觉是自己的了，可还得走。

香莲打小死爹死妈，天底下疼她的只有奶奶。奶奶一下变成这副凶相，自己真成没着没靠孤孤零零一只小鸟。一天夜里，她翻窗逃出来，一口气硬跑到碱河边，过不去也走不动，抱着小脚，使牙撕开裹脚布，打开看。月亮下，样子真吓人。她把脚插在烂泥里不敢再看。天蒙蒙亮，奶奶找到她，不骂不打，背她回去，脚布重又裹上。谁知这次挨了更凶狠的裹法，把连着小脚指头的脚巴骨也折下去，四个卷在脚心下边的小指头更向里压，这下裹得更窄更尖也更疼。她只道奶奶恨她逃跑，狠心罚她，哪知这正是裹脚顶要紧的一节。脚指头折下去只算成一半，脚巴骨折下去才算裹成。可奶奶还不称心，天天拿擀面杖敲，疼得她叫声带着尖钻墙出去。东边一家姓温的老婆子受不住，就来骂奶奶："你早干吗去了！岁数小骨头软不裹，哪有七岁的闺女才裹脚的，叫孩子受这么大罪！你嘛不懂，偏这么干！"

"要不是我这孙女的脚天生小，天生软，天生有个好模样，要不是不能再等，到今儿我也下不去这手……"

"等，这就你等来的。等得肉硬骨头硬，拿擀面杖敲出样儿来？还不如拿刀削呢！别遭罪了，没法子了，该嘛样就嘛样吧！"

奶奶心里有谱，没言声。去拾些碎碗片，敲碎，裹脚时给香莲垫在脚下边。一走碎碗碴就把脚硌破了。奶奶的笤帚疙瘩怎么轰，香莲也不动劲儿了。挨打也不如扎脚疼。可破脚闷在裹脚条子里头，沤出脓来。每次换脚布，总得带着脓血腐肉生拉硬扯下来。其实这是北方乡间裹脚的老法子。只有肉烂骨损，才能随心所欲改模变样。

这时候，奶奶不再硬逼她下地。还招呼前后院大姑小姑们，陪她说话做伴。一日，街北的黄家三姑娘来了。这姑娘人高马大，脚板子差不多六寸长，都叫她"大脚姑"。她进门一瞅香莲的小脚就叫起来："哎——呀！打小也没见过这脚，又小，又尖，又瘦，透着灵气秀气，多爱人呀！要是七仙姑见了，保管也得服。你奶奶真能，要不叫'大能人'呢！"

香莲嘴一撇，眼泪早流干，只露个哭相，"还是你娘好，不给你往紧处裹，我宁愿大脚！"

"呀呀，死丫头！还不赶紧吐唾沫，把这些浑话吐净了。你要喜欢大脚，咱俩换。叫你天天拖着我这双大脚丫子，人人看，人人笑，人人骂，嫁也嫁不出去，即便赶明儿嫁出去，也绝不是好人家。"大脚姑说，"你没听过支歌，我唱给你听——裹小脚，嫁秀才，白面馒头就肉菜；裹大脚，嫁瞎子，糟糠饽饽就辣子。听明白了吗？"

"你没受过这罪，话好说。"

"受不就受一时，一咬牙就过去了。'受苦一时，好看一世'嘛！等小脚裹成，谁看谁夸，长大靠这双宝贝脚，求亲保婚少得了？保你荣华富贵，好吃好穿的一辈子享用不尽！"

"三姑说的嘛呀！问你，打今儿，我还能跑不？"

"傻丫头！咱闺女家裹脚，为的就是不叫你跑。你瞧谁家大闺女整天在大街上撒丫子乱跑？没裹脚的孩子不分男女，裹上脚才算女的。打今儿，你跟先前不一样，开始出息啦！"大脚姑小眼弯成月亮，眼里却满是羡慕。

香莲给大脚姑说得云遮雾罩。虽说迷迷糊糊，倒觉得自己与先前变得两样。嘛样，不清楚，好赛高了一截子。大了，大人了，女人了。于是打这天，再不哭不闹，悄悄下床来，两手摸着扶着撑着炕沿、桌角、椅背、门框、缸边、墙壁、窗台、树干、扫帚把，练走。把天大地大的疼忍在心里，嘴里绝不出半点没出息没志气的声儿。再换裹脚条子，撕扯一块块带血挂脓的皮肉时，就仰头瞧天，拿右手掐左手，拿牙咬嘴唇，任奶奶摆布，眉头都不皱。奶奶瞧她这样怔了，惊讶不解，但还是不给她好脸儿，直到脓血消了，结了痂又掉了痂。

这一日，奶奶打开院门，和她一人一个板凳坐在大门口。街上行人格外多，穿得花花绿绿，姑娘们都涂胭脂抹粉，呼啦呼啦往城那边走。原来今儿是重阳节，九九登高日子，赶到河对面，去登玉皇阁。香莲打裹脚后，头次到大门外边来。先前没留心过别人的脚。如今自己脚上有事，也就看别人脚了。忽然看出，人脸不一样，小脚也不一样。人脸有丑有俊有粗有细有黑有白有精明有憨厚有呆滞有聪慧，小脚有大有小有肥有瘦有正有歪有平有尖有傻笨有灵巧有死沉有轻飘。只见一个闺女，年纪跟自己不相上下，一双红缎鞋赛过一对小菱角，活灵活现，鞋帮绣着金花，鞋尖顶着一对碧绿绒球，还拴一对小银铃铛，一走一颠，绒球甩来甩去，铃铛叮叮当当，拿自己的脚去比，哪能比哪！她忽起身回屋里拿出一卷裹脚条子，递给奶奶说："裹吧，再使劲也成，我就要那样的！"她指着走远的小闺女说。

不看她神气，谁信这小闺女会对自己这么发狠。

奶奶的老眼花花冒出泪。俩仁月来一脸凶劲立时没了。原先慈爱的样儿又回来了。满面皱纹扭来扭去，一下搂住香莲呜呜哭出声说："奶奶要是心软，长大你会恨奶奶呀！"

115

第二回
怪事才开头

世上有些相对的事儿，比方好和坏、成和败、真和假、荣和辱、恩和怨、曲和直、顺和逆、爱和仇等，看上去是死对头，所谓非好即坏非真即假非得即失非成即败，岂不知就在这好坏、曲直、恩怨、真假之间，还藏着许许多多曲折许许多多花样许许多多学问，要不何止那么多事缠成死硬死硬疙瘩，难解难分？何止那么多人受骗、中计、上套，完事又那么多人再受骗、中计、上套？

单说这"真假"二字，其中奥妙，请来圣人，嚼烂舌头，也未必能说破。有真必有假，有假必有真；假愈多，真愈少；真愈多，假却反而愈多！就在这真真假假之中，打古到今，玩出过多少花儿？演过大大小小多少戏？戏接着戏，戏套着戏，没歇过场。以假充真，是人家的高招；以假乱真，是人家的能耐；以假当真，是您心里糊涂眼睛拙。您还别急别气，多少人一辈子拿假当真，到死没把真的认出来，假的不就是真的吗？在"真假"这俩字上，老实人盯着两头，精明人在中间折腾，还有人指它吃饭。这官北大街上"养古斋"古玩铺佟掌柜就是一位。这人能耐如何，暂且不论，他还是位怪人。嘛叫怪，做小说的不能说白了，只能把事儿摆出来。叫您听其言观其行度其心，慢慢琢磨去。

一大早，佟忍安打家出来，进了铺子就把大小伙计全都打发出去，关上门，只留下少掌柜佟绍华和看库的小子活受。不等坐下歇歇就急着说："把那几幅画快挂出来！"

每逢铺子收进好货，请老掌柜过眼，都这么办。古董的真假，是绝顶秘密，不能走半点风出去。佟绍华是自己儿子，自然不背着。对看库的活受，绝非信得过，而是这小子半痴半残。人近二十，模样只有十三四，身子没长成个儿，还歪胸脯斜肩膀，好比压瘪的纸盒子。说话赛嘴里含着热豆腐，不知大舌头还是舌头短半截。两只眼打小没睁开过，小眼珠含在眼缝里，好赛没眼珠。还有喘病，一年三百六十五天，一口气总憋在嗓子眼里吱吱叫；静坐着也上气不接下气，生下来就这德行。小名活受，大名也叫活受，爹娘没打算他活多久，起名字都嫌费事多余。佟忍安却看上他这副没眼没嘴没气没神的样子，雇他看库。拿死的当活的用，也拿活的当死的用。

活受开库把昨儿收进的一捆画抱来，拿竿子挑着一幅幅挂上墙。佟忍安撩起眼皮在画上略略一扫，便说："绍华，你先说说这几幅的成色，我听着。"这才坐下来，喝茶。

佟绍华早憋劲要在他爹面前逞能，佟忍安嘴没闭上，他嘴就张开："依我瞧，大涤子这山水轴旧倒够旧，细一瞧，不对，款软了，我疑惑是糊弄人的玩意儿，对不？这《云罩挂月图》当然不假，可在金芥舟的画里顶头够上中流。这边焦秉贞的四幅仕女通景和郎世宁的《白猿摘桃》，倒是稀罕货。您瞧，一码黄绫裱。卖主说，这是当年打京城大宅门里弄出来的。这话不假，寻常人家绝没这号东西……"

"卖主是不是问津园张霖家的后人？"

"爹怎么看出来的？上边又没落款！"佟绍华一惊。佟忍安两眼通神，每逢过画时，都叫他这样一惊又一惊。

佟忍安没接着往下说。手一指东墙上一幅绢本的大中堂画说："再说说那幅……"

以往过画，他一张口，爹就摇头。今儿爹没点头也没摇头，八成自己都蒙对了，得意起来，笑道："爹还要考我？谁瞧不出那是地道苏州片子，大行活。笔法倒是宋人的，可惜熏老点儿，反透出假。这造假，比起牛凤章牛五爷还差着些火候。您瞧它成心不落款，怕露马脚，或许想布个迷魂阵——怎么？爹，您看见嘛了？"

佟绍华见他爹已经站起来，眼珠子盯着这中堂直冒光。佟绍华知道他一认出宝贝，眼珠就这么冒光，难道这是真货？

佟忍安叫道："你过去看，下角枯树干上写着嘛？"他指画的手指直抖。

佟绍华上去一瞧，像踩着的鸭子，"呀"的一嗓子，跟着叫："上边写着'臣范宽制'，原来一张宋画。爹，您真神啦！这幅画买进来后，我整整瞧了三天，也没看出这上边有字呀！您、您……"他不明白，佟忍安为嘛离画一丈远，反而看见画上的字。

佟忍安远视眼，谁也不知，只他自己明白。他躲开这话说："闹嘛，叫唤嘛！我早告过你，宋人不兴在画上题字，落款不是写在石头上，就夹在树中间，这叫'藏款'。这些话我都说过，你不用心，反大惊小怪问我……"

"可咱得了张宝画呀，您知道咱统共才花几个钱——"

"嘛宝画，我还没细看，谁断定准是宋画了？"佟忍安接过话，脸一沉，扭头看一眼站在身后的活受说，"去把这中堂，大涤子那山水轴，还有金芥舟的《云罩挂月图》，卷起来入库！"

"剩……夏……织鸡古……鹅？"活受觍着脸问。

"叽咕叽咕嘛，去！"佟忍安不耐烦说。

活受绷起舌头，把这几个字儿的边边角角咬住又说一遍："剩、下、这、几、幅、呢？"他指焦秉贞和郎世宁画的几幅。

"留在柜上标价卖！"佟忍安对佟绍华说，"洋人买，高高要价！"

"爹，这几幅难道不是……"

佟忍安满脸瞧不起的神气。忽然长长吐一口气，好一股寒气！禁不住自言自语地念了天津卫流传的四句话："海水向东流，天津不住楼，富贵无三辈，清官不到头。"接着还是自言自语说道："成家的成家，败家的败家。花开自谢，水满自干，谁也跳不出这圈儿去。唉——唉——唉——"他沉了沉，想把心里的火气压住却压不住，刚要说话，眼角瞅见活受斜肩歪脑袋，好赛等着自己下边的话，便轰活受快把画抱回库里，待活受前脚出去，后脚就冲到儿子面前发火："嘛，这个那个的！你把真假正看倒了个儿，还叫我当着下人寒碜你。再说，真假能当着外人说吗？我问你，咱指嘛吃饭？你说——"

"真假。"

"这话倒对。可真假在哪儿？"

"画上呀！"

"放屁！嘛画上？在你眼里！你看不出来，画上的真假管嘛用！好东西在你眼里废纸一张，废纸在你眼里成了宝贝！这郎世宁、焦秉贞，明摆着'后门道儿'，偏当好货。反把宋人真迹当作

'苏州片子'！这宋画一张就够你吃半辈子，你晬眼瞎！拿金元宝当狗屎往外扔！再说大涤子那轴，嘛，也假？你不知康熙二十九年到三十一年他客居天津，住在问津园张家？那画上明明写着康熙辛未，正是康熙三十年在张家时画的！凭着皮毛能耐，也稳能拿下来的东西，你都拿不住，还想在古玩行里混。我把铺子交给你还不如放火烧了呢！再有三年，还不把我这身老骨头贴进！听着，打明儿，你卷被褥卷儿搬过来住，没我的话不准回家去，叫活受把库里的东西折腾出来，逐件看、看、看、看、看……"说到这儿，佟忍安上下嘴唇只在这"看"字上打转悠。好赛叫这字儿绊住了。

佟绍华见他爹眼对窗外直冒光，以为他爹又看出嘛稀世的宝贝来，就顺着佟忍安目光瞧去，透过花格窗棂，后院里几个人正干活。

这后院，外人不知，是养古斋造假古董的秘密作坊。

原来佟忍安这老小子与别人不同，他干古玩行，不卖真，只卖假。所有古玩行都是卖假也卖真。凡是逛古玩铺都是奔真的去的，还有能人专来买"漏儿"。佟忍安看到这层，铺子里绝不放真货，一码假的，好比诸葛亮摆空城计，愣一兵一卒不放。古玩行干的就是以假乱真，这一招真把古玩商的诀窍玩玄了玩绝了。只要掏钱准上当，半点便宜拿不到。他更有出奇能耐，便是造假。手底下有专人为他造假字假画，还在铺子后院，关上门造假古董。玉器、铜器、古钱、古扇、宣炉、牙器、砚台、瓷器、珐琅、毯子、碑帖、徽墨……他没不知不懂不能不会的。仿古不难，乱真死难。古董的形制、材料、花纹，一个朝代一个样，甚至一个朝代几百样，鱼龙变化无穷尽，差点道行，甭说摸门，围墙也摸不着。更难是那股子劲儿气儿味儿神儿。比方古玩行说的"传世古"和"出土古"。"传世古"是说一直打世上流传下来的东西,人手摸来摸去,长了就有股子光润含混的古味儿。"出土古"是说一直埋在土底下的东西,挖出来满带着土星子和锈花,有一股子斑驳苍劲味儿。再往细说,比方出土的玉器,发簪、笛头、扳指儿、镯子、佩环、烟嘴这些,在地下边一埋几百上千年,挨着随葬的铜器,日久天长铜锈浸进去生出绿斑,叫"铜浸";死人的血透进去生出红斑,叫"血浸"。造假怎么造出铜浸血浸来?再说东西放久,不碰也生裂纹,过些时候再生一层裂纹罩在上边,一层一层,自然而然,硬造就假。懂眼的就能挑出来。偏偏佟忍安全有办法。这办法,一靠阅历,二靠眼力,三靠能耐。这叫高手高眼高招,缺一不行。假货里也有下品中品上品绝品,绝顶假货,非得叫这里头的虫子,盯上一百零八天,心里还不嘀咕,那才行。佟忍安干的就是这个。

他雇的伙计,跟一般古玩行不同,不教本事,只叫干活干事。那些雇来造假古董的,对古玩更是一窍不通的穷人,跟腌鸭蛋、烧木炭差不多,叫怎么干就怎么干。满院堆着泥坯瓦罐柴火老根颜色药粉匣子箩筐黑煤黄泥红铁绿铜,外人打表面绝看不出名堂。

当下,吸住佟忍安眼神的地方,两个小女子在拉一张毯子。这正是按他的法儿造旧毯子。毯子是打张家口定制的,全是蓝花黑边,明式的。上边抹黄酱,搭在大麻绳上,两人来回来去拉,毛儿磨烂,拿铁刷子捣去散毛,再使布帚蘸水刷光,就旧了。拉毯子不能快,必得慢慢磨,才有历时久远的味儿。佟忍安有意雇女人来拉,女人劲小,拉得自然慢。这俩女子每人扯着毯子两个角,来回来去,拉得你上我下。

站在毯子这边的背着身儿，站在那边的遮着脸儿，只能看见两只小脚，穿着平素无花、简简单单的红布鞋。每往上一送毯子，脚尖一踮立起来，每往下一拉，脚跟一蹲缩回去，好赛一对小活鱼。

　　"绍华！"佟忍安叫道。

　　"在这儿，嘛事？"

　　"那闺女哪来的？"

　　"哪个？背影儿那个？"

　　"不，穿红鞋那个。"

　　"不知道。韩小孩帮着雇的，我去问问。"

　　"不，不用，你把她领来，我有话问她。"

　　佟绍华跑去把这闺女领来。这闺女头次来到柜上又头次见老爷，怕羞胆小，眼睛不知瞧哪儿，一慌，反而一眼瞧了老爷。却见老爷并没瞧她脸，而是死盯着自己一双小脚。眼神发黏，好赛粘在自己脚上，她愈发慌得不知把脚往哪儿摆。佟忍安抬起眼时，眼珠赛鎏了金，直冒贼光，跟见鬼差不多。吓得这小闺女心直扑腾。佟绍华在一边，心里已经大明大白，便对这闺女说："你往前走一步。"

　　这闺女不知嘛意思，一怕，反倒退后半步。两脚前后往回一缩，赛过一对受惊的小红雀儿，哆哆嗦嗦往巢里缩去，只剩两个脚尖尖露在裤脚外边，好比两个小小鸟脑袋。佟忍安满面生光问这闺女："你多大年纪？"

　　"十七。"

　　"姓嘛叫嘛？"

　　"姓戈，贱名香莲。"

　　佟忍安先一怔，跟手叫起来："这好的名字！谁给你起的？"

戈香莲羞得开不了口。心里头好奇怪，这"香莲"名字有嘛好？可听老爷声音，看老爷神气，真叫她掉进雾里了。

佟忍安立时叫佟绍华把工钱照三个月尽数给她，不叫她干活，打发她先回家。香莲慌了，好好干活，话也不说半句，怎么反给辞了？可看样子又不赛被辞，倒像要重用她。不知老爷打算干吗？到底好事坏事，当时只当是桩怪事。

要说怪事，在这儿不过才开头罢了。

第三回
这才叫：怪事才开头

小半月后，择一天宜娶也宜嫁的大吉日，戈香莲要嫁到佟家当大儿媳妇，水洼那片人家，无人不知无人不晓无人肯信又无人不信。大花轿子已经摆在戈家门口了。

凭佟家在天津卫的名气，娶媳妇比买鱼还容易。虽说香莲皮白脸俊眉清目秀，腰身也俏，离天仙还差着一截。为嘛佟家非要这穷家小户闺女，还非要明媒正娶，花钱请了城里出名的媒婆子霍三奶奶登门游说。这种家的闺女还用得着游说？给个信儿还不上赶着把闺女送去？据说两家换帖子一看，生辰八字相克，佟家大少爷属鸡，戈香莲属猴，"白马犯青牛，鸡猴不到头"，这是顶顶犯忌的事。佟家居然也认可了。放"定"（订婚）那日，佟家照规矩派人送来八大金——耳环戒指镯子簪子脖链鸡心头针裤钩，外带五百斤大福喜的白皮点心。要说门当户对讲礼摆阔有头有脸人家也不过如此。这为嘛？吃错药了？

人说，多半因为佟家大少爷是傻子，好人家闺女谁也不肯跟这半痴半呆男人过一辈子。这等于花钱买媳妇。可再一想，也不对。

佟家没闺女，四个大儿子，俗话叫"四虎把门"，排绍字辈，名字末尾的字，一叫荣，一叫华，一叫富，一叫贵。正好"荣华富贵"。都说佟忍安老婆会生，刚把这"荣华富贵"凑齐，就入了阴间。可这四个儿子，一半是残。大儿子佟绍荣是傻子，小儿子佟绍贵自小有心病，娶过媳妇三年，就叫阎王派小鬼抓走了。可这四媳妇董秋蓉，正经是振华海盐店大掌柜董亭白的掌上明珠，明知佟家四少爷早早在阎王那里挂上号，不也把闺女送来了？冲嘛？冲佟家的家底儿。佟忍安买媳妇绝不买假，他买香莲买的嘛？

戈家老婆子笑不拢嘴，露着牙花子说，买就买她孙女一双小脚！

这话不能算错。香莲小脚人人夸人人爱。那年头婆媳妇先看脚后看脸，脸是天生的，脚是后裹的，能耐功夫全在脚上。可全城闺女哪个不裹脚，爹娘用心，自个儿经心，好看的小脚一个赛一个，为嘛一眼盯上香莲？

对这些瞎叨咕戈婆子理也不理。虽说她自个儿对这门鸡上天的婚事也多半糊涂着。糊涂就糊涂吧！反正香莲嫁了，拾个大便宜，佟家根本不管陪嫁多少。只两包袱衣服，两床缎被，一双鸳鸯绣花枕头，一对金漆马桶，佟家来两个佣人一抱全走了。

香莲临上轿，少不得和奶奶一通抱头海哭。奶奶老泪纵横对她说："奶奶身贱，不能随你过去，你就好好去吧！总算你进了天堂一般的人家，奶奶心里的石头放平了。你跟奶奶这么多年，知道你疼爱奶奶。只一件事——那次裹脚，你恨奶奶！你甭拦我说，这事在奶奶心里憋了十年，今儿非说不可——这是你娘死时嘱咐我的，裹不好脚，她的魂儿要来找我……"

香莲把手按在奶奶嘴上，眼泪簌簌掉，"我懂，那时奶奶愈狠才愈疼我！没昨儿个，也没今儿个！"

奶奶这才笑了，抹着泪儿，打枕头底下掏出个红包包。打开，三双小鞋，双双做得精细，一双紫面白底绸鞋，一双五彩丝绣软底鞋，还一双好怪，没使针线，赛拿块杏黄布折出来的。不知奶奶打哪弄来干吗用。奶奶皱嘴唇蹭着她的耳朵说："这三双喜鞋，是找前街黑子他妈给你赶出来的，房前屋后就她一个全乎人。听奶奶告明白你这三双喜鞋的穿法——待会儿你先把这双紫面白底的鞋换上。紫和白，叫'百子'，赶明儿抱一群胖小子。这双黄鞋要等临上轿子，套在紫鞋外边。这叫'黄道鞋'，记着，套上它就'双脚不沾娘家地'了。得我把你抱上轿子。还有，到了婆家必定要在红毡子上走，不准沾泥沾土，就穿它拜堂，拜过堂，叫它'踩堂鞋'。等进洞房，把这鞋脱下来藏个秘密地界儿，别叫别人瞧见。俗话说，收一代，发一代，黑道日子黄道鞋。有它压在身边，嘛歪的邪的，都找不到你头上……"

香莲听这大套大套的话怪好玩儿。挂着泪儿的眼笑眯眯瞧着奶奶，顺手不经意拿起另一双软鞋，一掰鞋帮，想看鞋底。奶奶一手抢过来，神气变得古怪，说："先别乱瞧！这是睡鞋……入洞房，脱下踩堂鞋，就换这双睡鞋。记着，临到上床时，这鞋可得新郎给你脱，羞嘛！谁结婚都得这样！拿耳朵听清楚，还有要紧的话呢——这鞋帮里边，有画，要你和新郎官一起看……"说到这儿，奶奶细了眼笑起来。

香莲没见过奶奶这样笑过，有点狡猾，有点发坏，好奇怪！她说："嘛画不兴先瞧瞧！"伸手去拿鞋。

奶奶"啪"打她手说："没过门子哪兴看！先揣怀里。进洞房看去！"上手把鞋掖她腰间。

外边呜里哇呜里哇吹奏敲打起来。奶奶赶紧叫香莲换上紫鞋，外套黄鞋，嘴巴涂点胭脂，脑门再扑点粉，戴上凤冠，再把一块大红遮羞布搂头罩上。还拿了两朵绒花插在自己白花花双鬓上，一猫腰，兜腰抱起香莲走出院子大门。这事情本该新娘子的父亲、兄长做的，香莲无父无兄，只好老奶奶承当。

香莲脸上盖着厚布，黑乎乎不透气，耳边一片吵耳朵的人声乐声放炮声。心里忽然难过起来，抓着奶奶瘦骨棱棱的肩膀，轻轻喊："香莲舍不得奶奶！"

奶奶年老，抱着大活人，劲儿强顶着，一听香莲的叫声，心里一酸，两腿软腰也挺不住劲儿，扑通一下趴下了，两人摔成一团。两边人忙上去把她俩扶起来。奶奶脑门撞上轿杆立时鼓起大包，膝盖沾两块黄土，不管自己，却发急地喊："我没事！千万别叫香莲的脚沾地！抱进轿子快抱进轿子！"

香莲摔得稀里糊涂，没等把遮羞布掀开瞧，人已在轿子里。乱哄哄颤悠悠走起来，她忽觉自个儿好赛给拔了根儿，没挨没倚没依没靠，就哭起来，哭着哭着忽怕脸上脂粉给眼泪冲花了，忙向怀里摸帕子，竟摸出那双软底绣花睡鞋，想到奶奶刚才的话，起了好奇，打开瞧，鞋帮黄绸里子上，竟用红线黑线绣着许多小人儿，赛是嬉戏打闹的小孩儿，再看竟是赤身光屁股抱在一堆儿的男男女女。男的黑线，女的红线，干的嘛虽然不甚明白，总见过鸡儿猫儿狗儿做的事。这就咯噔一下脸一烧心也起劲扑腾起来。猛地大叫："我回家呀！送我回家找奶奶！"

由不得她了。轿子给鼓乐声裹着照直往前走，停下来就觉两双手托她胳膊肘，两脚下了轿子便软软踩在毡子上。走起来，遮羞布摆来摆去，只见脚下忽闪忽闪一片红。一路上过一道门又一道门再一道门。每一抬脚迈门槛，都听见人喊："快瞧小脚呀！"

"我瞧见小脚啦！"

"多大？多小？"

"瞧不好呀！"

香莲记着奶奶的话，在阔人家走路，最多只露个脚尖。虽然她这阵子心慌意乱，却留心迈门槛时，缩脚，用脚尖顶着裙边，不露出来，急得周围人弯腰歪脖斜眼谁也瞧不清楚。

最后好似来到一大间房子里。香烛味、脂粉味、花味，混成一团。忽然唰的眼前红绿黄紫闪光照眼一亮，面前站着个胖大男人，团花袍褂，帽翅歪着，手攥着她那块盖脸的红布，肥嘴巴一扭说："我要瞧你小脚！"

四边一片大笑。这多半就是她的新郎官。香莲定住神四下一瞧，满房男男女女个个披红挂绿戴金坠银，那份阔气甭提啦。几十根木桩子赛的大红蜡烛全点着，照得屋里赛大太阳地。香莲打小哪见过这场面，整个蒙了。多亏身边搀扶她的姑娘推一下那胖大男人说："大少爷，拜过天地才能看小脚。"

香莲见这姑娘苗条俊秀赛画里的女子。新鲜的是，她脖子上挂个绣花荷包，插许多小针，打针眼奔拉下各色丝线。

大少爷说："好呀桃儿，叫你侍候我俩的，你帮她不帮我，我就先看你的小脚！"上去就抓这桃儿裤腿，吓得桃儿连蹦带叫，胸前丝线也直飘舞。

几个人上来又哄又拦大少爷。香莲才看见佟家老爷一身闪亮崭新袍褂，就坐在迎面大太师椅上。那几人按着大少爷跪下腿同香莲拜过天地，不等起身，只听一个女人脆声说："傻啦，大少爷，还不掀裙子瞧呀！"

香莲一怔当儿，大少爷一把撩起她裙子，一双小脚毫不遮掩露在外边。满堂人大眼对小眼，一齐瞅她小脚，有怔有傻有惊有呆，一点声儿没有。身边的桃儿也低头看直了眼。忽然打人群挤进个黄脸老婆子，一瞧她小脚，头往前探出半尺，眼珠子鼓得赛要蹿出来，跟手扭脸挤出人群。四周到处都响起咿呀唏嘘呜哇喊喳咕嘎哟啊之声。香莲好赛叫人看见裸光光的身子，满身发凉，跪那里动不了劲。

佟忍安说："绍荣，别胡闹！桃儿你怔着干吗，还不扶大少奶奶入洞房？"

桃儿慌忙扶起香莲去洞房，大少爷跟在后边又扯又撩，闹着要看小脚。一帮人也围起来胡折腾瞎闹欢，直到入夜人散，大少爷把桃儿轰走。香莲还没照奶奶嘱咐换睡鞋，大少爷早把她一个滚儿推在床上，硬扒去鞋，扯掉脚布，抓着她小脚大呼大叫大笑个不停。这男人有股蛮劲，香莲本是弱女子，哪敢得过。撑着打着躲着推着撕扯着，忽然心想自己给了人家，小脚也归了人家。爷们儿是傻子也是爷们儿，一时说不出是气是恼是恨是羞是委屈，闭上眼，伸着两只光脚任这傻男人赛摆弄小猫小鸡一样摆弄。

一桩怪事出在过门子之后不几天。香莲天天早上对镜梳妆，都见到面前窗纸上有三两小洞。看高矮，不是孩子们调皮捣蛋捅的；也不像是拿手指头抠的。洞边一圈毛茸茸，赛拿舌头舔的。今儿拿碎纸头糊上，赶明儿在旁边添上两个洞。谁呢？这日晌大少爷去逛鸟市，香莲自个儿午觉睡得正香，模模糊糊觉得有人捏她脚。先以为是傻男人胡闹，忽觉不对。傻男人手底下没这么斯文。先是两手各使一指头，竖按着她小脚趾，还有一指头钩住后脚跟儿。其余手指就在脚掌心上轻轻揉擦，可不痒痒，反倒说不出的舒服。跟着换了手法，大拇指横搭脚面，另几个手指绕下去，紧压住折在脚心上的四个小指头。一松一紧捏弄起来。松起来似有柔情蜜意，紧起来好赛心都在使劲。一下下，似乎有章有法。香莲知道不在梦里，却不知哪个贼胆子敢大白天闯进屋拿这怪诞手法玩弄她脚，又羞又怕又好奇又快活，还有种欲望自身体燃起，脸发烧，心儿乱跳。她轻轻睁眼吓了一大跳！竟是公公佟忍安！只见这老小子半闭眼，一脸醉态，发酒疯吗？还要做嘛坏事情？她不敢喊，心下一紧，两只小脚不禁哧溜缩到被里。佟忍安一惊，可马上恢复常态，并没醉意。她赶紧闭眼装睡，再睁开眼时，屋里空空，佟忍安已不在屋里。

门没关，却见远远廊子上站个人，全身黑，不是佟忍安，是过门子那天钻进人群看她小脚的黄脸老婆子。正拿一双眼狠狠瞪她，好赛一直瞪进她心窝。为嘛瞪自己？

再瞧，老婆子一晃就不见。

她全糊涂了。

第四回
爷儿几个亮学问

八月十五这天，戈香莲才算头次见世面。世上不止一个面。要是没嫁到佟家，万万不知还有这一面。

都说晚晌佟忍安请人来赏月，早早男女佣人就在当院洒了清水，拿竹帚扫净。通向二道院中厅的花玻璃隔扇全都打开。镶罗钿的大屏桌椅条案花架，给绸子勒得贼亮，花花草草也摆上来。香莲到佟家一个多月，天下怪事几乎全碰上，就差没遇见鬼，单是佟家养的花鸟虫鱼，先前甭说见，听都没听说过。单说吊兰，垂下一棵，打这棵里又蹿出一棵，跟手再从蹿出的这棵当中再蹿出一棵来。据说一棵是一辈，非得一棵接一棵一气儿垂下五棵，父辈子辈孙辈重孙辈重重孙子辈，五世同堂，才算养到家，这就一波三折重重叠叠累累赘赘打一丈多高一直垂到地。菊花养得更绝，有种"黄金印"，金光照眼，花头居然正方形，真赛一方黄金印章，奇不奇怪？当院摆的金鱼缸足有一人多高，看鱼非登到珊瑚石堆的假山上不可。里边鱼全是"泡眼"，尺把长，泡儿赛鸡蛋，逛逛悠悠，可是泡儿太大，浮力抻得脑袋顶着水面，身子直立，赛活又赛死，看着难受。这样奇大的鱼，说出去没人肯信……

晌午饭后，忽然丫头来传话说，老爷叫全家女人，无论主婢，都要收拾好头脚，守在屋里等候，不准出屋，不准相互串门，不准探头探脑。香莲心猜嘛样客人，要惊动全家梳洗打扮，在屋恭候。还立出这么多莫名其妙的规矩。

这样，家里就换一个阵势。

这家人全住三道院。佟忍安占着正房三间，门虽开着，不见人影。东西厢房各三间。香莲住东房里外两间，另外一间空着，三少爷佟绍富带着媳妇尔雅娟在扬州做生意，这间房留给他们回来时临时住住，平时空着关着。对面西厢房，一样的里外两间归二少爷佟绍华和媳妇白金宝闺女月兰月桂住，余剩的单间，住着守寡的四媳董秋蓉，身边只有个两岁小闺女，叫美子。虽是这样住，为了方便，都把里边的门堵上，房门开在外边。

香莲把窗子悄悄推开条缝儿，只见白金宝和董秋蓉房间都紧紧关闭。平时在廊子上走来走去的丫头们一个也不见了，连院当中飞来飞去的蜻蜓蝴蝶虫子也不见了，看来今晚之举非比寻常。她忽想到，平时只跟她客客气气笑着脸儿却很少搭话的二媳妇白金宝，早上两次问她，今儿梳嘛头穿嘛鞋，好赛摸她的底。摸她嘛底呢？细细寻思，一团糨糊的脑袋就透进一丝光来。

打过门子来，别的全都不清楚，单明白了自己真的靠一双小脚走进佟家。这家子人，有个怪毛病，每人两眼都离不开别人的脚。瞧来瞧去，眼神只在别人脚上才撂得住。她不傻，打白金宝、董秋蓉眼里看出一股子凶猛的妒恨。这妒恨要放在后槽牙上，准磨出刃来！香莲自小心强好胜，心里暗暗使了劲，今晚偏要当众拿小脚镇镇她们！趁这阵子傻爷们去鸟市玩儿，赶紧梳洗打扮收拾头脚。把头发篦过盘个连环髻，前边拿齐刷刷的刘海半盖着鼓脑门，直把镜子里的脸调理俊了。随后放开脚布，照奶奶的法儿重新裹得周正熨帖。再打开从家带来的包袱，拣出一双顶艳的软底小鞋。鲜鲜大红绸面，翠绿亮缎沿口，鞋面贴着印花布片儿，上边印着蝴蝶牡丹——鞋帮上是五彩牡丹，前脸趴着一只十色蝴蝶，翅膀铺开，两条大须子打尖儿向两边弯。她穿好试走几步，一步一走，蝴蝶翅膀就一扇一扇，好赛活的。惹得她好喜欢，自己也疼爱起自己的小脚来。她还把裤腰往上提提，好叫蝴蝶露给人看。

正美着，门一开，桃儿探进半个身子说："大奶奶好好收拾收拾脚，今晚赛脚！"香莲没听懂，才要问，桃儿忙摇摇手不叫她出声，胸前耷拉的五彩丝线一飘就溜走了。

赛脚是嘛？香莲没见过更没听说过。

门里门外，羊角灯一挂起来，客人们陆陆续续前前后后高高矮矮胖胖瘦瘦各带各的神气到了。两位苏州来的古玩商刚落座，佟绍华陪着造假画的牛五爷牛凤章来到。说是牛五爷弄来几件好东西，带手拿给佟忍安，问问铺子收不收。牛凤章常去四外搜罗些小古玩器，自己分不出真假，反正都是便宜弄来的，转手卖给佟忍安。佟忍安差不多每次都收下。牛五爷卖出的价比买进的多，以为赚了。但佟忍安也是得到的比花出的多，这里的多多少少却一个明白一个糊涂了。这次又掏出两小锦盒。一盒装着几枚蚁鼻币，一盒装着个小欢喜佛。佟忍安看也没看，顺手推一边，两眼直瞅着白金宝的房门，脸上皱纹渐渐抻平。佟绍华住在柜上，只要逮机会回来一趟，急急渴渴回房插门和媳妇热热乎乎闹一闹。牛凤章天性不灵，看不出佟忍安不高兴，还一个劲儿把小锦盒往佟忍安眼睛底下摆。佟忍安好恼，一时恨不得把锦盒扒落地上去。

门口一阵说说笑笑，又进来三位。一个眉清目朗，洒脱得很，走起路袖口、袍襟、带子随身也随风飘。另一个赛得了瘟病，脸没血色，尖下巴撅撅着，眼珠子谁也不瞧，也不知瞧哪儿。这两位都是本地出名的大才子。一个弄诗，一个弄画。前头这弄诗的是乔六桥，人称"乔六爷"，作诗像啐唾沫一样容易；这弄画的便是大名压倒天津城的华琳，家族中大排行老七，人就称他"华七爷"。六爷和七爷中间夹着一个瘦高老头。多半因为这二位名气太大，瘦老头高出一星半点不会被人瞧得见，就一下子高出半头来。这人麻酱色绣金线团花袍子，青缎马褂，红玛瑙带铜托的扣子一溜竖在当胸。眼睛黑是黑白是白，好比后生，人上岁数眼珠又都带浊气，他没有，眼光前头反有个挑三拣四的利钩儿。乔六桥后面的脚还没跨进屋，就对迎上来的佟忍安说："佟大爷，这位就是山西名士吕显卿，自号'爱莲居士'。听说今儿您这里赛脚，非来不可。昨儿他跟我谈了一夜小脚，把我都说晕了，兴致也大增，今儿也要尽尽兴呢！"

佟忍安听了，目光打二媳妇白金宝的房门立即移到这瘦高老头脸上。行礼客套刚落座，吕显卿便说："我们大同，每逢四月初八，必办赛脚大会，倾城出动，极是壮美。没想到京畿之间，也有赛脚雅事。不能不来饱饱眼福呢，佟大爷不见怪吧？"

"哪儿的话，人生遇知己，难得的幸会。早就听说居士一肚子莲学。我家赛脚，都是家中女眷，自个儿对自个儿比比高低，兼带着相互切磋莲事莲技。请来的人都是正经八百的'莲癖'，这就指望居士和诸位多多指点。方才听您提到贵乡赛脚会，我仰慕已久不得一见，可就是大同晾脚会？"

"正是。赛脚会，也叫'晾脚会'。"

佟忍安眉梢快活一抖，问道："嘛场面？说说看。"

他急渴渴，以致忘记叫人送茶。吕显卿也不在意，好赛一上手，就对上茬儿，兴冲冲说："鄙乡大同，古称'云中'。有句老话说'浑河毓秀，代产娇娃'。我们那儿女子，不但皮白肤嫩，尤重纤足。每逢四月八日那天，满城女子都蹺着小脚，坐在自家门前，供游人赏玩。往往穷家女子小脚被众人看中，身价就一下提上去百倍……"

"满城女人？好气派好大场面呀！"佟忍安说。

"确是，确是。少说也有十万八万双小脚，各式各样自不必说。顶奇、顶妙、顶美、顶丑、顶怪的，都能见到。那才叫'天下之大，无奇不有'呢……"

"世上有此盛事！可惜我这几个儿子都不成气候。我这把年纪，天天还给铺子拴着。晾脚会这样事不能亲眼看一看，这辈子算白活了！"佟忍安感慨一阵子，又蛮有兴趣问道，"听说，大同晾脚时，看客可以上去随意捏弄把玩儿？"

乔六桥接过话说："佟大爷向来博知广闻，这下栽了。这话昨夜我也问过居士，人家居士说，晾脚会规矩可大——只许看，不许摸。摸了就拿布袋子罩住脑袋大伙儿打，打死白打！"

众人哈哈笑起来。乔六桥是风流人，信口就说，全没顾到佟忍安的面子。吕显卿露出得意来。佟忍安嘛眼？只装不知，却马上换了口气，不赛求教，倒赛考问："居士，您刚刚说那顶美的嘛样？倒说说看。"

"七字法呀，灵、瘦、弯、小、软、正、香。"吕显卿张嘴就说。好赛说，你连这个也不知道。

"只这些？"

这瘦老头挺灵，听出佟忍安变了态度，便说："还不够？够上一字就不易！尖非锥，瘦不贫，弯似月，小且灵，软如烟，正则稳，香即醉，哪个容易？"他面带笑对着佟忍安，吐字赛炒崩豆，叫满屋听了都一怔。

佟忍安当然明白对方在抖搂学问，跟自己较劲，便面不挂色，说了句要紧的话："得形易，得神难。"

吕显卿巴巴眨两下眼皮，没听懂佟忍安的话，以为他学问有限，招架不住，弄点玄的。他真恨不得再掏出点玩意儿，压死这天津爷们儿，便轮起舌头说："听说您家大少奶奶一双小脚，盖世绝伦，是不是名唤香莲？大名还是乳名？妙极！妙极！是呵，古来称小脚为'金莲'。以'香'字换'金'字，听起来更入耳入心，还不妙！'金莲'一说由来，不知您考过没有？都说南唐后主有宫嫔窅娘，人俊，善舞，后主命制金台，取莲花状，四周挂满珠宝，命窅娘使帛裹足，在金莲台上跳舞。自此，宫内外妇女都拿帛裹足，为美为贵为娇为雅，渐渐成风，也就把裹足小脚称作'金莲'。可还有一说，齐东昏侯，命宫人使金箔剪成莲花贴在地上，令潘妃在上边走，一步一姿，千娇百媚，所谓'步步生莲花'。妇女也就称小脚为'金莲'了。您信哪种说法？我信前种，都说窅娘用帛缠足，可没人说潘妃缠足。不缠足算不得小脚！"

吕显卿这一大套，把屋里说得没声儿，好赛没人了。这些人只好喜小脚，没料到给小脚的学问踩在下边。佟忍安一边听，一边提着自个儿专用的逗彩小茶壶，嘴对嘴吮茶，咂咂直响。人都以为他也赞赏吕显卿，谁料他等这位爱莲居士一住嘴，就说：

"说到历史，都是过去的事，谁也没见过，谁找着根据谁有理。通常说小脚打窅娘才有，谁敢断言唐代女子绝对不裹脚缠足？伊世珍《琅嬛记》上说，杨贵妃在马嵬坡被唐明皇赐死时，有个叫玉飞的女子，拾得她一双雀头鞋，薄檀木底，长短只有三寸五。这可不是孤证。徐用理的《杨妃妙舞图咏》也有几句：'曲按霓裳醉舞盘，满身香汗怯衣单，凌波步小弓三寸，倾国貌娇花一团。'三寸之足，不会是大脚。可见窅娘之前，贵妃先裹了脚。要说唐人先裹脚，杜牧还有两句诗：'钿尺裁量减四分，纤纤玉笋裹轻云。'一尺减去四分，还剩多少？"

"佟大爷，别忘了，那是唐尺，跟今儿用的尺子不一般大小！"吕显卿边听边等漏儿，抓住漏儿就大叫。

"别忙，这我考过。唐人哪能不用唐尺？唐尺一尺，折合今儿苏尺八寸，苏尺又比营造尺大一寸。诗上说一尺减四，便是唐尺六寸，折合苏尺是四寸八，折合今儿营造尺是四寸三。不裹脚能四寸三吗？您说说。"

吕显卿一时接不上话茬，眼睛嘴全张着。

乔六桥拍手叫起来："好呀，看来能人在咱天津卫，别总把眼珠子往外瞧了！"

众人都将吃惊的眼神，打山西人身上挪到佟忍安这边来。可人家吕显卿也是修行不浅的能人。能人全好胜，哪能三下两下就尿，稍稍一缓，话到嘴边，下巴一仰就说："佟大爷的话，听来有理。可使两句诗作根据，还嫌单薄。《唐语林》上说，唐时一般士人妻，服丈夫衫，穿丈夫靴，可见并不缠足。"

"说得是。可我并没说唐朝女子都缠足，而是说有缠足。有没有是一码事，都不都是是另一码事。居士所考，是缠足发端哪朝哪代，不是哪朝哪代蔚成风气的，对不？咱议的嘛，先要定准，免得你说东我说西，走了题，不明不白。再说，从唐诗中求根据，绝非这三两句，白乐天有句，'小头鞋履窄衣裳'，焦仲卿也有句，'足蹑红丝履，纤纤作细头'。说的都是唐朝女子穿鞋好小头。按唐时礼节，走路不直疾促，行步快，即失礼。用布缠裹约束，自然迟缓。这是情理之中的事。至于缠成嘛样？嘛法？多大？另当别论。"

"今儿倒长了见识，天津卫佟大爷把缠足史的上限定到了唐。"吕显卿话里带讥讽，仍遮不住一时困窘。明摆着没话相争，学问不顶饯了。

佟忍安笑笑，好赛话才开头，接着说："要说上限，我看唐也嫌晚。《周礼》有屦人，掌管皇上和王妃鞋子，所谓赤舄、黑舄、赤缯、黄缯、青勾、素履、葛履，都是各式各样鞋子。看重鞋，必看重脚。汉朝女子鞋头喜尖，打武梁祠壁画上看，老莱之母，曾子之妻，鞋头都尖。《史记·货殖传》上说，'今夫赵女郑姬设形容，揳鸣琴，揄长袂，蹑利屣'。所谓'利屣'，也是尖头鞋子。《汉书·地理志》上有句话挺要紧，'赵女弹弦跕躧'，师古注，'跕'字与'屣'同，是种无跟小鞋，跕是轻轻站着。由此看，汉朝女子以尖鞋、细步、轻站为美。自然要在脚上下功夫，那就非小不可。史游《急就篇》有句'靸鞮卬角褐袜巾'，下边的注不知您留意没有。注中说，靸谓'韦履'，头深而尖，平底，俗名'著革先子'；鞮，薄革小履也，巾者，裹足也。这话说得还要多明？您要听，我还有好多例子，就怕占大伙儿不少时候，犯不上。单把这些书上零零碎碎记载，细心推敲推敲，缠足始于唐，恐怕也不能说死吧！都说历史是死的，我看是活的，谁把它说死，谁都等着别人来翻个儿！"

吕显卿好赛给对方扔到水里，又按到水下边。不傻也呆，轮到了由人摆布的份儿。乔六桥比刚才叫得更欢："完了完了！今儿我才明白，没学问，玩小脚，纯粹傻玩儿！"

牛凤章脖子一缩说："说得我也想裹小脚了！"

这话惹得众人笑声要掀去屋顶。牛凤章人不怪心眼怪。他总是自觉身贱，时不时糟蹋自己一句，免得别人再来糟蹋。

今儿不比寻常。佟忍安正来劲，满肚子学问要往外倒，逮住牛凤章这句话，笑道："牛五爷可别这么说。明朝还真有男人裹足，伪装女子，混在女人堆儿里找便宜。事败后坐几年大狱，放出来人人骂他，藏不成，躲不了，人人能认出他来。"

"为嘛哪？"牛凤章瞪着小眼问。

"脚裹小了，还能大回来？"佟忍安说。

众人又是大笑。牛凤章双脚紧跺，叫着："我可不裹！我可不裹！"卖傻样儿逗大伙儿乐。

华琳摇着白手细指说："不不，牛五爷裹脚准叫人认不出来。"他说完这上半句，等别人追问为嘛才说下半句："牛五爷造假画，赛真的；裹小脚，更赛真的！"说话时，眼珠子不看牛凤章，也不看佟忍安，好赛看屋顶。

这话够挖苦，可别人说还行，牛凤章和华琳同行，都画画，同行犯顶，不吃这话。他小眼一翻，立时把话撞回去："我的假画，骗得了您华七爷，可逃不过佟大爷的眼。对不，对不？嗯？嘻！"

牛凤章这句话既买好佟忍安，又恶心了华琳，说得自己都得意起来。华琳清高，但清高的人拉不下脸儿来，反倒吃亏没辙，脸气白了。

乔六桥说："牛五爷，你还是闭嘴拿耳朵听吧！没见佟大爷和这位居士正亮着学问。今儿吴道子、李公麟来了，也叫他滚。爷几个都是冲小脚来的！"

牛凤章立时捂嘴，发出牛叫般粗声儿："请佟大爷给诸位长学问！"

佟忍安压倒吕显卿，占了上风，心里快活。可他不带出半点得意，也就不显浅薄，反倒更显得高深。他心想，自己还要退一步，有道是，主不欺客，得意饶人，才算是大度。便看也没看牛凤章，撂下茶壶和颜悦色说道："这些话算嘛学问，都是闲聊闲扯罢了。世上事，大多都是说不清道不明，公说公有理，婆说婆有理，其实都有理。人说，凡事只有一个理，我说，事事都有两个理。每人抱着自己的理，天下太平；大伙儿去争一个理，天下不宁。古人爱找真，追究鸡生蛋，还是蛋生鸡，管它谁生谁！有鸡吃，有蛋吃，你吃鸡我吃蛋，你吃蛋我吃鸡，或是你吃鸡也吃蛋，我吃蛋也吃鸡，不都吃饱又吃好了？何苦去争先鸡后蛋先蛋后鸡？居士！眼下咱把这些废话全撂下，别耽误正事。马上赛脚给您看，听听您眼瞅着小脚，发一番实论，那才真长见识呢，好不好……"

"好好好！"吕显卿刚刚心里还拧着，这一下就平了。他给佟忍安挤到井边，进不是退也不是。谁料这老小子一番话又给他铺好台阶，叫他舒舒坦坦下来。心想，天津卫地起是码头，码头上的人是厉害；骑驴看景走着瞧，抓着机会再斗一盘！

第五回
赛脚会上败下来

众人听说赛脚开始，都欢呼起来。有的往前挪椅子，有的揉眼皮，有的按捺不住站起身，精神全一振。方才谁也没留意，这会儿忽见大门外廊子上站一个黄脸婆子。人虽老，神气绝不凡，脑袋梳着苏头鬏子，油光光翘起来的小鬏上，罩黑丝网套，插两朵白茉莉，一朵半开的粉红月季。身上虽是短打扮，一码黑，大裆子上的宽花边可够艳，胸前披一块一尘不染的雪白帕子，两只小脚包得赛一对紧绷绷乌黑小粽子。鞋上任嘛装饰也没有，反倒入眼。

吕显卿低声问乔六桥："这是谁？"

乔六桥说："原来是佟大爷老婆的随身丫头。佟大奶奶死后，一直住在佟家。原叫潘嫂，现叫潘妈。您看那双小黑脚够嘛成色？"

"少见的好！凭我眼力，恐怕脚上的功夫更好。你们这位佟大爷花哨吗？"

乔六桥斜眼瞅一下佟忍安，离得太近，便压低声儿说："跟您差不离儿。"又说："潘妈这脸儿可够瘆人的，谁也不会找她闹。"

"六爷这话差了！脚好不看脸，顾脚不顾头。谁还能上下全照应着。"

两人说得都笑出声来。

佟忍安这儿对潘妈发了话："预备好就来吧！"

大伙儿只等着佟家女眷们一个个上来亮小脚。谁知佟忍安别有一番布置，只听大门两边隔扇哗啦哗啦打开了。现出佟家人深居的三道院。院中花木假山石头栏杆秋千井台瓷凳都给中秋明月照得一清二楚，地面亮得赛水银镜子。可这伙人没一个抬头望月，都满处寻小脚看。只见连着东西南北房长长一条回廊中，挂一串角子灯。每盏灯下一个房门，全闭着。潘妈背过身子，哑嗓门叫一声："开赛了！"又是哗啦哗啦，各个厢房门一下全都打开，门首挂着各色绣花门帘，门帘上贴着大红方块纸，墨笔写着：壹号、贰号、叁号、肆号、伍号、陆号。总共六个门儿。大伙儿几乎同时瞧见，每个门帘下边都留了一截子一尺长短的空儿，伸出来一双双小脚，这些脚各有各的捯饬，红紫黄蓝、描金镶银、挖花绣叶、挂珠顶翠，都赛稀世奇宝，即使天仙下凡，看这场面，照样犯傻。刚刚站在廊子上的潘妈忽然不见，好赛土行孙打地下钻走。

人之中，只有吕显卿看出潘妈人老身重，行路却赛水上漂，脚上能耐世上绝少。他把这看法放在心里没说。

佟忍安对吕显卿说："居士，我家几次赛脚，都是亡妻生前主办。这法儿是她琢磨出的。为的是，请来评脚的客人有生有熟，熟人碍情面，不好持平而论。生人更难开口说这高那低，再有我的儿媳妇都怕羞，只好拿门帘挡脸，可别见怪。"

"这好这好！鄙乡大同是民间赛脚，看客全是远处各地特意赶去的，谁也不认得谁。您这儿全是内眷，这样做再好不过。否则我们真难评头论足了。"

佟忍安点点头，又对大伙儿说："前日，乔六爷出个主意说，每个门帘上都写个号码，各位看过脚，品出高低，记住号码，回到厅里。厅里放张纸，写好各位姓名，后边再写上甲乙丙。各位就按心里高低，在甲乙丙后边填上号码。以得甲字最多为首。依次排出三名来。各位听得明白？这样赛成不成？"

"再明白不过！再妙不过！又简单又新鲜又好玩，乔六爷真是才子。出主意也带着才气！来吧，快！"吕显卿已经上劲，精神百倍，急得直叫。

众人也都叫好，闹着快开始。这一行人就给佟忍安带领绕廊子由东向西，在一个个门前停住观摩品味琢磨议论，少不得大惊小怪喧哗惊叫一通。

戈香莲坐在门口。只见一些高矮胖瘦人影，给灯照在门帘上。她有认得也有不认得，乱七八糟分不出哪是哪位，却见他围在她脚前呼好叫绝议论开："这双脚，如有'七十字法'，字字也够得上。我猜这就是佟家大儿媳妇，对不？"

"居士，您刚才说，'七字法'中有个'香'字，现在又说'七十字法'，肯定也跑不掉'香'字，我问您这'香'字打哪得来的？"

"乔六爷，咱文人好莲，不能伤雅，大户人家，哪有不香的道理。唯'香'一字，只能神会。"

"佟大爷，方才说赛脚会上许看不许摸，闻一闻总可以吧！呵？哈哈哈哈！"

香莲见门帘一个人影矮下来。心一紧，才要抽进脚来，又见旁边一个矬胖影子伸手拉住这人，嘻嘻哈哈说："乔六爷，提到'香'字，我们苏州太守也是莲癖，他背得一首山歌给我，我背给您听，'佳人房中缠金莲，才郎移步喜连连。娘子呵，你的金莲怎的小，宛如冬天断笋尖，又好像五月端阳三角粽，又是香来又是甜。又好比六月之中香佛手，还带玲珑还带尖。佳人听罢红了脸，贪花爱色怎个贱，今夜与你两头睡，小金莲就在你嘴边，问你怎么香来怎么甜，还要请你尝尝断笋尖！'"

这人苏州音，念起来似唱非唱。完事，有人笑有人拍手，有人说不雅，有人拿它跟乔六桥开心。却给香莲解了围。

忽然一个声音好熟，叫道："各位再往下看，好的还在后边呢！"

一群人应声散去，在西边一个个门前看脚谈脚，却没有刚刚在自己门前热闹。后来却在一处赛油锅泼水喧闹开了。有人说："简直闹不清，哪个是您大媳妇了！"

又是那好熟的声音："哪脚好，就哪个，这脚好，就这个！"

香莲忽觉得这是二少爷佟绍华的嗓门。模糊有点不妙，蛮有把握的手竟捏起汗来。耳听这伙人，说说笑笑回到前厅，打打闹闹去填号码。好一会儿，佟绍华在厅上唱起票来："乔六爷——甲一乙二丙六，吕老爷——甲一乙二丙四，华七爷——甲二乙一丙四，牛五爷——甲一乙二丙三，苏州白掌柜甲二乙一丙四，苏州邱掌柜甲一乙二丙五……把票归起来，壹号得甲最多，为首，贰号次之，第二，肆号第三。"

戈香莲好欢喜，一时门帘都显亮了。又听佟绍华叫道："潘妈，拉下门帘，请各位少奶奶、姑娘，见见诸位客人！"跟着香莲眼前更一亮，几十盏灯照进眼睛。却见前厅辉煌灯火里满是客人，周围各房门口都坐一个花样儿的女人。

佟绍华赛刚给抽了三鞭子，十分精神。那张大油脸鼓眼珠，今儿分外冒光，双手举着一张写满人名号码的洒金朱砂纸，站在前厅外高声儿叫："壹号，白金宝，我媳妇！你来谢谢诸位老爷！贰号，戈香莲，我嫂子；肆号，董秋蓉，是我弟妹。余下三个都是我家丫鬟，桃儿、杏儿、珠儿。各位也请出来吧！"

戈香莲傻了！她是大少奶奶，该壹号，怎么贰号？是弄错还是佟绍华成心捣鬼？回头一瞧，门帘上贴的居然就是贰号。可是凭自己的脚，写上嘛号码也该选第一呀！她不信会败给白金宝，但拿眼一瞧就奇了，白金宝好赛换一双小脚，玲珑娇小，隐隐一双淡绿小鞋，分明两片苹果叶子，鞋头顶着珠子，唰唰闪光，又赛叶子上颤悠悠的露水珠儿。这会儿她正打屋里出来，迈步也完全不同往常，绣花罗裙，就赛打地面上飘过，脚尖在裙子下边，忽然露出忽然不见，逗人眼馋。香莲起身走出屋时，本打算拿鞋上的那对蝴蝶压压白金宝，一提裙腰，蝴蝶出来了，可两只脚咋咋呼呼支支棱棱，有露没藏赛叉鱼的叉子，劈着两个大尖。那白金宝走到众人前，道万福行礼，右脚没露，只把左脚成心往外一闪。这一闪叫人看个满眼，再多看一眼又不成。香莲也给这一下闪呆了。原本白金宝的脚比自己大，怎么显得比自己还小？一刀切去一块不成？鞋子更是出奇讲究，连鞋底墙子、底牙、裤腿套上全是精致到家的绣花。香莲打小也没见过这么贵重花哨的鞋子。自己这印花蝴蝶不过奶奶打香粉店花二十个铜子儿买的，一比，太穷气了。

这种场面上，一透穷气，就泄了气！她打脚底到腰叉子全发凉。恨不得拨头跑回屋，关门躲起来。潘妈招呼珠儿、杏儿、桃儿端三个青花瓷墩子，放在当院，请三位少奶奶坐下。香莲想拿裙子把小脚罩住，偏偏刚才为了露蝴蝶，裙腰往上提，腰带扎得又紧，拉不下来，小脚好赛净心晾在外边给她出丑。她不敢瞅自己脚，也不敢瞅白金宝的脚，更不敢瞅白金宝的脸。白金宝脸儿不定多光彩呢！

佟忍安对吕显卿说："居士，打这评选结果上看，你果然不凡。您看其他各位有的一错两对，有的两错一对，有的名次顺序颠倒，唯有您号码也对，顺序也对。不知您品评金莲按嘛规格？"

吕显卿听了好得意，才要开口，乔六桥抢过话打趣道："还是那七字法呗！"

吕显卿刚刚比学问栽了，这次不能再栽，嘴皮子也鼓起劲儿说："七字法是通用之法。品莲要分等级的。"

"怎么分法，请指教。"佟忍安一追问，两人又较量上了。

"这要先说六个字。"

"不是七字又六字了？愈说愈糊涂了！"乔六桥嘻嘻哈哈说，一边跟旁人挤眉弄眼，想拿这山西佬找乐子。

吕显卿是老江湖，当然明白。他决意给这些家伙点真格的瞧瞧，正色说："听明白就不糊涂。小脚美丑，在于形态。所谓形态，形和态呗！先说形，后说态。形要六字俱备，即短、窄、薄、平、直、锐。短指前后长度，宜短不宜长。窄指左右宽度，宜窄不宜宽。还须前后相称，一般小脚，往往前瘦后肥，像猪蹄子，不美。薄指上下厚度，宜薄不宜厚。直指足跟而言，宜正不宜歪，这要打后边看。平指足背而言，宜平不宜突，如能向下微凹更好。锐指脚尖而言，宜锐不宜秃，单是锐还不成，要稍稍向上翘，便有媚劲儿。向上撅得赛蝎子尾巴，或向下耷拉得赛老鼠尾巴，都不足取。这是说小脚的形。"

这几句就叫香莲听得云山雾罩，从不知小脚上还这么多道理讲究。拿这些道理一卡，自己的脚哪还算脚，只赛坠在脚脖下两块小芋头。前厅里诸位把吕显卿这套听过，不觉拿眼全瞄向佟忍安。盼望这位天津卫能人，再掏出点真玩意儿，把这外边来的能耐梗子压住。佟忍安单手端小茶壶，歪脖眯眼慢条斯理呷着，不知有根还是没词，不搭腔，只是又追了一句："这说了形，还有态呢？"

吕显卿瞥他一眼，心想不管你有根没根，先痛快压你一阵再说。

"态字上要分三等：上等金莲，中等金莲，下等金莲。"

香莲心里一惊，想到自己得第二名，生怕这老头把自己归入中等。

"先说上等！"苏州那商人听得来劲，急着说。

"好，我说。上等金莲中间又分三种。两脚缠得细长，好比笋尖，我们大同叫'黄瓜条子'，雅号叫'钗头金莲'。两脚缠得底窄背平，好比弯弓，雅号叫'单叶金莲'。两脚缠得头尖且巧，好比菱角，雅号叫'红菱金莲'。这三种小脚中间垫高底，又叫'穿心金莲'，后边蹬高底，又叫'碧台金莲'。都是上等。"

"居士敢情有后劲，快说说中等嘛样！"乔六桥说。

"脚长四五寸，还端正，走起来不觉笨，鞋帮没有棱角鼓起来，叫'锦边金莲'。脚丰而不肥，好赛鹅头，招人喜爱，叫'鹅头金莲'。两脚端正，只是走路内八字，叫'并头金莲'；外八字的叫'并蒂金莲'。这都是中等。"

"这名字真比全聚德炒菜的名儿还好听！"乔六桥笑道。

"六爷你是眼馋还是嘴馋？"

"别打岔！居士，你别叫他们一闹把话截了，接着说下等的金莲。"

吕显卿说："今儿佟家府上没下等金莲。三位少奶奶都是上等的。要在我们大同赛脚会上，我敢说也能夺魁！"

他这几句话，不知真话假话客气话应酬话，却说得三位少奶奶起身向他道谢。一站一坐当儿，白金宝无意打裙缝露出小脚，叫戈香莲逮住着意一看，吓一跳，竟然真比平时小了至少一寸？是自己看错还是人家用了嘛魔道法术？

吕显卿对佟忍安说："我虽嗜好金莲，比您，至少还差着三磴台阶。方才班门弄斧，可别笑话我无知，多多指点才对呢！"

佟忍安眼瞅一处，不知想嘛，一听吕显卿这话好比跑到自己大门口叫阵，略一沉便说："秦祖永《桐阴论画》，把画分作四品。最高为神品，逸品次之，妙品又次之，最末才是能品。能品最易得，也最易品。神品最难得，也最难品。拿我们古玩行说，辨画的真伪，看纸，看墨，看裱，看款，看图章，看轴头，都容易，只要用心记住，走不了眼。可有时候高手造假画，用纸、用墨、用绫、用锦，都用当时的，甚至图章也用真的，怎么办？再有，假宋画不准都是后来人造的，宋朝当时就有人造假！看纸色墨色论年份都不错，就没办法了？其实，盯准更紧要的一层，照样分辨出来，就是看'神'！真画有神，假画无神。这神打哪儿来的呢？比方，山林有山林气，画在纸上就没了。可画画的高手，受山林气所感，淋淋水墨中生出山林一股精神。这是心中之气，胸中之气，是神气。造假绝造不出来。小脚人人有，人人下功夫，可都只求形求态。神品……人世间……不能说没有……它，它……它……"

佟忍安说到这儿忽然卡住，眼珠子变得浑浑噩噩蒙蒙眬眬虚虚幻幻离离叽叽，发直。香莲远远看，担心他中了风。

吕显卿笑道："未免神乎其神了吧？"他真以为佟忍安肚子里没货，玩玄的。

"这神字，无可解，只靠悟。一辈子我只见过一双神品，今生今世再……唉！何必提它！"佟忍安真赛入了魔。弄得众人不明不白不知该说嘛好。

忽然，门外闯进一个胖大男人。原来大少爷佟绍荣，进门听说今儿赛脚，白金宝夺魁，他老婆败了阵。吼一声："我宰了臭娘儿们！"把手里鸟笼子扯了，刚买的几只红脖儿走了运，都飞了。他操起门杠，上来抡起来就打香莲，众人上去拉，傻人劲大，乔六桥、牛凤章等都是文人，没帮上忙，都挨几下，牛凤章门牙也打活了。一杠子抡在香莲坐的瓷墩子上，粉粉碎。佟忍安拍桌子大叫："拿下这畜生！"男佣人跑来，大伙儿合力，把大少爷按住，好歹拉进屋，里边还一通摔桌子砸板凳，喊着："我不要这臭脚丫子呀！"

客人们不敢吱声，安慰佟忍安几句，一个个悄悄溜了。

当晚，傻爷们儿闹一夜，把香莲鞋子脚布扒下来，隔窗户扔到院里。三更时还把香莲叽哇喊叫死揍一顿轰出屋来。

香莲披头散发，光着脚站在当院哭。

第六回
仙人后边是神人

戈香莲赛脚一败,一跟斗栽到底儿。

无论嘛事,往往落到底儿才明白。悬在上边发昏,吊在半截也迷糊。在佟家,脚不行,满完。这家就赛棋盘,小脚是一个个棋子儿,一步错,全盘立时变了样儿。

白金宝气粗了。香莲刚过门子时,待她那股子客客气气劲儿全没了。好赛憋了八十年的气,一下子都撒出来。时不时,指鸡骂狗,把连钩带刺的话扔过来,香莲哪敢拾。原先不知白金宝为嘛跟她客气,现在也不知白金宝干吗跟她犯这么大性。白金宝见这边不拾茬,性子愈顺愈狂。不知打哪弄一双八寸大鞋,俗名叫"大莲船",摆在香莲门口,糟蹋香莲。香莲看着气得掉泪却不敢动。别人也不敢动。

守寡的四媳妇董秋蓉在家的地位有点变化。过去白金宝总跟她斗气,板死脸给她看。赛脚会后换了笑脸,再逢亲朋好友来串门,就把秋蓉拉出来陪客人说话,甩开香莲理也不理,弄得秋蓉受宠若惊,原是怕白金宝,这会儿想变热些又转不过来,反而更怕见白金宝了。

佟绍华沾了光。只要在铺子里待腻了想回家,打着二少奶奶旗号,说二少奶奶找他,挺着肚子就回来了,佟忍安也没辙。可后来，二少奶奶自己出来轰他，一回来就赶回去。本来佟绍华骑白金宝脖子上拉屎当玩儿，这阵子白金宝拿佟绍华当小狗儿。谁也不知二少奶奶怎么一下子对二少爷这么凶。戈香莲明白。她早早晚晚三番五次瞧见佟忍安往白金宝屋里溜。但她现在躲事都难还去招惹是非？再说家里人都围着白金宝转，知道也掖肚子里，谁说？丫头们中只桃儿待香莲好，她原是派给香莲用的，可当下只要她一脚迈进香莲屋，白金宝就叫喊桃儿去做事，两只脚很难都进来。一日中晌，趁着白金宝睡午觉当儿，桃儿溜进香莲屋来悄悄说，自打白金宝不叫二少爷着家，二少爷索性到外边胡来，过去逛一回估衣街的窑子，到家话都少说，怕走了嘴。现在嘛也不怕，整天花街柳巷乱窜。憋得难受时竟到落马湖去尝腥，那儿的窑姐都是野黑粗壮的土娘儿们，论钟头要钱，洋表转半圈，四十个铜子儿。到时候老鸨子就摇铃铛，没完事掏钱往外一扔。桃儿说，这一来柜上的钱就由二少爷尽情去使。乔六桥一伙摽上了他，整天缠他请吃请喝请看请玩儿再请吃请喝请看请玩儿。

"老爷可知道？"

"老爷的心思向来没全撂铺子里，你哪知道！"

香莲也知道，但不知自己知道一多半还是一少半。

这家里，看上去不变的唯有潘妈。她住在后院东北角紧挨佟忍安内室的一间耳房。平时总待房里，偶然见她在太阳地晒鞋样子、晾布夹子，开门叫猫。她养这猫倒赛她自己，全黑、短毛、贼亮、奇凶，赛只瘦虎。白天在屋睡觉，整夜上房与外边流窜来的野猫厮打，鬼哭狼嚎吼叫，有时把屋顶的砖头瓦块"啪哒"撞下来。桃儿说，全家人谁也离不开潘妈，所有鞋样子都归她出。赛脚那天白金

151

宝的小脚就靠她捯饬的。她的鞋样敢说天下没第二个。

"十天半个月，她也往各屋瞧瞧，鞋不对，她拿去弄。可她就不往您屋里来。您没瞧见赛脚前她天天都往二少奶奶屋跑。就是她把您打赛会上弄下来的。不知她为嘛偏向二少奶奶，恨您！"

香莲没搭腔，心里却有数。香莲心细，看出潘妈打赛脚后不再去白金宝屋子了。

变得最凶，要数香莲的傻爷们儿。香莲真不懂傻人也把小脚看得这么重。原先是傻，这一下疯了。疯人更没准，犯起病就跟香莲瞎闹。有时拿拴床帐的带子，把香莲两脚捆一块儿，就要拿出去卖。买鸟儿，这是高兴时候。凶狠起来就拿针锥扎小脚，鲜血打裹脚布里往外冒。香莲已有了身孕，桃儿等几个丫头来哄大少爷说，大少奶奶肚里有他孩子，孩子有双天下没比的小脚，叫他必得好好待大少奶奶，等着好小脚生出来。这话管用，大少爷一听立时变样，天天捧着香莲小脚亲了又亲。一天打外边回来，居然给香莲买一包蜜枣，叫香莲心里一热直掉泪。可过几天，街上两个坏小子拦着大少爷说："听说你爹给你娶个大脚媳妇，还要再生个大脚闺女。"他眼就直了，进门操起菜刀蹦门进屋，非要切开香莲肚子看小脚不可。扯脖子叫喊着："我爹诳了我，谁也不信，打开看！"

香莲这两天正是心如死灰时候。不知谁把赛脚会的事传给香莲的奶奶。奶奶听了，气闭过去。香莲得信赶到家，奶奶拿最后一口气对她说："奶奶也不知怎么会毁的你！"糊里糊涂，抱着悔恨作古了。香莲绝了后路，见傻爷们儿也不叫她活，心一横，把衣服两边一扯唰的撕开，露出鼓鼓白肚皮，瞪着眼对大少爷说："开吧！

我活腻了，要嘛给你嘛！"

谁知当啷一声，菜刀扔在地上，傻爷们儿居然给香莲磕起头来。脑门撞得青砖地"通、通、通"直响，十来下就撞昏了，脑门鼻子都流血。再醒来，不打不闹，也不说话，只是傻笑，饭菜全不吃，到后来滴水不进，药汤没法灌，人就完了。挺大一个活人，完了，真容易。

应上"白马犯青牛，鸡猴不到头"这句话。香莲结婚没一年，守了寡。人强心不死，她只盼着生个小子。白金宝和董秋蓉两房头都是闺女，董秋蓉一个，白金宝两个，据说在南边的三少奶奶尔雅娟生的也是闺女。香莲要生个小子，给佟家留根，日子还能喘过口气。偏偏心强命不强，生的是丫头！想改也改不了，想添再也添不了！生下来不久还满身疹子。她心凉得赛冰块，天天头不拢脚不裹，孩子死就死，死完自己死。可自己身上掉下的这块肉，满是红点，痒得整天整夜哭，哭声叫她待不住，每天一趟去到娘娘宫，给斑疹娘娘烧香。娘娘像前还有三个泥塑长胡的男人，人称"挠司大人"，专给出疹子的孩子挠痒，还有一条泥做的黑狗，专给孩子舔痒痒痘。她一连去七天，别说娘娘不灵，孩子的疹子竟然退了。

一天潘妈忽进来，抓起孩子的小脚看了看，惊讶地说："又是天生一块稀罕料。"随后拿着吓人的鼓眼盯住香莲说："老爷叫我给她起个名儿。就叫莲心吧！"

香莲听了，两眼立时发直，潘妈走出去时，看也不看。桃儿端饭进来了。自打大少爷死后，香莲落得同丫头们地位差不多，吃饭也不敢和老爷少爷少奶奶们同桌。桃儿问她："不是二少奶奶又骂闲街了？甭搭理她，她骂，您就把耳朵给她，也不掉块肉。"

香莲直呆呆不动。

桃儿又说："我看四少奶奶心眼倒不错。这汤面上的肉丝，还是她夹给您的呢！原先她那双脚，不比二少奶奶差。倒霉倒在一次挑鸡眼，生了脓，烂掉肉，长好了就嫌太瘦。那天赛脚，我劝她垫点棉花，她不肯。她怕二少奶奶看出来骂她。可我看……您可别往外说呀——二少奶奶脚尖就垫了棉花。本来她脚尖往下耷拉！不单我瞧出来，珠儿杏儿全瞧出来了，谁也不敢说就是了！"

桃儿引香莲说话。本来这话十分勾人谈兴的。但香莲还是不吭声也不动劲，神色不对，好赛魂儿不在身上。桃儿以为她一时心思解不开，不便扰她，就去了。香莲在床边直坐到半夜，拿着闺女雪白喷香的小脚，口里不停念叨着潘妈的话："又是天生一块稀罕料……天生一块稀罕料……天生一块稀罕料……"

三更时，香莲起来插上门，打开一小包砒霜，放在碗中，拿水沏了，放在床头。上床放了脚，使裹脚条子把自己和闺女的脚捆在一块儿，这才掉着泪说："闺女！不是娘害你！娘就是给这双脚丫子毁成这样，不愿再叫你也毁了！不是娘走了非拉着你不可，是娘陪你一块儿走呀！记着，闺女！你到了阎王殿也别冤枉你娘呀！"

闺女正睡。眼泪掉在闺女脸上，好赛闺女哭的。

香莲猛回身，端起毒药碗就要先往闺女嘴里灌。

忽听"哗啦"一响，窗子大敞四开，黑乎乎窗前站着一个人。屋里灯光把一张老婆子的脸照得清清楚楚。满脸横七竖八皱纹，大眼死盯着自己，真吓人！

"鬼！"香莲一叫，毒药碗掉在地上。

恍惚间，以为是奶奶的鬼魂儿找来了，又以为是自己从没见

154

过、早早死去的婆婆。耳朵却听这老婆子发出声音，哑嗓门，口气很严厉："要死还怕鬼！再瞅瞅，我是谁？"

香莲定住神，一看是潘妈。

"开开门，叫我进去！"潘妈说。

香莲见是她，心一定，不解脚条子，把头扭一边。

潘妈打窗子进去，站在炕前，冷笑道："活不会活，死倒会死！"

香莲心还横着，在死那边，根本不理她。

潘妈上去，拿起香莲的脚，摆来摆去又捏又按上下左右前前后后地瞧了又看看了又瞧，真赛端详一个精细物件。香莲动也不动，好似这脚不跟她身子连着。心都死了，脚还活着？潘妈手拿她的脚，眼瞅一边，深深叹一口长气说："他眼力真高！我要有这双脚，佟家还不是我的！"她沉一下忽扭头对香莲说："您要肯，把您这双脚交给我，我保您在佟家横着走路！"这两句话说得好坐实，一个字儿在板上钉一个钉子。

她等着香莲回答，停一刻，没听香莲吭声，便冷冷说："戴金镯子穷死，活该去当窝囊鬼吧！"转身就走，小脚还没迈出门槛，香莲的声音就撞在她后背上："你说的算，我就依你！"

潘妈回过身。香莲打进佟家，头次见潘妈笑脸。脸板惯了，一笑更吓人。可跟着笑容就消失，不笑反比笑更舒服。潘妈问："这脚谁给您缠的？"

"我奶奶。"

"算她对得起您！您听好了——您这双脚，要论天生，肉嫩骨软，天下没第二双；要论缠裹，尖窄平直，也没挑儿。您奶奶算能人，没给您缠坏，就算成全了您。可是怨就怨您自己没能耐收拾它。好比一块好肉，只会水煮放盐，不会煎炒烹炸，白叫您给淹浸了！再好比一块玉，没做工，还不跟石头一样！单说赛脚那天，那双蝴蝶鞋还算鞋？破点心盒子！酱菜篓子！要嘛没嘛，嘛好脚套上它还有样？再说您为嘛不穿弓底？人家二少奶奶四寸脚，穿上弓底，脚一弯，四寸看上去赛三寸。您这脚本来三寸，反叫这破鞋连累得显得比二少奶奶脚还大，这不屈了！不等着败等嘛？"

香莲眼珠子闪一道蓝光，"告我，还有救吗？"

"要没有，跟您说它干吗！"

香莲解开脚上带子，下炕扑通趴下来给潘妈磕三个头，"潘妈，求您给我指个明道儿，叫我翻过身来吧！"

她眼里直冒火。

潘妈冷言道："您起来，您是主家，不兴给佣人跪着。再说，我又不是为您。您为您自己，我也为我自己。可都得用您这双脚。谁也别谢谁了！"

香莲听懂一半，另一半不懂。

潘妈不管她懂不懂，叭的打开桌上一个漆盒子。不知这盒子嘛时候搁在桌上的。黑漆面，朱漆里，铜蝙蝠包角，盒里一块绣花黄绸子。掀开花绸，拿出一双花团锦簇般的小鞋，绣工可谓盖世无双，花边一层套一层，细得快看不出来，拿眼一盯，藤萝鱼鸟博古走兽行云海浪万字回纹，都是有姿有态精整不乱。拿出来就喷香浓香异香，赛两朵花儿。放在手中，刚和手掌一般大小。又软又轻又俏又柔，弯弯的，好比一对如意紫金钩。再看底儿竟是紫檀木旋的。

"您穿上试试。"

"这鞋怕不到三寸吧,我哪能穿?"

"不能我叫您穿?"

香莲提着鞋跟,把脚尖伸进去一蹬,只觉光溜溜鞋底蹭着脚掌一滑,哧溜穿上,不大不小,正正好好。咦,看上去比脚小的鞋,怎么正好?她瞧着潘妈发怔。潘妈说:"我说了,三寸脚一弯,就比三寸小。这是古式鞋底,样好,弯得赛桥,正经八百叫弓底,不比现时市面上的柳木底子,随便有个弯儿就得。照规矩,三寸鞋,木底长二寸六,弯七分。您再量您那双,顶多弯三分,哪成?好了,您把这双裤腿套儿套在外边,看看嘛样儿吧!"

潘妈打盒里又拿双裤腿套,香莲接过一看,恐怕这样好的绣活别处甭想见到。潘妈说:"都是桃儿绣的,往后你就找她。"

香莲惊得说不出话来。低头套上这裤腿套,鞋是绿的,套是粉红的,绣线全是淡色,浅紫浅蓝浅黄浅棕浅灰浅酱,加上白和银,又素又艳,愈显得脚儿玲珑娇小可爱。想不到这小脚就连在自己腿下边。她瞅瞅潘妈,心想潘妈也要夸赞几句。潘妈却说:"您站起来走几步看。记着,小脚有四忌,坐着忌讳晃裙子,躺着忌讳抖脚尖,站着忌讳踮脚跟,走路忌讳跷脚趾。"

香莲想起身试试,身子一立,只觉自己好赛给挂在杆子上,摇摇晃晃,脚发空又发紧。赶紧收拢脚尖,人就往前栽,差点来个马趴;脚跟一使劲,人又往后仰,险些来个老头钻被窝。潘妈按她坐下,叫她脱下鞋子,自己坐对面,把香莲的裹脚条子揪下来一扔,边说:"大少奶奶,再受次罪吧,我给您重缠。您穿惯小弯底儿,脚弓不够,全靠缠了!"说着手里已拿了一卷又窄又齐整的青布条子，不管香莲乐不乐意，这脚丫子好比她的东西。大拇指一挑，脚布头就嗒的按在脚上，这下真比逮小飞虫还快。她说："您看好了，下次就照这样裹！"

香莲用心看，也用心记。只见潘妈——先把脚布直头按在脚内侧靠里怀踝骨略前，打脚内直扯大拇指尖兜住斜过来绕到脚背搂紧，再打脚背外斜着往下绕裹严压向脚心，四个脚趾拉住抻紧再转到脚外边翻上脚背，搭过脚外边挂脚跟前扯钩脚尖回到脚内侧又直扯大拇指斜绕脚背，下绕四脚趾打脚心脚外边上脚背外挂脚跟勾住脚尖二次回到脚内侧，跟手还是脚内脚尖脚背脚心脚外脚背脚跟脚尖三次回到原处再来。香莲看出，和奶奶裹法差得并不大，不过手底下更利索，脚布绕来绕去绝不折边，一道道紧紧包着密不透气，使力均匀，没有半点松劲地方。可缠到第八道，手法忽变，又加进一条宽裹脚条子，嘴里说一句："这叫'拦裹布'。用的是'拦脚背法'，专治你脚弓不够弯的毛病！"

随这话，脚布上手一钩脚尖，反过足背，竟打外边向下绕，反着拉脚跟，转上去刚好缠脚巴骨，跟着就打内边绕过脚背，来回几圈，算把裹脚布扣住。跟手转过脚跟上脚脖，把脚背前半截拦上，不松劲地打脚跟后直拉大拇指头，连着脚巴骨一包上足背，这算拦一扣，再裹再拦，再拦再裹，直到把一卷一丈多的裹脚条子全用完。香莲便觉脚背发胀，脚心发空，脚跟和脚心好比叫人两手攥着往下使劲掰，就赛脚抽筋一样。看是好看，有模有样，上弓前翘，俏丽俊巴，可穿上潘妈拿给她另一双板脚用的青布鞋，难受多了，迈步赛踩高跷。

"能受？"潘妈问，鼓眼珠子瞧着她，分明考问她。

香莲毫不含糊，"打算活，都能受。还怎么着，你就说吧！"

潘妈冷冷盯她一眼，点点头。打盒里又拿出一把小尺，尺三寸，象牙做的，用得久，发旧发黄发亮，上边的星子都是嵌银的。她把尺子给她时说："这是专量脚使的。二少奶奶使不了，她脚比这尺大。"潘妈嘿嘿一笑。这笑，赛股寒气，往人骨头里钻。"你天天晚上拿热水洗脚，洗完照我刚才那样缠上。记住！一双好脚睡觉时候也不能松开。只要缠好就拿它量。我这儿还有张表，脚上每个关节上边都有尺寸，不能错过半分半毫，哪儿涨出来就勒哪儿。给你——"又递给香莲一张破旧的元书纸，木版印的表格，满是字是尺寸。

香莲拿过一看，这才算打小脚的门缝往里边瞅一眼。一眼就看花了——

足部尺度一览表（营造尺）

各　　部	径	赤足尺度	紧缠尺度	注
足尖至后跟	直	三寸二分	二寸九分	即足之大小
大　趾	直	八分	八分	
大　趾	中部横	五分	三分五	
二　趾	直	六分	六分	
二　趾	中部横	三分	二分七	
中　趾	直	七分	七分	
中　趾	中部横	四分	三分七	
四　趾	直	六分	六分	
四　趾	中部横	四分	三分六	
小　趾	直	四分	四分	
小　趾	中部横	二分		缠后小趾会被挤没，不占宽度
足心足跟间缝口	中部垂直深	一寸	一寸一分	

续表

各 部	径	赤足尺度	紧缠尺度	注
里缝口	垂直	一寸三分	一寸四分	
外前缝口	垂直	七分	八分	趾跟肉折成之深缝
外后缝口	垂直	一寸	一寸一分	足跟前大深横缝
缝底	横	一寸	九分	
下缝口	横	一寸二分	一寸	
下缝口	原宽 分开宽	二分 四分		开时如刀削 缠时合一线
缝至足尖	直	二寸一分	一寸八分	
足跟下	横	一寸	九分	
足跟下	直	一寸一分	一寸一分	
后跟	高	一寸五分	一寸七分	缠后自然高起
足跟下至膝盖	直	一尺三寸	一尺三寸二分	
起足尖至胫腕	斜高	四寸	四寸	
足尖	圆	一寸三分	一寸一分	大趾中部
胫腕	圆	三寸八分	三寸八分	
足腰	圆	二寸五分	二寸	
足面至后跟	直	二寸三分	二寸	
足面至足心	厚	一寸三分	八分	三四趾处
足心下至平地	空	三分	五分	
足面上至膝盖	直	一尺一寸四分		
赤足站立时	直	三寸四分		

自打这夜，天天三更，潘妈准时推门进来，帮她调理小脚，教给她种种规矩、法度、约束、讲究、忌讳、能耐和诀窍，怎么洗脚怎么治脚怎么修脚怎么爱脚怎么调药和怎么挑鸡眼。渐渐还教会她自制弓鞋，做各种各样各门各类鞋壳子，削竹篾、钉曳拔、沿鞋口、缝裤腿套，这一切，不论制法、配色、选料、尺度，都有苛刻的规法。错了不成，否则叫行家笑话。不懂就糊涂着，懂了就非照它办不可。规矩又是一层套一层，细一层，紧一层，严一层。愈钻

反而愈来劲愈有趣愈有学问。在它下边受制，在它上边制它。她真不知潘妈肚子里还有多少东西，也许一辈子也学不尽，可香莲是个会用心的女子，非但用心还尽心。一样样牢牢学到手。

虽然她的脚天生质嫩，骨头没硬死，但毕竟成人，小脚成形，要赛泥人张手中胶泥可不成。强弓起来的脚，沾地就疼，赛要断开，真好比重受当年初裹的罪。她不怕！有罪挨着，疼就强忍，硬裹硬来硬踩硬走，硬拿自己干。白金宝眼尖，看出来，就骂她："臭蹄子，裹烂了，还不是只死耗子！"她只装没听见。这话赛刀子，她死往肚里咽。只想一天，拿出一双盖世绝伦的小脚，把这佟家全踩在脚底下。就不知她命里，叫不叫她吐出这口恶气。她叫自己的命差点治死呵！

这日，她抱着莲心在廊子上晒太阳，佟忍安站在门口揪鼻子毛，一使劲，一扭脸，远远一眼就盯上香莲的脚。佟忍安何等眼力，立时看出她的脚大变模样，神气全出来了。佟忍安走过来只说一句："后晌，你来我屋一趟。"转身便走了。

她打进了佟家门，头次进公公屋，也很少见别人进去过。这屋子一明两暗，满屋书画古董，一股子潮味儿、书味儿、樟木味儿、陈茶味儿、霉味儿，浓得噎人。她进来就想出去换口气。忽见佟忍安的眼正落在她脚上。这目光赛只手，一把紧紧抓住她脚，动不得。佟忍安忽问："谁帮你捯饬这脚？"

"我自己。"

"不对，是潘妈。"佟忍安说。

"没有。我自己。"香莲不知佟忍安的意思，怕牵扯潘妈，咬住这句话说。

"你要有这能耐，上次赛脚也败不下来……"佟忍安眼瞧别处，不知琢磨嘛，自个儿对自个儿说，"唉！这老婆子！再收拾好这双脚，更没你的份啦……"他起身走进东边内室，招手叫香莲跟进去。

香莲心怕起来。不知公公是不是要玩她脚。反过来又想，反正这双脚，谁玩儿不是玩儿，祸福难猜，祸福一样，进去再说。

屋里更是堆满书柜古玩儿，打地上到屋顶。纸窗帘也不卷，好暗。香莲的心嘣嘣跳，只见佟忍安手指着柜子叫她看。柜子上端端正正放一个宋瓷白釉小碟儿，碟上反扣着一个小白碗儿。佟忍安叫香莲翻开碗看。香莲不知公公耍嘛戏法，心里揪得紧紧，上手一翻拿开碗！咿呀！小白碟上放着一对小小红缎鞋，通素无花，深暗又鲜，陈旧的紫檀木头底子，弯得赛小红浪头，又分明静静停在白碟上。鞋头吐出一个古铜小钩，向上卷半个小圆，说不出的清秀古雅精整沉静大方庄重超逸幽闲。活活的，又赛件古董。无论嘛花哨的鞋都会给这股沉静古雅之气压下去。

"哪朝哪代的古董？"香莲问。

"哪来的古董，是你婆婆活着时候穿的。"

"这样好看的小鞋，怕天下没第二双！"香莲惊讶瞪圆一双秀眼说。

"我原也以为这样，谁知天不绝此物，又生出你这双脚来，会比你婆婆还强！"佟忍安脸上唰唰冒光。

"我的？"香莲低头看自己的小脚，疑惑地说。

"现在还不成。你这脚光有模样！"

"还少嘛？"

"没神不成。"

"学得来吗？"

"只怕你不肯。"

"公公，成全我！"香莲"扑通"跪下来。

谁料佟忍安"扑通"竟朝她跪下来，声儿打颤地说："倒是你成全我！"他比她还兴奋。

她不知佟忍安怎么和潘妈一样，到底为嘛都指望她这双脚。只当公公想玩儿。香莲有自己一盘算盘珠儿，通身一热，站起来把脚伸给他。佟忍安抱着香莲小脚说："我不急，先成就你这双脚再说。"他问她："你认得几个字儿？"

"蹦蹦跳跳，念得了《红楼梦》。"

"那好！"佟忍安立时起来拿几套书给她，"反反复复看了，等你心领神会，我再给你开个赛脚会，保你拿第一！"

香莲这会儿才觉得，一脚把佟家大门踢开。她把书抱回屋，急急渴渴打开，是三种。一是《缠足图说》，带画的；一是李渔写的《香艳丛谈》，也带画带小人；还有薄薄一小本，是《方氏五种》，全是字。打粗往细看上几遍才懂得，小脚里头比这世界还大。潘妈那些玩意儿，还是皮毛，这才摸到神骨。打比方，奶奶给她是囫囵一个大肉桃，潘妈给她剥出核儿来，佟忍安敲开核儿，原来里边还藏着核仁。核仁还有一百零八种吃法。这叫作：

能人背后有仙人。

仙人背后有神人。

163

第七回
天津卫四绝

今儿，爷几个凑一堆儿，要论论天津卫的怪事奇人，找出四件顶绝的，凑成"津门四绝"。这几位事先说定，四件里头，件件都得有事，还得有人，还非得大伙儿全点头才能算数。更要紧的是这事这人拿出去必能一震。叫外地人听了张口瞪眼，苍蝇飞进嘴里也不觉得才行。这样说来论去，只凑出三件。

头件叫作恶人恶事。

这是说，城内白衣庵一带，有个卖铁器的，大号王五，人恶，打人当玩儿，周围的小混星子们都敬他，送他个外号叫"小尊"，连起来就叫"小尊王五"。前几年，天津卫的混星子们总闹事，京城就派一位厉害的人来当知县，压压混星子，这人姓李，都说是李中堂的侄子。上任前，有人对他说天津卫的混星子都是拿脑袋别在裤带上的，惹不得，趁早甭去。姓李的笑笑，摇摇头，并不在意。他后戳硬，怕谁？上任这天贴出告示，要全城混星子登记，凡打过架即使不是混星子也登记，该登记不登记的抓来就押。还嘱咐县里滕大班头多预备些绳子锁头。这滕大班头，人黑个大，满脸凶相，出名的恶人，混星子们向来跟他井水不犯河水，今儿他公务在身，话就该另说。小尊王五听到了，把一群小混星子召到他家，一抬下巴问道："天津卫除我，还谁恶？"小混星子当下都怵李知县和滕

164

大班头，就说出这二人。小尊王五听罢没言语，打眉心到额顶一条青筋鼓起来，腾腾直跳，转天一早操起把菜刀来到滕大班头家，举拳头"哐哐"砸门。滕大班头正吃早饭，嚼着半根果子出来，开门见是小尊王五，认得，便问："你干吗？"小尊王五扬起菜刀，刀刀却朝自己，"咔嚓"一下把自己脑袋砍一道大口子，鲜血冒出来。小尊王五说："你拿刀砍了我，咱俩去见官。"滕大班头一怔，跟着就明白，这是找他"比恶"来的。照天津卫规矩，假若这时候滕大班头说："谁砍你了？"那就是怕，认栽，那哪行！滕大班头脸上肉一横说："对，我高兴砍你小子，见官就见官！"小尊王五瞅他一眼，心想这班头够恶！两人进了县衙门，李知县升堂问案，小尊王五跪下来就说："小人姓王名五，城里卖香干的，您这班头吃我一年香干不给钱，今早找他要，他二话没说，打屋里拿出菜刀给我一下。您瞧，凶器在这儿，我抢过来的，伤在这儿，正滴答血呢！青天大老爷得为我们小百姓做主！"李知县心想，县里正抓打架闹事的，你堂堂县衙门的班头倒去惹事。他转脸问滕大班头这事当真，假若滕大班头说："我没砍他，是他自己砍的自己。"那也是怕吃官司，一样算栽。滕大班头当然懂得混星子们这套，又是脸上肉一横说："这小子的话没错，我白吃他一年香干不给钱，今早居然敢找上门要账，我就给他一刀，这刀是我家剁鸡切疙瘩头的！"小尊王五又瞅他一眼，心想：别说，还真有点恶劲！李知县又惊又怒，对滕大班头说："你怎么知法犯法？"一拍惊堂木叫道："来人！掌手！五十！"衙役们把架子抬上来，拉着滕大班头的手，将大拇指插进架子一个窟窿眼儿里，一掰，手掌挺起来，拿枣木板子就打，"啪啪啪啪"十下过去，手心肿起两寸厚，"啪啪啪啪啪啪"又十五下，总共二十五下才一半，滕大班头就挺不住，硬邦邦肩膀子好赛抽去筋，耷拉下来。小尊王五在旁边见了，嘴角一挑，嘿的一笑，抬手说："青天大老爷！先别打了！刚才我说那些不是真的，是我跟咱滕大班头闹着玩儿呢！我不是卖香干是卖铁器的。他没吃我香干更没欠我债，这一刀不是他砍是我自个儿砍的，菜刀也不是他家是我铺子里的。您看刀上还刻着'王记'两字呢！"李知县怔了，叫衙役验过刀，果然有"王记"两字，便问滕大班头怎么档事，滕大班头要是说不对，还得再挨二十五下，要是点头说对，就算服栽。可滕大班头手也是肉长的，打飞了花，多一下也没法受，只好连脑袋也耷拉下来，等于承认王五的话不假。这下李知县倒难了！王五自己砍自己，给谁定罪？如果这样作罢，县里上上下下不是都叫这小子耍了？可是，如果说这小子戏弄官府给他治罪，不就等于说自己蠢蛋一个受捉弄？正是骑虎难下、气急冒火的当儿，没料到小尊王五挺痛快，说道："青天大老爷！王五不知深浅，只顾取乐，胡闹乱闹竟闹到衙门里，您不该就这么便宜王五，也得掌五十。这样吧，您把刚刚滕大班头剩下那二十五下加在我这儿，一块算，七十五下！"李知县火正没处撒，也没处下台阶，听了立时叫道："他这叫自作自受。来人！掌手！七十五！"小尊王五不等衙役来拉他，自个儿过去把右手大拇指插进架子，肩膀一抬手心一翘，这就开打。"啪啪啪啪"一连二十五下，手掌眼瞅着一下下高起来，五十下就血肉横飞了。小尊王五看着自己手掌，没事，还乐，就赛看一碟"爆三样"，完事谢过知县，拨头就走。没过三天，李知县回京卸任，跟皇上说另请能人，滕大班头也辞职回乡。这人这事，恶不恶？

众人点头，都说这事叫外地人听了，后脖子也得发凉，够上一绝。

第二件叫作阔人阔事。

天津卫，阔人多，最阔要数"八大家"。就是天成号养船的韩家、益德裕店高家、长源店杨家、振德店黄家、益照临店张家、正兴德店穆家、土城刘家、杨柳青石家。阔人得有阔事，常说哪家办红白事摆排场，哪家开粥厂随便人来敞开吃，一开三个月等，都不能算。必得有件事，叫人听罢，这辈子也忘不了才行。当年卖海盐发财的海张五，掏钱修炮台，算一段事，但细一分析，他花钱为的是买名，算不上摆阔，就还差着点儿。今儿，一位提出一段事，称得上空前绝后。说的是头年夏天，益德裕店的高家给老太太过八十大寿。儿子们孝顺，费尽心思摆个大场面，想哄老太太高兴。不料老太太忽说："我这辈子嘛都见过，可就没看过火场，连水机子嘛样也没瞧过，二十年前锅店街的油铺着火，把西半边天烧红了，亮得坐在屋里人都有影儿。城里人全跑去看，你们爹——他过世，我不该说他——就是不叫我去看。这辈子白来不白来？"说完老太太把脸夺拉挺长，怎么哄也不成。三天后，高老太太几个儿子商量好，花钱在西门外买下百十间房子，连带房里的家具衣物也买下，点火放着。又在半里地外搭个高棚子，把老太太拿轿抬去，坐在棚里看救火。大火一起，津门各水会敲起大锣，传锣告警。天津卫买卖人家多，房子挤着房子，最易起火，民间便集合"水会"，专司救火，大小百儿八十个，这锣一起，那锣就跟上，城里城外，河东河西，顷刻连成一片，气势逼人。紧跟着，各会会员穿各色号坎，打着号旗，抬着水柜和水机子，一条条龙似的，由西城门奔出来，进入火场。比起三月二十三开皇会威风多了。火场中央，专有人摇小旗指挥，你东我西你南我北你前我后你进我退，绝不混乱，十分好看。水机子上有横杆，是压把儿，两头有人，赛小孩儿打压板，一上一下，柜里的水就从水枪喷出来，一道道青烟蹿入烟团火海里，激得大火星子，噌噌往天上飞，比大年三十的万花筒不知气派几千几万倍。高老太太看直了眼。大火扑灭，各会轻敲"倒锣"，一队队人撤出去。高家人在西门口，拿二十辆大马车装满茶叶盒点心包，犒劳各会出力表演。这下高老太太心里舒坦了，连说今儿总算亲眼看过火场，天下事全看齐了。这事够不够阔？

众人说，阔人向例爱办穷事。这一手，不单叫穷人看傻了，也叫阔人看傻了，甚至叫办事的人自己也看傻了，这不绝嘛绝。当然算一绝！这可就凑上两绝啦！

第三件叫作奇人奇事。

这人就是眼睛不瞅人的华琳。此人名梦石，号"后山人"。家住北城里府署街。祖上有钱，父亲好闲，喜欢收罗天下怪石头。这华琳在天津卫画人中间，称得上一位大奇人。他好画山水，名头远在赵芷仙上边，每天闭门作画，从不待客，更不收弟子。他说："画从心，而不从师。"别人求画，立时回绝，说："神不来，画不成。"问他："神何时来？"答："不知，来无先兆，多在梦中。"又问："梦里如何画得？"答："梦即好画。"再问："嘛叫好画？"答："画山不见山，画水不见水。"接着问："如何才能见？"答："心照不宣。"再接着问："古人中谁的画称得上好？"答："唯李成也。李成后，天下无人。"可是，打古到今，谁也没见过李成真迹。古书上早有"无李论"一说。他只承认李成好，等于古今天下不承认一人。这

168

是他的奇谈，还有件事，便是无论谁也没见过他的画。据说，他每画完，挂起来，最多看三天就扯掉烧了。有天邻居一个婆子打鸡，鸡上墙飞到他院中。这婆子去抱鸡，见他家门没锁，推门进去，抓着鸡，又见他窗子没关，屋内无人，桌上有画，顺手牵羊隔窗偷走他的画，拿到画铺去卖。他知道后，马上使四倍的钱打画铺把画买回，撕了烧掉。好事者去打听那婆子、那画铺，那画画得怎样，经手人糊里糊涂全都说不清道不明，只好作罢。但谁也弄不明白，既然没画，哪来这么大的名气？这算不算奇人奇事？绝不绝？众人都说绝，唯有牛凤章摇头，说他是骗子。其余人都不画画。隔行如隔山，隔行不认真，隔气也和。乔六桥笑道："嘛都没见着，靠骗能骗出这么大名气，也算绝了。"牛凤章这才点头。于是又多一绝，加起来已经三绝了。

今儿是大年十四，乔六桥、牛凤章、陆达夫等几位都闲着没事，在归贾胡同的义升成饭庄摆一桌聚聚。陆达夫也是跟大伙儿常混在一堆儿的名士，也是莲癖也是一肚子杂学。阅历文章都比乔六桥老棒得多。他个儿小，苹果脸，大褂只有四尺半，人却精神头大，走起路两条胳膊甩得高高。乔六桥三盅酒进了肚子，就说单吃喝没劲，蹦出个主意，要大伙儿聊聊天津卫的奇人怪事，凑出"津门四绝"来。这主意不错，东扯西扯，话勾着酒，酒勾着话，嘻嘻哈哈就都喝得五体流畅红了脸。可第四绝难凑出来。牛凤章说："这第四绝，依我看，该给养古斋的佟大爷。咱不说他看古董的能耐，小脚的学问谁能比，顶了天。"

乔六桥笑着说："真是吃人嘴短，他买你假画，你替他说话……提到小脚，我看他家够上小脚窝，哪个都值捏一捏。"他的酒有点过量，说得脑袋肩膀脖子小辫一齐摇晃。

牛凤章说："这话您只说对一半。他家小脚双双能叫绝。可这些小脚哪来的，还不都是他看中的？拿看古董的眼珠子选小脚，还有挑？不是我巴结他——他又没在场，我怎么巴结他——他那双眼称得上神眼。头年，一幅宋画谁也没认出来，当假画破画买进铺子，可叫他站在十步开外一眼居然把款看出来，在树缝里，是藏款。"

"好家伙！他家有宋画！你也看见了？"乔六桥说。

"不不不！"牛凤章失了口，摇着双手说，"没瞧见，影儿没瞧见，都是听人说的，谁知确不确。你甭去问他，再说问他也不会告你。还是说说他家小脚来劲。"

"没想到牛五爷小脚的瘾比我还大。好，你跟他家近，我问你，佟大爷到底喜欢谁的小脚？"

"我不说，你也猜不着。"牛凤章笑眯眯说。看样子他不轻易说。

乔六桥叫道："好呀！你不说，把你灌醉就说了，陆四爷，来，灌他！"一手扯牛凤章耳朵，一手拿酒壶。其实灌酒该掰嘴，揪耳朵干吗？没灌别人自个儿先醉了！这手扯得牛凤章直叫，那手的酒壶也歪了，酒打壶嘴流出来，滴滴答答溅满菜盘子。

陆达夫仰着脑袋大笑，"说不说没嘛，灌一灌倒好！"

牛凤章呀呀叫着说："我耳朵不值钱可连着脑袋呢，扯下来拿嘛听，呀呀……我说我说，先撒手就说！"

乔六桥叫着笑着闹着扯着，"你说完，我再撒手！"

"你可得说了算，我说——先前，他最喜欢他老婆的，听说是双仙足。那时我还不认识佟家，没见过那脚。他老婆死后……他……他……"

"怎么，又是吃人嘴短？快说，是大少奶奶还是二少奶奶的？"

"六爷真是狗拿耗子管闲事。人家两个媳妇守寡在家，另一个媳妇又不准她爷们儿回去，还不随他今天这个明天那个。嘻！"

"去！佟大爷是嘛修行，当你呢！弄不透小脚就弄不透佟大爷，弄不透佟大爷就弄不透小脚。牛五爷你再不说，我使劲扯啦！"

"别别，我说。他一直喜欢他……他那老妈子！"

"嘛！""嘛！""嘛嘛！"一片惊叫。

"潘妈？那肥婆子？不信，要说那几个小丫头我倒信。"

"骗你，我是你小辈。"

"呀，这可没料到。"乔六桥手一松，放了牛凤章耳朵，"那猪蹄子好在哪。别是佟大爷爱小脚爱得走火入邪了？"

"乔六爷，你可差着火候了。小脚好坏，更看脚上的玩意儿。你又没玩过，打哪知道？"陆达夫又说又笑好开心，单手唰唰把马褂一排蜈蚣扣全都解开。

乔六桥还是盯住牛凤章问："这话要是佟家二少爷告你的，就靠不住了。那次赛脚后，二少奶奶不叫他着家，他总在外边拿话糟蹋他爹。"

牛凤章说："告你吧，可不准往外传。砸了我饭碗我就跑你家吃去。这话确是佟二少爷告我的，可远在两年前。信了吧！"

乔六桥先一怔，随后说："我向例不信佟家的话。老的拿假当真的，小的满嘴全是假的。"

这话音没落，就听背后一人高声说："什么真的假的，我反正不折腾假货！"

大伙儿吓一跳，以为佟大爷忽然出现。牛凤章一慌差点出溜到桌子下边去，定住神一瞧，却是一个瘦长老头，湖蓝色亮缎袍子，外套羔皮短褂子，玄黑暗花锦面，襟口露出出针的白羊毛，红珊瑚扣子，给铜托托着，赛一颗颗鲜樱桃，头戴顶大暖帽，精气神派头都挺足。原来是山西的吕显卿，身后跟着个穿戴也考究的小胖子。

"恭喜发财，居士，前天就听说您来了。必是专门赶着来看明儿佟家的赛脚会吧！真是好大的瘾呀！"乔六桥打着趣儿说。

"哪里是。我是来取……"吕显卿一眼瞅见牛凤章垂在下边的手，使劲朝他摇，转口变作笑话说，"向佟大爷取小足经来呀，什么事你们谈得好快活？"

大伙儿相互一客气，坐下了。吕显卿并不跟这些人介绍随来的小胖子。这些人都是风流才子，多半都醉，谁也没在意。乔六桥急着把刚刚议论"津门四绝"的话说了，便问："居士，依您看，我们的佟大爷够不够一绝？"

吕显卿琢磨一下说："平心而论，这人够怪，够不够怪绝还难说。才跟他见一面，不摸他的底。这样吧，明儿他家赛脚，咱都去。我料他既然这样三请四邀下帖子，必有令人意想不到的阵势。上次跟他斗法，一对一，没胜没败，这次他要叫我吕某人服了——我就在大同给他挂一号，天津这里当然就得算一绝了！"

"好好好，绝不绝，外人说。"乔六桥叫道。跟着鸡鸭鱼肉又要一桌，把荤把素把酒把油把汤把劲，填满一肚子，预备明儿大尽兴。

第八回
如诗如画如歌如梦如烟如酒

大早一睁眼，小雪花就没完没了。午后，足足积了两寸厚，地上、墙沿、缸边、石凳面、栏杆，都松松软软。粗细树杈全赛拿粉勾一遍，粗的粗勾，细的细勾。鲜鲜蜡梅花儿，每朵都赛含一口白绵糖。

今儿是灯节，佟家两扇大门关得如同一扇。串门来的拍门环，守在门洞里一个小佣人，隔门就喊一嗓子："全瞧灯去啦，家没人！"

其实人都在家，媳妇们在房里收拾脑袋捯饬脚，小丫头们在廊子上走来走去，往各房送热水送东西送吃的送信儿。个个穿鲜戴艳，脸上庄重小心，又赛大年三十夜拜全神那阵子那劲头。

这当儿，佟忍安正在前厅，陪着乔六桥、华琳、牛凤章、陆达夫和山西来的爱莲居士吕显卿喝茶说话。几位一码全是新衣新帽，牛五爷没戴帽子却刚刚剃过头，瓢赛的光溜溜。乔六爷也不比平时那样漫不经心，大襟上没褶，扣也扣得端正，看上去赛唱戏一样。

这次不比上次，大冬天门窗全闭着，人中间放着大铜盆，盆里的火炭打昨后晌烧个通宵，压也没压过，此刻烧得正热。隔寒气的玻璃都热得冒汗，滴答水儿。迎面红木大条案上摆着此地逢年必摆的插花，名叫"玉堂富贵"。是拿朱砂海棠白碧桃各一枝，牡丹四朵，水仙四头，杂着样儿色儿，栽在木槽子里。红是红白是白黄是黄绿是绿高是高矮是矮嫩是嫩俏是俏，没风吹，却一种一种香味替换着飘过来。打这人鼻眼儿钻出来，再钻进那人鼻眼儿去。好不快活好不快活！

乔六桥一口茶下去，美滋滋咂咂嘴说："佟大爷，今儿这茶好香，可是打正兴德买的？"

佟忍安说："正兴德哪来这样好茶？这是我点名打安徽弄来的。一般茶喝到两碗才有味，这茶热水一冲味儿色儿全出来了。不信，你们就相互瞧瞧，赛不赛蹲在荷花塘里照得那色，湛绿湛绿。它不单喝着香，三碗过后，再把茶叶倒进嘴嚼，嫩得赛菠菜心子。"

乔六桥瞧众人脸，忽叫道："可不是，大伙儿快瞅牛五爷的脸，活赛阴曹地府的牛头，碧绿！"

众人一齐哈哈哈哈大笑。陆达夫笑得脑袋使劲往后仰，喉结在脖子上直跳。

牛凤章晃着大脑袋说："牛肉是五大荤。驴、马、狗、骡、牛，各位不嫌腻，只管来吃我！"

陆达夫说："要吃快吃，立春过后再杀牛，就得'杖一百，充乌鲁木齐'了！"

众人又是笑。

佟忍安偏脸朝吕显卿说："您喝这茶名叫'太平猴魁'，居士可知它的来历？"

吕显卿摇头没言语。他和佟忍安一直暗较劲，谁摇头谁就赛。

乔六桥说："这茶名好怪，八成有些趣事。"

佟忍安正等这个话引子。马上说："叫六爷说着了——这是安徽太平产的茶。据说太平县有石峰，高百丈，山尖生茶，采茶人上不去，就驯养一群猴子，戴小竹帽，背小竹篓，爬上去采。所以叫'太平猴魁'。这茶来得稀罕吧？再说它长在山尖上，整天叫云雾煨着，味儿自然空灵清远。"

"'空灵清远'这四个字用得好。"华琳忽说，他手指着茶，眼珠子却没瞧茶，说，"难得人间有这好茶，可惜没这样好画！"

佟忍安说："今儿我可不是把茶和画配一块儿，而是拿它和小脚配一块儿的。"

吕显卿抓住话茬就说："佟大爷，您上次总开口闭口说什么神品。眼见为实耳听虚，要说这茶倒有股子神劲，小脚的神品还没见着。可就等今儿赛脚会上看了，要是总看不着，别怪我认为您佟家'眼高'——'脚低'了。"说完嘿嘿笑，赛打趣儿，又赛找碴儿。

佟忍安听罢面不更色，提起小茶壶，拿指头在壶肚上轻轻敲三下。应声忽然哗啦哗啦一阵响，通向三道院的玻璃隔扇全打开，一阵寒气扑进来。热的凉的一激，差不多全响响地打喷嚏。这几下喷嚏，反倒清爽了。只见外边一片银白雪景，又静又雅。吕显卿抬起屁股急着出去瞧。佟忍安说："居士少安毋躁，这次变了法儿，不必出屋，坐着看就行。各位只要穿戴暖和，别受凉冻了头。"众人全都起来，有的拿外边的大氅斗篷披上，有的打帽筒取下帽子戴上。

嘛声儿没有，又见潘妈已经站在廊子上。还是上下一身皂，只在发箍、襟边、鞋口加了三道黄边。这三道就十分扎眼。黑缎裹腿打脚脖子人字样紧绷绷直缠到膝盖下边，愈显出小脚，钉头一般戳在地上。乔六桥忽想到昨儿在义升成牛五爷的话，着意想打这脚上看出点邪味来。愈想看愈看不出来。回头正要请教陆达夫，只见佟忍安朝门口潘妈那边点点头，再扭过头来潘妈早不见了，好赛一阵风吹走。跟着一个个女子，打西边廊子走来，走到门前，或停住俏然一立，或左右错着步转来转去绕两圈，或半步不停行云流水般走过，却都把小脚看得清也看不清闪露一下。那些女子牛五爷全都认得，是桃儿杏儿珠儿，还有个新来的小丫头草儿。四少奶奶压场在顶后边。个个小脚都赛五月节五彩丝线缠的小粽子，花花绿绿五光十色一串走过。已经叫诸位莲癖看花了眼。陆达夫笑着说："这场面赛过今年宫北大街的花灯了！"

"我看是走马灯，眼珠子跟不上，都快蹦出来了！"乔六桥叫着。

座中只有吕显卿和华琳不吭声。不知口味高还是这样才显得口味高。

忽然潘妈上来说："大少奶奶头晕，怕赛不了。"

众人一怔，佟忍安更一怔，瞅瞅潘妈，似是不信。潘妈那张石头脸上除去横竖褶子，嘛也看不出来。佟忍安口气发急地说："客人都等着，这不叫人家扫兴！"

潘妈说："大少奶奶说，请二少奶奶先来。"

佟忍安手提小茶壶嘴对嘴慢慢饮，眼珠子溜溜直转，忽冒出光，好赛悟出嘛来，忙点头对潘妈说："好，去请二少奶奶先来亮脚。"

潘妈一闪没了。

只等片刻，打西厢房那边站出四个女子，身穿天蓝水绿桃红月黄四样色的衣裙，正是桃儿杏儿珠儿草儿，一人一把长把竹扫帚，两人一边，舞动竹帚，齐刷刷，随着雪雾轻扬，渐渐开出一条道儿，黑黑露出雪下边的方砖地，直到这边门前台阶下。丫鬟们退去，门帘一撩，帘上拴的小银铃叮叮一响，白金宝大火苗子赛的站在房门口。只见她一身朱红裙褂，云字样金花绣满身，外披猩红缎面大斗篷，雪白的羊皮里子，把又柔又韧又俏又贼的身段全托出来。这一下好比戏台上将帅出场，看势头就是夺魁来的！头发高高梳个玉葱朝天髻，抓髻尖上插一支金簪子，簪子头挂着玉丰泰精制的红绒大凤，凤嘴叼着串珠。每颗珠子都是奇大宝珠，摇摇摆摆垂下来，闪闪烁烁的珠子后头是张红是红、白是白、艳丽照人的小脸儿。可她站在高门槛里，独独不见小脚。乔六桥、牛凤章、陆达夫，连同吕显卿，都翘起屁股，伸脖子觑脸往里瞧。

瞧着，瞧着，终于瞧见一只金灿灿小脚打门槛里迈出来，好赛一只小金鸡蹦出来。立即听到乔六爷一声尖叫，嗓子变了调儿。打古到今，没人见过小金鞋，是金线绣的？金箔贴的？纯金打的？谁也猜不透。跟手另一只也迈到门槛外边，左挨右，右挨左，并头并跟立着，赛一对小金元宝摆在那里。等众人刚刚看好，便扭扭摆摆走过来，每一步竟在青砖地上留下个白脚印。这是嘛，脚底没雪，哪来的白印子？白金宝一直走上这边台阶。众人眼珠子跟在她脚跟后边细一看，地上居然是粉印的白莲花图案，还有股异香扑鼻子。一时众人都看傻了。吕显卿站起来恭恭敬敬躬身道："二少奶奶，我爱莲居士自以为看尽天下小脚小鞋，没料到在您跟前才真开了眼。您务必告我，这银莲怎么印在地上的。您要是不叫我在外边说，我担保不说，什么时候说了，什么时候我就把我的姓倒着写。"

乔六桥叫道："别听他的，'吕'字倒过来还是'吕'字！"

吕显卿连忙摇手说："别听六爷的！他是念书的，心眼儿多，我们买卖人哪这么多心计。您要是不信，告了我，我马上把舌头割去！”

陆达夫取笑道："割了舌头，你还会拿笔写给别人看。"

"说完干脆就把他活埋了。"乔六桥说。

众人笑。吕显卿好赛，还是要知道。

白金宝见戈香莲不露面，不管她真有病还是临阵怯逃，自己上手就一镇到底，夺魁已经十拿九稳，心里高兴，便说："还能叫居士割舌头，您自管张扬出去我也不在乎。我白金宝有九十九个绝招，这才拿出一招。您瞧——"

白金宝坐在凳上，把脚腕子搁在另一条腿上，轻轻一掀裙边，将金煌煌月弯弯小脚露出来，众人全站起身，不错眼盯着看。白金宝一掰鞋帮，底儿朝上，原来木底子雕刻一朵莲花，凹处都镂空，通着里边。她再打底墙子上一拉，竟拉出一个精致小抽屉，木帮，纱网做底，盛满香粉。待众人看好，她就把抽屉往回一推，放下脚一踩一抬，粉漏下来，就把鞋底镂刻的莲花清清楚楚印在地上了。

众人无不叫绝。

吕显卿也禁不住叫起来："这才叫'步步生莲花'，妙用古意！妙用古意！出神入化！出神入化！佟大爷，我今儿总算懂得您说的'神品'二字是……"

吕显卿说到这儿，不知不觉绊住口。只见佟忍安直勾勾望向院中，眼珠子唰唰冒光。看来好赛根本没听到吕显卿的话，回过头却摇脑袋说："你这见的，最多不过是妙品！"这话叫满屋人，连同白金宝都怔住。

吕显卿才要问明究竟，乔六桥忽指着院里假山石那边，直叫：

"看，看，那儿是嘛？"他眼尖。牛凤章把眼闭了又睁，几次也看不见。

没会儿，众人先后都瞧见，那堆山石脚下有两个绿点儿，好赛两片嫩叶。大冬天哪来的叶子？但在白雪地里，点点红梅间，这绿又鲜又嫩又亮又柔又照眼又扎眼又入眼。嘛东西呢？不等说也不等问，两绿点儿一波一动，摇颤起来，好赛水上漂的叶片儿，上边正托着个女子，绕出山石拐角处，修竹般定住不动。一件银灰斗篷裹着身子，好赛石影，低头侧视，看不见脸。来回来去轻轻挪几步，绿色就在裙底忽闪忽闪，才知道是双绿鞋，叫人有意无意把眼神都落在这鞋上。天寒地冻，红梅疏落，这绿色立时使得满院景物都活起来。

吕显脚入了迷，却没看出门道。乔六桥究竟是才子，灵得好，忽有醒悟，惊叫道："这是'万翠丛中一点红'的反用，'万红丛中一点翠'！"

这句话把众人眼光引上一个台阶。

可是一晃绿色没了，人影也没了。院子立时冷清得很，梅也无色，雪也无光。众人还没醒过味儿来，更没弄清这人是谁，连白金宝也没看明白，东厢房的房门"哗啦啦"一开，那披斗篷的女人走出来，正是戈香莲。她两手反过腕儿向后一甩，甩掉斗篷，现出一身世上没有画上也没有的打扮。再看那模样韵致气度风姿神态，这个香莲与上次赛脚的香莲哪里还是一个人儿？白金宝也吓一跳，竟以为香莲耍花活找个替身！

先说打扮，上边松松一件月白丝绸褂子，打前襟右下角绣出一枝桃花，花色极淡，下密上疏，星星点点直上肩头，再沿两袖变成一片落瓣，飘飘撒向袖口。单这桃花在身上变了两个季节，绝不绝？袖口领口镶一道藤萝紫缎边，上边补绣各色蝴蝶，一码银的。下身是牙黄百褶罗裙，平素没花，条条褶子折得赛折扇一样齐棱棱。却有一条天青丝带子，围腰绕一圈，软软垂下来，就赛风吹一条柳条儿挂在她腰上。再说她脸儿，粉儿似擦没擦，胭脂似涂没涂，眉毛似描没描，这眉毛淡得好比在眼睛上边做梦。头发更是随便一卷，在脑袋上好歹盘个香瓜髻，罩上黑线网，没花没玉没金没银更没珍珠。打上到下，颜色非浅即淡，五颜六色，全给她身子消融了。这股子疏淡劲儿自在劲儿洒脱劲儿，正好给白金宝刚刚那股子浓艳劲儿精神劲儿玩命劲儿紧绷劲儿，托出来，比出来。这股子与世无争的劲儿反叫人看高了。世上使劲常常给别人使，真是累死自己便宜别人。还说戈香莲这会儿——她脸蛋斜着，眼光向下，七分大方，三分羞怯。直把众人看得心里好赛小虫子爬，痒痒痒痒却抓不着。更尤其，人人都想瞧她小脚，偏偏给百褶裙盖着。一路轻飘飘走来，一条胳膊斜搭腰前，一条胳膊背在身后，腰儿一走一摆，又弱又娇，百褶裙跟着齐齐摇来摆去，可无论怎么摆怎么摇，小脚尖绝不露出半点。直走到阶前停住，把背在后边的手伸向胸前，胳膊一举，手一张，掌心赛开出一朵黑黑大花，细看却是个黑毛大毽子。陆达夫好似心领神会，大叫一声："好呀，这招叫人美死呀！"

香莲把毽子向空中一抛，跟手罗裙一扬，好赛打裙底飞出一只小红雀儿，去逮那毽子，毽子也赛活的，一逮就蹦，这只小红雀刚回裙底，罗裙扬处，又一只小红雀飞出去逮。那毽子每一腾空飞起，香莲仰头，露出粉颈，眼睛光闪闪盯住那毽子，与刚才侧目斜视的神气全不同了；毽子一落下，立即就有只小红雀打裙底疾飞而出，也与刚才步履轻盈完全两样。只见百褶罗裙来回翻飞，黑毛大毽子上下起落。两只小雀一左一右你出我回出寰入寰，十分好看。众人才知这对小雀是香莲一双小脚。原先那双绿鞋神不知鬼不觉换了红鞋，才叫人看错弄错。亏她想得出，一身素衣，两只红鞋，外加黑毛大毽子，还要多爽眼！

舞来舞去的小红鞋，看不准看不清却看得出小、尖、巧、灵，每只脚里好赛有个魂儿。忽地，香莲过劲，把毽子踢过头顶，落向身后，众人惊呼，以为要落地。白金宝尖嗓子高兴叫一声："坏了！"香莲却不慌不忙不紧不慢来个鹞子翻身，腰一拧，罗裙一转，一脚回钩底儿朝上，这式叫作"金钩倒挂"，拿鞋底把毽子弹起来，黑乎乎返过头顶，重新飘落身前，另只脚随即一伸，拿脚尖稳稳接住。这招为的是把脚亮出来，叫众人看个满眼。好细好薄好窄好俏的小脚，好赛一牙香瓜。可好东西只能给人瞧一眼。香莲把脚轻巧一踮，毽子跳起来落回手中，小脚重新叫罗裙盖住。

香莲又是亭亭立着，眼神不瞧众人羞答答斜向下瞧。刚刚那阵子蹦跳过后，胸口一起一伏微微喘，更显得娇柔可爱。

厅内外绝无声息死了半天，这时忽然爆起一阵喝彩。众莲癖如醉如狂，乔六桥高兴得手舞足蹈，叫人以为他假装疯魔瞎胡闹；陆达夫脸上没笑，只有傻样；牛凤章眼神不对，好赛对了眼一时回不了位；华琳的傲气也矮下一截。乔六桥闹一阵，静下来，叹口气说："真是如诗如画如歌如梦如烟如酒，叫人迷了醉了呆了死了也值了。小脚玩到这份儿，人间嘛也可以不要了！"

众莲癖听罢一同感慨万端。

吕显卿对佟忍安说:"昨儿乔爷他们议论'津门一绝',把您归在里边,老实说,我还不服。今儿我敢说,您不单津门一绝,天下也一绝!这金莲出海到洋人那边保管也一绝!洋女人的脚,一比,都是洋船呵!"

"居士,你们内地人见识有限。那不叫'洋船',叫'洋火轮'!"陆达夫叫着。

佟忍安满脸冒光,叫人备酒备菜,又叫戈香莲和白金宝、董秋蓉陪客人说话。可再一瞧,白金宝不在了,桃儿要去请她,佟忍安拦住桃儿只说句:"多半绍华回来了,不用管她!"就和客人们说笑去了。很快酒肉菜饭点心瓜果就呼啦呼啦端上来。此时是隆冬时节,正好吃"天津八珍"。银鱼、紫蟹、铁雀、晃虾、豆芽菜、韭黄、青萝卜、鸭梨。都是精挑细拣买来加上精工细制,黄紫银白朱红翠绿,碟架碟碗摞碗摆满一桌。

酒斟上刚喝,陆达夫出个主意,叫香莲脱下一只小鞋,放在三步开外地方,大伙儿拿筷子往里扔,仿照古人"投壶"游戏,投中胜,投不中输罚一大杯。众莲癖马上响应,都说单这主意,就值三百两银子。只怕香莲不肯。香莲却大方得很,肯了。脱鞋之时,众莲癖全都盯着看脚,不想香莲抿嘴微微一笑没撩裙子,双手往下一抄,海底捞月般,打裙底捧上来一只鲜红小鞋,通体红缎,无绣无花,底子是檀木旋的,鞋尖弯个铜钩儿,式样很是奇特。吕显卿说:"底弯跟高,前脸斜直,尖头弯钩,古朴灵秀,这是燕赵之地旧式坤鞋,如今很少见到,也算是古董了。是不是大少奶奶家传?"

香莲不语,佟忍安嘿嘿两声,也没答。

潘妈在旁边一见,立时脸色就变,一脸褶子,"扑啦"全掉下来，转身便走，一闪不见。大伙儿乱糟糟，谁也没顾上看。

小红鞋撂在地上，一个个拿筷子扔去。大伙儿还没挨罚就先醉了。除去乔六桥瞎猫撞死耗子投中一支。牛凤章两投不中，罚两杯。佟忍安一支筷子扔在跟前，另一支扔到远处铜痰筒里，罚两杯。吕显卿远看那小小红鞋，魂赛丢了，手也抖，筷子拿不住，没扔就情愿罚两杯。几轮过后，筷子扔一地，小鞋孤零零在中间。佟忍安说："这样玩太难，大伙儿手都不听使唤，很快就给罚醉了，扫了兴致，陆四爷，咱再换个玩法可好？"

陆达夫马上又一个主意。他说既然大伙儿都是莲癖，每人说出一条金莲的讲究来，说不出才罚。众莲癖说这玩法更好，既风雅又长学问，于是起哄叫牛凤章先说。

"干吗？以为我学问跟不上你们？"牛凤章站起来，竟然张口就说："肥，软，秀。"

乔六桥问："完啦？"

"可不完啦！该你说啦！"

"三个字就想过关，没门儿，罚酒！"

"哎，我这三个字可是在本的！"牛凤章说，"肥、软、秀，这叫'金莲三贵'。你问佟大爷是不。学问大小不在字多少，不然你来个字多的！"

"好，你拿耳朵听拿嘴数着——我这叫金莲二十四格。"乔六桥说，"这二十四格分作形、质、姿、神四类，每类六字，四六正好二十四。形为纤、锐、短、薄、翘、称；质为轻、匀、洁、润、腴、香；姿为娇、巧、艳、捷、稳、俏；神为闲、文、超、幽、韵、淡。"

吕显卿说："这神类六个字，若不是今儿见到大少奶奶的脚，怕把吃奶的劲使出来也未必能懂。可这中间唯'淡'一字……还觉得那么飘飘忽忽的。"

乔六桥说:"哪里飘忽,刚才大少奶奶在石头后边一场,您还品不出'淡'味儿来?淡雅淡远淡泊淡漠,疏淡清淡旷淡淡淡,不是把'淡'字用绝了吗?"

这山西人听得有点发傻,拱拱手说:"乔六爷不愧是天津卫大才子,张嘴全是整套的。好,我这儿也说一个。叫作'金莲四景',不知佟大爷听过没有?"他避开满肚子墨汁的乔六桥,扭脸问佟忍安。还没忘了老对手。

"说说看。"佟忍安说,"我听着。"

"缠足,濯足,制履,试履。怎么样?哈哈!"吕显卿嘴咧得露黄牙。

在座的见他出手不高,没人接茬。只有造假画的牛凤章连连点头说:"不错不错!"佟忍安连应付一下的笑脸也没给。他瞧一眼香莲,香莲对这山西人也满是瞧不上的神气。华琳的眼珠子狠命往上抬,都没黑色了,更瞧不上。牛凤章见了,逗他说:"华七爷,别费劲琢磨了,您也说个绝的,震震咱耳朵!"

华琳淡淡笑笑,斜着眼神说:"绝顶金莲,只有一字诀,曰:空!"

众莲癖听了大眼对小眼,不知怎么评论这话的是非。

牛凤章把嘴里正嚼着的铁雀骨头往地上一啐,摆手说:"不懂不懂!你专拿别人不懂的糊弄人。空无所有叫嘛金莲?没脚丫子啦?该罚,罚他!"

没料到香莲忽然说话:"我喜欢这'空'字!"

话说罢,众莲癖更是发傻,糊涂,难解费解不解无法可解。

佟忍安那里也发怔，真赛这里边藏着什么极深的学问，没人再敢插嘴。

陆达夫哈哈笑道："我可不空，说的都是实在的。我这叫'金莲三上三中三下三底'。你们听好了，三上为掌上、肩上、秋千上，三中为醉中、睡中、雪中，三下为帘下、屏下、篱下，三底为裙底、被底、身底……"

乔六桥一推陆达夫肩膀，笑嘻嘻说："陆四爷你这瞒别人瞒不了我。前边三个三——三上三中三下，是人家方绚的话，有书可查。后边那三底一准是你加的。为嘛？陆四爷向例不吃素，全是荤的。"

陆达夫大笑狂笑，笑得脑袋仰到椅子靠背后边去。

轮到佟忍安，本来他开口就说了，莫名其妙闷住口。事后才知，他是给华琳一个"空"字压住了，这是后话。眼下，佟忍安只说："我无话可说，该罚。"一仰脖，把眼前的酒倒进肚里，随后说："又该换个玩法，也换换兴致！"

众莲癖知道小脚学问难不倒佟忍安，只当他不愿胡扯这些不高不低的话。谁也不勉强他。乔六桥说："还是我六爷给你们出个词儿吧——咱玩行酒令，怎么样？规矩是，大伙儿都得围着小脚说，不准扯别的。就按'江南好'牌子，改名叫'金莲好'，每人一阕，高低不论，合辙押韵就成。咱说好，先打我这儿开始，沿桌子往左转，一个挨一个，谁说不出就罚谁！"

这一来，众莲癖兴趣又提到脑袋顶上。都夸乔六桥这主意更好玩更风雅更尽兴。牛凤章忙把几块坛子肉扒进肚子里，垫底儿，怕挨罚顶不住酒劲儿。

"金莲好！"乔六桥真是才子，张口就出句子，"裙底斗春风，钿尺量来三寸小，袅袅依依雪中行，款步试双红。"

"好！"众莲癖齐声叫好。乔六桥"嗒"手指一弹牛凤章脑袋就说："别塞了，该你啦！"

"我学佟大爷刚才那样，喝一杯认罚算了！"牛凤章说。

"不行，你能跟佟大爷比？佟大爷人家是天津卫一绝。你这牛头哪儿绝？你要认罚，得喝一壶。"乔六桥说。

众人齐声喊"对"。

牛凤章给逼得挤得整得抓耳挠腮，直翻白眼，可不知怎么忽然蹦出这几句："金莲好，大少奶奶脚，毽子踢得八丈高，谁要不说这脚好，谁才喝猫尿！"

这话一打住，众莲癖哄起一阵疯笑狂笑，直笑得捂肚子掉眼泪前仰后合翻倒椅子，华琳一口茶"噗"地喷出来。

"牛五爷这几句，别看文气不够，可叫大少奶奶高兴！"吕显卿说。

直说得香莲掩口咯咯笑，笑得咳嗽起来。

牛凤章得意非凡，一把将正在咬螃蟹腿儿的陆达夫拉起来，叫他马上说，不准打岔拖时候，另只手还端起酒壶预备罚。谁料陆达夫好赛没使脑袋，单拿嘴就说了："金莲好，入夜最销魂，两瓣娇荷如出水，一双软玉不沾尘，愈小愈欢心。"

香莲听得羞得臊得扭过脸去。乔六桥说："不雅，不雅，该罚该罚！"众莲癖都闹着灌他。

陆达夫连连喊冤叫屈说："这叫雅俗共赏。雅不伤俗，俗不伤雅，这几句诗我敢写到报上去！"他一边推开别人的手，一边笑，一边捂嘴不肯认罚。

乔六桥非要灌他。这会儿，人人连闹带喝，肚子里的酒逛荡上头，都想胡闹。陆达夫忽起身大声说："要我喝不难，只一条，依了我喝多少都成！"

"嘛？说！"乔六桥朝他说，赛朝他叫。

"请大少奶奶把方才做投壶用的小鞋借我一用。"陆达夫把手伸向香莲。

香莲脱了给他，不知他干吗用。却见陆达夫竟把酒杯放进鞋跟里，杯大鞋小，使劲才塞进去。"我就拿它喝！"陆达夫大笑大叫。

"这不是胡来？"牛凤章说，扭脸看佟忍安。

佟忍安竟不以为然，反倒开心地说："古人也这么做，这叫'采莲船'，以鞋杯传酒，才真正尽兴呢！"

这话一说，众莲癖全都不行酒令，情愿挨罚。骂陆达夫老奸巨猾，世上事真是"吓死胆小的，美死胆大的"。愈胡来愈没事，愈小心愈来事。五脏六腑里还是胆子比心有用！于是大伙儿打陆达夫手里夺过鞋杯，一个个传着抢着争着霸着，又霸又争又抢又夺，斟满就饮，有的说香，有的说醉，有的说不醉，还喝。乔六桥夺过鞋杯捧起来喝。两手突然一松，小鞋不知掉到哪里，人都往地上看地上找，忽然陆达夫指着乔六桥大笑，原来小鞋在乔六桥嘴上，给上下牙咬着鞋尖，好赛叼着一只红红大辣椒！

第九回
真人真是不露相

这歪歪扭扭小人儿，头顶瓜皮小夹帽，一副旧兔皮耳套赛死耗子挂在脑袋两边，胳肢窝里夹着个长长布包。冻得缩头缩脖缩手缩脚，拿袖子直抹清鼻涕汤子。小步捯得贼快，好赛条恶狗在后边追。一扭身，"哧"地扎进南门里大水沟那片房子，左转三弯，右转两弯，再斜穿进条小夹股道。歪人走道，逢正变斜，逢斜变正。走这小斜道身子反变直了一般。

他站在一扇破门板前，敲门的声儿三重一轻，连敲三遍，门儿才开。开门的是牛凤章，见他就说："哎！活受！你小子怎么才来，我还当你掉臭沟里呢，人家滕三爷等你好半天！"

活受呼哧呼哧喘，嗓子眼儿还咝咝叫，光张嘴说不出话。牛凤章说："甭站在这呼哧啦，小心叫人瞧见你！"引活受进屋。

屋里火炉上架一口大铁锅，正在煮画。牛凤章给热气蒸得大脸通红发紫，真赛鼓楼下张官儿烧的酱牛头，那边八仙桌旁坐着个胖人，一看就知保养得不错，眼珠子、嘴巴子、手指肚儿、指甲盖儿，哪哪儿都又鼓又亮。穿戴也讲究。腰间绣花烟壶套的丝带子松着，桌上立着个挺大的套蓝壶，金镶玉的顶子，还摆个瓷烟碟，碟子上一小撮鼻烟。活受打眼缝里一眼看出这烟碟是拿宋瓷片磨的，不算好货。

这位滕三爷见活受，满脸不高兴，活受嘴不利索，话却抢在前头："铺织（子）有锅（规）矩，正（真）假不能湿（说）。杏（现）在跟您湿（说）实在的，您扰（几）次买的全是假的……"说到这儿，上了喘，边喘边说："您蛇（谁）也不能怨，正（真）假全凭自己养（眼），交钱提货一出摸（门），赔脑袋也认头……今儿是冲牛五爷面织（子），您再掏儿（二）百两，这轴大涤子您拿赤（去），保管头流货……"说着打开包儿又打开画儿，正是前年养古斋买进的那张石涛真迹。

滕三爷俩眼珠子在画上转来转去，生怕再买假，便瞧一眼牛凤章，求牛凤章帮忙断真假。牛凤章造惯假画，真的反倒没根，反问活受："这画确实经佟大爷定了真的？可别再坑人家滕三爷了。三爷有钱，也不能总当冤大头。自打山西那位吕居士介绍到你们铺子里买古董，拿回去给行家一瞧就摇头。这不是净心叫人家倾家荡产吗？活受，俗话可是说，坑人一回，折寿十岁！"

"瞧您湿（说）的……要是假的，河（还）不早墨（卖）了……这画撂在沽（库）里，我看湿（守）它整整乐（两）年半……"

"你把这画偷着拿出来，不怕你们佟大爷知道？"滕三爷问。

"这好布（办）……我想好了，请牛五爷织（造）轴假的，替出这轴真的耐（来）……"

牛凤章冷笑道："打得好算盘。钱你俩赚，毁就毁我！谁能逃出佟大爷那双眼，他不单一眼就看出假，还能看出是我造的！"他手一摆说："我老少三辈一家子人指我吃饭呢，别坑完滕三爷再来坑我！"

"这也好布（办），我有……夫（法）子。"活受脸上浮出笑来。

"嘛法儿？"牛凤章问。他盯着活受的眼，可怎么也瞧不见活受的眼珠子。

活受没吭声。牛凤章指着滕三爷说："人家花钱，你得叫人家心明眼亮。死也不能当冤死鬼！"

活受怔了怔，还是说："古董行的事，湿（说）了他未必明白。不管佟家铺织（子）坑没坑人，我活受保管不坑滕三爷就是了……"

牛凤章听出活受有话要瞒着滕三爷，就改了话题说："这画要造假，至少得在我这儿撂个把月，少掌柜要是找不着它不就坏事了？"

活受再一笑，小眼几乎在脸上没了。他说："少掌柜哪河（还）有兴（心）管画。"

"怎么？"滕三爷是外人，不明白。

"您问牛五爷，佟家事，他情（全）知道。自打灯节那条（天）比脚，大少奶奶制（占）杏（先），二少奶奶玩完，佟家当下是大少奶奶天下。不光小丫头们都往大少奶奶屋里跑，佟大爷也往大少奶奶屋里跑，嘻嘻……二少爷没脏（沾）光脏（沾）一脚屎！二少爷二少奶奶两口子天天弄（闹），头夫（发）揪了，药（牙）也打掉了……"

"听吕居士说，你们大少奶奶本是穷家女人，能挑得起来这一大家子？"滕三爷问。

牛凤章说："滕三爷话不能这么说。人能，不分穷富。我看她——好家伙，要是男人，能当北洋大臣。再说……还有佟大爷给她坐劲。谁不听不服？"

"这佟家的事奇了，指着脚丫子也能称王！"滕三爷听得来劲，直往鼻眼抹鼻烟。

牛凤章笑道："小脚里头的事你哪懂？你要想开开眼，哪天我带你去见见世面，那双小脚，盖世无双，好赛常山赵子龙的枪尖！哎，吕居士头次带你来天津那天，我们在义升成饭庄说的那些话你不都听到了？吕居士也心服口服称佟家脚是天下一绝！"

谁料滕三爷听罢嘴巴肉堆起来，斜觑着眼儿说："吕居士心服口服，我不准心服口服。老实给您说，吕居士跟我论小脚，我在门里，他在门外。要不赛脚那天你们请我去，我也不去。我敢说，我能制服你们大少奶奶！"

"嘛？你？凭你的脚，大瓦片，大鸭子，大轮船。别拿自个儿开心啦！"牛凤章咧开嘴大笑。

"谁跟你胡逗，咱们动真格的。你今儿去跟佟家说好，明儿我就把闺女带去！"滕三爷正儿八经地说。

"嘛嘛？你闺女，在哪儿呢？我怎么没听说过。"

"在客店里，我把她带来逛天津了。你上京城里扫听扫听去，二寸二，可着京城我闺女也数头一份儿！"

"二寸二，是脚的尺寸？多大多大？"牛凤章瞪圆牛眼。

滕三爷拿手指头把烟壶捅倒，说："就这么大。你们大少奶奶比得了？"

"呀呀呀，天下还有这么大的脚，听也没听过。我不会儿得先瞧瞧去。我好歹也算个莲癖，你要叫我开开眼，我也叫你开开眼。我还藏着些真古董！"

牛凤章说着，站起身打开柜子，拿出一面海兽祥鸟葡萄镜，一尊黑陶熏炉，一块葫芦状的歙砚，半套失群的岫岩玉雕八仙人。只剩下吕洞宾、蓝采和、汉钟离、曹国舅四个，刻工却是一流，个个须眉手指襟带衣袂都有神气。滕三爷看花了眼，高兴得嚓嚓搓手心，活受在一旁不吭声，却看出来，这几件东西，只有那铜镜是块唐镜，炉子砚台全是假货。四个玉人是玩意儿，算不上古董物件。

活受说："滕三爷，您织（真）拿葱（出）二寸二小脚，把我们大少奶奶压下秋（去），我担保少掌柜送个揪（周）鼎谢您。"

"这不难。你回去说好，明儿就登门拜访。"滕三爷说。

活受高高兴兴起身告辞。牛凤章送他到门外，带上门说："你刚才说有嘛法造大涤子的假画，我可够呛，怕不像，顶多像五分……甭说五分，像三分就不错！"

活受凑上来，踮起脚跟立脚尖，嘴对着牛凤章扇风大耳朵吭吭巴巴，直把牛凤章说得嘴叉子咧得赛要裂开，吃惊地说："你小子能耐比我还大！"

他呆呆瞅着活受。那模样不知见鬼还是见神了。他不明白这半死不活的小子，打哪知道这些造假画的绝招！

这才叫真人不露相。真人真是不露相。

活受说："往喝（后）咱俩一秋（齐）干。您单会弄假的不成。我这叫半正（真）半假，有正（真）有假，想风（分）也风（分）不出来！"

"绝是绝，可我的心直扑腾，我怕佟大爷！"

"怕他干吗？佟家人兴（心）思都在脚丫子上，没人锅（顾）得了铺织（子）。您再拨拨算泼（盘）珠子，这一张顶上您过去一本（百）张还不止……"

牛凤章牛眼立时一亮，来了胆子。只说："到时候你别咬我就成！"又嘀咕两句："你得留神，这大件东西拿进拿出，太招眼儿！"

活受又白又歪又光又凉小脸上，一笑，满是瞧不起神气，没接对方话茬，却说："你盯住滕三爷，明儿务布（必）叫他领闺女去。只要那二寸二腰（压）住大少奶奶，佟家又是一次大翻锅（个）儿，您就是把铺织（子）搬耐（来），也没人锅（顾）得上……"

牛凤章两眼发直，嘀咕着："可以假换真这事，我还是有点拿不准。"

活受已经给他瞧后背了。

第十回
白金宝三战戈香莲

几位少奶奶，打头到脚收拾好，等候滕三爷带闺女来访。说来访是句好听话，实在是斗法来的！

白金宝今儿挺兴致，人也轻松。她知道滕家小姐不是冲她来的，倒是帮她来的。她完全不必使劲，只当一场好戏看就是了。她扭脸凑向身边的三少奶奶尔雅娟说："听说这闺女的脚顶多才二寸二，我不信，要是真的，咱们佟家的脚还往哪儿摆？对吗？"这声儿不大不小，刚好能叫坐在另一边的戈香莲听见。

尔雅娟低眼瞅瞅戈香莲，没敢吱声。香莲的脸好静好冷，让人没法子知道她今儿这一战，有根没根，胜败如何。

尔雅娟前天才打南边回来，本该随着三少爷绍富早早回来过年。临到启程，绍富叫架眼儿掉下来一个铜乌龟砸断脚背，一步挪不动。尔雅娟只好同远房一位婶子搭伴，回天津看看婆家人老熟人，也想见见没见过面的嫂子戈香莲。她早就听说嫂子的脚赛过当年的婆婆，耳闻不如目见，她心里还暗存着比试比试的劲儿。回到家白金宝就把她拉进屋翻腾事儿，先说戈香莲在家如何一手遮天，随后就挑唆尔雅娟跟香莲斗脚。

扬州小脚也是闻名天下，尔雅娟又是佟忍安去扬州买帖时看上的，更是万里挑一。在扬州向例也是一震，有能耐的人都傲，再叫白金宝左挑右挑，心里的暗劲变成明劲，当即穿上一双白铜鞋去见嫂子。白金宝跟在后边，她算计好，只要尔雅娟一胜，她就给香莲闹个"破鼓乱人捶"！

香莲见了尔雅娟，谈东谈西，似笑不笑，不冷不热，不咸不淡。两眼只瞧尔雅娟一张月季花赛的小脸儿，就是不看她的脚。自己的脚也给裙子盖着，叫尔雅娟没法子跟她干。可香莲说着笑着忽然手指尔雅娟的脚说："你这双白铜鞋，是找人打的？"

尔雅娟可逮住机会，马上说："一位湖南的客商送我的。他在湘西碰见个耍马戏的女子。那女子穿这双鞋走钢丝，还拿它踢木板，一寸厚的板子，一脚一个窟窿。客商花了好几百两银子买下这双鞋，非要送我。这鞋可比不得一般鞋，面子底子帮子哪哪儿全都是硬的，没半点柔和劲儿。脚肥一点，长一点，歪一点，都进不去。它不将就你，你将就它也不行。谁知我一试，正好。"

尔雅娟说到这儿，脸赛花开似的一笑，还瞅一眼白金宝。白金宝跟着就说："那得看谁的脚。驴蹄子鸡爪子当然不成！"

香莲只当没听见，含笑对尔雅娟说："妹子给我试试成吗？"

尔雅娟一怔，巴不得给香莲试穿，叫她出丑。这铜鞋是硬的，十双脚九双半不合适。没料到自己拴套，香莲不知轻重傻往里钻，正好！尔雅娟毫不犹豫脱下铜鞋给香莲。谁知香莲的脚往里一伸，好赛东西掉进袋子里，一仰脸朝站在后边的丫头桃儿说："去拿些丝绵来，这鞋好大！"

这话等于一斧子砍死尔雅娟！

尔雅娟没见过这样又小又俏又软又美的脚。铜鞋再硬，卡不住比它小的脚。

香莲笑眯眯又对白金宝说："二少奶奶，你也试试玩儿？"

这话又赛一斧子砍向白金宝。白金宝自知这鞋穿也穿不进去，摇摇头，脸上好窘。香莲起身，没言语，带着桃儿回了屋子，打这儿尔雅娟就怵她了。白金宝更怵香莲，多少天没敢正眼看香莲的脸，还总觉得香莲蔫坏损瞧着她。其实香莲根本不挂相，好赛没这回事。

今儿白金宝又活起来。二寸二的脚，单是小，就叫香莲没辙。香莲心里的小鼓要不咚咚敲才怪呢！

四位少奶奶等候滕家小姐的当儿。乔六桥、陆达夫几个来请佟大爷到海大道庆来坤戏园子看《拾玉镯》。佟忍安打算在家等着瞧二寸二小脚。乔六桥说："咱那边也有双脚，比这二寸二强十倍，诳你就割我鼻子！"说话时，门口连篷车都预备好了。佟忍安疑惑着："比二寸二再强十倍，就二分二了，跟蚂蚱一般大？"就出门上车一路嘻嘻哈哈去了。其实这戏票是佟绍华买的，由乔六桥出面请，为的是把佟忍安架出来，没人给香莲坐劲。这边只要滕家小姐一赢，白金宝就翻天。真是一边看戏，一边唱戏。演戏瞧戏闹戏捧戏哄戏做戏，除去没戏全是戏。再往深处说，没戏更是戏。

那边，佟忍安进了园子，戏已开唱。孙玉姣坐在台中央一张椅子上，左腿架在右腿上，娇声娇气说："小女孙玉姣，母亲烧香拜佛去了，我在家中闲着没事，不免做些针黹，散闷罢了。"说到这儿，小锣当儿一响，跷着的左脚腕子一挺，把鞋底满亮出来，青白细嫩，真赛笋尖。这下差点叫佟忍安看昏过去。急着问这花旦名姓，绍华忙说叫月中仙。佟忍安口中就不停念叨着："月中仙来月中仙……"下边一出垫戏《白水滩》看赛没看。等到再下一出《活捉三郎》，又是月中仙的戏。演到阎惜姣的鬼魂儿，小脚满台跑，赛一溜溜青烟，佟忍安顾不得旁人，一个劲儿傻叫："好！好呵——好！好！"惹得一帮子戏迷说他劝他骂他拿苹果核儿砍他也止不住他。

这边，牛凤章一手提着袍襟"噔噔噔"奔进佟家来。四位少奶奶见他，白金宝劈面就问："人呢？滕家小姐呢？在哪儿？"不等牛凤章转起舌头，只见一个胖男人抱一个娇小女子大步来到。一个大活人再轻也七八十斤，难怪这胖男人呼呼喘粗气。看样子这就是滕三爷和滕家小姐了。几位少奶奶都当是滕家小姐半道病了，忙招呼丫头们上来侍候，不想这胖男人撂下小姐，掏出块大帕子抹汗，一边笑呵呵说："没事没事，她挺好！"滕家小姐跟手也笑了。众人不明白是嘛事，好好的干吗抱进来？

可谁也不管为嘛，都一窝蜂围上去看滕家小姐二寸二的脚。一看全蒙住！这脚就赛打脚脖子伸出个小尖。再一弯，也就橘子瓣大小，外套鲜亮银红小鞋，精致绣满五色碎花，鞋口的花牙子，跟梳子齿一般细。不赛人穿的，倒赛特意糊的小鞋样子，可它偏偏有姿有态不残不缺，大脚趾还不时动它一动。人能把脚缠这么小，真算得上世间奇迹，不看谁也不信。

甭比，佟家脚连亮也不敢亮！

香莲脸色刷白，一眼瞅见站在身旁的牛凤章，小声说："好呵，五爷，你原来也恨我不死！"

牛凤章听这话打个冷战，忙说："不瞒您说，这是少掌柜请来的，不过叫我跑跑腿，我不好推辞罢了。我是佟大爷的人，哪敢跟您捣蛋。心想也是叫您瞧个新鲜。别瞧她脚小，可小过了劲儿，站不住。走路必得人扶着，出门必得人抱着，站都站不住，京城人都称她'抱小姐'。可别人抱不成，非她爹不可，娇着呢！那滕三爷，阔佬一个，任嘛不懂。"

香莲情不自禁"噢"一声，眼睛一亮，心也一亮。好赛意外忽然抓到得胜的招数。

白金宝在人群中间叫着："不管别人服不服，反正我服了，不服就比，谁比谁完蛋！人家这脚是明摆着的！对吗？雅娟、秋蓉、桃儿、杏儿……"她挨个问，声音愈来愈高，就是不问香莲，句句却是朝香莲去的。

谁也不抬头看香莲，都怕香莲。

香莲不言不语站一边。不等白金宝闹到头，她不出招。

白金宝只当她怵了，索性大喊大叫："反正有这双脚，别人嘛脚我也瞧不上！待会儿老爷回来，叫他也开开眼。别总拿南瓜当香瓜，拿瞎蛾子当蝴蝶儿。"又扭脸冲滕三爷说："叫您小姐留在我家住些天好吗？就跟我住一屋，我还叫桃儿给她绣双红雀鞋……"

滕三爷说："二少奶奶这么厚爱，敢情好。只是我这闺女……"

香莲看准火候，走到抱小姐身前，笑眯眯说："小姐，跟我到当院看看桃花可好？前两天一乍暖，满树都是骨朵，居然开了不少，还招来蜜蜂，好看着呢！"

抱小姐说："我走不好！"她奶声奶气，倒赛七八岁的娃娃卷着舌尖说话。

"这没事，我扶你，几步就到当院。"

香莲说着扶她起来。谁也不知香莲用意，只见她一挽一扶与抱小姐走出前厅，下了台阶。这一走，就看出毛病来。抱小姐好比一双烂脚，沾不得地；香莲每一步都是肩随腰摆，腰随脚扭，无一步不美。到了院中，香莲抬头看花，好赛不知不觉松开挽着抱小姐的手臂，自个儿往前走两步，忽然叫道："抱小姐你看！你看！那片花全开了，赛朵红云彩，多爱人，抬头呀，就在你脑瓜顶上！"她手指头顶上方。

抱小姐一抬头，脚没拿稳，没等叫出声，"扑通"一下，死死摔个硬屁股蹲儿。抱小姐皮薄肉少，屁股骨头撞在砖地那一声，叫人听得心里一揪。香莲惊慌叫道："好好站着，没石子绊脚，怎么倒了？快快，桃儿珠儿，还不快扶起小姐！"滕三爷和众人都跑来搀抱小姐。抱小姐栽了面子，坐在地上捂着脸哭，不起来，谁也弄不动。

"我真该死，叫她摔了。怎么？她站不住吗？"香莲对滕三爷说。

"这不怪大少奶奶。小女没人扶，站不住。"滕三爷说。

"这倒怪了。脚有毛病？"香莲说。看不出她是装傻，还是有意讥讽。

"毛病倒没有，就是太小，立不住。"滕三爷说着低头冲闺女说，"还不起来，赖在地上什么样儿！"

这话更伤了抱小姐，拼命晃肩膀不叫人扶，谁伸手打谁，两脚乱踹乱蹬，直把鞋子踹掉，脚布也散了。香莲看着，恨不得她踹光了脚才好。嘴上却说："桃儿，帮着小姐穿上鞋，别着了凉！"

滕三爷见闺女这样胡闹，满脸挂窘，不住向香莲道歉。香莲说："这么说就见外了。可是我打心里疼您家小姐。人脚哪能不能站不能走的，这脚不算废了？我看这脚没救了，您真该在鞋上给她想点辙。是吧！"

这两句是拐着弯儿把抱小姐骂死。

滕三爷连说"是、是、是"，猫腰抱起抱小姐就走。出去的步子比进来的还大。牛凤章也赶紧向香莲告辞。只见香莲脸上的笑透股寒气，吓得牛凤章没转身三步倒退出屋门。

抱小姐走后，香莲当着众人对桃儿笑道："真哏，这牛五爷不长牛眼，长一对狗眼，愣看上这对烂猪蹄了！"

桃儿不笑不答，她知道这话是给白金宝听的。白金宝脸上早就不是色。香莲话说得轻松，神气也自如，直到回屋，"咯噔"一下，悬着的心才回位。

可是过了三天，香莲的心又提起来。白金宝站在当院嚷嚷开，说佟大爷请来一双飞脚，饭后到。还说这是宝坻县红得发紫的彩旦，名唤月中仙。不单脚小脚美，还满台赛珠子在盘子里飞转，这同头三天那个不会走道的抱小姐全然两样。一个站不能站走不能走立都立不住，一个如驰如飞如鱼游水如鸟行空。白金宝的嗓门向例脆得赛青萝卜，字儿咬得一个是一个赛崩豆，香莲还听到这么一句："听说飞起来，逮也逮不着。"香莲虽胜了抱小姐，不敢说也能胜这个月中仙。天下之大，无奇不有，香莲不敢不信。假若不是真的，白金宝也不会这么咋呼。香莲心里早懂得，人要往上挣，全是硬碰硬，不碰碎别人就碰碎自己。只有把对手都当劲敌才是。她闭上门，想招儿。可是一点不知月中仙的内情，哪知嘛招当用，这真难了！最好的办法是先在屋里秘着，等机会。

午后，一阵人声笑语进了前厅。忽听一句："佟大爷在上，奴家月中仙有礼了！"声调又娇又脆又清又亮，赛黄莺子叫，用的都是戏里道白的口儿。说完就一阵喧笑哗闹。

就听佟大爷的声音："我家众位都是爱莲人。听说月中仙有金莲绝技，巴不得饱眼福，就请到当院表演一番。"

跟手这些声音挪到当院。只听月中仙两个字儿："献丑。"没有行走奔跑声，却有一片咂嘴赞叹和拍巴掌声音。尔雅娟吃惊的声音："哟，快得我只见人影儿。"

佟绍华的声音："金宝，你不跟着转两圈？"

白金宝的声音："我哪有这脚，吓得只想回屋关门关窗躲起来。"

又是说又是笑又是叫又是闹，还听佟忍安声音："是呵，怎么还不见香莲来呢？"

白金宝的声音："猫一来，耗子还看得见。"

香莲憋在屋，心里的火腾腾往上蹿，胜败反正都得拼过才能说。她"哗啦"打开门，走出来一瞧，院里站满人，一时眼花，看不清谁是谁。桃儿跑到跟前来挤挤眼说："您看那就是月中仙，男的！"

香莲顺着桃儿细巧的手指头望去，人群中果然站着一个瘦弱男人，再瞧，下边竟是一双精灵的女人小脚。看模样是个男旦，可哪来一双女人小脚？这天底下的事真是不知道的比知道的多得多得多。这会儿，那瘦男人正上下打量她，忽叫一声："啊呀，这就是闻名津门的佟家大少奶奶戈香莲吧？"说着风吹似的跑过来，两脚好赛不沾地，眨眼工夫到了香莲面前，双手别在腰间道万福，说话的调儿还是戏腔："月中仙拜见大少奶奶。"

香莲还没弄明白怎么档子事，有点发傻。那边白金宝和佟绍华大声哈哈笑，好赛在看香莲的笑话。

这月中仙忽扬起一条腿扛在肩上，脚过头顶，来招童子功，说："您看我月中仙的脚，比得上您大少奶奶的脚吗？"

香莲一看这扛过头顶底儿朝上的小脚，才明白原来是木头造的假小脚，上头有布套，套在真脚上，用丝绳扎牢，好比踩高跷，叫衣裙一遮，跟真的一样。原来这就是男扮女装的彩旦使的踩跷呀！过去听说今儿才见。香莲赛打梦里醒来，松口大气。众人当作趣事咯咯地笑。唯有白金宝佟绍华笑得邪乎，白金宝笑岔了气，直弯腰捂肚子。香莲立时明白，这是白金宝搬来尔雅娟和抱小姐斗不过她，才剜心眼儿，弄来月中仙唬她，看她乐子，当众糟践她。可她脑子一转，又想，白金宝拿她没辙，才使这招。这招够笨，毕竟假玩意儿，不过一时解解气罢了，更显出自己一双脚谁也扳不倒。想到这儿，反而精神起来，脸上的笑也有根了。她对月中仙说："你这假脚唬住我不算嘛，可唬住我公公？我公公是火眼金睛，绝不会叫你骗过。"

佟忍安听出香莲的话带刺，便说："我头一眼也给蒙住了。原以为死物有真假，没料到活物也有真假。不过，假的再绝，也不如平平常常真的。"

香莲这是逼着佟忍安替自己说话。待佟忍安的话说完，就朝白金宝佟绍华挑起嘴角一笑，话却反着佟忍安说："老爷的话可得罪人家月中仙了。戏台上不论真假。戏里的人都是假的，管他脚假不假，唬住人就成！"

"这话在理，这话在理！"佟忍安忙应和着，请众人到厅里说话。

月中仙对戈香莲说："有请大少奶奶——"虽然不再用戏腔，

声音还是女声女气。神气动作举手投足也都扭捏羞涩婀娜娇柔，活赛女的。

香莲见对方不是对手，来了兴头，一提气，与月中仙一同走上前厅。这几步，月中仙好比腾云驾雾，戈香莲竟如行云流水，步子又疾又稳，肩不动腰不动腿也不动，看不见哪儿动，只有裙子飘带子飞，好赛风里穿行，转眼一同站在前厅里。

月中仙拍着手说："大少奶奶真是名不虚传，这几步强我十倍！"他拍手时，翘着细白手指，只拿掌心拍，小闺女嘛样他嘛样。随后月中仙说他非要瞧瞧香莲的小脚不可。对着这半男半女不男不女的人，香莲也不觉羞了，亮出来给他瞧，他又拍手叫："我跑遍江南江北，敢说这脚顶到天了。少掌柜还叫我来镇镇您，倒叫您把我镇趴下了！"

香莲听罢一笑便了，也不去瞧佟绍华。只向月中仙要取那跷一看。月中仙这老大男人，屁股在椅子面儿上一转，腰一拧，头一歪，眼一斜，居然做出忸怩样子。然后两手手指摆出兰花样儿，解开跷上的丝带说："您要喜欢，就送您好了。"

香莲接过话顺口就说："不，送给我们二少奶奶吧，她看上这玩意儿了！"

这话一说，只听身后"哐当"一响，随着一片呼叫，尔雅娟叫声最尖。回头瞧，原来白金宝一口气闭过去，仰脸摔在地上。几个丫头又掰胳膊又折腿又弯脖子又推腰，绍华拿大拇指头死命掐白金宝鼻子下边的人中，直掐出血，才回过这口气来。

唯有香莲坐在那边动也不动，消消停停喝茶，看着窗外飞来飞去追来追去几个虫子玩儿。

第十一回
假到真时真即假

　　天没睁眼，地没睁眼，鬼市上的人都把眼珠子睁得贼亮。打赵家窑到墙子河边，这一片窝棚土铺篱笆灯小房中间，那些绕来绕去又绕回来的羊肠子道儿上，天天天亮前摆鬼市。最初都是喝破烂的，把喝来的旧衣破袄古瓶老钟烂鞋脏帽废书残画，缺这儿少那儿的日用杂物，拿大筐挑来卖。借着黑咕隆咚看不清，打马虎眼，以坏充好，有钱人谁也不来买这些烂货。可是，事情不能总一个样，话不该老这么说。渐渐有人拿来好货新货真货，却都是一手交钱，一手交东西。买卖一成，拨头便走，回头再找，互不认账。人称"把地干"。为嘛？因为干这行当大多是贼，偷到东西来销赃。胆大的敢卖，胆大的就敢买。也有些有钱人家的败家子，脸皮薄，不愿在当铺古玩铺旧货铺露面，就拿东西到这儿找个黑旮旯一站等买主。哪位要是懂眼，真能三子儿两子儿，买到上好的字画珠宝玉器瓷器首饰摆饰善本书孤本帖。这一看能耐，二看运气，两样碰一块儿，财能发炸了。

　　今儿，挤来挤去人群里，有个瘦老头子，缩头藏脸，也不打灯笼，眼珠子却在人缝里乱钻。忽然，赛过猫见耗子，撞开几个人一头扑过去。墙边，挨着个破担子，蜷腿蹲着一个男人，跟前地上铺块布，摆着一个白铜水烟袋，一个大漆描金梳妆匣儿，几卷绣花被腰子，还有三双小鞋，都是红布蓝布，双合脸，极窄极薄，鞋尖又短又尖赛乌鸦嘴，天津卫看不见这样的鞋。瘦老头子一把抓起来，翻过来掉过去一看，就喊："呀！鸦头履，苏北坤鞋！"

这男人瘪脑门鼓眼珠子，模样赛蛤蟆。仰脸瞅瞅这瘦老头子说："碰到内行，难得。您想要？"

瘦老头子两个膝盖"嘎巴"一响也蹲下来，低声说："全要！这儿压根也碰不上这鞋！"

这瘦老头子好怪。在鬼市买东西，碰上中意的也得装不懂不在意不中意，哪能见了宝似的！可更怪的是卖东西的蛤蟆脸男人，并不拿出卖东西的架势，也赛见了宝。问道："您好喜这玩意儿吧？"

"说得是。告我您这鞋哪弄来的？您是南边人？"

"您甭问，反正不是北边人。老实告您，我也好喜这玩意儿，可如今江南几省都闹着放脚，小鞋扔得到处都是，连庙里也是，河里还漂着……"

"造孽造孽！"瘦老头子连说两句，还不尽意，又加一句："还不如把脚剁去呢！"沉一下把气压住便说："您该逮这机会把各样小鞋赶紧收罗些，赶明儿说不定也是宝贝。"

"说得好，您真懂眼。听说，北边还不大时兴放脚？"

"闹也闹了，放脚的还不多，叫唤得却够凶，依我看这风刹不住，有今天没明天。"瘦老头子直叹气。

"是呵，我听说了，这才赶紧弄几麻袋南边的小鞋，到北边转转，料想能碰上像您这样有心人肯花钱存一些。我打算卖一些南边的，买一些北边的，说不定把天下小鞋凑全了呢！"这蛤蟆脸男人说，"我已然存了满满一屋子！"

"一屋子？"瘦老头子眼珠子唰唰冒光，"好呵，宝呵，你这次带来都是嘛样的？"

蛤蟆脸男人抿嘴一笑，打身后麻袋里掏出两双小鞋递给瘦老头子，也不说话，好赛要考考这瘦老头子的修行。

瘦老头子接过鞋一看，是旧鞋，底儿都踩薄了，可式样怪异至极。鞋帮挺高，好赛靴子高矮，前脸竖直，通体一码黑亮缎，贴近底墙圈一道绣花缎边。一双绣牡丹寿桃，花桃之间拿红线缝几个老钱在上头，这叫"富贵双全"。另一双绣松叶梅花竹枝，松托梅，梅映竹，竹衬松，这叫"岁寒三友"。再看木底和软底中间夹一片黄铜，打跟到尖，再打尖吐出来，朝上弯半个圈再伸向前，赛蛇出洞。瘦老头子说："这是古式晋鞋。"

蛤蟆脸男人一怔，跟手笑了，"您真行！能看懂这鞋的人不多！"

"这鞋也卖？"

"货卖识家。别说价了，您给多少，我都拿着。"

这前后五双瘦老头全要，掏出五两给了。要说这些钱买五双银鞋也富余。蛤蟆脸男人赶紧把银子掖进怀里，满脸带笑说道："说句老实话，这鞋现在三文不值二文。我不是图您钱，是打算拿它多买些北方小鞋带回去。您要是藏着各样北方小鞋，咱们换好了，省得动钱！"

"那更好！您还有嘛鞋？"

"老先生，您虽然见多识广，浙东八府的小鞋恐怕没见过吧？"

"打早听说浙东八府以小称奇，我二十年前见过一双宁波小脚，二寸四。可头两年见过京城一女子，小脚二寸二。那真叫小到家小到头啦！"

"那也比不过广州东莞小脚，二寸刚刚挂点零。一双小鞋，一抓全在手心里。还有福建漳州一种文公履，是个念书人琢磨出来的，奇绝！"

"嘛绝法？"

"竟然有股书卷气。有如小小一卷书。"

"好呵！你都有？带来了吗？"

"在旅店里。您要换，咱说好时候。"

急不如快，两人定准转天这时候在前边墙子河边一棵歪脖老柳树下边碰面。转天都按时到，换得十分如意，好赛互相送礼。又约第三天，互换之后，这瘦老头提着十多双小鞋穿过鬼市美滋滋乐呵呵往回走。走到一个拐角，都是些折腾碑帖字画古董玩器的。只见墙角站着一个矮人，头上卷檐小帽儿压着上眼皮，胳肢窝里夹一轴画，上边只露个青花瓷轴。

瘦老头子一看这瓷轴就知这画不一般。上去问价。

对方伸出右手，把食指中指叠在一起，翻两翻，只一个字儿："青。"

鬼市的规矩，说价递价给价要价还价争价，不说钱数，打手势用暗语。俗称"暗春"。一是肖，二是道，三是桃，四是福，五是乐，六是尊，七是贤，八是世，九是万，十是青。手势一翻加一倍。

对方这"青"字再加上手势一翻，要二十两。

瘦老头子说："嘛画这个价，我瞧瞧。"撂下半口袋小鞋，拿过画，只把画打开一小截，刚刚露出画上的款儿，忽一惊，问道："你是谁？"

这矮子一怔，拨头就跑。

瘦老头子本来几步赶去能追上，心怕半袋小鞋丢了，一停的当儿，矮子钻进小胡同没了。

瘦老头子叫道："哎，哎，抓……"

旁边一个大个子，黑乎乎看不清脸，影子赛口大钟，朝他压着粗嗓门说："咋呼嘛，碰上就认便宜，赶紧拿东西走吧，小心惹了别人，把你抢了，还挨揍！"

瘦老头子听见又没听见。

这天早上，佟忍安打外边遛早回来，就要到铺子去，满脸急相，不知道为嘛。门外备了马，他刚出门一咪溜坐在台阶上，只说天转地转人转马转树转烟囱转，其实是他脑袋转。佣人们赶忙扶他进屋坐在躺椅上。香莲见他脸色变了，神气也不对，叫他到里屋躺下来睡个觉。他不干，非要人赶紧到柜上去，叫佟绍华和活受马上来。还点了些画，叫活受打库里取出带来。过了很长时候，才见人来，却只是柜上一个姓邬的小伙计，说少掌柜不在柜上，活受闹喘，走不了道儿，叫他把画送来。佟忍安起不来身半躺半坐，叫人打开一幅幅看。先看一幅李复堂的兰草，看得直眨眼，说："我眼里是不是有眵目糊？"

香莲瞅瞅他眼珠，说："不见有呢，头昏眼花吧？回头再看好了！"

佟忍安摇手非接着看不可。小邬子又打开一幅，正是那幅大涤子山水幅。

平时佟忍安过画，顶多只看一半画，真假就能断出来。下一半不看就叫人卷上，这一是他能耐，二是派头。活受知道他这习惯，打画就打开一半，只要见他点头或摇头，立时卷起来。今儿要是活受来打画给他瞧，下边的事就没有了。偏偏小邬子唰的把画从头打到底儿。佟忍安立时呆了，眼珠子差点掉下来，身子向前一撼，叫着："下半幅是假的！"

"半幅假的，怎么会？别是您眼闹毛病吧？"香莲说。

"没毛病！这画，字儿是真，画是假的！"佟忍安指着画叫，声音扎耳朵。

香莲走上前瞧，上半幅给大段题跋诗款盖着，下半幅画的是山水。"这不奇了，难道换去下半幅，可中间没接缝呀！"香莲说。

"你哪懂？这叫'转山头'，是造假画的绝招。把画拿水泡了，沿着画山的山头撕开，另外临摹一幅假的，也照样泡了撕开。随后，拿真画上的字配假画上的画，接起来，成一幅；再拿假画上的字配真画上的画，又成一幅。一变二，哪幅画都有真有假，叫你看出假也不能说全假，里头也有真的。懂行拿它也没辙。可是……这手活没人懂得，牛五爷也未必知道。难道是我当初买画时错眼了……"

"您看画总看一半，没看下半幅呗！"

"那倒是……"佟忍安刚点头忽又叫，"不对，这幅画是头几年挂在铺子墙上看的！"说到这儿，也想到这儿，眼珠子射出的光赛箭。他对小邬子说："你拿画到门口，举起来，透亮，我再瞧瞧！"

小邬子拿画到门口一举，外边的光把画照透，清清楚楚明明白白看出，画中腰沿着山头，有一道接口，果然给人作了假！佟忍安脑袋顶涨得通红，跟着再一叫："我明白了，刚才李复堂那幅也作了假的！"不等香莲问就说："这是'揭二层'，把画上宣纸一层层揭开，一三层裱成一幅，二四层裱成一幅。也是一变二！虽然都是原画，神气全没了，要不我看它笔无气墨无光，总疑惑眼里有眵目糊呢！"

香莲听呆了，想不到世上造假也有这样绝顶的功夫。再看佟忍安那里不对劲了，一双手簌簌抖起来，长指甲在椅子扶手上，"嘚嘚嘚"磕得直响，眼神也滞了。

香莲怕他急出病来，忙说："干吗上火，一两幅画不值当的！"

佟忍安愈抖愈厉害，手抖脚抖下巴抖声音也抖，"你还糊涂着，铺子里没一幅真的了！我佟忍安卖一辈子假的，到头自己也成假的了。一窝全是贼！"说到这儿，脑门青筋一蹦，眼珠子定住不动了。香莲见不好，心一慌，不知拿嘛话哄他。只见他脸一歪嘴一斜肩膀一偏，瘫椅子上了。

立时家里乱了套，你喊我我喊他，半天才想起去喊大夫。

香莲抹着泪说："谁叫您懂呢！我不懂真的假的，反不着这么大急。"

不会儿，大夫来了，说前厅有风，叫人把佟忍安抬到屋里治。

香莲定一定心。马上派小邬子去请少掌柜，并把活受叫来。小邬子去过一会儿就回来说，活受卷包跑了，佟绍华也不见了。香莲听罢好赛晴天打大雷，知道家里真出大事了！白金宝问嘛事。香莲只说："心里明白还来问我。"就带着桃儿坐轿子急急火火赶到铺子。

只见铺子里乱糟糟赛给抄过。两个小伙计哭着说："大少奶奶骂我们罚我们打我们都成，别怪我们不说，我们嘛都不知道呵！"香莲心想家那边还一团乱呢，就叫他们挑出真玩意儿锁起来，小伙计们哭丧脸说："我们不知哪个真哪个假。老掌柜少掌柜叫我们跟主顾说，全是真的。"香莲只好叫他们不管真假全都拣巴一堆封起来再说。

回到家，白金宝不知打哪儿听到佟绍华偷了家里东西跑了，正在屋里哭了叫叫了哭又哭又叫："挨千刀的，你这不是坑了老爷子，也坑我们娘仨吗……你准是跟哪个臭婊子胡作去了，你呀你呀你……"

香莲板着脸，叫桃儿传话给杏儿草儿，看住白金宝的屋子，不准她出来也不准人进去，更不准往里往外拿东西。白金宝见房门给人把守，哭得更凶，可不敢跟香莲闹。她不傻，绍华跑了，没人护她。她要闹，香莲能叫人把她捆上。

这时，佟忍安给大夫治得见缓，忽叫香莲。他虽然不知道家里家外到底出了嘛事，却赛全都明白。两眼闪着惊光，软软的嘴里硬蹦出三个字儿："关、大、门！"

香莲点头说："好，马上就办。"赶紧传话吩咐家里人急急忙忙把两扇大门板吱吱呀呀一推，哐啷一声，紧闭上。

第十二回
闭眼了

佟忍安赛块稀泥瘫在床上，头也抬不动，后背严丝合缝压在床板上，醒不醒睡不睡，眼神赛做梦。说话一阵清楚一阵含糊。清楚时，看不见绍华就死追着问，大伙儿胡诌些理由糊弄他；糊涂时，没完了没重样地数落着各类小脚的名目。城里苏金伞、妙手胡、关六、神医王十二、铁拐李、赛华佗、不望不切黄三爷、没病找病陆九爷……各大名医轮着请到，都说他大腿给阴间小鬼拉住，药力夺不回来。

这天，桃儿领着香莲的闺女莲心看爷爷。莲心进门就爬上床玩儿，忽然尖哭尖叫，桃儿只当莲心给爷爷半死不活样子吓着，谁料是小脚叫爷爷抓住。不知佟忍安哪来的劲，攥住拉不开。死脸居然透出活气，眼珠子冒光，嘴巴的死肉也抖动起来，呼呼喘气，一对鼻眼儿忽大忽小。桃儿不知老爷是要活过来还是要死过去，吓得喊叫。香莲闻声赶来，一见这情景脸色变得纸白，一把将莲心硬拉下来，骂桃儿："哪玩儿不好，偏到这来，快领走！"

桃儿赶快抱走莲心，佟忍安眼里一直冒光，人也赛醒了，后晌居然好好说话了，虽不成句，一个个字儿能听清。他对香莲说："下、一、辈、该、裹、脚、了！"

香莲沉一下，光点头没表情，静静说："我明白。"

佟忍安没病倒之前，已经天天念叨这事。外边有的说放足有的说禁缠，闹得不安生。佟家下一代又都是闺女，莲心四岁，白金宝两个闺女，一个五岁，一个六岁，董秋蓉的闺女也六岁了。都该裹，只因为香莲说莲心还小，拖着压着，佟忍安表面不敢催香莲，放在心里总是事。这会儿再等不及，心事快成后事了。

佟忍安叫着："找、潘、妈，找、潘、妈。"

裹脚的事非潘妈不可。

可是自打赛脚那天，潘妈见香莲穿上当年佟家大奶奶的小红鞋，拨头回屋就绝少再出屋。除去几个丫头找她画鞋样，缝个帮儿纳个底儿糊个面儿，再有便是开门关门送猫出屋迎猫进屋，不知她在屋干些嘛事。偶尔在当院碰见香莲，谁不搭理谁。香莲现在佟家称王，唯独对潘妈客气三分，有好吃的好喝的不好买的，都叫丫头们送去。唯独自个儿不进潘妈屋。可以说，她压根就没进过潘妈屋。

这会儿，无论佟忍安怎么一遍遍说叫潘妈，香莲也不动劲，守在旁边坐。直到深更半夜，佟忍安不再叫，睁大眼眨眼皮，好赛听嘛，再一点点把手挪到靠床墙边，使劲抓墙板，不知要干吗，忽然柜子那边咔咔连响，有人？香莲吓得站起身，眼瞅着护墙板活了，竟如同一扇门一点点推开，走进一个黑婆子，香莲差点叫出声来，一时这黑婆子也惊住，显然没料到她也在这屋里。这黑婆子正是潘妈！她怎么进来的？难道穿墙而入？她忽地大悟，原来这墙是个暗门，潘妈住在隔壁呀！这一下，香莲把佟家的事看到底儿，连底儿下边的也一清二楚三大白了！

无论嘛事，只要她一明白，心立时就静下来。她几年没正眼看潘妈，今儿一瞅大变模样，头发见白不见黑，脸上肉都没有，剩下皮包骨。皮一松褶子更多，满脸满了。只一双鼓眼珠子打黑眼窝里往外冒寒光。潘妈同香莲面对面站着怔着傻着瞪着，好半天。到底还是香莲更有内劲，先说话，她指着佟忍安对潘妈说："他有话跟你说。"

潘妈到床前站着等着。佟忍安说："预、备、好、明、天、裹，全裹！"

最后两个字儿居然并一起说出来的。

潘妈点点头，然后抬起眼皮望了香莲一眼，这一眼赛刀子，扎进香莲心口。香莲明白这一眼就是潘妈闷了几年来要说没说的话。随后潘妈扭身就走，却不走暗门，打房门出去。黑衣一身，立时化在夜里。

转天一早，香莲把全家人都叫到院里说道："老爷子发话了，今儿下晌，各房小闺女一齐裹脚，先预备预备去吧！"说完回自己屋。

各房，有的没声有的哭声有的说话声，都是低声低气。可快到晌午时候，桃儿忽然在当院大声叫喊莲心。香莲跑出房一问，莲心不见了！几个丫头和男佣人房前屋后找，连山石眼里、灶膛里、鱼缸里、茅坑里、屋顶烟囱里都找了，也不见。香莲脸色变了，左右开弓，一连抽了桃儿十八个嘴巴，把桃儿左边一个虎牙打掉，嘴角直流血。桃儿不吭声不求饶掉着泪听着香莲尖吼："大门关着，人怎么没了？你吃啦，吃啦，你给我吐出来呀！"

哭得闹得叫得折腾得人都不赛人样。

莲心丢了，当天裹脚裹不成。佟忍安知道后说："等、等、一、块、裹！"那就一边等一边找。

家里没有就到外边找。左邻右舍，房前屋后，巷头巷尾，城里城外，河东水西，连西城外的人市都去了，也不见影儿。这一跑，才觉得天津城大得没边，人多得没数。把桃儿两只脚都跑肿了，还到处跑。有的说叫大仙糊弄去了，有的说叫拍花的拍走，卖给教堂的神甫挖心掏肝剜眼珠子割舌头捅肠子揭耳朵膜做洋药去了。自打洋人在天津修教堂，老百姓天天揪着心，怕孩子被拐去做洋药。

桃儿当着众人给香莲跪下，两眼哭得赛红果儿。她说："莲心怕真丢了，我也没心思活了，您说叫我怎么死我就怎么死！"

香莲说不出话来，脸上的泪，一会儿湿一会儿干。

潘妈那边，早做好一二十副裹脚条子，染了各种颜色，晾在当院梅枝上，赛过节。几个小丫头看了都暗暗流泪说："莲心怪可怜的……"

香莲听了就到佟忍安屋里说："莲心回不来了，别等了，先裹吧！"

佟忍安半死的脸一抖，发狠说一个字："等！"

七天过去了，佟忍安熬不住顶不住，只一口气在嗓子眼里来回串。说话嘴里赛含热豆腐，咕噜咕噜谁也听不清，跟着只见嘴皮动，连声儿也没有。早晌大伙儿在前厅吃过饭，董秋蓉留下来对香莲说："嫂子，我看老爷子熬过初一熬不过十五了。说句难听的，就这两天的事啦，莲心丢了，我的心也赛撕成两半。可你当下是一家之主，总得打起精神来，该给老爷子筹办后事了。再有，趁老爷子糊涂，裹脚的事快点了了算了。"

香莲这才默默点头，吩咐人把前厅的桌子椅子柜子架子统统挪走，打扫净了，摆上灵床。白事用品样样租来，还派人去天后宫、财神殿和吕祖堂，备齐和尚老道尼姑喇嘛四棚经，跟手还请来棚铺，驴车马车牛车推车，运来木杆竹竿苇席木板黄布白布蓝布粗细麻绳，在二道院扎几座宽大阔绰的经棚……可这时外出去寻莲心的人还没逮着影儿，佟忍安又硬熬三天，人色都灰了，说死就死，抬上了灵床，可就不咽气，反倒两眼睁开，亮得赛玻璃珠子。杏儿说："你们看老爷眼珠子，别是要还阳吧！"香莲赶来瞧，这亮光发贼，贼得怕人。她心里明白，俯下头悄声对佟忍安说："莲心找到了，这就给孩子们裹上！"这话说过，佟忍安眼珠子的贼光立时没了，只是还瞪着。

香莲在桃儿耳边说了几句，叫桃儿马上去办。又叫杏儿去请潘妈赶紧预备裹脚家伙，再派珠儿草儿，分头到白金宝和董秋蓉房里去，快把孩子领到院里，这就开裹！

不会儿场面摆开。白金宝的两个闺女月兰和月桂，董秋蓉的闺女美子，都弄到院里，排一横排。杏儿珠儿草儿三个丫头，分管三个孩子，一切全叫潘妈指派。丫头们把盆儿壶儿剪儿布儿药瓶药罐儿各样物品往上一拿，孩子们全吓哭了。全赛死了人一样。

这场面直对前厅，前厅门大敞四开，便正对着厅内直挺挺躺在灵床上不闭眼的佟忍安。

香莲坐在一边瓷墩子上。桃儿守在身后。

潘妈还是一身黑，可这回打头到脚任嘛别的颜色没有。她走到各个孩子前，把鞋往下一揪，扔了，拿起脚儿前后左右上下里外全看过，放进温水盆泡上，赛要宰鸡。一边把不同裹法一一告诉杏儿珠儿草儿，再选出几双尖瘦短窄不同的鞋分发下来，跑到院当中，人一站眼一瞪手一摆哑嗓子叫一声："裹！"

几个丫头同时下手，把孩子们小脚丫打盆里捞出来就干。孩子们哇哇大哭，月桂抓着白金宝衣袖叫道："娘，我再不弄你的胭脂盒了，饶我这次吧！"

白金宝"啪"打她一巴掌说："这是你福气，死丫头！别人想裹还裹不成，留双大脚就绝你的根啦！"满院子人谁都明白这话是说给香莲听的。

香莲稳稳坐着，脸上看不出是气是恼，表情似淡似空，好赛天后宫的娘娘，总那个样儿。只听孩子哭大人叫，几个丫头手里裹脚条子唰唰唰响，还有潘妈哑嗓子死命喊："紧！紧！紧！"董秋蓉哭得比美子还厉害，却不出声，浑身抽成一个儿，前襟叫泪泡得赛泼半盆水。白金宝一滴泪没有，花似的小脸满是狠笑，时不时打杏儿珠儿手里抢过裹脚条子使劲勒一勒，看意思，这辈儿仇，要下辈儿报。

潘妈冲草儿叫："干吗弄得她叽哇喊叫？"

草儿说："她指头硬，掰这个，那个就跷起来。"

潘妈骂道："死鬼！你掰第二个和最小一个指头，中间那个和第四个不用掰就带着弯下去了！"

草儿改了法儿，美子也不叫了。

香莲心想，潘妈真是地道行家。当初若不是她救自己，自己哪来的今天。不管后来的仇怨，总得记得人家过去的恩德才是。她便叫桃儿搬个瓷墩子过去。

桃儿把瓷墩子撂在潘妈身边说："大少奶奶叫您坐下来歇歇。"

谁料潘妈理也不理，只盯着几个孩子每一双脚。裹好后，上去一一查看。有的拿手握正，有的往弯处勒勒，有的往脚心压压，每只脚都得打内侧够得上脚尖才行。最后从头上摘下个篦子，一边是篦头发的齿儿，一边是三寸小尺，挨着个儿横量竖量直量斜量整个量分段量。量罢，冷冷说声："成啦！"眼也不瞅香莲，扭头回房去了。

香莲对桃儿悄悄说一句，桃儿去打香莲房里领出个小闺女，大伙儿全都一惊，以为莲心找到，脚也裹上穿着小鞋。待到近处看脸儿并不是，只穿戴都是莲心的。原来给莲心找的替身。这也叫白金宝小小虚惊一场。

香莲带着两个男佣人走进灵堂，三人一左一右一上，托住佟忍安的头一抬，香莲说："看吧，中间那就是莲心，左边是月桂、月兰，另一边是美子，全裹上了！"

佟忍安本来好赛没了气儿，可这一下赛活了！眼珠子滴溜溜一扫，把这些孩子下边一横排裹成粽子似菱角似笋尖似小脚看过，立时唰唰冒光分外神采，就赛一对奇大珍珠。香莲知道这叫"回光返照"。没等跟左右佣人说声"当心"，只见佟忍安大气一吐，直把嘴唇上的胡子吹立起来，眼珠子一翻，胸脯一拱，腿一蹬，完了。甫说香莲，两个男佣人也怕了，手托不住，脑袋"哐当"一声落在床板上，赛个瓜掉在地上。眼睛没用人合，自己就闭上。脸皮再没有那种可怕灰色。润白润白，一片静，好比春天的湖面。

香莲大叫一声："老爷子，您可不能扔下我们一大家子孤儿寡母走啊！"又跺脚，又捶床边。满院子大人小孩也都连喊带叫大哭大闹，小孩哭得最凶，不知哭爷爷死还是哭自己小脚疼。香莲一声接一声喊着："您太狠啦，您太狠啦……您叫我怎么办呀！"这声音带尖，往人耳朵里去可就不往死人耳朵里钻。

只有潘妈那里没动静，门闭着。大黑猫趴在墙头，下巴枕在爪子上，朝这边懒懒地看。

依照老祖宗传下的规矩，人死后停在灵堂，摆道场请和尚老道念经，超度亡魂，这叫"摆七作斋"。作斋多少天自己定，一七是七天，二七十四天，三七二十一天，七七往上摆。有钱人都尽劲往上摆。这据说是道光五年，土城刘家死了老爷子，念经念到第三天，轮到一群尼姑念着细吹细打的姑子经。老爷子忽然翻身坐起，吓得家里守灵的人乱跑，姑子们都打棚子跳下来，扭了脚，以为老爷子诈尸了。只见老爷子伸出两条胳膊打个哈欠，揉揉眼，冲人们嚷："你们这是干吗？唱大戏？我饿啦！"有胆大的上去一看，老爷子真的还了阳。那年头，假死的事常有。打那儿天津有钱人家作斋要作到七七四十九天，把人摆味儿了才入殓出殡下葬安坟。

佟家作斋已经入了七七。出大殡使的銮驾黄亭伞盖魂轿鬼幡铭旌炉亭香亭影亭花亭纸人纸马金瓜钺斧朝天镫开道锣清道旗闹哀鼓红把血柳白把雪柳等，打大门口向两边摆满一条街，好赛一条街都开了铺子。倚在墙外边的拦路神开路鬼，足有三丈高，打墙头探进半个身子，戴高帽，披长发，耷拉八尺长的红舌头，吓得刚裹了脚赖在床上的小闺女们，不敢扒窗往外瞧。戈香莲、白金宝、董秋蓉三位少奶奶披麻穿孝，日夜轮班守在灵前。怪的是佟绍华一直没露面，多半跑远了不知信儿，要不正是打回来独掌佟家的好机会。白金宝盼他回来，戈香莲盼佟忍安还阳。无论谁如了愿，佟家大局就一大变。可是四十多天过去了，绍华影儿也不见，佟忍安脸都塌了，还了阳也是活鬼。派去给佟绍富尔雅娟送信的人，半道回来说，黄河淮河都发水截住过不去，再打白河出海绕过去也迟了。守灵的只是几个媳妇。这就招来许多人，非亲非友，乃至八竿子打不着的，没接到报丧帖子也来了，借着吊唁亡人来看三位少奶奶尤其大名鼎鼎戈香莲的小脚。平时常来的朋友反倒都没露面。这真是俗话说的，马上的朋友马下完，活时候的朋友死了算。香莲的心暗得很。

可嘛话也不能说死。出殡头一天，大门口小钟一敲，和尚鼓乐响起，来一位爷们儿，进门扑到灵前趴下就咚咚咚咚咚连叩五个头，人三鬼四，给死人向例叩四个，这人干吗多叩一个头？香莲的心一下跳到嗓子眼儿，以为佟绍华抱愧奔丧来了。待这人仰起一张大肉脸，原来是牛凤章，哭丧脸咧大嘴说："佟大爷，您一辈子待我不薄，可我有两件亏心事对不住您。头件事把您坑了……这二件事您要知道也饶不了我，我没辙呀！您这……"说到这儿，只见香莲眼里射出一道光，比箭尖还尖，吓得他跳过下边句话，停一下才说："您变鬼可别来抓我呀！您看着我二十多年来事事依着您，我还有上下一大家子人指我养活呢！"说完哇哇大哭起来。

本来，香莲应该陪叩孝子头，完事让人家进棚子喝茶吃点心。可香莲说："别叫牛五爷太伤心了！"就派人把他硬送出门。好赛押走的，谁也不知为嘛。

牛凤章走后，天已晚，里里外外香烛灯笼全亮起来。明儿要出大殡，一大堆事正给香莲张罗着。忽然桃儿跑来大叫："不好，不好……"

香莲看桃儿脸上唰唰冒光，手指她身后，张嘴说不出话来，霎

220

时间香莲恍恍惚惚糊糊涂涂真以为佟忍安诈尸或还阳了。回头一瞧，里院腾腾冒红光，这光把周围的东西、人脸，照得忽闪忽闪。是神是佛是仙是鬼是妖是魔是怪？只听一个人连着一个人叫起来："起火了——起火了——起火了——"

香莲随人奔到里院，只见西北边一间小屋打窗口往外蹿火。一条条大火苗，赛大长虫拧着身子往外钻，黑烟裹着大火星子打着滚儿冲出来。香莲一惊，是潘妈屋子！

幸好火没烧穿屋顶，没风火就没劲，不等近处水会锣起，家里人连念经来的和尚老道们七手八脚，端盆提桶，把火压灭。香莲给烟呛得眼珠子流泪，一边叫着："救人呀——把潘妈弄出来！"

几个男的脑袋上盖块湿布钻进屋，不会儿又钻出来，不见抬出潘妈，问也不吭声，呛得不住咳嗽。那只大黑猫站在墙头，朝屋子死命地叫，叫声穿过耳朵往心里扎。香莲顾不得地上是水是灰是炭是火，踩进去，借灯笼光一照，潘妈抱着一团油布，已经烧死，人都打卷儿了。周围满地到处都是烧煳的绣花小鞋，足有几百双。那味儿勾人要吐，香莲胃一翻，赶紧走出来。

转天，佟忍安给六十四条杠抬着，一路浩浩荡荡震天撼地送到西关外大小园坟地入葬；潘妈给雇来的四个人打后门抬出去不声不响埋在南门外一块义地里。这义地是浙江同乡会买的，专埋无亲无故的孤魂。其实，不管怎么闹怎么埋都是活人干的事。

死人终归全进黄土。

第十三回
乱打一锅粥

当下该是宣统几年了？呀，怎么还宣统呢，宣统在龙椅上只坐三年就翻下来，大清年号也截了。这儿早是民国了。

五月初五这天，两女子死板着脸来到马家口的风俗讲习所，站在门口朝里叫，要见陆所长。这两女子模样挺静，气挺冲，可看得出没气就没这么冲，叫得立时围了群人。所长笑呵呵走出来，身穿纺绸袍褂，大圆脑袋小平头，一副茶色小镜子，嘴唇上留八字胡。收拾得整齐油光，好赛拿毛笔一左一右撇上两笔。这可是时下地道的时髦绅士打扮。他一见这两女子先怔一怔，转转眼珠子，才说："二位小姐嘛事找我？"

两女子中高个儿的先说："听说你闹着放小脚，还演讲说要官府下令，不准小脚女子进城出城逛城？"

"不错。干吗？怕了？我不过劝你们把那臭裹脚条子绕开扔了，有嘛难？"

周围一些坏小子听了就笑，拿这两女子找乐开心。陆所长见有人笑，得意地也笑起来。先微笑后小笑然后大笑，笑得脑袋直往后仰。

另一个矮个女子忽把两根油炸麻花递上去，叫陆所长接着。

"这要干吗？"陆所长问。

矮女子嘿嘿笑两声说:"叫你把它拧开,抻直。"

"奇了,拧开它干吗。再说麻花拧成这样,哪还能抻直?你吃撑了还是拿我来找乐子?"

"你有嘛乐子?既然抻不直它,放了脚,脚能直?"

陆所长干瞪眼,没话。周围看热闹的都是闲人,哪边风硬帮哪边哄,一见这矮女子挺绝,就朝陆所长哈哈笑。高女子见对方被难住,又压上两句:"回去问好你娘,再出来卖嘴皮子!小脚好不好,且不说,反正你是小脚女人生的。你敢说你是大脚女人生的?"

这几句算把陆所长钉在这儿。嘴唇上的八字胡赛只大黑蝴蝶呼扇呼扇。那些坏小子哄得更起劲,嘛难听的话都扔出来。两女子叭的把油炸麻花摔在他面前,拨头便走。打海大道贴着城墙根进城回家,到前厅就把这事告诉戈香莲,以为香莲准会开心,可香莲没露笑容,好赛家里又生出别的事来。摆摆手,叫杏儿珠儿先回屋去。

桃儿进来,香莲问她:"打听明白了?"

桃儿把门掩了,压低声说:"全明白了。美子说,昨晚,二少奶奶去她们房里,约四少奶奶到文明讲习所听演讲。但没说哪天,还没去。"

"你说她会去?"香莲秀眉一挑。这使她心里一惊。

"依我瞧……"桃儿把眼珠子挪到眼角寻思一下说,"我瞧会。四少奶奶的脚吃不开,脚不行才琢磨放。美子说,早几个月夜里,四少奶奶就不给她裹了,四少奶奶自己也不裹,松着脚睡。这都是二少奶奶撺掇的!"

"还有嘛?"香莲说,雪白小脸涨得发红。

"今早晌……"

"甭说啦！不就是二少奶奶没裹脚趿拉着睡鞋在廊子上走来走去？我全瞧见了，这就是做给我看的！"

桃儿见香莲嘴巴赛火柿子了，不敢再往下说。香莲偏要再问："月兰月桂呢？"

"……"桃儿的话含在嘴里。

"说，甭怕，我不说是你告我的。"

"杏儿说，她姐俩这些天总出去，带些劝说放脚的揭帖回来。杏儿珠儿草儿她们全瞧见过。听说月兰还打算去信教，不知打哪儿弄来一本洋佛经。"

戈香莲脸又唰的变得雪白，狠狠说一句："这都是朝我来的！"猛站起身，袖子差点把茶几上的杯子扫下来。吓桃儿一跳。跟手指着门外对桃儿说："你给我传话——全家人这就到当院来！"

桃儿传话下去，不会儿全家人在当院会齐了。这时候，月兰月桂美子都是大姑娘，加上丫头佣人，高高站了一片。香莲板着脸说："近些日子，外边不肃静，咱家也不肃静。"刚说这两句就朝月兰下手，说道："你把打外边弄来的劝放脚的帖子都拿来，一样不能少，少一样我也知道！"香莲怕话说多，有人心里先防备，索性单刀直入，不给招架的空儿。

白金宝见情形不妙，想替闺女挡一挡。月兰胆小，再给大娘拿话一蒙，立时乖乖回屋拿了来，总共几张揭帖一个小本子。一张揭帖是《劝放足歌》，另一张也是《放足歌》，是头几年严修给家中女塾编的，大街上早有人唱过。再一张是早在大清光绪二十七年四川总督发的《劝戒缠足示谕》，更早就见过。新鲜实用厉害要命的倒是那小本子，叫作《劝放脚图》。每篇上有字有画，写着"缠脚原委""各国脚样""缠脚痛苦""缠脚害处""缠脚造孽""放脚缘故""放脚益处""放脚立法""放脚快活"等几十篇。香莲唰唰翻看，看得月兰心里小鼓嘣嘣响，只等大娘发大火，没想到香莲沉得住气，再逼自己一步，"还有那本打教堂里弄来的洋佛经呢？"

月兰傻了，真以为大娘一直跟在自己身后边，要不打哪知道的？月桂可比姐姐机灵多了，接过话就说："那是街上人给的，不要钱，我们就顺手拿一本夹鞋样子。"

香莲瞧也不瞧月桂，盯住月兰说："去拿来！"

月兰拿来。厚厚一本洋书，皮面银口，翻开里边真夹了几片鞋样子。香莲把鞋样抽出来，书交给桃儿，并没发火，说起话心平气和，听起来句句字字都赛打雷："市面上放足的风刮得厉害，可咱佟家有咱佟家的规矩。俗话说，国有国法，家有家规，不能错半点。人要没主见，就跟着风儿转！咱佟家的规矩我早说破嘴皮子，不拿心记只拿耳朵也背下来了。今儿咱再说一遍，我可就说这一遍了，记住了——谁要错了规矩我就找谁可不怪我。总共四条，头一条，谁要放足谁就给我滚出门！第二条，谁要谈放足谁就给我滚出门！第三条，谁要拿、看、藏、传这些淫书淫画谁就给我滚出门！第四条，谁要是偷偷放脚，不管白天夜里，叫我知道立时轰出门！这不是跟我作对，这是成心毁咱佟家！"

最后这三两句话说得董秋蓉和美子脸发热脖子发凉腿发软脚发麻，想把脚缩到裙子里却动不了劲。香莲叫桃儿杏儿几个，把那些帖儿画儿本儿拣巴一堆儿，在砖地上点火烧了，谁也不准走开，都得看着烧。洋佛经有硬皮，赛块砖，不起火。还是桃儿有办法，立起来，好比扇子那样打开，纸中间有空，忽忽一阵火，很快成灰儿，正这时突然来股风"噗"一下把灰吹起来，然后纷纷扬扬，飞上树头屋顶，眨眼工夫没了，地上一点痕迹也没有。好好的天，哪来这股风。一下过去再没风了。杏儿吐着舌头说："别是老爷的魂儿来收走的吧！"

大伙儿张嘴干瞪眼浑身鸡皮疙瘩头发根发乍，都赛木头棍子戳在那里。

这一来，家里给镇住，静了，可外边不静。墙里边不热闹墙外边正热闹。几位少奶奶不出门，姑娘丫头少不得出去。可月兰月桂美子杏儿珠儿草儿学精了，出门回来嘴上赛塞了塞子，嘛也不说，一问就拨拉脑袋。嘴愈不说心里愈有事。人前不说人后说，明着不说暗着说，私下各种消息，都打桃儿那儿传到香莲耳朵里。香莲本想发火，脑子一转又想，家里除去桃儿没人跟自己说真话，自己不出门外边的事全不知道，再发火，桃儿那条线断了，不单家里的事儿摸不着底儿，外边的事儿更摸不到门儿。必得换法子，假装全不知道，暗中支起耳朵来听。这可就愈听愈乱愈凶愈热闹愈糊涂愈揪心愈没辙愈有底愈没根。傻了！

据外边传言，官府要废除小脚，立"小足捐"，说打六月一号，凡是女人脚小三寸，每天收捐五十文，每长一寸，减少十文，够上六寸，免收捐。这么办不单禁了小脚，国家还白得一大笔捐钱，一举两得，一箭双雕。听说近儿就挨户查女人小脚立捐册。这消息要是真的就等于把小脚女人赶尽杀绝。立时小脚女人躲在家担惊受怕，有的埋金子埋银子埋首饰埋铜板，打算远逃。可跟着又听说，立小足捐这馊主意是个混蛋官儿出的。他穷极无聊，晚上玩小脚时，忽然冒出这个法儿，好捞钱。其实官府向例反对天足。相反已经对那些不肯缠脚中了邪的女人们立法，交由各局警署究办。总共三条：一、只要天足女人走在街上，马上抓进警署；二、在警署内建立缠足所，备有西洋削足器和裹脚布，自愿裹脚的免费使用裹脚布，硬不肯裹脚的，拿西洋削足器削掉脚指头；三、凡又哭又闹死磨硬泡耍浑耍赖的，除去强迫裹脚外，假若闺女，一年以上三年之下，不得嫁人，假若妇人，两年以上，五年以下，不得与丈夫同床共枕，违抗者关进牢里，按处罚期限专人看管。这说法一传，开了锅似的市面，就赛浇下一大瓢冷水霎时静下来。

香莲听罢才放下心。没等这口气缓过来，事就来了。这天，有两个穿靠纱袍子的男人，哐哐用劲叩门，进门自称是警署派来的检查员，查验小脚女人放没放脚。正好月兰在门洞里，这两个男子把手中折扇往后脖领上一插，掏把小尺蹲下来量月兰小脚，量着量着借机就捏弄起来，吓得月兰尖叫，又不敢跑。月桂瞧见，躲在影壁后头，捂着嘴装男人粗嗓门狂喝一声："抓他俩见官去！"

这两男人放开月兰拔腿就跑。人跑了，月兰还站在那儿哭，家里人赶来一边安慰月兰一边议论这事，说这检查员准是冒牌的，说不定是莲癖，借着查小脚玩小脚。佟家脚太出名太招风，不然不会找上门来。

香莲叫人把大门关严，进出全走后门。于是大门前就一天赛过一天热闹起来。风俗讲习所的人跑到大门对面拿板子席子杆子搭起一座演讲台，几个人轮番上台讲演，就数那位陆所长嗓门高卖力气，扯脖子对着大门喊，声音好赛不是打墙头上飞过，是穿墙壁进来的。香莲坐在厅里，一字一句都听得清楚："各位父老乡亲同胞姐妹听了！世上的东西，都有种自然生长的天性。如果是棵树长着长着忽然不长了，人人觉得可惜。如果有人拿绳子把树缠住，不叫它长，人人都得骂这人！可为嘛自己的脚缠着，不叫它长，还不当事？哪个父母不爱女儿？女儿害点病，受点伤，父母就慌神，为嘛缠脚一事却要除外？要说缠脚苦，比闹病苦得多。各位婆婆婶子大姑小姑哪个没尝过？我不必形容，也不忍形容。怪不得洋人说咱中国的父母都是熊心虎心豹心铁打的心！有人说脚大不好嫁，这是为了满足老爷们儿的爱好。男人是人，女人也是人。为了男人喜欢好玩儿，咱姐妹打四五岁起，早也缠晚也缠，天天缠一直到死也得缠着走！跑不了走不快，连小鸡小鸭也追不上。夏天沤得发臭！冬天冻得长疮！削脚垫！挑鸡眼！苦到头啦！打今儿起，谁要非小脚不娶，就叫他打一辈子光棍，绝后！"

随着这"绝后"两字，顿起一片叫好声呼喊声笑声骂声冲进墙来，里边还有许多女人声音。那姓陆的显然上了兴，嗓门给上劲，更足："各位父老乡亲同胞姐妹们，天天听洋人说咱中国软弱，骂咱中国糊涂荒唐窝囊废物，人多没用，一天天欺侮起咱们来。细一琢磨，跟缠脚还有好大关系！世上除去男的就女的，女人裹脚待在家，出头露面只靠男人。社会上好多细心事，比方农医制造，女人干准能胜过男人。在海外女人跟男人一样出门做事。可咱们女人给拴在家，国家人手就少一半。再说，女人缠脚害了体格，生育的孩子就不健壮。国家赛大厦，老百姓都是根根柱子块块砖。土本不坚，大厦何固？如今都嚷嚷要国家强起来，百姓就要先强起来，小脚就非废除不可！有人说，放脚，天足，是学洋人，反祖宗。岂不知尧舜禹汤、文武周公、孔圣人时候，哪有缠脚的？众位都读过《孝经》，上边有句话谁都知道，那就是'身体发肤，受之父母，不敢毁伤'，可小脚都毁成嘛德行啦？缠脚才是反祖宗！"

这陆所长的话，真是八面攻，八面守，说得香莲两手冰凉，六神无主，脚没根心没底儿。正这时忽有人在旁边说："大娘，他说得倒挺哏，是吧？"

一怔，一瞧，却是白金宝的小闺女月桂笑嘻嘻望着自己。再瞧，再怔，自己竟站在墙根下边斜着身儿朝外听。自己嘛时候打前厅走到这儿的，竟然不知道不觉得，好赛梦游。一明白过来，就先冲月桂骂道："滚回屋！这污言秽语的，不脏了你耳朵！"

月桂吓得赶紧回房。

骂走月桂，却骂不走风俗讲习所的人，这伙人没完没了没早没晚没间没断没轻没重天天闹。渐渐演讲不光陆所长几个了，嘛嗓门都有，还有女人上台哭诉缠脚种种苦处。据说来了一队"女子暗杀团"，人人头箍红布，腰扎红带，手握一柄红穗匕首，都是大脚丫子都穿大红布鞋，在佟家门前逛来逛去。还拿匕首在地上画上十字往上啐唾沫，不知是嘛咒语。香莲说别信这妖言，可就有人公然拿手"啪啪啪啪"拍大门，愈闹愈凶愈邪，隔墙头往里扔砖头土块，稀里哗啦把前院的花盆瓷桌玻璃窗金鱼缸，不是砸裂就是砸碎。一尺多长大鱼打裂口游出来，在地上又翻又跳又蹦，只好撂在面盆米缸里养，可它们在大缸里活惯，换地方不适应，没两天，这些快长成精的鱼王，都把大鼓肚子朝上浮出水来，翻白，玩完。

香莲气极恨恨，乱了步子，来一招顾头不顾尾的。派几个佣人，打后门出去，趁夜深人静点火把风俗讲习所的棚子烧了。但是，大火一起，水会串锣一响，香莲忽觉事情闹大。自己向例沉得住气，这次为嘛这么冒失？她担心讲习所的人踹门进来砸了她家，就叫人关门上闩，吹灯熄灯上床，别出声音。等到外边火灭人散，也不见有人来闹，方才暗自庆幸，巡夜的小邬子忽然大叫捉贼。桃儿陪着香莲去看，原来后门开着，门闩扔在一边，肯定有贼，也吓得叫喊起来。全家人又都起来，灯影也晃，人影也晃，你撞我撞你，没找到贼，白金宝突然号啕大哭起来，原来月桂没了。月桂要是真丢，就真要白金宝命了。

当年，养古斋被家贼掏空，佟绍华和活受跑掉，再没半点信息。香莲一直揪着心，怕佟绍华回来翻天，佛爷保佑她，绍华再没露面，说怪也怪，难道他死在外边？乔六桥说，多半到上海胡混去了。他打家里弄走那些东西那些钱，一辈子扔着玩儿也扔不完。这家已经是空架子，回来反叫白金宝拴住。这话听起来有理。一年后，有人说在西沽，一个打大雁的猎户废了不要的草棚子里，发现一具男尸。香莲心一动，派人去看，人脸早成干饼子，却认出衣服当真是佟绍华的。香莲报了官，官府验尸验出脑袋骨上有两道硬砍的裂痕。众人一议，八成十成是活受下手，干掉他，财物独吞跑了。天大的能人也不会料到，佟家几辈子家业，最后落到这个不起眼的小残废人身上。这世上，开头结尾常常不是一出戏。

白金宝也成了寡妇，底气一下子泄了，整天没精打采。人没神，马上见老。两个闺女长大后，渐渐听闺女的了。人小听老的，人老听小的，这是常规。月兰软，月桂强，月桂成了这房头的主心骨，无论是事不是事，都得看月桂点头或摇头。月桂一丢，白金宝站都站不住，趴在地上哭。香莲头次口气软话也软，说道："我就一个丢了，你丢一个还有一个，总比我强。再说家里还这么多人，有事靠大伙儿吧！"

说完扭身走了。几个丫头看见大少奶奶眼珠子赛两个水滴儿直颤悠，没错又想起莲心。

大伙儿商量，天一亮，分两拨人，一拨找月桂一拨去报官。可是天刚亮，外边一阵砖头雨飞进来，落到当院和屋顶，有些半头砖好比下大雹子，砸得瓦片噼里啪啦往下掉。原来讲习所的人见台子烧了，猜准是佟家人干的。闹着把佟家也烧了，小脚全废了。隔墙火把拖着一溜溜黑烟落到院里，还咚咚撞大门，声音赛过打大雷。吓得一家子小脚女人打头到脚哆嗦成一个儿。到晌午，人没闯进来，外边还聚着大堆人又喊又骂，还有小孩子们没完没了唱道："放小脚，放小脚，小脚女人不能跑！"

香莲紧闭小嘴，半句话不说，在前厅静静坐了一上午。中晌过后，面容忽然舒展开，把全家人召集来说："人活着，一是为个理，二是为口气。咱佟家占着理，就不能丧气，还得争气。不争气还不如死了肃静。他们不是说小脚不好，咱给他们亮个样儿。我想出个辙来——哎，桃儿，你和杏儿去把各种鞋料各种家伙全搬到这儿来，咱改改样子，叫他们新鲜新鲜。给天下小脚女子坐劲！"

几个丫头备齐鞋料家伙。香莲铺纸拿笔画个样儿，叫大伙儿照样做。这家人造鞋的能耐都跟潘妈学的，全是行家里手。无论嘛新样，一点就透。香莲这鞋要紧是改了鞋口。小鞋向例尖口，她改成圆口，打尖头反合脸到脚面，挖出二三分宽的圆儿，前头安个绣花小鸟头，鸟嘴叼小金豆或坠下一溜串珠。再一个要紧的是两边鞋帮缝上五彩流苏穗子，兜到鞋跟。大伙儿忙了大半日，各自做好穿上，低头瞧，从来没见过自己小脚这么招人爱，翻一翻新，提一提神，都高兴得直叫唤。

桃儿把一对绣花小雀头拿给香莲，叫她安在鞋尖上。

香莲说："大伙儿快来瞧！"拿给大伙儿看。

初看赛活的，再看一根毛是一根丝线，少数几千根毛，就得几千根丝线几千针，颜色更是千变万化，看得眼珠子快掉出来还不够使的。

"你嘛时候绣的？"香莲问。

桃儿笑道："这是我压箱底儿的东西。绣了整整一百天。当年老爷就是看到我这对小鸟头才叫我进这门的。"

香莲点头没吭声，心里还是服气佟忍安的眼力。

"桃儿，你这两下子赶明儿也教教我吧！"美子说。

桃儿没吭声，笑眯眯瞅她一眼，拿起一根银白丝线，捏在食指和大拇指中间一捻，立时捻成几十股，每股都细得赛过蜘蛛丝，她只抽出其中一根，其余全扔了。再打坠在胸前的荷包上摘一根细如牛毛的针儿，根本看不见针眼。桃儿跷跷的兰花指捏着小针，手腕微微一抖，丝线就穿上，递给美子说："拿好了。"

美子只觉自己两只手又大又粗又硬又不听使唤，叫着："看不见针在哪儿线在哪儿。"一捏没捏着，"哦，掉了？"

桃儿打地上拾起来再给她。她没捏住又掉了。这下不单美子，谁也没见针线在哪儿。桃儿两指在美子的裙子上一捏，没见丝线，却见牛毛小针坠在手指下边半尺的地方闪闪晃着。

"今儿才知道桃儿有这能耐。我这辈子也甭想学会！"美子说。又羡慕又赞美又自愧又懊丧，直摇头，咂嘴。

众人全笑了。

这当儿，香莲已经把绣花雀头安在自己鞋上。鞋尖一动，鸟头一仰，五光十色一闪。

丢了闺女闷闷不乐的白金宝，也忍不住说："这下真能叫那些人看傻了眼！"

董秋蓉说："就是这圆口……看上去有点怪赛的。"刚说到这儿马上打住，她怕香莲不高兴，便装出笑脸来对着香莲。

桃儿说："四少奶奶这话差了。如今总是老样子甭想过得去，换新样还没准成。再说，改了样儿还是小脚，也不是大脚呀。"

桃儿虽是丫头，当下地位并不在董秋蓉之下。谁都知道她在当年香莲赛脚夺魁时立了大功，香莲那身绣服就是桃儿精心做的，眼下又是香莲眼线心腹，白金宝也怵她一头。说话口气不觉直了些，可她的话在理，众人都说对，香莲也点头表示正合自己心意。

转天大早，外边正热闹，佟家一家人换好新式小鞋，要出门示威。董秋蓉说："我心跳到嗓子眼儿了。"她拿美子的手按着自己心口。

美子另只手拿起杏儿的手，按在她自己胸口上。杏儿吐舌头说："快要蹦出来啦！"

美子说："哟，我娘的心不跳了！"

一下吓得董秋蓉脸刷白，以为自己死了。

香莲把脸一绷说："当年十二寡妇征西，今儿咱们虽然只三个，门外也没有十万胡兵！小邹子，大门打开！"这话说得赛去拼死。众人给这话狠狠捅一家伙，劲儿反都激起来。想想这些天就赛给黄鼠狼憋在笼里的鸡，不能动弹不能出声，窝囊透了。拼死也是拼命呗。想到这儿，一时反倒没一个怕的了。

外边，一群人正往大门扔泥团子，门板上粘满泥疙瘩，谁也不信佟家人敢出来。可是大门"哗啦"一声大敞四开，门外人反吓得往后退，胆小的撒丫子就跑。只看香莲带领一群穿花戴艳的女人神气十足走出门来。这下事出意外，竟没人哄闹，却听有人叫："瞧小脚，快瞧佟家的小脚，多俊！多俊呀！"所有人禁不住把眼珠子都撂在她们小脚上。

这脚丫子一看官傻，妇人闺女们看了更傻。香莲早嘱咐好，今儿上街走道，两只鞋不能总藏着，时不时亮它一亮。每一亮脚，都得把鞋口露一下，好叫人们看出新奇之处。迈步时，脚脖子给上劲，一甩一甩，要把钉在鞋帮上的穗子甩起来。佟家女人就全拿出来多年的修行和真能耐真本事真功夫，一步三扭，肩扭腰扭屁股扭，跟手脚脖子一扬，鞋帮上的五彩穗子唰唰飘起，真赛五色金鱼在裙底游来游去。每一亮脚，都引来一片惊叹傻叫。没人再敢起哄甚至想到起哄。一些小闺女跟在旁边走着瞧，瞧得清也瞧不清，恨不得把眼珠子扔到那些裙子下边去瞧。

香莲见把人们胃口吊起，马上带头折返回家，跨进门槛就把大门"哐"地关上，声音贼响，赛是给外边人当头一闷棍。一个不剩全蒙了，有的眼不眨劲不动气不喘，活的赛死的了。

这一下佟家人翻过身来，惹起全城人对小脚的重新喜爱。心灵手巧的闺女媳妇们照着那天所见的样子做了鞋，穿出来在大街上显摆，跟手有人再学，立时这鞋成时髦。认真的人便到佟家敲门打听鞋样。香莲早算到这步棋，叫全家人描了许多鞋样预备好，人要就给。有人问："这叫嘛鞋？"

鞋本无名。桃儿看到这圆圆的鞋口，顺嘴说："月亮门。"

"鞋帮上的穗子叫嘛？"

"月亮胡子呗！"

一时，月亮门和月亮胡子踏遍全城。据一些来要鞋样子的女人说，混星子头小尊王五的老婆是小脚，前些天在东门外叫风俗讲习所的人拦住一通辱骂，惹火王五带人把讲习所端了。不管这话真假，反正陆所长不再来门口讲演，也没人再来捣乱闹事。香莲占上风却并不缓手，在配色使料出样上帮粘底钉带安鼻内里外面前尖后跟挖口沿墙，没一处没用尽心思费尽心血，新样子一样代替一样压过一样，冲底鞋网子鞋鸦头鞋凤头鞋弯弓鞋新月鞋，后来拿出一种更新奇的鞋样又一镇，这鞋把圆口改回尖口，但去掉"裹足面"那块布，合脸以上拿白线织网，交织花样费尽心思，有象眼样纬线样万字样凤尾样橄榄样老钱样连环套圈样祥云无边样，极是美观。更妙的是底子，不用木头，改用袼褙，十几层纳在一块儿，做成通底。再拿洱茶涂底墙，烙铁一熨成棕色，赛皮底却比皮底还轻还薄还软还舒服。勾得大闺女小媳妇们爱得入迷爱得发狂。香莲叫家里人赶着做，天天放在门口给人们看着学着去做，鞋名因那象眼图案便叫作"万象更新鞋"，极合一时潮流，名声又灌满天津卫。连时髦人、文明人也愿意拿嘴说一说这名字——万象更新。爱鞋更爱脚，反小脚的腔调不知不觉就软下来低下来。

这天，乔六桥来佟家串门。十年过去，老了许多，上下牙都缺着，张嘴几个小黑洞。脸皮干得发光没色，辫子细得赛小猪尾巴了。佟忍安过世后他不大来，这阵子一闹更不见了。今儿坐下来就说："原来你还不知道，讲习所那陆所长就是陆达夫陆四爷！"

香莲"呀"一声，惊得半天才说出话来："我哪里认出来，还

235

是公公活着时随你们来过几趟，如今辫子剪了，留胡儿，戴镜子，更看不出，经您这么一说，倒真像，声音也像……可是我跟他无冤无仇，干吗他朝我来？"

"树大招风。天津卫谁不知佟家脚，谁不知佟大少奶奶的脚。人家是文明派，反小脚不反你反谁去？反个不出名的婆子有嘛劲！"乔六桥咧嘴笑了，一笑还是那轻狂样儿。

"这奇了，他不是好喜小脚吗？怎么又反？别人不知他的底吧，下次叫我撞上，就揭他老底给众人看。"香莲气哼哼说。

"那倒不必，他已然叫风俗讲习所的人轰出来了！"

"为嘛？"香莲问，"您别总叫我糊涂着好不好？"

"你听着呵，我今儿要告你自然全告你。据说陆四爷每天晚上到所里写讲稿，所里有人见他每次手里都提个小皮箱，写稿前，关上门，打开小皮箱拿鼻子赛狗似的一通闻。这是别人打门缝里瞧见的，不知是嘛东西。有天趁他不在，撬门进去打开皮箱，以为是上好的鼻烟香粉或嘛新奇的洋玩意儿，一瞧——你猜是嘛？"

"嘛？"

乔六桥哈哈大笑，满脸褶子全出来了，"是一箱子绣花小鞋！原来他提笔前必得闻闻莲瓣味儿，提起精神，文思才来。您说陆四爷怪不怪？闻小鞋，反小脚，也算天下奇闻。所里人火了，正巧您的月亮门再一闹，讲习所吃不住劲，起了内讧，把他连那箱子小鞋全扔出来。这话不知掺多少水分，反正我一直没见到他。"

香莲听罢，脸上的惊奇反不见了。她说："这事，我信。"

"您为嘛信呢？"

"您要是我，您也会信。"

乔六桥给香莲说得半懂不懂似懂非懂。他本是好事人，好事人凡事都好奇。但如今他年岁不同，常常心里想问，嘴懒了。

香莲对他说："您常在外边跑，我拜托您一件事。替我打听打听月桂有没有下落。"

四天后，乔六桥来送信说："甭再找了！"

"死了？"香莲吓一跳。

"怎么死，活得可好。不过您绝不会再认这个侄女！"

"偷嫁了洋人？"

"不不，加入了天足会。"

"嘛，天足会，哪儿又来个天足会？"

她心一紧，怕今后不会再有肃静的一天了。

第十四回
缠放缠放缠放缠

半年里，香莲赛老了十岁！

天天梳头，都篦下小半把头发，脑门渐渐见宽，嘴巴肉往下耷拉脸也显长了，眼皮多几圈褶子，总带着乏劲。这都是给天足会干的。

虽说头年冬天，革命党谋反不成，各党各会纷纷散了，唯独天足会没散，可谁也不知它会址安在哪儿。有的说在紫竹林意国租界，有的说就在中街戈登堂里，尽管租界离城池不过四五里地，香莲从没去过，便把天足会想象得跟教堂那样一座尖顶大楼。一群撒野的娘儿们光大脚丫子在里头打闹演讲聊大天骂小脚立大顶翻跟斗，跟洋人睡觉，叫洋人玩大脚，还凑一堆儿，琢磨出各种歹毒法子对付她。她家门口，不时给糊上红纸黄纸白纸写的标语。上边写道：

"叫女子缠足的家长，狠如毒蛇猛兽！"

"不肯放足的女子，是甘当男子玩物！"

"娶小脚女子为妻的男子，是时代叛徒！"

"扔去裹脚布，挺身站起来！"

署名大多是"天足会"，也有写着"放足会"。不知天足会和放足会是一码事还是两码事。月桂究竟在哪个会里头？白金宝想闺女想得厉害，就偷偷跑到门口，眼瞅着标语上"天足会"三个字发呆发怔，一站半天。这事儿也没跑出香莲眼睛耳朵，香莲放在心里装不知道就是了。

这时，东西南北四个城门，鼓楼，海大道，宫南宫北官银号，各个寺庙，大小教堂，男女学堂，比方师范学堂，工艺学堂，高等女学堂，女子小学堂，如意庵官立中学堂，这些门前道边街头巷尾旗杆灯柱下边，都摆个大箩筐，上贴黄纸，写"放脚好得自由"六个字。真有人把小鞋裹脚布扔在筐里。可没放几天，就叫人偷偷劈了烧了抛进河里或扣起来。教堂和学堂前的筐没人敢动，居然半下子小鞋。布的绸的麻的纱的绫的缎的花的素的尖的肥的新的旧的破的嘛样的都有。这一来，就能见到放脚的女人当街走。有人骂有人笑有人瞧新鲜也有人羡慕，悄悄松开自己脚布试试。放脚的女人，乍一松开，脚底赛断了根，走起来前跌后仰东倒西歪左扶右摸，坏小子们就叫："看呀，高跷会来了！"

一天有个老婆子居然放了脚，打北门晃晃悠悠走进城。有人骂她："老不死的！小闺女不懂事，你都快活成精了也不懂人事！"还有些孩子跟在后边叫，说她屁股上趴个蝎子，吓得这老婆子撒腿就跑，可没出去两步就趴在地上。

要是依照过去，大脚闺女上街就挨骂，走路总把脚往裙边裤脚里藏。现在不怕了，索性把裤腰提起来裤腿扎起来，亮出大脚，显出生气，走起路，噔噔噔，健步如飞。小脚女人只能干瞪眼瞧。反挤得一些小脚女人想法缝双大鞋，套在小鞋外边，前后左右塞上棉花烂布，假充大脚。有些洋学堂的女学生，找鞋铺特制一种西洋高跟皮鞋，大小四五寸，前头尖，后跟高。皮子硬，套在脚上有紧绷劲儿,跟裹脚差不多,走路毫不摇晃,虽然还是小脚,却不算裹脚,倒赢得摩登女子美名。这法儿在当时算是最绝最妙最省力最见效最落好的。

正经小脚女人在外边,只要和她们相遇,必定赛仇人一样,互相开骂。小脚骂大脚"大瓦片""仙人掌""大驴脸""黄瓜种子""大抹子",大脚骂小脚"馊粽子""臭蹄子""狗不理包子",骂到上火时,对着啐唾沫。引得路人闲人看乐找乐。

这些事天天往香莲耳朵里灌,她没别的辙,只能尽心出新样,把人们兴趣往小鞋上引。渐渐就觉出肚子空了没新词了拿不住人了。可眼下,自己就赛自己的脚,只要一松,几十年的劲白使,家里家外全玩完。只有一条道儿:打起精神顶着干。

一天,忽然一个短发时髦女子跌跌撞撞走进佟家大门。桃儿几个上去看,都尖声叫起来:"二小姐回来了!"可再看,月桂的神色不对,赶忙扶回屋。全家人闻声都扭出房来看月桂,月桂正扎在她娘怀里哭成一个儿,白金宝抹泪,月兰也在旁边抹泪。吓得大伙儿猜她多半给洋人拐去,玩了脚失了贞。静下来,经香莲一问,嘛事没有,也没加入天足会放足会。她是随后街一个姓谢的闺女,偷偷去上女子学堂。女学生都兴放足,她倒是放了脚。香莲瞅了眼她脚下平底大布鞋,冷冷说:"放脚不可以跑吗?干吗回来?哭嘛?"

月桂抽抽搭搭委委屈屈说:"您瞧,大娘……"就脱下平底大鞋,又脱下白洋线袜,光着一双脚没缠布,可并没放开,反倒赛白水煮鸭子,松松垮垮浮浮囊囊,脚指头全都紧紧蜷着根本打不开,上下左右磨得满是血泡,跗面肿得老高。看去怪可怜。

香莲说："这苦是你自己找的，受着吧！"说了转身回去。

旁人也不敢多待，悄悄劝了月桂金宝几句，纷纷散了。

多年来香莲好独坐着。白天在前厅，后晌在房里，人在旁边不耐烦，打发走开。可自打月桂回来，香莲好赛单身坐不住了，常常叫桃儿在一边做伴。有时夜里也叫桃儿来。两人坐着，很少三两句话。桃儿凑在油灯光里绣花儿，香莲坐在床边呆呆瞧着黑黑空空的屋角。一在明处，一在暗处，桃儿引她说话她不说，又不叫桃儿走开。桃儿悄悄撩起眼皮瞅她，又白又净又素的脸上任嘛看不出。这就叫桃儿费心思了——这两天吃饭时，香莲又拿话呛白金宝。自打月桂丢了半年多她对白金宝随和多了，可月桂一回家又变回来，对白金宝好大气。如果为了月桂，为嘛对月桂反倒没气？

过两天早上，她给香莲收拾房子，忽见床帐子上挂一串丝线缠的五彩小粽子。还是十多年前过端午节时，桃儿给莲心缠了挂在脖子上避邪的。桃儿是细心人，打莲心丢了，桃儿暗暗把房里莲心玩的用的穿的戴的杂七杂八东西全都收拾走，叫她看不见莲心的影儿。香莲明知却不问，两个人心照不宣。可她又打哪儿找到这串小粽子，难道一直存在身边？看上去好好的一点没损害，显然又是新近挂在帐子上的。桃儿心里赛小镜子，突然把香莲心里一切都照出来。她偷偷蹬上床边，扬手把小粽子摘下拿走。

下晌香莲就在屋里大喊大叫。桃儿正在井边搓脚布，待跑来时，杏儿不知嘛事也赶到。只见香莲通红着脸，床帐子扯掉一大块。枕头枕巾炕笤帚床单子全扔在地上。地上还横一根竹竿子。床底下睡鞋尿桶纸盒衣扣老钱，带着尘土全扒出来，上面还有一些蜘蛛潮虫子在爬。桃儿心里立时明白。香莲挑起眉毛才要质问桃儿，忽见杏儿在一旁便静了，转口问杏儿："这几天，月桂那死丫头跟你散嘛毒了？"

杏儿说："没呀，二少奶奶不叫她跟我们说话。"

香莲沉一下说："我要是听见你传说那些邪魔歪道的话，撕破你们嘴！"说完就去到前厅。

整整一个后晌坐在前厅动都不动，赛死人。直到天黑，桃儿去屋里铺好床，点上蜡烛，放好脚盆脚布热水壶，唤香莲去睡。香莲进屋一眼看见那小粽子仍旧挂在原处，立时赛活了过来似的。叫桃儿来，脸上不挂笑也不吭声，送给桃儿一对羊脂玉琢成的心样的小耳环。

杏儿糊里糊涂挨了骂，挨了骂更糊涂。自打月桂回家后，香莲暗中嘱咐杏儿看住月桂，听她跟家里人说些嘛话。白金宝何等精明，根本不叫月桂出屋，吃喝端进屎尿端出，谁来都拿好话拦在门槛外边。只有夜静三更，娘仨聚在一堆儿，黑着灯儿说话。月桂噘起小嘴，把半年来外边种种奇罕事喊喊嚓嚓叨叨出来。

"妹子，你们那里还学个嘛？"月兰说。

"除去国文、算术，还有生理跟化学……"

"嘛嘛？嘛叫生——理？"

"就是叫你知道人身上都有嘛玩意儿。不单学看得见的，眼睛鼻子嘴牙舌头，还学看不见的里边的，比方心、肺、胃、肠子、脑子，都在哪儿，嘛样儿，有嘛用。"月桂说。

"脑子不就是心吗？"月兰说。

"脑子不是心，脑子是想事记事的。"

"哪有说拿脑子想事，不都说拿心想事记事吗？"

"心不能想事。"月桂在月光里小脸甜甜笑了，手指捅捅月兰脑袋说："脑子在这里边。"又捅捅月兰胸口说："心在这儿。你琢磨琢磨，你拿哪个想事？"

月兰寻思一下说："还真你对。那心是干吗用的呢？"

"心是存血的。身上的血都打这里边流出来，转个圈再流回去。"

"呀！血还流呀？多吓人呀！这别是糊弄人吧？"月兰说。

"你哪懂，这叫科学。"月桂说，"你不信，我可不说啦！"

"谁不信，你说呀，你刚刚说嘛？嘛？你那个词儿是嘛？再说一遍……"月兰说。

白金宝说："月兰你别总打岔，好好听你妹子说……月桂，听说洋学堂里男男女女混在一堆儿，还在地上乱打滚儿。这可是有人亲眼瞧见的。"

"也是胡说。那是上体育课，可恨啦，可惜说了你们也不明白……要不是脚磨出血泡，我才不回来呢！"月桂说。

"别说这绝话！叫你大娘听见缝上你嘴……"白金宝吓唬她，脸上带着疼爱甚至崇拜，真拿闺女当圣人了，"我问你，学堂里是不是养一群大狼狗，专咬小脚？你的脚别是叫狗咬了吧？"

"没那事儿！根本没人逼你放脚。只是人人放脚，你不放，自个儿就别扭得慌。可放脚也不好受。发散，没边没沿，没抓挠劲儿，还疼，疼得实在受不住才回来，我真恨我这双脚……"

第二天一早，白金宝就给月桂的脚上药，拿布紧紧裹上。松了一阵子的脚，乍穿小鞋还进不去，就叫月兰找婶子董秋蓉借双稍大些的穿上。月桂走几步，觉得生，再走几步，就熟了。在院里遛遛真比放脚舒服听话随意自如。月兰说:"还是裹脚好,是不?"

月桂想摇头,但脚得劲,就没摇头,也没点头。

香莲隔窗看见月桂在当院走来走去,小脸笑着,露一口小白牙,她忽然灵机一动有了主意,打发小邬子去把乔六桥请来。商量整整半天,乔六桥回去一通忙,没过半月,就在《白话报》上见了篇不得了的文章。题目叫作《致有志复缠之姐妹》,一下子抓住人,上边说:

古人爱金莲,今人爱天足,并无落伍与进化之区别。古女皆缠足,今女多天足,也非野蛮与文明之不同。不过"俗随地异,美因时变"而已。

假若说,缠足妇女是玩物,那么,家家坟地所埋的女祖宗,有几个不是玩物?现今文明人有几个不是打那些玩物肚子里爬出来的?以古人眼光议论今人是非,固然顽梗不化;以今人见解批评古人短长,更是混蛋至极。正如寒带人骂热带人不该赤臂,热带人骂寒带人不该穿皮袄戴皮帽。

假若说缠足女子,失去自然美,矫揉造作,那么时髦女子烫发束胸穿高跟皮鞋呢?何尝不逆反自然?不过那些时髦玩意儿是打外洋传来的,外国盛强,所以中国以学外洋恶俗为时髦,假若中国是世界第一强国,安见得洋人女子不缠足?

假若说小脚奇臭,不无道理,要知"世无不臭之足"。两手摩擦,尚发臭气,两脚裹在鞋里整天走,臭气不能消散，脚比手臭，理所当然。难道天足的脚能比手香？哪个文明人拿鼻子闻过？

假若说，缠足女子弱，则国不强。为何非澳土著妇女体强身健，甚于欧美日本，反不能自强，亡国为奴？

众姐妹如听放脚胡说，一旦松开脚布，定然不能行走。折骨缩肉，焉能恢复？反而叫天足的看不上，裹脚的看不起，姥姥不疼舅舅不爱。别人随口一夸是假的，自己受罪是真的。不如及早回头，重行复缠，否则一再放纵，后悔晚矣！复缠偶有微疼，也比放缠之苦差百倍，更比放脚之苦强百倍。须知肉体一分不适，精神永久快乐。古今女子，天赋爱美。最美女子都在种种不适之中。没规矩不能成方圆，无约束难以得至美。若要步入大雅之林，成就脚中之宝，缠脚女子切勿放脚，放脚女子有志复缠，有志复缠女子们当排除邪议，勇气当胸，以夺人间至美锦标，吾当祝尔成功，并祝莲界万岁！

文章署名不是乔六桥，而是有意用出一个"保莲女士"。这些话，算把十多年来对小脚种种贬斥诋毁挖苦辱骂全都有条有理有据有力驳了，也把放脚种种理由一样样挖苦尽了辱骂个够。文章出来，惊动天下。当天卖报的京报房铁门，都给挤得变形，跟手便有不少女人写信送到京报房，叙述自打大脚猖獗以来自己小脚受冷淡之苦，放脚不能走道之苦，复缠不得要领及手法之苦。真不知天底下还有这么多人对放脚如此不快不适不满。抓住这不满就大有文章可做。

这"保莲女士"是谁呢，哪儿去找这救人救世的救星？到处有人打听，很快就传出来"保莲女士"就是佟家大少奶奶戈香莲。这倒不是乔六桥散播的，而是桃儿有意悄悄告诉一个担挑卖脂粉的贩子。这贩子是出名的快嘴和快腿，一下比刮风还快吹遍全城。立时有成百上千放脚的女人到佟家请保莲女士帮忙复缠。天天大早，佟家开大门时，好比庚子年前早上开北城门一样热闹。一瘸一拐跌跌撞撞晃晃悠悠拥进来，有的还搀着扶着架着背着扛着抬着拖着，伸出的脚有的肿有的破有的烂有的变样有的变色有的变味嘛样都有。在这阵势下，戈香莲就立起"复缠会"，自称会长。这"保莲女士"的绰号，城里城外凡有耳朵不聋的，一天至少能听到三遍。

保莲女士自有一套复缠的器具用品药品手法方法和种种诀窍。比方：晨起热浸，松紧合度，移神忌疼，卧垫高枕，求稳莫急，调整脚步。这二十四字的《复缠诀》必得先读熟背熟。如生鸡眼，用棉胶圈垫在脚底，自然不疼；如放脚日子过长，脚肉变硬不利复缠，使一种"金莲柔肌散"或"软玉温香粉"；如脚破生疮瘀血化脓烂生恶肉就使"蜈蚣去腐膏"或吞服"生肌回春丸"。这些全是参照潘妈的裹足经，按照复缠不同情形，琢磨出的法儿，都奏了奇效。连一个女子放了两年脚，脚跟胀成鸭梨赛的，也都重新缠得有模有样有姿有态。津门女人真拿她当作现身娘娘，烧香送匾送钱送东西给她。她要名不要利，财物一概不收，自制的用品药物也只收工本钱，免得叫脏心烂肺人毁她名声。唯有送来的大匾里里外外挂起来，烧香也不拒绝。佟家整天给香烟围着绕着罩着熏着，赛大庙，一时闹翻天。

忽一天，大门上贴一张画：

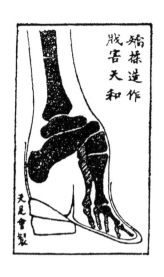

下边署着"天足会制"，把来复缠的女人吓跑一半。以为这儿又要打架闹事。香莲忙找来乔六桥商量。乔六桥说："顶好找人也画张画儿，画天足女子穿高跟鞋的丑样，登在《白话报》上，恶心恶心她们。可惜牛五爷走了，一去无音，不然他准干，他是莲癖，保管憎恨天足。"

香莲没言语，乔六桥走后，香莲派桃儿杏儿俩去找华琳，请他帮忙。桃儿杏儿马上就走，找到华家敲门没人，一推门开了，进院子敲屋门没人，一推屋门又开了。华琳竟然就在屋里，面对墙上一张白纸呆呆站着。扭脸看见桃儿杏儿，也不惊奇，好赛不认得，手指白纸连连说："好画！好画！"随后就一声接一声唉唉叹长气。

桃儿见他多半疯了，吓得一抓杏儿的手赶紧跑出来。迎面给一群小子堵上，看模样赛混星子，叫着要看小脚。她俩见事不妙，拨头就跑，可惜小脚跑不了，杏儿给按住，桃儿反趁机窜进岔道溜掉。那些小子强把杏儿鞋脱了，裹脚布解了，一人摸一把光光小脚丫，还把两只小鞋扔上房。

桃儿逃到家，香莲知道出事，正要叫人去救杏儿，人还没去杏儿光脚回来了，后边跟一群拍手起哄小孩子。她披头散发，脸给自己拿土抹了，怕人认出来。可见了香莲就不住声叫着："好脚呵好脚，好脚呵好脚！"叫完仰脸哈哈大笑，还非要桃儿拿梯子上房给她找小鞋不可，眼神一只往这边斜，另一只往那边斜，好吓人，手脚忽东忽西没准。香莲见她这是惊疯，上去抢起胳膊使足劲啪一巴掌，骂道："没囊没肺，你不会跟他们拼！"

这大巴掌打得杏儿趴在地上哭起来，一地眼泪。香莲这才叫桃儿珠儿草儿，把她弄回屋，灌药，叫她睡。

桃儿说："这一准是天足会干的。"

香莲皱眉头呆半天，忽叫月桂来问："你可知道天足会？"

"知道。不过没往他们那儿去过。只见过他们会长。"

"会长？谁？"

"是个闺女，时髦打扮，模样可俊呢！"月桂说得露出笑容和羡慕。

"没问你嘛样，问你嘛人！"

吓得月桂赶紧收起笑容，说："那可不知道。只见她一双天足，穿高跟鞋，她到我们——不，到洋学堂里演讲，学生们待她……"

"没问学生待她怎样。她住在哪儿？"

"哟，这也不知道。听说天足会在英国地十七号路球场对过，门口挂着牌子……"

"你去过租界？"

月桂吞吞吐吐："去过……可就去过一次……先生领我们去看

洋人赛马，那些洋人……"

"没问你洋人怎么逼妖。那闺女叫嘛？"

"叫俊英，姓……牛，对，人都叫她牛俊英女士。她这人可真是精神，她……"

"好！打住！"香莲赛拿刀切断她的话，摆摆手冷冷说，"你回屋去吧！"

完事香莲一人坐在前厅，不动劲，不叫任何人在身边陪伴，打天亮坐到天黑坐到点灯坐到打更整整一夜。桃儿夜里几次醒来，透过窗缝看见前厅孤孤一盏油灯儿前，香莲孤零零孤单单影儿。迷迷糊糊还见香莲提着灯笼到佟忍安门前站了许久，又到潘妈屋前站了许久。自打佟忍安潘妈死后，那俩屋子一直上锁，只有老鼠响动，或是天暗时一只两只三只蝙蝠打破窗洞飞出来。这一夜间，还不时响起杏儿的哭声笑声说胡话声……转天醒来，脑袋发沉，不知昨夜那情景是真眼瞧见还是做梦。她起身要去叫香莲起床，却见香莲已好好坐在前厅。又不知早早起了还是一夜没回屋。神气好比吃了秤砣铁了心，沉静非常，正在把一封书信交给小邬子，嘱咐他往租界里的天足会跑一趟，把信面交那个姓牛的小洋娘儿们！

中晌，小邬子回来，带信说，天足会遵照保莲女士倡议，三天后在马家口的文明大讲堂，与复缠会一决高低。

第十五回
天足会会长牛俊英

马家口一座灰砖大房子门前，人聚得赛蚂蚁打架。虽说瞧热闹来的人不少，更多还是天足缠足两派的信徒。要看自己首领与人家首领，谁强谁弱谁胜谁败谁更能耐谁废物。信徒碰上信徒，必定豁命。世上的事就这样，认真起来，拿死当玩儿；两边头儿没来，人群中难免互相摩擦斗嘴做怪脸说脏话厮厮打打扔瓜皮梨核柿子土片小石子，还把脚亮出来气对方。小脚女子以为小脚美，亮出来就惹得天足女子一阵哄笑；天足女子以为天足美，大脚一扬更惹得小脚女子捂眼捂鼻子捂脸，各拿自己尺子量人家，就乱了套。相互揪住衣襟袖口脖领腰带，有几个扯一起，劲一大，打台阶呼啦啦骨碌下来。首领还没干，底下人先干起来，下边比上边闹得热闹，这也是常事。

一阵开道锣响，真叫人以为回到大清时候，府县大人来了那样。打远处当真过来一队轿子，后边跟随一大群男男女女，女的一码小脚，男的一码辫子。当下大街上，剪辫子、留辫子、光头、平头、中分头，缠脚、"缠足放"、复缠脚、天足、假天足、假小脚、半缠半放脚，全杂在一起，要嘛样有嘛样。可是单把留辫子男人和小脚女人聚在一堆儿，也不易。这些人都是保莲女士的铁杆门徒，不少女子复缠得了戈香莲的恩泽。今儿见她出战天足会，沿途站立拈香等候，轿子一来就随在后边给首领壮威，一路上加入的人愈来愈多，香烟滚滚黄土腾腾到达马家口，竟足有二三百人，立时使大讲堂门前天足派的人显得势单力薄。可人少劲不小，有人喊一嗓子："棺材瓢子都出来啦！"天足派齐声哈哈笑。

不等缠足派报复，一排轿子全停住，轿帘一撩，戈香莲先走出来，许多人还是头次见到这声名显赫的人物。她脸好冷好淡好静好美，一下竟把这千百人大场面压得死静死静。跟手下轿子的是白金宝、董秋蓉、月兰、月桂、美子、桃儿、珠儿、草儿，还有约来的津门缠足一边顶梁人物严美荔、刘小小、何飞燕、孔慕雅、孙姣凤、丁翠姑和汪老奶奶。四围一些缠足迷和莲癖，能够指着人道出姓名来。听人们一说，这派将帅大都出齐，尤其汪老奶奶与佟忍安同辈，算是先辈，轻易不上街，天天却在《白话报》上狠骂天足"不算脚"，只露其名不现其身，今儿居然拄着拐杖到来。眼睛虚乎面皮晃白，在大太阳地一站好赛一条灰影。这表明今儿事情非同小可。比拼死还高一层，叫决死。

众人再看这一行人打扮，大眼瞪小眼，更是连惊叹声也发不出。多年不见的前清装束全搬出来。老东西那份讲究，今人绝做不到。单是脑袋上各式发髻，都叫在场的小闺女看傻了。比方堕马髻双盘髻一字髻元宝髻盘辫髻香瓜髻蝙蝠髻云头髻佛手髻鱼头髻笔架髻双鱼髻双鹊髻双凤髻双龙髻四龙髻八龙髻百龙髻百鸟髻百鸟朝凤髻百凤朝阳髻一日当空髻。汪老奶奶梳的苏州鬏子也是嘉道年间的旧式，后脑勺一缕不用线扎单靠绾法就赛喜鹊尾巴硬挺挺撅起来。一些老婆婆，看到这先朝旧景，勾起心思，噼里啪啦掉下泪来。

佟家脚，天下绝。过去只听说，今儿才眼见。都说看景不如听景，可这见到的比听到的绝得何止百倍。这些五光十色小脚在裙子下边哧哧溜溜忽出忽进忽藏忽露忽有忽无，看得眼珠子发花，再想稳住劲瞧，小脚全没了。原来，一行人已经进了大讲堂。众人好赛梦醒，急匆匆跟进去，马上把讲堂里边拥个大满罐。

香莲进来上下左右一瞧，这是个大筒房，倒赛哪家货栈的库房，到顶足有五丈高，高处一横排玻璃天窗，耷拉一根根挺长的拉窗户用的麻绳子。迎面一座木头搭的高台，有桌有椅，墙壁挂着两面交叉的五色旗，上悬一幅标语："要做文明人，先立文明脚。"四边墙上贴满天足会的口号，字儿写得倒不错，天足会里真有能人。

两个男子臂缠"天足会"袖箍飞似的走来一停，态度却很是恭敬，请戈香莲一行台上去坐。香莲率领人马上台一看，桌椅八字样分列两边，单看摆法就拉开比脚的阵势。香莲她们在右边一排坐下来。桃儿站在香莲身后说："到现在还不见乔六爷来。小邬子给他送信时他说准来。六爷向例跟咱们那么铁，难道怕了不肯来？"

香莲听赛没听，脸色依然很冷很淡，沉一下才说："一切一切不过那么回事儿！"

桃儿觉得香莲心儿是块冰。她料也没料到。原以为香莲斗志很盛，心该赛火才是。

这时人群中一个戴帽翅、后脑勺垂一根辫子的小个子男人蹦起来说："天足会首领呢？脓啦？吓尿裤出不来啦？"跟着一阵哄笑，笑声才起，讲台一边小门忽开，走出几个天足会男子，进门就回头，好赛后边有嘛大人物出场。立时一群时髦女子登上台，乍看以为一片灯，再看原是一群人。为首一个标致漂亮精神透亮，脸儿白里透红，嘴唇红里透光，黑眼珠赛一对黑珍珠，看谁照谁。长发披肩，头顶宽檐银色软帽，帽檐插三根红鸟毛。一件连身金黄西洋短裙，裙子上缝两圈黄布做的玫瑰花。没领子露脖子，没袖子露胳膊，溜光脖子上一条金链儿，溜光腕子上一个金镯儿，镶满西洋钻石。短裙才到膝盖，下边光大腿，丝光袜子套赛没套，想它是光的就是光的，脚上一双大红高跟皮鞋，就好比蹚着两朵大火苗子，照得人人睁不开眼闭不上眼。许多人也是头次见到这位声势逼人的天足会会长。虽然这身洋打扮太离奇太邪乎太张狂太放肆太欺人，可她一股子冲劲兴劲鲜亮劲，把台下想起哄闹事的缠足派男男女女压住。没人出声，都傻子赛的拿眼珠子死死盯在牛俊英露在外边的脖子胳膊大腿。天足派人见了禁不住咯咯呵呵笑起来。这边反过来又压住那边。

戈香莲一行全起身，行礼。唯有汪老奶奶觉得自己辈分高不该起来，坐着没动劲，可别人都站起来，挡住她，反看不见她。桃儿上前，把戈香莲等——介绍给牛俊英。

戈香莲淡淡说："幸会，幸会。"

牛俊英小下巴向斜处一仰，倒赛个孩子，她眼瞧戈香莲，含着笑轻快地说："原来你就是保莲女士。文章常拜读。认识你很快乐。你真美！"

这话说得缠足派这边人好奇怪，不知这小娘儿们怀嘛鬼胎。天足派都听懂，觉得他们头头够气派又可爱，全露出笑脸。

戈香莲说："坐下来说可好？"

牛俊英手一摆，说句洋话："OK！"一扭屁股坐下来。

缠足派人见这女人如此放荡，都起火冒火发火撒火喷火，有的说气话有的开骂。月桂对坐在身边的月兰悄声儿说："我们学堂里也没这么俊的。瞅她多俊，你说呢？"

月兰使劲瞧着，一会儿觉得美，一会儿觉得怪，不好说，没说。

戈香莲对牛俊英发话："今儿赛脚，怎么赛都成，你说吧，我们奉陪！"

牛俊英听了一笑，嘴巴上小酒窝一闪，把右腿往左腿上一架，一只大红天足好赛伸到缠足派这边人的鼻尖前，惹得这派人台上台下一片惊呼，如同看见条大狗。

戈香莲并不惊慌，也把右腿架在左腿上，同时右手暗暗一拉裙子，裙边下一只三寸金莲没藏没掖整个亮出来。这小脚要圆有圆要方有方该窄就窄该尖就尖有边有角有直有弯又柔又韧又紧又润。缠足派不少人头次见戈香莲小脚，又是没遮没掩看个满眼，大饱了眼福。中间有人总疑惑她名实不符，拿出带钩带尖带刺最挑剔的眼，居然也挑不出半点毛病。再说这双银缎小鞋，层层绣花打底墙到鞋口一圈压一圈，葫芦万代，缠枝牡丹，富贵无边，锦浪祥云，万字不到头，没法再讲究了……为这双鞋，没把桃儿累吐血就认便宜。再配上湖蓝面绣花漆裤，打古到今，真把莲饰一门施展到尽头。这一亮相，鼓足缠足派士气，欢呼叫好声直撞屋顶，天窗都呼扇呼扇动。只有桃儿心里一抖，她猛然看出这鞋料绣线，除去蓝的就是白的灰的银的，这是丧鞋？虽然这一切都是戈香莲点名要的，自己绣活时怎么就没品出来，这可不吉利！

牛俊英那边却眯着眼咧嘴笑，露出一口齐齐小白牙，一对打着旋儿小酒窝，这一笑倒真是讨人喜欢。她对戈香莲说："你错了！"

"怎么？"

"你这叫赛鞋，不叫赛脚，赛脚得这样，你看——"

说着她居然一下把鞋脱下来，大红皮鞋"啪啪"扔在地上，又把丝光袜子赛揭层皮似的，也脱下来扔一边，露出光腿光脚肉腿肉脚，缠足派大惊，这女子竟然肯光脚丫子给人瞧！有骂有叫有哄也有不错眼地看。居然得机会看一个陌生女子的光脚，良机千万不能错过。天足派的人却都"啪啪"起劲鼓掌助兴助阵，美得他们首领牛俊英摇脚腕子晃大脚，拿脚跟台下自己人打招呼。汪老奶奶猛地站起，脸刷白嘴唇也刷白，叫道："我头晕！我头晕！"晃晃悠悠站不住，桃儿马上叫人搀住汪老奶奶，一阵忙乎架出去，上轿回家。

香莲脸上没表情，心里咚咚响。这天足女子也叫她看怔看惊看呆看傻了。光溜溜腿，光溜溜脚丫子，皮肤赛绸缎，脚趾赛小鸟头，又光又润又嫩又灵，打脚面到脚心，打脚跟到脚尖，柔韧弯曲，一切天然，就赛花儿叶儿鱼儿鸟儿，该嘛样就嘛样，原本嘛样就嘛样，拿就拿出来看就看，可自己的脚怎么能亮？再说真亮出来一比，还不赛块烤山芋？

偏偏天足派有人叫起阵来：

"敢脱鞋光脚叫我们瞧瞧吗？包在里头，比嘛？"

"保莲女士，看你的啦！"

"你有脚没脚？"

"再不脱鞋就认输啦！"

愈闹愈凶。

多亏缠足派有个机灵鬼，拿话顶住对方："母鸡母鸭子才不穿鞋呢！伤风败俗，不以为耻，反以为荣，还不快把那皮篓子穿上！"

这一来，两边对骂起来。挨骂的却是两派的首领。戈香莲脸皮直抖，手尖冰凉脚尖麻。天足会那闺女牛俊英倒赛没事，哈哈乐，觉得好玩儿。索性打裙兜里掏出洋烟卷点着，叼在嘴上吸两口，忽然吐出一个个烟圈，颤颤悠悠往上滚，一圈大，一圈小，一圈急，一圈缓。这又小又急的烟圈，就打那又大又缓的烟圈中间稳稳当当穿过去。众人——不管缠足还是天足，都齐出一声"咦"，没人再闹再骂再出声，要看这闺女耍嘛花样，只见这小烟圈徐徐降落，居然正好套在她跷起的大脚指头上，静静停了不动。这手真叫人看对眼了。跟手见她大脚趾一抖，把烟圈搅了，散成白烟没了。烟圈奇，脚更灵。缠足派以为这是牛俊英亮功夫，明知自己一边没人有这功夫，全都闭嘴拿眼看。只见又一个烟圈落下来又套在脚指头上，再搅散再来，一个又一个，最后那大烟圈就稳稳降下不偏不斜刚好套在脚正中，她脚脖子一转，雪白天足带着烟圈绕个弯儿，脚心向上一扬，白烟散开，脚心正对着戈香莲。戈香莲一看这掌心正中地方，眼睛一亮，亮得吓人，跟着人往前头一栽，"哐当"趴在地上。

一个女子嘴极快，跟手一嗓子："保莲女士吓昏了！"

一下子，缠足派兵败如山倒。天足派并没动手，小脚女人吓得杀鸡宰羊般往外跑，有的叫声比笛儿还尖，可跑也跑不动，你撞我我撞你，砸成一堆堆。等看出天足派人没上手，只站在一边看乐，才依着顺序打上边到下边一个个爬起来撒丫子逃走。

佟家人一团乱回到家，赶紧关大门，免不了有好事的闹事的爱惹事的跟到门前，拿砖头土块一通轰击。里外窗户全部砸得粉粉碎，复缠会也就垮了。转天小脚女人没人再敢上街。可谁也不明白，为嘛天足会那闺女脚丫子一扬，复缠会这样有身份有修行的首领，立时就完蛋呢？

第十六回
高士打道三十七号

隔着复缠会惨败后近一个月，一个瘦溜溜中国女子，打城里来到租界。胳膊挎个小包袱，脚上一双大布鞋，走起来却赛裹脚的，肩膀晃屁股扭身子朝前探。迎面来两个高大洋人，一个红胡子，一个黑胡子。见她怔住看，拿半生不熟的中国话问她："小脚吗？"四只蓝眼珠子直冒光。

这女子慌忙伸出大鞋给他俩看，表示自己不是小脚。俩洋人连说"闹、闹、闹"，不知要闹嘛，还使劲摇头还耸肩还张嘴大笑。打这黑的红的胡子中间直能看到嗓子眼儿。吓得这女子连连往后退，以为俩洋人要欺侮她。不料俩洋人对她说两声"拜拜"之类混话便笑呵呵走了。

这女子就分外小心，只要远远见洋人走来立时远远避开。见到中国人就上去打听道儿，幸好没费太大周折找到了高士打道三十七号门牌。隔着大铁栅栏门，又隔着大花园，是座阔气十足白色大洋楼。她叫开门，就给一位大脚女佣人领进楼，走进一座亮堂堂大厅。看见满屋洋摆饰有点见傻，她却没心瞧这些洋玩意儿，一眼见到天足会会长牛俊英，懒懒躺在大软椅上，光溜溜脚丫子架在扶手上边，头上箍一道红亮缎带。一股子随随便便自由自在劲儿，倒也挺舒服挺松快挺美，不使劲不费劲不累。她见这女子进来，没起身，打头到脚看两遍，白嘴巴现出一对酒窝，笑道："你把小脚外边的大鞋脱去，到我这儿来，用不着非得大脚。"

这女子怔了怔，脱下鞋，一双小脚踏在地板上。牛俊英又说："我认得你，复缠会的，那天在马家口比脚，你就站在保莲女士身后，对吧？你找我做什么？替那个想死在裹脚布里的女人说和，还是来下帖子再比？"

她眼里闪着挑逗的光。

"小姐这么说要折寿的。"没料到这女子的话软中带硬，"我找你有要紧的事。"

"好——说吧！"牛俊英懒懒翻个身，两手托腮，两只光脚叠在一起直搓，调皮地说，"这倒有趣。难道复缠会还要给我裹脚？你看我这双大脚还能裹成你们保莲女士那样的吗？"

"请小姐叫旁人出去！"这女子口气如下令。

牛俊英秀眉惊奇一扬，见复缠会的死党真有硬劲犟劲傲劲，心想要和这女子斗一斗，气气她。便笑了笑，叫佣人出去，关上门，说："不怕我听，你就说。"

可是牛俊英料也没料到这女子神情沉着异常，声调不高不低，竟然不紧不慢说出下边几句话：

"小姐，我是我们大少奶奶贴身丫头，叫桃儿。我来找你，事不关我，也不关我们大少奶奶了，却关着你！有话在先，我先问你十句话，你必答我。你不答，我扭身就走，将来小姐你再来找我，甭想我搭理你。你要有能耐逼死我，也就再没人告你了！"

这话好离奇好强硬，牛俊英不觉知，已然坐起身。她虽然对这女子来意一无所知，却感到分明不一般，但打脸上任嘛看不出。她

258

眨眨眼说："好。咱们真的对真的，实的对实的。"

这牛俊英倒是痛快脾气。桃儿点点头，便问："这好。我问你，牛凤章是你嘛人？"

"他……你问他做什么？你怎么认得他的？"

"咱们说好的，有问必答。"

"噢……他是我爹。"

这女子冷淡一笑——这才头次露出表情，偏偏更叫人猜不透。不等牛俊英开口，这女子又问："他当下在哪儿？小姐，你必得答我。"

"他……头年死在上海了。抓革命党时，大街上叫军警的枪子儿错打在肚子里。"

"他死时，你可在场？"

"我守在旁边。"

"他给了你一件东西，是吧？"

牛俊英一惊，屁股踮得离开椅面，"你怎么会知道？"

桃儿面不挂色，打布包里掏出个小锦盒。牛俊英一见这锦盒，眼珠子瞪成球儿，瞅着桃儿拿手指抠开盒上的象牙别子，打开盒盖，里边卧着半个虎符。牛俊英大叫："就是它，你——"

桃儿听到牛俊英这叫声，自己嘴唇止不住哆嗦起来，声音打着颤儿说："小姐，把你那半个虎符拿来，合起来瞧瞧。合不上，我往下嘛也不能说了。"

牛俊英急得来不及穿鞋，光脚跑进屋拿来一个一模一样小锦盒，取出虎符，交给桃儿两下一合正好合上，就赛一个虎打当中劈开两半。铜虎虎背嵌着纯银古篆，一半上是"与雁门太守"，一半上是"为虎符第一"。桃儿大泪珠子立时一个个掉下来，砸在玻璃茶几上，四处迸溅。

牛俊英说："我爹临死才交我这东西。他告我说，将来有人拿另一半虎符，能合上，就叫我听这人的。无论说什么我都得信。这人原来就是你！你说吧，骗我也信！"

"我干吗骗你。莲心！"

"怎么——"牛俊英又是一惊，"你连我小名都知道？"

"干吗不知道。我把屎把尿看你整整四年。"

"你到底是谁？"

"我是带你的小老妈。你小时候叫我'桃儿妈妈'。"

"你？那我爹认得你，为什么他从没提过你……"

"牛五爷哪是你爹。你爹姓佟，早死了，你是佟家人，你娘就是那天跟你比脚的戈香莲！"

"什么？"牛俊英大叫一声，声音好大，人打椅子直蹿起来。一时她觉得这事可怕到可怕至极，直怕得全身汗毛都蹿起来，"真的？这不可能！我爹生前为嘛一个字儿没说过？"

"那牛五爷为嘛临死时告你，跟你合上虎符的人说嘛都让你信？你还说，骗你都信。可我为嘛骗你？我倒真想瞒着你，不说真的，怕你受不住呢！"

"你说，你说吧……"牛俊英的声音也哆嗦起来。

桃儿便把莲心怎么生，怎么长大，怎么丢，把香莲怎么进佟家门，怎么受气受欺受罪，怎么掌家，一一说了。可一说起这些往事就沉不住气，冲动起来不免东岔西岔。事是真的，情是真的，用不着能说会道，牛俊英已是满面热泪，赛洗脸似的往下流……她说："可我怎么到牛家来的？"

"牛五爷上了二少爷和活受的贼船，就是他造假画坑死了你爷爷。你娘要报官，牛五爷来求你娘。你娘知道牛五爷人并不坏，就是贪心，给人使唤了。也就抓这把柄，给他一大笔钱，把你交给他，同时还交给他这半个虎符，预备着将来有查有对……"

"交他干吗？你不说我是丢的吗？"

"哪是真丢。是你娘故意散的风，好叫你躲过裹脚那天！"

"什么？"这话惊得牛俊英第二次打椅子蹿起来，"为什么？她不是讲究裹脚的吗？干什么反不叫我裹？我不懂。"

"对这事，我一直也糊涂着……可是把你送到牛家，还是我抱去的。"

牛俊英不觉叫道："我娘为什么不早来找我？"

"还是你爷爷出大殡那天，你娘叫牛五爷带你走了，怕待在城里早晚叫人知道。当时跟牛五爷说好无论到哪儿都来个信，可一走就再没音信，谁知牛五爷安什么心。这些年，你娘没断叫我打听你的下落。只知道你们在南边，南边那么大，谁都没去过，怎么找？你娘偷偷哭了何止几百泡儿。常常早晨起来枕头都赛水洗过那么湿。哪知你在这儿，就这么近！"

"不，我爹死后，我才来的。我一直住在上海呀……可你们怎么认出我来的？"

"你右脚心有块记。那天你一扬脚，你娘就认出你来了！"

"她在哪儿？"牛俊英唰的站起来，带着股热乎乎火辣辣劲儿说，"我去见她！"

可是桃儿摇头。

"不成？"牛俊英问。

"不……"桃儿还是摇头。

"她恨我？"

"不不，她……她不会再恨谁了。别人也别恨她就是了。"桃儿说到这儿，忽然平静下来。

"怎么？难道她……"牛俊英说，"我有点怕，怕她死了。"

"莲心，我要告诉你晚了，你也别怪我。你娘不叫我来找你。那天她认出你回去后，就把这半个虎符交给我，只说了一句：'事后再告她。'随后就昏在床上，给她吃不吃，给她喝不喝，给她灌药，她死闭着嘴，直到断气后我才知道，她这是想死……"

牛俊英整个呆住。她年轻，原以为自己单个一个，无牵无扯无钩无挂自由自在随心所欲，哪知道世上这么多事跟她相连，更不懂得这些事的缘由根由。可才有的一切，转眼又没了，抓也抓不住。她只觉又空茫又痛苦又难过又委屈，一头扑在桃儿身上，叫声"桃儿妈妈"，抱头大哭，不住嘴叫着："是我害死我娘的！是我害死我娘的！要不赛脚她不会死。"

桃儿自己已经稳住了劲儿，说的话也就能稳住对方："你一直蒙在鼓里，哪能怪你。再说，她早就不打算活了，我知道。"

牛俊英这才静一静，仰起俊俏小脸儿，迷迷糊糊地问："你说，我娘她这是为嘛呢？她到底为嘛呀？"

桃儿说嘛？她拿手抹着莲心脸上的泪，没吭声。

人间事，有时有理，有时没理，有时有理又没理没理又有理。没理过一阵子没准变得有理，有理过一阵子又变得没理。有理没理说理争理在理讲理不讲理道理事理公理天理。有理走遍天下，没理寸步难行。事无定理，上天有理。公说公有理，婆说婆有理。别再绕了，愈绕愈糊涂。

佟家大门贴上"恕报不周"，又办起丧事来。保莲女士的报丧帖子一撒，来吊唁的人一时挤不进门。一些不沾亲不带故的小脚女人都是不请自来，不顾自己爹妈高兴不高兴，披麻戴孝守在灵前，还哭天抹泪，小脚跺得地面"噔噔噔噔"响。天足会没人来，也没起哄看乐的，不论生前是好是歹，看死人乐，便是缺德。只是四七时候，小尊王五带一伙人，内里有张葫芦、孙斜眼、董七把和万能老李，都是混星子中死签一类人物，闹着非要看大少奶奶的仙足。说这回看不上，这辈子甭想再看这样好脚了。佟家忙给一人一包银子，请到厢房酒足饭饱方才了事。至此相安无事，只等入殓出殡下葬安坟。可入殓前一天，忽来一时髦女子，穿白衣披白纱足蹬雪白高跟皮鞋，脸色也刷白，活活一个白人，手捧一束鲜花，打大门口，踩着地毯一步步缓缓走入灵堂，月桂眼尖，马上说："这是天足会的牛俊英！瞧她脚，她怎么会来呢？"

月兰说："黄鼠狼给鸡吊孝，准不安好心！"

桃儿拉拉她俩衣袖，叫她俩别出声。只见牛俊英把鲜花往灵床上一放，打日头在院子当中，直直站到日头落到西厢房后边，纹丝没动，眼神发空，不知想嘛。最后深深鞠四个躬，每个躬都鞠到膝盖一般深，才走。佟家人全副戒备候着她，以为她要闹灵堂，没料到这么轻而易举走掉，谁也不明白怎么档子事。活人中间，唯有桃儿心里明白，又未必全明白。但这一切就算在她心里封上了，永远不会再露出来。

此时，经棚里鼓乐奏得正欢。这次丧事，是月桂一手经办。照这时的规矩，不仅请了和尚、尼姑、道士、喇嘛四棚经，还请来马家口洋乐队和教堂救世军乐队，一边袈裟僧袍，一边制服大檐帽，领口缝着"救世军"黄铜牌；一边笙管笛箫，一边铜鼓铜号，谁也不管谁，各吹各的，声音却混在一块儿。起初，白金宝反对这么办，可当时阔人办丧事没有洋乐队不显阔。这么干为嘛？无人知也无人问，兴嘛来嘛，就这么摆上了。

牛俊英打佟家出来时，脑袋发木腿发酸，听了整整一下午经乐洋乐，耳朵不赛自己的了，甚至不知自己是谁，姓牛还是姓佟。这当儿大门口，一群孩子穿开裆裤，正唱歌：

救世军，

瞎胡闹，

乱敲鼓，

胡吹号。

边唱边跳，脑袋上摇晃着扎红线的朝天杵，裤裆里摇晃着太阳晒黑的小鸡儿。

1985 年 7 月 30 日初稿天津

1985 年 10 月 14 日定稿美国爱荷华

阴阳八卦

·闲语

真有能耐的，还得说是咱老祖宗。

天地万物，世间万事，万人万心，各人各心。万花筒赛的，忽悠悠变来变去，怎么才能把它们分清辨清认清理清说清？老祖宗就拿出两个字儿来：阴阳。

比太古还古的时候，天地未开，嘛都没有，只有太易太初太素三样。太易是气之始，太初是形之始，太素是质之始，可那时这三样混成无边无际囫囵一大团，看不见，听不到，摸不着，混混沌沌朦朦胧胧糊糊涂涂飘飘荡荡。老子叫它们：夷、希、微。这时候称作"太极"，也称"太一"，又称"太无"。往后，清气轻，升上去为天；浊气重，降下来为地。这一来，叫作"太极生两仪"，两仪就是一天一地。老祖宗把它们分作一乾一坤一圆一方一动一静一阴一阳。阴阳一分，天地就出来了，瞧瞧瞧，老祖宗说得多明白！

阴阳交，万物生。这天地生出的万物，也全都有阴有阳。日为阳，月为阴，生为阳，死为阴，男为阳，女为阴，火为阳，水为阴。这阴阳又不是一个东西分两半。寒冬日暖，伏夏风凉。阴里头有阳，阳里头有阴。大的甭说，小小一片叶子也有阴阳向背。老祖宗拿笔画了八个符号：乾☰、兑☱、离☲、震☳、巽☴、坎☵、艮☶、坤☷，一表示阳，--表示阴，万事万物阴阳的样子就给它包圆了。这便是伏羲八卦。阴阳不是死的，太阳在山这边，这边阳那边阴，太阳到山那边，就换成那边阳这边阴。阴阳之间，还要相交相合相感相恶相反相成相克相生。老祖宗就把那八个符号布个阵势。乾为天，坤为地，艮为山，兑为泽，巽为风，震为雷，坎为水，离为火。还有四句话：天地定位，山泽通气，风雷相薄，水火不相射。按这四句话，把八卦捉对儿一摆，便将阴阳之间所有事儿交代得一清二白心明眼亮。八卦一转一动一碰，阴阳消长，变化无穷。这一变，天地间有了日月盈虚，岁月年华，万物兴衰；草木有了黄枯绿荣，人有了生老病死，灾喜祸福；事有起落，家有盛败，国有兴亡。一草一木一人一事一家一国一个样，一年一月一日一时一会儿一变一个样。这也难不住咱老祖宗，八卦之外还有六十四卦加上六爻的变化。不管世道人伦多繁多乱多杂多奇多个别，也离不开阴阳八卦，您说老祖宗这"阴阳"二字有多厉害？

医道本着阴阳调治身心，武术化阴阳为拳路，兵家使阴阳用兵布阵，巫师拿阴阳明察天象，画家依阴阳凸现物状，营造据阴阳构造宅院楼观宫廷墓室。相面算卦的把阴阳一分，分出天干地支，再配上五行四时方位生肖，天时地利命理一推算就出来。明白人使这道理，治国治家治兵治田治人治病治理万事，无所不知不至不通不利不成不胜；自然也免不了有人往里头掺假，撒迷魂药，使它坑蒙拐骗，混口热饭冷饭剩饭吃。

阴阳之本，是阴阳相配。三九天不能不冷，三伏天不能不热，该冷不冷，该热不热，人就得病。树尖朝阳，树根朝阴，缺阳不可，缺阴也不行，阴阳合德，人安事宁。单是阳，则燥则浮则脆则表；单是阴，则晦则滞则腐则结。无论嘛事，怕就怕到头，到头过头，过头就往回转。一边是物极必反，苦尽甘来；一边是乐极生悲，盛极而衰；循环往复，轮回不已。要是不转，这世界就停就死就完蛋。谁也跳不出老祖宗画的这圈儿。圈儿小，一步跨出去；圈儿大，宇宙乾坤都圈起来，您能跳出来？跳出阳间，便到阴间，跳来跳去还是在圈里头。

扯到小说，古往今来变来变去全是这套。小说是编的，可是编故事不编道理。故事是假的，道理是真的。倘若倒过来，故事是真的，道理是假的，谁看？

这一段书前闲话，做小说的叫作"闲笔"。闲完了忙，开篇说正文。

诗曰：

阴阳字面解，八卦书里藏。

云浅雷声隐，山深鸟啼亮。

篱疏透晨风，帘密遮夕阳。

爻动诸事变，卦转天地长。

乾深坤地广，坤动艮山晃。

艮静兑波柔，兑清巽气凉。

巽疾震雷响，震怒离火旺。

离炽坎水浇，皓皓满天霜。

正文

来就是去，去就是来，

终就是始，始就是终，

进就是退，退就是进，

兴就是衰，衰就是兴，

有就是无，无就是有，

得就是失，失就是得，

笑就是哭，哭就是笑，

醒就是醉，醉就是醒，

左就是右，右就是左，

忠就是奸，奸就是忠，

曲就是直，直就是曲，

正就是反，反就是正，

弱就是强，强就是弱，

愚就是智，智就是愚，

佛就是我，我就是佛，

空就是悟，悟就是空。

虽说天地风雪山泽水火

黑白对错死活开合软硬

虚实阴阳亦分不分混混沌沌

一团乱；

都在转来转去忽快忽慢

亦明亦暗或隐或现时倒

时正轮回已已不已圆圆满满

八卦中。

　　这首歌名叫作《八卦歌》。道咸间，津门文人闲得发疯，好三玄，想成道，还好禅，想成佛，这歌就无人不知不晓，不管懂不懂，以能吟能唱能一字不差倒背如流，当能耐当学问当时髦。至于这歌出自谁口谁手谁也说不准。一说是水西庄主查礼诌的，可翻遍查氏乾隆本三十二卷《铜鼓书堂遗稿》，影儿也找不着。查礼虽是大才子，官没少当，做过户部陕西司事、太平府知府、四川按察使、布政使、湖南巡抚大老爷；可官场中人，哪有这份心性闲性悟性？这说法不掺假是假的。还有一说，这歌是道光年间一位出家人所作。按《津六保甲图说》说，那时城中公廨，十所房子，四所是庙。到底哪庙哪寺哪观哪院哪庵？况且，这歌里头含义，有佛有道非佛非道半佛半道，这位出家人是和尚还是老道？这话经不住问，一问就瘪，谁当真谁挨赚。再有一说，说是当时一个名叫老哈哈的乞丐，要饭时唱给人听的。乍听来离奇，细寻思有谱。为嘛？别急，这儿有老哈哈一则惊世骇俗的故事。听了这故事，保管叫您信嘛就信嘛。

　　天津卫这地界，是老天爷打天上割一块扔下来的。俗话说，有条河，就好活。可是天津卫愣把北运南运永定大清子牙五条大河，拢到一兜儿，跟手装进身边的汪洋大海。这就有鱼有虾有米有盐有碱有卤有豆腐有河螃蟹海螃蟹有小木船大火轮；左边守京都，右边开租界，有吃官饭的，有吃洋饭的，小百姓专吃猴手里掉下的枣儿，大伙就折腾开了。吃官饭的，折腾品级权势座次俸禄升迁远近亲疏；吃洋饭的，折腾洋货洋钱洋人；老百姓折腾吃喝穿住买卖铜钱。人生在世，热热闹闹，全靠折腾。事折腾人，人折腾事，终了还是人折腾人，自己折腾自己。论折腾，各有各的场子，一在官场，一在洋场，一在市场。要说实惠，还是市场。

旧带河门外，老铁桥东，是顶平俗的小百姓折腾出的一块地。使船的累了，扛活的饿了，苦人苦了，闲人闲了，一头扎进来，有吃有喝有玩有乐，得吃得喝得玩得乐。论吃，炖羊肠子最解馋；论喝，山芋干酒"炮打灯"二两下肚就上头；论乐，莲花落子一拔腔，精神头猛抖，蹦蹦戏一哼悠，晕晕乎乎，相声棚子里坐一坐，无烦无恼无忧无愁；论玩，就跟在穿红袄绿裤子大妞小妞屁股后头走。嘛玩意都是本色本味的好。好鲜好辣好浓好美好兴好大的劲儿！

一日，打南边来了位行脚僧人，土布袍子，斜挎个大黄布袋，套颈垂胸一挂伽蓝佛珠。长得粗手笨脚，黑头黑脸黑手黑眼，满下巴打卷的硬胡子，一身土气鲁气憨气。进到这儿，转悠了一天，竟然走不出去，好赛碰上鬼打墙，实则叫五欲困住了。嘛叫五欲？佛经上说，眼贪好色，耳耽妙声，鼻爱名香，舌嗜上味，身触油滑，谓之五欲。大活人，杀退一欲难上难，哪扛得住五欲齐攻。这僧人心里头的凡念，赛缓过气儿来的死耗子，扑棱扑棱动，心想不妙，要坏，赶紧两条大腿一交，一屁股噗地坐在地上，闭目诵经，平息

275

欲念。几个在市上闲逛的小子，以为这僧人饿昏，买个炸糕，垫了张纸，放在他跟前。谁料他看见，非但不谢，反手指炸糕说："牛屎一摊！"

这是做不净观。僧人要顶住五欲诱惑，硬拿人间好吃好看好听好闻的东西，当作秽物。毁掉对方，成全自己。

几个小子哪懂佛门这套，见这僧人不知好歹，上了嘎劲。领头一个黑小子对一个白小子说："白果，给他上点荤的！"

白小子外号叫"白果"，心灵，坏门多，应声弄来几大碟烧猪耳酱牛舌嘛的，上供赛的鲜鲜亮亮摆上。僧人立时怒目圆睁，白眼球套着黑眼珠，伸手一样样指着喝道："粪！蛆！痰！鼻涕！癞蛤蟆！"

"嘿，瞧这歪和尚真有点道行。道高一尺，魔高一丈。今儿咱就叫他在这儿还俗了！哥几个，上邪的喽！"黑小子叫道。天津人，一斗气，就来劲。

跟手几个小子一齐忙乎，打四边饭铺酒店小食摊连赊带要，店铺掌柜的一见有乐，也有不要钱白送的，等于花钱看戏。一下子，鸡鸭鱼蟹猪羊牛马驴狗雁雀兔子王八，头尾翅脚肚肠肝肺心腰子下水，有煎有炒有烹有炸有煮有炖有蒸有熬有爆有烤有拌，外加一坛子水酒，碟架碟碗架碗，严严实实把这僧人围在中央。一股股子酒香肉荤羊膻鱼腥往上蹿，冲得僧人直打哆嗦，眼瞅着几十年古佛青灯下的修行要垮，栽在天津卫。不知白果打哪位姐姐大襟抻下一块香帕，水红色儿，柔滑光艳，一下扔在僧人怀里，僧人一惊，赶紧扒拉在地，冲这香帕喝道："擦屁股纸！"

这话惹得众人笑。

那位姐姐挂不住，脸一绷，说："你要糟践我，姑奶奶可坐在你怀里啦！"

黑小子叫起来："坐呀坐呀，他是欢喜佛！"

众人大笑。几个小子喊着闹着要那姐姐露一手，一边起哄吓唬僧人，吓得僧人满脑袋汗。一位大肚汉笑得绷断裤带，提着裤子还看，不肯走。这里人向例好看热闹，哪儿有人哪儿有热闹。直到日头偏西，人不见少反见多，外三层里三层；蚂蚁闻到香味，酒肉外黑压压再围一层，中心盘腿坐着这行脚僧。夕照僧身，赛镀了金，可天津卫嘛地界，成人都难，能叫你成佛？那群小子剜心眼拿话逗他勾他扰他，不毁了这外来和尚不算结。这场面好比交仗，谁走谁退谁败谁完蛋。

劲顶劲，顶足劲。

这当儿，打北边来个糟老家伙。身高不过五尺，大脸足有一尺，脸皮褶子叠褶子赛干丝瓜，眯缝小眼，咧着大嘴，嘻嘻哈哈，脸当中通红一个酒糟鼻子，赛顶着颗大草莓果；披头散发，一件宽宽绰绰玄色大袍，没结扣儿，小风一吹，衣举发飘，赛仙赛妖赛只大蝙蝠，忽悠悠来，一路哈哈出声。飘进人圈，一塌腰，和这僧人面对面盘腿坐，哈哈一下，操起竹筷，先使筷头在地上画个圈儿，伸手拉过酒肉干起来。酒在嗓子眼儿咕噔咕噔，牛筋在牙齿间嘎吱嘎吱，吃到香处美处，直哈哈哈。独吃独喝，旁若无人。众人给这糟老家伙弄呆，看他脏呵呵，却不像凡人俗人，看打扮赛和尚，又没见过和尚这吃法喝法做法活法，看势头，都是冲着行脚僧人去，赛斗法，没人问，没人笑。连那群小子也不多嘴。果然僧人忍不住先发话："你是僧是俗？"

糟老家伙脸没抬，拿舌尖把沾在唇边的酒滴肉渣卷进口中，只说了四个字儿："无僧无俗。"

众人一怔，没听懂，僧人也一怔，似懂非懂，只当对方蒙自己，停停又问："出家何处？"

糟老家伙还是不抬头，边吃边喝边答，还是四个字儿："何处出家。"

这话不过把僧人的问话颠倒一下，有了味儿。僧人好赛遇到一扇门，挡住了，闷住口，傻瞅着糟老家伙。人群中没一个明白人，却都觉得真玩意儿出来了，等着下边的戏。只见糟老家伙吃得上劲，捏着猪耳朵，提起半个酱猪头，嘴对嘴地啃。咬不上时，猪头摇晃，咬上口时，蹭满嘴油，顺手拾起那香帕抹嘴，还哈哈哈。

僧人见了，松开脸一笑，说："原来一个花和尚。"

糟老家伙咬着猪头，随口念四句诗：

说花便是花，

原是心中花，

看花不是花，

心中本无花。

众人听了，赛掉进大水坑，摸不到边儿；僧人听了，赛挨了一炮，合上双目，眼珠在眼皮下面滴溜乱动，再撩开眼皮时，双眸冒光，灿灿赛星，惊叫道："天津卫不是凡界！活佛现世，弟子顿悟了！"

说完话跟手屁股一抬又一撅，翻身给糟老家伙连叩仨头，起身快快活活而去。一时脸冒灵气眼冒灵光，赛变一个人。

糟老头子依旧闷头吃喝，也不理他。直吃得宽衣松带，响亮打个饱嗝，站起来对着落日舒舒服服再打个喷嚏，拍拍屁股上的土，忽悠悠去，还是哈哈哈。

众人木头赛地立半天，还是没醒过味儿。黑小子张着满口黄牙，白果的脑袋顶上落一只苍蝇，他忽地呀一叫，苍蝇飞跑，原来那满地的蚂蚁，都爬进刚才糟老家伙使筷子画的那圈里边，爬来爬去爬不出来。

自此，天津城冒出这糟老家伙，昨儿城里今儿城外明儿河东后儿河西，沿街唱歌讨饭，逢人无话哈哈哈。外号"老哈哈"。有人说他是佛，有人说他是妖，人们怕错拿佛爷当妖怪，见他则笑脸相待。他便吃百家饭喝百家水烤百家火，天天吃饱天天笑。直到咸丰八年，洋毛打进天津城，人心赛乱麻，顾不得他。他也就无声无息无影无踪。

第一回
来个元宝大翻身

　　正月二十五一大早，北城户部街东边乡祠东街黄家一家老小，都给二奶奶折腾起来，人人带着两眼角眼屎，就洗肉洗菜剥葱切姜剁馅揉面擀皮包饺子包合子，忙乎开了。按例儿，今日填仓节。填仓原本是农家人过的，迎着年头，求收成好，填满仓囤。城里人拿这节，不过讨个吉利。天津人好事儿，过日子好例儿，恨不得天天有佛拜有神求有福来，一天没佛没神没父母官，心里就没根。二奶奶是地地道道天津土里出来的老娘儿们，最讲究这套。成天拜佛，事事有例，举手投足有忌讳。单说饺子，还得给她包一屉煮一锅素的，折腾得全家五迷三道。

　　吃饺子叫"填仓"，吃合子叫"盖食"。填好盖好，男女老少伙计丫头聚到当院，照规矩，打大门口往里拿白灰画个梯子，通到院内；再在当院地上画个大老钱，钱眼里放撮米，拿砖头压上。梯子要画直，钱要画圆，米要好米，砖头要见棱见角，不准缺边少角。边齐角正，福禄寿满，缺边少角，鸡闹狗咬。小伙计灯儿人笨，拿块破砖，立时叫二奶奶劈头盖脸骂一顿；另一个小伙计影儿心灵，找块新砖来，才把二奶奶稳住。表面稳住，心火已起。心火不是好东西，这儿有首小诗：

浮火看似灭，暗火心中留。

心火要高起，还需一瓢油。

麻烦一截高过一截就来了。

先是人聚齐，独独不见二爷。二爷是位怪人，整天憋在后院书斋，不到吃饭拉屎不露面，无论谁也不准进他后院，逢人无话，问也不答，干嘛想嘛，谁也不知。这家有他赛没他。

丫头精豆儿去叫三次，还没见二爷脚丫子迈出门槛。二奶奶大声一吼："叫书虫子吃啦！"人才来，迈四方步，攥一卷《大珠禅师语录》，不紧不慢，温温吞吞，远远一站，赛没他的事。一团火就见起，窝在二奶奶心里。

跟着是画老钱的白粉不中意，昨后晌二奶奶叫精豆儿告诉账房九九爷预备好白粉，九九爷为讨二奶奶高兴，打发灯儿到日租界浮岛街静文斋买包洋粉笔。洋粉笔得使得劲，可二奶奶赛见一包虫子，扔了一地。洋人属邪，邪气冲福，这就火上加油了。幸亏精豆儿用心，头年使剩的木炭还存着，赶紧跑去拿来，才把这娄子补上。

随后是二少爷画不好。二少爷是病秧子，嘛药都尝过，嘛病都带着，就差没死过。他捏块炭灰打门口画梯子，一猫腰，腰赛柳条子，没劲儿，就趴下，腿没劲儿就跪下，手也没劲儿，每条线都画得东扭西歪南斜北拐，赛长虫爬，又赛雨后蚯蚓爬的道道儿。人爬线爬，爬进院子，就喘起来，气贯不到手上，线打哆嗦，愣把一架梯子画成烂蜘蛛网。待画到老钱，不成圆，赛大枣核儿两头尖，涂了再画更差，好比一片大海蜇。侍候二少爷的老妈马婆子说："二少爷这才缓上来几天，别叫他再受这份罪了！"可是这种事非得主家自己干，佣人不得插手。偏偏二爷远远站着，不动劲不帮忙不吭声。二奶奶心火压不住，腾家伙蹿上来，面红耳赤青筋跳，说声："我来！"打二少爷手里夺过灰炭，趴下大胖身子就画。

二奶奶天天晚上拜佛烧香，必看香头。凡事是吉是凶全要等着三炷香烧到一半时，看三炷香哪高哪矮，对照香谱才定。烧半根香得不小的工夫，所以她无论是趴是跪，全有功夫。可心里有火有气，就不一样，猛地一趴，火朝前冲，气朝前顶，赛炮膛一轰上脑袋，眼前一黑，收不住身子，一下来个元宝大翻身，不知哪块骨头撞在冻硬的地皮上，咔嚓一响，跟手连翻两个儿，浑身滚成一个肉团儿，一时分不出脑袋屁股脚丫，只听打肉团儿里冒出杀猪赛的尖嚎。一家人先惊后慌，找着她胳膊大腿，打算往屋里抬。但这大肉蛋，摸哪儿都叫疼，没法下手。奇了，这一下就摔散架了？

她叫起来："肋叉子全断啦！哎呀哎呀，疼死我啦……我就知道今儿要犯邪，昨晚烧出'恶事香'来了。哎呀哎呀，小的不争气，老的耍蔫损，成心逼死我，好讨小老婆呀……哎呀哎呀，别拉我呀，我知道你们是阎王爷派来的小鬼，拉我死呀……"

谁碰她骂谁，精豆儿打屋里抱出两个大棉花枕头，垫在她脑袋下边才算稳住劲儿。可这大冷天，不能叫二奶奶总躺在当院。再找二爷，人不见，回屋了。老爷不急，下边人着急，急也没辙。

忽然哗啦大门一响一开，门口乐呵呵站着个高大胖子。狗脸哭，猪脸笑，一脸喜庆。

"惹惹！"九九爷脱口叫道，好赛来了救命恩人。跟手又改了称呼说："大少爷来啦！"

只见这人三十多岁，大耳垂，双下巴，白面红唇，头扣亮缎帽翅，元青暗花大棉袍子，酱紫对襟羊皮马褂。要看他细皮嫩肉，早早发福大肚囊子，是位阔人；细瞅袍子上好几块油，马褂襟口出锋的羊皮沾土发黑，帽子几处瓜皮开了线，透出穷气。他一瞧这场面，目光一跳，大步几下到院中，叫道："哟，这是怎么档子事？"

精豆儿舌灵口快，把事一说，二奶奶又嚎开了："哎呀哎呀，打进了黄家就没过一天好日子呀！男不是男女不是女，这回该报应啦，家破人亡啦，命到头啦，凶灾险难大祸小祸全来啦……"

惹惹大腿一弯蹲在二奶奶身边说："二婶，可不兴念损。是祸是福，您比我心里透亮，年头一跤，灾祸全消，好事全在后头，您往后瞧吧！马妈，快把二少爷搀回屋，院里凉，瞧他脸全不是色了。精豆儿、灯儿、影儿，站着等嘛？快帮把手抬二奶奶进屋。精豆儿，你托住脑袋，九九爷，您跟我托身子，灯儿影儿你俩一人抬一条腿。一齐用劲，起！好，步子小点，卷着她点身子，走，好！走，走，走……"

一下大伙有了主心骨。病人比好人沉，死人比活人沉。好赛抬块大石头。

二奶奶又嚎，叫疼。惹惹对众人说："别打住！疼点好治，不疼难治。二婶，我料定你不过扭了腰，拧了脖子。你放心，我认识能人，保管出了明儿，不出后儿，三天下床满地跑。"

直说得二奶奶不叫大伙笑。几下就把死沉死沉二奶奶撂在炕上。惹惹马不停蹄，紧劲张罗着："摔一跤不算事，大伙稳住别慌，别乱了阵脚。谁该忙嘛谁忙嘛，事别撂下。地上的老钱还得画好，回头我来，我行。灯儿影儿你俩随九九爷去照看好大门和铺面。买卖不能总上着门板，要不老主顾来了，当咱纸局黄了。精豆儿，你给二奶奶熬点姜糖水喝，刚头在精冷地界趴半天，别受寒。记着，千万别叫她动劲儿，疼也别给她揉，我这就去请大夫，眨眼就回来！"说着掉身出去，屁股后边棉袍下摆赛帘子一扬一扬，腾腾腾几下出了大门。

九九爷瞅着惹惹背影笑道："这人能救火，不能抱孩子。"

精豆儿没搭荏，悄悄在影儿耳边叽咕一句。影儿一闪，没了影儿。

二奶奶躺在炕上，出气也疼，吸气也疼，不喘气就死。可她顾不上疼，心里犯嘀咕。没出正月，没磕没绊，摔这一大跤，好赛鬼推的。到底是福是祸是吉是凶是嘛先兆？想起刚头自己那些话，又是家破人亡，又是命到头，又是凶灾险祸，全不是好话。她后悔，恨不得撕烂自己的嘴。话说出去赛泼水，撕了嘴也收不回来。再想就更不对劲，为嘛不喊别的，偏喊这些不吉利话？这话平时一个字儿也避讳着，别是哪来的恶鬼附身附体，借她的嘴喊出来的。愈想愈邪门愈害怕，一股凉气打脊梁骨顺肋叉子透了全身，凉气后头是冷气，冷气后头是寒气，寒气后头是鬼气，鬼气瘆人，不觉眼神发直，手脚比院里的砖头还凉。精豆儿一看一摸，吓得一激灵，以为二奶奶完了。再看，二奶奶眨眼皮，又吓得一激灵。死了吓人，活了也吓人，这可不对劲。对劲没事，不对劲有事，跟手一大堆奇事怪事邪事巧事真事假事绝事就接着勾着引着牵着杂着并着来了，这是后话。

第二回
神医王十二

人活在世，各有各的招儿，各有各的路子，各有各的一套，这叫活法。

大老爷们拿几万银子垫底，拉几位官儿做靠山，再勾几个洋人发财，三房四妾七奴八仆一呼百应，到哪儿都有群属狗的鞠躬哈腰，活得来劲上劲有劲，这是阔人的一套。可是北门外官银号单街子上住着个小光棍，无名无姓，诨号"八哥"，照样活得有来道去，别瞧他没钱没马没靠山没老婆没皮袄任嘛没有，却也有自个儿的一套。

小屋里外间，有明有暗，明处乐，暗处歇。热天躲在阴凉地界打盹，冷天躺在进阳光的地界睡觉。没一手拿手的本事，也用不着干长事儿。年年春来一暖，扛把长把扫帚，走街串巷打烟囱；再暖，南边的鸟来了，就在南门外草地土冈杂树林子里支上小网逮鸟卖；谷雨一过，天阴时上街卖伞，天晴时改做泥瓦，登墙上房掀瓦修顶子；入伏后，在估衣街口摆个大木盆，熬锅萝卜红果梨片杏干倒在里头，再拿块大冰块一镇，俗话叫"冰山"，冰山顶上盖块湿布，这便是冰凉透骨镇口镇牙消暑消汗解渴解馋的酸梅汤；等到秋风一起，落叶一飞，披张小夹袄满街吆喝——套火炉！您别笑话他无赖游，混事油儿。这手活照样有个名目，叫"打小空的"。阔人办事，婚丧嫁娶宴席堂会，缺人手时，还非他不可。人情事理都懂，上下左右都通，满地朋友，满处路子。摸嘛都会一二三，问嘛都知二三四，个矮人精神，脸厚不怵人，腿短得跑，眼小有神，还有张好嘴。生人一说就熟，麻烦一说就通。人间事，第一靠嘴。有嘴笨舌说笨蛋，有嘴胡说白唬蛋。天津卫把耍嘴皮子的叫画眉，画眉是种能叫的鸟儿。他叫"八哥"，也是种鸟儿，八哥与画眉不同，八哥嘴算是种能耐。所以人称他："铁嘴八哥"。

一辈子干一件事，早晚腻了。杂着样儿换着样儿变着样儿，有趣有乐。没人管他，他不管人。没长事没整钱，有零活有零钱。比起那些在官府大户买卖铺面当役当差自由自在得多，不受气不受管不受制。只要口袋不空，米缸不见底，不找活不受累，上街溜达，抽烟喝茶，串门聊天，碰人说闲话儿，或是立在人群里看打架，打头看到尾，逢到关节处，插进去使他那张好嘴一说，大事化小小事化无，当个好人找个快活。皇上老子洪福齐天，还非得玉带金冠龙袍蟒服天天上朝听烦心事呢。

今儿大早，他帮着锅店街开米铺的苏家运一口沙木十三橡的棺材，漆皮子没磕没碰没划伤，顺顺当当办好，得了五十大子儿。跑到运河边歪脖大柳树底下穆家奶奶摊子上，实打实吃一顿贴饽饽熬小鱼，直把肚子吃成球儿，嘴唇挂着腥味，就近钻进一家"雨来散"戏棚子，要一大壶热茶，边把牙缝里的鱼渣吱吱响嗽出来，拿茶送进肚，边使小眼珠将台上十八红的媚劲嫩劲鲜劲琢磨个透，直到这壶茶沏了又沏喝得没色没味，到茅厕长长撒一泡冒烟儿冒气儿的热尿，回来刚落座，一只大肉手落在他肩膀头上。

"八哥，再找不着你，我就扎白河了。"这人说。

八哥扭脸瞧，一张有红有白的大肉脸笑哈哈，可带着急相。他笑道："哟，惹惹。嘛事又惹惹惹？"

"惹惹"这两字是天津土话，专门送给好张罗事的人的大号。"屁股闲不住，到处冒一头。有事就来神，一闹万事休。"这首小诗说的就是惹惹这号人。

惹惹说："快帮我请个大夫，我二婶摔个马趴，够劲，够呛，要死要活，正在家叫唤呢。"

"叫她叫去。坐下来听戏，我再叫壶茶。"八哥说着按惹惹坐下，朝小伙计一招手，要茶。

惹惹赛坐弹簧，一挨就蹿起来，说："救人赛救火，我哪坐得住。不冲我二婶冲我二叔。我二叔人虽怪，从没给我脸子看，过去也没少帮我。"

"你眼里都是好人。看出坏就闹，闹完就全好。我看你二叔二婶，抬头老婆低头汉，一阴一阳。一个皮儿好，一个皮儿坏，里头全一样。"

"那就冲你嫂子，行吧？"

"有她嘛事？告她，保准她不叫我管。"

"不瞒你说。就是她叫我来找你的。"惹惹说。

八哥忽见惹惹腮帮上有个红红大巴掌印，小眼一转说："还为那金匣子？"

惹惹左右一瞧，压低声说："这事天底下只有你知道。你非得叫我折脸求你不成？咱还叫嘛哥们儿呢？走——"正巧伙计端壶来，惹惹掏几个铜子儿"当啷"扔在桌上，朝这伙计："这壶大少爷请你喝了！"拉起八哥推着后背一直出戏棚子，急着问八哥："快说，去请谁？"

八哥笑道："天津卫大夫都在咱肚里。华佗活着，也得跟咱论哥们儿。你先回去等着，我管保请来头号大能人。"

"我就喜欢能人，我跟你去！"惹惹眉开眼笑。

两人说着笑着，一高一矮一胖一瘦一黑一白走着。惹惹面赛涂脂抹粉，八哥脸赛壶底锅底，惹惹走路腆肚，八哥走道猫腰；两人东西左右拐几个弯儿，来到南市口一家大药店瑞芝堂前，八哥进去把个秃脑袋精瘦的小子，扯耳朵拉出来说："老亮，黄家大少爷的亲妈把尾巴骨摔了。快告我，天津卫哪位大夫专治跌打损伤、伤筋动骨？你要拿卖狗皮膏药大力丸的糊弄我，你八哥就叫你们老板辞了你！"

老亮揉着耳朵，眯一只眼笑嘻嘻说："八哥向例口硬心软，哪是铁肠子！兄弟我正愁没机会给你报恩呢。骨头的事，您非得找神医王十二不可。前儿，满天飞在天桂茶园唱《铁笼山》，一个跟斗打台上栽下来，脑袋戳进胸脯，叫王十二几下就抻出来啦！药就是打我们这铺子里抓的。"

"王十二还用你吆喝？他十年前就和我论哥们儿，不过咱身子骨是铁打的，没用过他，他倒使过我，那次他腿肚子转筋，还是叫我连捶带揉帮的忙。哎，老亮，他当下住在哪儿？"

"您不是认得他吗？"老亮眯着小眼逗他说。

"你耳朵聋了，没听我问——我是说他当下住在哪儿。你想拿我怄？"

"哪能？十二爷一直住在西北角贞士街庆合成当铺旁边那大红门里呀，要不我陪您去？"

"没挪窝就好找。老亮，后晌多弄点酒，招呼狗剩、杠头、孙猴子全到我家，下酒的东西归我预备，咱们闹闹。"八哥说完，给老亮后脑勺拍一巴掌。老亮脑袋根毛没有，声音好脆，赛拍西瓜。随后招呼惹惹就走。

老亮揉着后脑勺，嬉皮笑脸说："您未必能找着。"

八哥来到贞士街，站在当铺旁空地上拿眼一扫，眉头皱成核桃，眼前俩红门，一朝南一朝东，一大一小一破一新一个单扇一个双扇，哪知是哪个，心里暗骂老亮那小子脸上却不能挂相。

惹惹说："敢情你不熟。"

"我不熟你熟，你去请吧，我走！"八哥转身要走。

惹惹拉住他说："怄你当真！没你我找谁去？"

这当儿，八哥忽见朝南大红门前的石头台阶上，有块膏药，他假装没瞧见，手一指这门说："就是它了！好长日子没来，我眼珠子不记事。"上去刚要敲门，一瞅这门不平常，满包铁皮满钉铜钉，院墙一码是磨砖对缝，地道是使江米水粘的。门楼上没一块砖没雕花，好赛府县太爷的住家。心怵便说："你来敲门。"

惹惹更怵，他说："我不熟，见人怎么说……要不咱上树往院里瞧瞧。"

"瞧嘛？"

"他家要没人呢，敲不是白敲。"

"花钱请大夫怕嘛？有事咱哥们儿托着怕嘛？敲，使点劲。敲得愈响，气儿愈粗，事愈好办。"

惹惹说："在理。"上来扬手拍门，手刚要挨门板，忽听马嘶人叫，扭头看见一匹马拉一车煤，疯赛地在街上狂奔，车夫攥着马鞭子在后边呼哧呼哧跑，一边大叫："马惊了，快躲开！"街上人拼命往两边墙根扎。险中险，只见一个醉汉，大脸通红赛柿子，棉袄大襟两边裂，里头小褂也敞开露出长毛带肚脐的大肚子，大步迎面走来，偏不躲。马不躲人人不躲马，惊马撞醉汉，疯子撞傻瓜。

"喔！"一声巨响，这醉汉硬叫马撞在墙上。马跑去，可醉汉紧贴砖墙连喊带骂动不了劲，原来肋叉子撞出三根，愣插进砖缝里。一群人上来也没辙。这下醉汉给撞醒，破口大骂："×它奶奶那马！快把我曹四爷拉出来，我他妈要见阎王啦！"

惹惹跑上去说："全躲开，我们哥俩拉！"说着捋袖子要拉。

一个老头说："硬拉不成，肋条骨要是折在砖缝里，人就残了！"

另一个老头说："不拉总钉在墙上。元气撒出来，人不也得完？"

老人的话全有理，可俩老人的话不一样怎么办？说话间，就听有人叫道："十二爷来啦，有救啦！"

忽见打东边跑来个小老头，灰布棉袍青头顶，一条乌亮大辫子，浓眉秀目，疾步如飞，他眼一瞅道边有个剃头摊，上去左手提壶，把一壶热水折进铜盆，右手捞出个热手巾把儿，冒着气儿滴着水儿，几步到这大汉前。一手钩住大汉后腰，一手拿热手巾把儿死按在大汉脸上，把鼻子嘴巴全捂住堵住。大汉闷得脸赛茄子，唔唔狂叫："没气儿啦，你要憋死你爹呀——"

这一捂，气都憋在大汉胸膛，眼瞅着这胸膛赛吹气的猪尿脬鼓起来，直鼓成硬邦邦大面袋，气鼓劲，一绷劲，嘭的一下，肋叉子愣打砖缝憋出来，王十二手一松，大汉赛面墙倒在地上。王十二使手巾把儿擦擦手说："成啦！麻烦几位帮忙，把他抬进我家，我给他治。"

惹惹和八哥看傻眼，木头桩子赛地戳着。早有人上去七手八脚抬着大汉，跟在王十二后边，进了王十二家。直到人进去，"咣当"关上门，才眨巴眨巴眼活动活动嘴醒过味儿来。

"这就是你那哥们儿王十二？"惹惹说，跟手又说，"瞧，这门才是你哥们儿家。"

原来王十二家是朝东那单扇小破门，刚头差点敲错。惹惹笑着说："真敲那门，准碰一鼻子灰。"

"明知我眼没记性，少拿我找乐。傻蛋，这是你福气——人穷好说话，人阔难求事。十二爷要住那大宅门还怕你敲不开呢。"

两人斗这几句嘴的工夫，王十二家门一响开了，几个人拥着那大汉走出来。那大汉腰间紧裹着一条大黄布，居然不用人抬人抱人搀人扶，出门扭身要给王十二磕头。王十二眉眼有神，满面生光，伸出双手挡住大汉，叫他回家静养。大汉和那些人口里连呼"神医"去了。

没能耐的赛过眼烟云，有能耐的赛顶天立地。有钱有势没能耐，还是人中人，没钱没势有能耐，也是人上人。人上人是仙，仙上是神。惹惹打小打故事里也没听过这种能耐这种人，不是神是嘛？八哥拽他到王十二跟前，他闭嘴没话张嘴也没话，好赛王十二是人变的神或神变的人。非到这工夫，方显八哥铁嘴，张口就来："这位就是萃华斋南纸局黄家大少爷，一提萃华斋，保准您知道，锅店街上的老字号，头十年您一准还打那儿买过信笺嘛的是吧？大少爷久闻您大名，赛大炮炸耳朵。打早就说，非要瞧瞧您嘛模样，我说人家神医哪能想见就见，你去药王庙看看药王，就那模样。刚头一见您，他非说那药王像就是照您塑的！大少爷没事不扰您，有事非求您。他婶子今早摔一跤，坏哪儿我们不懂，可不敢叫那些蒙古大夫下手。刚头您露这一手，天津卫更是除您我们谁也不信。十二爷！您只要拨拉脑袋，我们俩就整天跪在您门前等着。求不到菩萨绝不走。哎，大少爷，你也说一句啊，别净指着我。"

惹惹吭吭巴巴说出一句："我就喜欢能人。"

"嘻，嘛能人，能人到处有，神医就一个。"八哥借着说惹惹，捧王十二。

王十二当众显本事，正得意，得意心气好，再给八哥一说，说得腾云驾雾，不用他俩多泡多磨，进去换套鞋帽袍褂，拿个出诊使的绿绸小包夹在胳肢窝儿，随惹惹去黄家。惹惹要去雇马雇轿，王十二摇手说道："我天性清静，受不住富贵那套。常走路。沾地气，地气连身，胜似仙参。大少爷的腿要是不怕劳累，咱就走吧。"

惹惹乐呵呵道："我跟您学能耐，嘿。"

八哥小声对惹惹说："你瞧我这哥们儿怎么样？"

惹惹明白八哥瞎白话，可是请到神医，脸上有光，心里开花，就是八哥说王十二是他爸爸也不驳。大手一拍八哥硬肩膀说："全仗哥们儿你了！"

事情一半意想得到一半意想不到，哪知王十二在黄家碰到了冤家。

这才叫，一扣接一扣连一扣紧一扣。

第三回
不是冤家不对头

王十二没到，影儿却早一步先一步抢一步把沙屋泉沙三爷请来。沙三爷和黄家沾亲带故，沾嘛亲带嘛故没人能说清，往细处抠，八竿子打不着；再往细处抠，得抠出一大串知道不知道的三姑子六婆子才能挂上边儿。当初黄家家大业大，一听他名就撇嘴，沙三爷逢人便提这亲戚。当下沙三爷功成名就，嘴头不带黄字，黄家人却叫他"舅爷"。哪门子舅爷不管他，反正说到根儿，人都是一个祖宗。

大夫各攻一科，沙三爷却包治百病。人无无病，可您有病未必知道。不疼不痒不红不肿不胀不酸不破不烂不鼓不瘪不吐不泻不晕不乏不憋不闷照吃照喝照睡照醒不觉得，只当没病，病却藏您身上，一朝发出来再治就迟。沙三爷最大的能耐是把病给您找出来。您看不见他看见，您不知觉他先知。他一说，您吓一跳，不能不信不服不治，不治怕耽误，所以人称："没病找病沙三爷"。

能耐人都有能耐事。

沙三爷成名整十年。十年前站在街头道边庙门口卖野药，兼行医道，大钳子拔烂牙，瓦罐子拔邪火，外带两手小推拿，抽筋落枕崴脚扭腰掉环儿拿环儿。一年到头，太阳晒冷风抽，肚子愈叫愈得站着。可那年，天津县来位新知县，脑袋后边辫子漂亮，外号"李大辫子"。上任不到仨月，大三九天，夫人忽然发病，怕冷怕热怕光怕声不吃不喝半睡半醒，打天津卫名医手里转一圈也不见好，眼瞅着要坏。有位衙役领来这位沙三爷。转运的机会就来了。

李大辫子一瞅，这有名有姓没名没号卖野药的是个小胖子，四尺多高，大冷天穿件春绸大褂，破了洞也不补，揪起个鬏儿，拿线一扎，满身小包子褶儿。垂在后脑勺上的小短辫不编不结不缠，马尾巴赛地散着。一双棉鞋头前边张嘴后边开绽，站在那儿冻得哧溜哧溜吸鼻涕汤子，不吸就流下来。看来鼻子干吗用的都有。

要在平时，县太爷一准拿他当要饭的，打五十板子轰出门。可李大辫子心想，夫人要玩完，偏方治大病，死马当活马治，人不可貌相，好歹治一家伙吧，便把他带进内室。

医道讲望闻问切。可贵人家妇人的脸儿不能瞧，号脉时隔帐子伸出一只手来。沙三爷人贱，声不敢出，坐在帐前三指一搭寸关尺，精气神立时来了，脑袋微微一转下巴深深一点，立时对李大辫子说："太太这是中暑。"

李大辫子听了，仰面大笑说："中暑？要是半年前还差不多，当下这是嘛节气？哈哈哈哈。"刚笑又打住，心想不妙，夫人命该绝，医道都狂了。脸色立时就变。

要是一般人非吓得趴地上叩头不可。不料沙三爷哧溜一吸鼻涕说道："回大人话，小人这阵子冻得打哆嗦，哪能不知季节，人有穷富，身有贵贱。这天小人是绝不会中暑的。"

李大辫子说："浑话，我们富人偏偏三九天中暑不成？"

沙三爷早有话等着，李大辫子闭嘴他张嘴说："回大人话，小人斗胆说，大人准是日夜为百姓操劳，把这道理忘了——穷人穿衣与富人不同。穷人一年到头，就那么一身。夏天一层是单衣，秋天

294

加一层，是夹衣，冬天在这两层布中间絮一层棉花，便是棉衣。说白了，这不叫穿衣，不过遮寒遮热遮风遮体罢了，就赛猫儿狗儿身上的一层皮。衣随天气，天热衣热，天凉衣凉。富人则不同，一天三开箱，爱嘛穿嘛，不爱就撂起来。尤其内衣，伏天里洗了一晒，暑气入衣，冬天再一穿，暑气入肤，再入五脏，不就中暑了？这道理不算嘛，可一般人脑袋赛石头，琢磨不透。大人嘛脑袋，不过脑子没走这事，您说是吧？"话打住，鼻涕流到嘴边吸不回去，使袖子抹去。

李大辫子知道这是歪理，歪理不好驳，只好点头称是，就叫沙三爷开方子抓药，一剂三服，熬好给大奶奶灌了。万没料到，一服下去，思水思饭，见活见动；两服下去，吃鱼吃肉，色正目明；三服下去，离床下地，气壮赛牛，好好一个人儿了。愣把县太爷太太打阎王殿门前拉回来。李大辫子大喜，马上把沙三爷拿轿子请进家，喜喜欢欢说："你是天津卫泯没的人才，本县不知则已，知道就叫你明珠出土，显露奇光。你去城里城外转一圈，看好房子后告我，我给你买下，挂牌行医吧！"

沙三爷差点美疯了，谢过县太爷，跟手在南门里小费家胡同口选中一处临街房，前门脸后宅院，原是有名的天桂茶园。但城中没河，坑水有味，井水泛碱，茶不行，要关门。房子八成新，两进院，窗户棂子是高手房广元雕花，不算大户也算富户家的宅院。李大辫子便出钱为沙三爷买下。挂牌开张那天，县太爷亲自出马出面，请来本地各界名流贺喜。沙三爷一步登天，有钱有脸有名，吃穿住行那份讲究不需多说。登门求医的人天天堵家门口，好赛码头热闹。沙三爷名大价高，不是疑难大症，车马轿子来接来请，轻易不动能耐。玩意儿愈高愈不露，愈不露能耐愈大。看得见的有限，看不见的没边。人到这份儿，逆来顺去，坏事都是好事，好事勾着好事。治好一个，满城皆知，治不好的，都归在自己命上。再说他的真本事是没病找病，他说有病就有病，他说治好就治好。这才是正经八百没错没漏的神医。

一年，海关道台彭良材忽然得气结。气憋在嗓子眼儿里，上不来下不去，要断气又不断气。海关道台通洋人，势壮气粗，派人来请他捎话说，彭大人有话，治好重赏，治不好就来摘牌子。彭道台比李大辫子官大，四品跟七品差三品，侍候不好就砸饭碗。这事把他逼急眼，当晚偷偷打灯笼出城，找一位能人。他当年卖野药满城串，谁有本事谁废物，心里全有数。可他怕能人把自己当废物，便弄个唱戏用的两撇小胡，使鱼鳔粘在鼻子下边嘴上边，居然骗过这能人没认出来。他扯个谎说，自己老婆得了气结，请人开方子不顶事。能人向他要了方子一看，问他谁开的方子。他灵机一动，竟说是大名鼎鼎沙三爷。这瞎话才叫说到家，叫对方再也不会疑惑自己就是沙三爷。能人没吭声，提笔在药方上加了一味药——一片桐叶。他撂钱便走，照方下药，不出三日，彭道台上头打嗝下头放屁，屋子臭三天，居然气通了。彭道台高高兴兴坐了轿子来登门答谢重谢，还送他一牌匾。道台本是盐商，官是拿钱捐的，身上有咸味肚里没墨水，匾上便是顶俗顶俗"在世神医妙手回春"八个字，官大不怕俗，这下沙三爷名上加名，名气没把天津城压垮就算小百姓有福。一时患气结的，都捧着元宝来求他。邪门的是，再使这方子，赛喝白开水，喝进去尿出来，分毫不顶用。

他二次戴假胡儿打灯笼来找能人，掏出方子问："怎么这药不管事？"

能人说："你老婆不是好了吗？"

沙三爷满面通红，幸亏夜里点油灯，灯火也是红的，遮住脸色。他以为对方认出自己，一时应答不上。

能人脸不挂相，说道："您想想，我在这方子上加桐叶那天，嘛节气？闰六月，丁酉，十五，立秋。立秋之日，天地换气，万木由盛转衰，都一惊。桐叶最灵，一叶知秋，进到体内一动劲儿，气就打通。过了这节气自然不管事。你不通医道，哪懂这道理。"

沙三爷脸又一红，扭脸背着灯光，问道："请您指点，当下换一味嘛药顶用？"

能人摇头道："我就知道立秋那天加桐叶，过那节气，我也没辙了。"

沙三爷说："神医无所不知，您千万别拒绝我。"

能人正色说："医道轻则关乎人病，重则关乎人命，哪能瞎猫碰死耗子，你去吧！"

沙三爷见下边没戏，拨头便走。回家一寻思，愈觉得那能人句句话是冲自己，挖苦自己，没认出自己才怪呢。可又想，对方没挑明说出自己大名，便是不敢招惹自己，怕自己借官府的势力治他。这事自己不说，谁也不知。当下拿定主意，把一切求治气结的都推掉，变个法儿，改在年年立秋那天专治气结。说也怪，每逢立秋这方子保灵。沙三爷就靠这方子更靠这法子保住自己的声名。

世人只求名人出名之道，不知名人保名之法。此处天机，只有本书本回泄露一二。

惹惹一只脚刚跨进门槛，就大声叫道："灯儿影儿快来侍候，神医王十二来了！"

三人骑龙驾凤赛地进了青龙门，迎头看见一顶轿子停在轿凳上。棉罩绣面，左右两旁镶着小圆镜面赛的玻璃窗眼，很是讲究。王十二见这轿子眼熟，没及细看，就给惹惹让进前院，请进茶厅。王十二进门就见一个敦敦实实小胖子坐着喝茶。他赛撞上妖怪，拨头出门往外跑，却给惹惹一把揪住，问道："您要去哪儿？"

王十二说："不行，我肚子疼，得赶快回去。"

惹惹好奇怪，说道："肚子疼该坐下来，干吗跑呢？"

王十二不听，硬挣着身子偏走不可。

八哥说："十二爷要跑肚子吧，我领您去茅房。"

说话这时候，那小胖子给精豆儿陪着走出茶厅，正和王十二面碰面。小胖子眼珠赛掉地的玻璃球儿一跳，王十二躲不开，只好站定。惹惹哪知这里边的事，笑呵呵打招呼说："舅爷，这是我请来给二婶治病的王十二爷，没想到您老也来了！十二爷，这是我家舅爷，跟您同行，提名您管保知道——没病找病沙三爷！"

沙三爷不等王十二开口，抢先说话，气壮气粗："天津卫能治病的，没一个我不认识，从来没听说有个王十二。八成打外乡新来的吧！"

惹惹没料到沙三爷这么不给面儿，凶气恶语赛有仇。八哥在他耳边说："你怎么一个庙供俩神？事儿叫你弄糟了，十二爷非翻脸不可。"

不想王十二沉得住气，不气不急不恼不火，反倒淡淡一笑说道："沙三爷的话不错。沙三爷没见过我，我也没见过沙三爷。"

这话谁也摸不着底摸不着边摸不着头脑，沙三爷却轰地一脸热，这回大白天，脸皮现红色儿。再说话，字字都赛打后槽牙的牙根牙缝挤出来的："这位王十二，今儿打算到这儿露一手？"

王十二抬手一摇，才要说不，就听二奶奶叫声骂声打里院传来："沙老三算嘛东西，卖野药的！哪个倒霉鬼把他请来，要我的命呀？他不动还能受，一动我要死啦，浑身骨头叫他捏碎啦，哪是治人？治牲口的！准是你们串通好要害死我呀，疼呀疼呀疼死我啦——"

沙三爷脸变色，打红变白变灰变青再变紫，一甩袖子便走，临走给王十二狠狠一个赛蜡丸的大白眼。王十二跟着也要走。惹惹大胳膊两边一张，赛个大肉十字，把王十二拦住，哭赛地咧着嘴说："十二爷，这沙三爷不是我请的，万没想到他也来了。我要信他，干吗还去请您！您有气有火都记在我账上，过后跟我算。您可不能撂下我二婶说走就走……"

王十二板着脸不答话。惹惹冲着九九爷叫道："你们明明知道我去请十二爷，干吗还去搬沙三爷？这不是砸我锅！"

九九爷一急不知话打哪说。灯儿影儿精豆儿都不吭声。该到使嘴的时候，八哥不含糊，上来便说道："十二爷，您跟沙三爷有嘛过节儿，我们兄弟不知道。可大少爷是外场人，懂事懂理，绝不会请了沙三爷再请您。这道理要是不懂，我们算白活三十多年，白长这一二百斤！您今儿要走，不是驳我们面子，是坏您自己名声。大夫是在世菩萨，治病救人，行的是医道，也是天道，不论为嘛，也不能扔着病人不管。十二爷，您人品医道，天津卫没人不知，我们佩服您才去求您。您听听大少爷他婶那叫唤声儿，就忍心带着这声儿走吗？"

八哥的舌头赛销子，一下把王十二两条腿销住，不再闹走。惹惹八哥一通好话把王十二请进里院，进了上房。二奶奶正连哭带嚎满床打滚儿。惹惹说："二婶，我给您请来神医王十二爷，包您眨眼就好。"

"滚，全滚！"二奶奶叫道，"哪来的神医，全是兽医！你们又是串通二爷害我来的。哎哟哎哟疼死我啦！"

精豆儿站在一边说："再弄不好，可就不是舅爷的事儿了。"

王十二瞅这俊俏的小丫头一眼，没吭声。上手动了二奶奶几下，心里就有数。他斜坐在炕沿架起二郎腿，把二奶奶胳膊撂在大腿上，双手攥住手腕，对二奶奶说："太太，您把脸扭过去朝里。我叫您咳嗽，您就使劲咳嗽一声，这一下治好治不好，全仗您咳嗽劲儿大小了。好，您听好了——用劲咳嗽！"

二奶奶赛狗咬，猛咳一嗓子，大气一喷，直把枕头边抹泪的湿帕子吹得老高，窗户纸啪哧一响。王十二手疾眼快，就劲把二奶奶腕子往怀里一扯，就听嘎嘣一声，好赛手骨头断了。惹惹吓得大叫，脸色唰的变了。却不知谁叫一声："好！"王十二往那叫好的地界儿瞅一眼，还是没吭声。别人谁也没留意，眼珠子都盯着二奶奶。二奶奶回过头来，竟然笑了，手一抖搂，活鸡赛的，好了。

王十二说："别动，腰还较着劲呢！"他叫惹惹按住二奶奶两条腿，叫八哥按住二奶奶两肩膀头，赛要宰猪。看准二奶奶酒桶赛的肥腰，运足气，忽然往上一蹿，打空中猛一扭身斜过后背硬朝二奶奶腰间狠撞。"嘎叭"又一声，这声更响，赛折断根棍子，起身站直便说："完活。"跟手打开绿绸包，里头一个号脉使的丝绵绸面小白枕头，还有两贴摊在红布上的膏药，对角折着。他取了一贴在炭火炉上烤软，就热贴上贴牢贴好，便走出屋去到前院茶厅喝茶。

一杯茶下去，王十二脑门汗津津冒光，摘了帽子，掏块帕子擦汗，看来刚刚这劲使得不小。惹惹忙招呼灯儿影儿拿热手巾把儿，端点心，往茶壶里对热水，以为王十二歇口气还要接着干，不想王十二撂茶戴帽告辞要走。刚出茶厅，二奶奶居然给精豆儿挽出来送大夫，一边叫九九爷重重赠银酬谢恩人。可九九爷取钱的工夫，王十二已经出了黄家大门。

惹惹和八哥追上去送银子，王十二拒不收钱，只说："你们对外边说，太太的病是叫沙三爷治好的，便是谢我。"

惹惹说："这银子算我送您的。您哪知道，您这一下帮了我大忙。"

王十二使眼用心打量这胖大爷们儿，伸手拿过银子，摇头叹息，说道："大少爷，我治病不治祸，哪帮上你忙。你凡事安心，待人留心就是了。"这话没头没尾有所指又没所指，却说得好低好沉好冷好静，赛句警语。

惹惹心里一激灵，追问道："这话我不懂，您再说明白点儿。"

王十二的神气又赛打岔又赛打趣，说："你不明白我明白，我不明白你明白。明白不明白，到头全明白。"说罢笑笑便去。这两句可就把惹惹和八哥扔进雾里。

正是：

> 茫茫无极生有极，乱麻到此方有绪。
>
> 看官不妨先睡觉，醒来闲读且莫急。

第四回
一道千金尹瘦石

　　这回开篇又是一首打油诗。原本是嘉庆末年一位无聊客写在大悲院正殿山墙上的，转抄在这儿，为的是好玩。原诗无题缺题忘题不要题，五言八句：

> 是福不是祸，是祸不是福，
>
> 福里潜伏祸，祸里深藏福，
>
> 世人只贪福，岂知其中祸，
>
> 世人只怕祸，不解个中福。

　　却说惹惹听了王十二的话，心中小鼓敲三天，直敲得心惊肉跳，赛有祸事临头当头砸头。可三天后鼓点没了，好事全来。心想，不是王十二吓唬自己，便是自己吓唬自己。

　　二奶奶已然满院子各屋子乱走，回身扭身转身猫身腰不疼，抬手弯手甩手使手描眉戴花修指甲搔头皮腕子也不酸。只是给老佛爷烧香叩头时，后脖颈子皱巴，脑袋有点歪。惹惹又去找王十二，半天敲门不开。墙外过来一个驼背老头说："十二爷家几天没人，怕是回老家去了。"

　　"他老家在哪儿？"

"静海吧，也兴是滦州，说不准。您有嘛事告我，他回来见着了，我再告他。"

惹惹把来意一说。驼背老头说道："十二爷的活向例没返工的。伤筋动骨一百天，这才几天！您过两天再瞧瞧吧！"

没等过两天，竟然全好利索。这一下，惹惹在叔叔家露大脸。打惹惹记事，婶子的脸阴沉沉一直没晴过，今儿云开雾散露出光透出亮，居然一口一个称惹惹"大恩人"。惹惹受宠若惊，一时反倒尴尬，笑不会笑说不会说，胳膊大腿不知往哪搁。九九爷对二奶奶说："我看大少爷热心热肠子，够仁义。有些话不知当不当说——咱家二爷向例不喜好买卖，自打大爷去世，柜上的事全撂给我。我霍九九身受您家重恩，有一口气也得给您家使唤，可上了年纪，心虽强，可力气不济了。做买卖对外靠耳朵嘴两条腿，对内靠一双手一双眼，如今全不灵了。里里外外指着俩小伙计哪成？灯儿老实，可有点过劲，老实过了人就笨；影儿灵巧，也有点过劲，灵巧过了人就鬼。我有个馊主意——把大少爷请到柜上来吧，他远近有帮朋友，能说会道又不怕受累。铺子交给他，说不定叫他折腾活了。怎么说，他也是您黄家人对吧？"

二奶奶一笑，才要点头。精豆儿立在身后，悄悄使手指穿过椅背，捅一下二奶奶胳肢窝。二奶奶马上变了意思，说道："九九爷别忘了，俗话说，买卖家向例不招三爷——姑爷、舅爷、少爷。"

九九爷说："他哪算得上三爷！说近了是您亲侄子，说远了不是您家少爷。你要信得过我，我给您攥住账本搂住钱匣子就是了。"

二奶奶便点头说："成吧！"

惹惹就走马上任，当上萃华斋南纸局少掌柜，新官上任三把火，内靠九九爷，外靠八哥那帮穷哥们儿，先把铺子囤积多年的老纸老墨老笔老砚往外折腾。八哥手下那帮弟兄一叫就来，有求必应，不贪利，肯出力，有事干就来神。不消多日，拿这些陈货旧货老货长霉长毛长苔长虫子的压手货，愣当作古董，给用户挨家送上门卖掉。死账变活账，死钱变活钱，旧货变好货，有买有卖，买卖就欢。

萃华斋是个百年老字号南纸局，在黄家传了五辈。黄家人前四辈辈辈单传，人人既是念书人又是买卖人。天津卫南纸局大小十多家，掌柜的舞文弄墨可就高出一截。纸局书铺和饭馆布店不同，文人尚雅，不懂行不够格不对心气儿。买卖的主顾一半是买主一半是掌柜的朋友。天津卫各大书家画家镌刻家都在萃华斋挂笔单，以此为荣，挂不上笔单不够份儿，买卖还不愈干愈大愈旺愈壮？可轮到惹惹上一辈，黄家改单成双，生了两个儿子。怪的是这一改，人的能耐也一分为二。大爷天生见书就头晕，心里却长一盘算盘，记字儿不成记数儿赛钉钉子，人又能张罗，虽然人没书底，买卖有老底，叫他一折腾，门脸扩成五大间。天天后晌上门板，一尺半一块，要上九九八十一块。无论嘛事物极必反，老天爷不叫黄家再富。一天黄大爷在西北角聚合楼宴请徽州来的墨商吃螃蟹，猫尿喝多了，打楼梯一头栽下来，栽过了劲儿，栽到阴间。死去的黄大爷名叫存真，黄二爷名叫存是。老太爷给他起这名，出自一句古训"一是尚存勤读书"。二爷应上这话，天生书虫子，拉屎手里也攥书本，性情淡得赛白开水，先迷老庄，后迷佛禅，拿经文当米饭，拿铜钱当铜片。大爷一死，二爷不接着，买卖撂给账房九九爷。九九爷打老太爷活着就在柜上管账，忠实得赛条老狗。听惯别人吆喝，自己反没主心骨。拢不住人拿不住人招不来人；买卖家都立在斜坡上，不往上爬便往下滑。慢慢给黄家一大家人坐吃山空，先是把锅店街的铺面卖了，再把住家前院几间库房凿墙开门做铺子，没干两年也到了闭门关窗摘牌匾盘老底儿的境地。九九爷天天坐在柜台里发愣发呆打盹打喷嚏，偶尔来个主顾吓一跳。

惹惹一惹惹，死树钻新芽。八哥那群弟兄平时有劲没处使，更捞不着大买卖做，这回是哥们弟兄的事，又放手叫他们干，个个来神。脑袋灵，点子多，眼神快，舌头活。八哥把他们分作两拨，一拨守在码头，只要见南来北往买卖纸笔墨砚的，上船就谈，货好就买，跟手就卖。有时打这船买货，卖到那船，掏了这舱填那舱，空着手去，拿着钱回来。加一拨人盯住大宅大院文人墨客官府衙门，缺嘛送嘛少嘛添嘛，人不贪懒，赚钱不难。多年冷清赛古庙的铺子，这下算盘珠噼啪响得不识闲，天天柜台椅面用不着拿鸡毛掸子掸灰，都叫客人袖子袍子擦得光板亮，天天打早到晚斟茶倒水迎客送客说话赔笑，累得九九爷夜里浑身散架腿肚子转筋，还笑。俩小伙计闲惯了，顶不住劲儿。尤其影儿那小子，得机会就到后头找精豆儿说惹惹恨惹惹骂惹惹。这叫：坏了没人说，好了有人骂。换句话叫：有骂就好，没骂就糟，不好不坏乱糟糟。

一天，海户养船的天成号韩家老爷子做寿。八哥带着狗剩送去四大盒写请束使的梅红素帖，外加四刀写喜字寿字使的朱砂撒金蜡笺。管家说："我家新翻盖了一间花厅，迎面墙缺幅横批大画，顶好是丈二匹。老爷说不怕价大，只要画好。宁肯出高价，一尺画十两银子。这画你弄得来吗？"

铁嘴八哥说："您老真是大户人，天津卫的门门道道没您不明白的，您要这东西离开我们萃华斋还真不行。虽说天津卫南纸局都有写字画画的挂笔单，可不是三流就是末流。我们萃华斋是一百年老字号了！俗话说'十年铺子，人捧字号，百年铺子，字号捧人'。对吧？有头有脸的名人哪位不跟我们论——"他差点说出"论哥们儿"，多亏嘴快舌灵，马上改口换词，"——论交情。这事您就包给我，管保您满意还得您家老爷满意。老主顾，先别提价钱不价钱，等画拿来看。对心气多给，不对，我们白送。成不成？"

不是有嘴就能说，能说才算好嘴巧嘴铁嘴。管家听了心里开花脸上笑。八哥回到铺子里一说，九九爷眉心皱成硬核桃，说自打锅店街上老铺面盘出去，再没画画的来挂笔单，这项活早绝了。丈二匹纸库里倒有，只怕求不来能人画。天津卫写字画画的都是小家子气，没能耐谁敢动丈二匹？敢伸手的大概只有黄山寿、马景韩、王铸九、吴秋农这几位。名大架子大，门槛比墙头高，找上门准碰钉子。

"九九爷，您把纸给我吧，能人咱有。"八哥居然大包大揽。

九九爷将信将疑也信也疑，打库底翻出半刀纸，打开一股潮气，看上却湿润光洁闲雅沉厚，赛一卷软玉。九九爷说："这是不掺假的汪六吉纸，一张就值二十两，可别糟蹋了。"

"瞧您说的，又不是惹惹画。"八哥说，一边跟惹惹打趣。

惹惹笑道："我会画一串大王八。"

八哥拿纸回去，当晚把老亮、狗剩、杠头那一群小子全叫到家，一说。转天狗剩就带来一位画家，跟随八哥一齐来到萃华斋。这人又高又瘦又干又脆一根细麻秆儿；小脑袋顶大赛个茶壶，眼珠赛玻璃球，有眼无珠，亮而无神；耳朵好比俩蒲扇，脑袋后一根猪尾辫，可是前额发短，梳不到辫子上去，四散开一片黄毛。袍子赛卦摊的帐子，有土有泥有洞有补丁，细赛枯枝的手攥卷画儿。

影儿悄悄对灯儿说："哪儿弄来这臭要饭的，小脑瓜赵壁吧！这份德行还画画，拉屎都拉不成堆儿。"

惹惹和九九爷马上绕出柜台迎客。

八哥对九九爷说："这位在咱天津卫画界唱头牌，大名齐天的尹瘦石，尹七爷！"

惹惹不懂书画里头的事，听说名人就高兴，行礼请坐招呼小伙计烟茶侍候。九九爷压根儿没听过这姓名，以为自己多年蹲在铺子里，不闻天下事，怕对方怨怪，也是赶紧客套寒暄说好听的。可再瞧这人这打扮，不赛有身份的名人也不赛玩风流的名士，倒赛一个穷鬼。

"看看画吧！"九九爷说。

"对对。瞧瞧墨宝，饱饱眼福！"惹惹乐呵呵说。

这尹瘦石把扎画的红线绳解去，剥开包画的破毛头纸。这纸满是墨渍色渍水渍，原是作画时垫在画下边的衬纸。惹惹忙帮忙，捏着卷首，一点点打开画卷儿。先露出一个粗笔写意勾勒的童子，倒还有味儿。这童子手里拿根绳子，下边画上只有这绳，一根线儿。画打开一半，还是条线，这线就没完没了。愈急着往下看愈没东西。直打到另一端，才现出一辆小车，车上十八个金元宝。画上题四个字：天天进宝。

九九爷看画时，脸上的肉堆在颧骨上，等着看完好赔笑捧场。可看到这小车，一脸肉唰的掉下来，落下巴上。心想糟了，这穷鬼多半财迷疯了，一根线画了一丈长。惹惹看不出门道也看不出热闹，却一个劲儿叫好。只叫好，却说不出好来。再瞧尹七爷，只能瞅见尹七爷的鼻子眼儿，这架子比总督老爷还大。九九爷不敢多言，寻思一下说："这好的画，还是快给买主送去吧！"惹惹也要随去，跟着名人威风威风。九九爷暗暗揪住惹惹后腰，示意他别动。心想这下可要砸锅。

不出九九爷所料，画拿进韩家，老爷就火了。说画上嘛都没有，一尺一根线就要十两银子，是画钱还是纸钱？管家把这话原封不动告诉八哥。八哥笑道："要是蒙人赚人，萃华斋一百年前就关门了，还能火火爆爆干到今天？实告诉您——今儿送这画，不为了钱，倒是想叫您家老爷在天津卫落个懂眼识货的大名。这位尹七爷是藏在水底下的龙，躲在云后头的凤，能耐比谁都大，可他宁肯在家吃窝头酱萝卜，也不肯在市面瞎掺和。在尹七爷眼里，那些画画的名人没一个靠真能耐吃饭，多半是唬。一小点盐粒一大盆白水，冲一锅汤。我跟他一提您韩家老爷，他才肯提笔。人家封笔多年，笔头都搁硬了，还是我帮人家拿热水把笔头泡开的呢。尹七爷有能耐不露，今儿露就露这条线，我问您，天津卫有谁能一条线画一丈长？"

管家也不懂，不懂只好傻点头。八哥气不断话不断接着说："尹七爷说，请您家老爷邀来天津卫名人，一齐作画。只要有一位能画出这条线，他分文不取，天天拿扫帚给您扫大门口。老管家，这事干得过，要是尹七爷把那帮混吃混喝混名混日子的废物斗败，您家老爷可就声名大振，天津卫八大家，除您老爷哪位还懂字懂画？"

八哥这套话给传进去，韩家老爷立时应了，出帖子真的把天津卫画界名人请进家门。连大名赛日月的张和庵、马景韩、黄益如、黄山寿、吴秋农、王铸九、方药雨全到齐了。似乎不来就没能耐，来了也要瞧瞧这土里冒出来的狂夫有嘛拿手本事。当下，轿子停满院，人坐满厅。尹七爷坐在一边，没人理他，好赛理这无名之辈就矮一截；墙上挂着尹七爷的《天天进宝图》，各位一瞅就赶紧扭身回身背身，好赛多瞧一眼就给这一介草民添点神气。名人交名人，名人看名作，名借名，名托名，名仗名，名添名。只有八哥站在尹七爷身后，照应着这位打擂来的奇人。

大厅当中摆一条黄花梨木大条案，桌帮桌角桌边桌腿全刻花镶花镂花，大户人家那份讲究无所不到就别提。案上铺张丈二匹大纸，四角拿铜龙铜马铜狮铜虎压住。一端摆着水盂色碟笔筒砚台，别说韩家向例不弄笔墨丹青，家伙样样是头一流，阔也压人。一方二尺见方长眼大端砚，满汪着墨汁。作画不用宿墨，这是叫两个小丫头起五更研出来的。墨用明墨，墨赛漆，亮赛油，墨香满室，淹过盖过浓过香过窗根下八大盆蜡梅的味儿。

韩家老爷把话一说，居然没人上前，不赛平时雅聚，你出两管竹我落一块石他甩几条水纹再添个虫儿鸟儿鱼儿。尹七爷只管一边喝茶，好赛等着瞧小孩子们玩耍。还是方药雨有根，上来一捋袖子就干，先打右边几笔画个蜘蛛网，跟手打网里拉出一条蛛丝来。众人点头称好叫妙喝彩助威，恨不得他一下打败那无名小卒毁了完啦。可是这条蛛丝拉到四尺开外，笔头就挺不出，线条也塌下来，再一顶劲，忽叫："笔没墨了。"只好搁笔，脸赛红布。

众名人不吭声，脸上无光。韩家老爷却面上有光。他是尹七爷的伯乐，名人无能，他才出名。他说："哪位再来。"并叫佣人们撤画换纸。

黄山寿笑了笑，走到案前，把长长胡子一挽，撂在肩上，捉笔就来，先嘛不画，只画一线，打右朝左，赛根箭射过去，出手挺奇，一下把众人招得拥上前。黄山寿与吴秋农不同，吴秋农擅长小写意花鸟，平时顶大画二三尺的条幅；黄山寿是山水出身，动辄六尺中堂，粗笔泼墨，一气呵成，向例以气取胜，可那是连笔带墨一大片，笔不足，墨可补。当下这大白纸上，好坏全瞧这条线，无依无靠无遮无掩无藏无掖，好赛唱戏没有胡琴锣鼓帮忙，就得全仗嗓子。有味没味嘛味，都在单根一条线里，必得有气有神有势有质有变幻有看头嚼头品头才行。笔尖不过手指头大小，蘸足不过一兜墨，必得会使，再说一丈长的线，还要悬腕悬肘悬臂拔气提气使气，站在原地不成，横走三步，才能把笔送到头。黄山寿不知轻重不知手法不知窍门，愣来愣干，线走一半，只知换步，不知换气，一下撤了劲儿，线打疙瘩，再用气，劲不匀，忽粗忽细忽轻忽重，手下没根，笔头打颤，变成锯条了。黄山寿把笔一扔，脸赛白布。

这一来，没人敢上阵。名气顶大的张和庵，专长工笔花卉，平时都是小笔头，哪敢贸然出手？到了这节骨眼儿，谁都明白，一栽就栽到家，不如装傻充愣不出声，不叫人看见才好。韩家老爷再让，就成了你让我，我让你，嘴上相互客气，好赛要把别人往井里火里死里推。

尹七爷咔嚓一撂茶碗，起身甩着两条细胳膊走来，这架势赛长坂坡赵子龙如入无人之境。叫人再搬一条长案连上，拿两张纸，接头并齐，使镇尺压牢，这家伙，居然要画一条两丈长的线，真是打古到今没听说过。只见他先在右边这头下角画个童子，再在远远左边那头上角画只风筝。打笔筒抽出一管羊毫大笔，蘸足墨汁，眼睛半闭，略略凝神。忽然目张赛灯，就打这右端孩童扬起的小手，飘出一根绳，赛有风吹送，悠悠升空，遥遥飞去，神化气，气入笔，笔走人走。气带人走，笔领线行。笔头到了两张纸接口处，不磕不绊不停不结，线条又柔又轻又飘又洒脱又劲韧，真赛一根细绳，能打纸上捏起来。笔管在瘦指头里转来转去，这叫捻管。画出的线，忽忽悠悠，有神儿，有味儿，有风儿。他横处走出六步，忽地身子一收，小脑袋黄毛一张，笔头一扬一住一抬，线头刚好停在风筝的骨架上。两丈多的画上，虽说只有一根线，却赛有满纸徐徐吹拂的风。

没听有人叫好，却看得个个见傻。那些人原本是画画来的，倒赛是看画来的。

八哥也不管自家身份，对韩家老爷说："您说这画值多少银子？"

"一尺一两金子！"韩家老爷说。非此不能表示他懂眼。

这话这价，把一屋子天津卫名家吓蒙。尹七爷有根，没蒙，还那神儿。众人瞅他，只能瞅见两个鼻子眼儿。

天津卫八大家数韩家最阔。有权能治有钱的，有钱也能治有权的。韩家老爷捧的人，县太爷也当人物。打这儿起，天津卫蹦出一位尹七爷。尹七爷画有根，人也有根，过河不拆桥，念着萃华斋知遇之恩，在萃华斋挂笔单卖画。天津卫有头有脸的都来买画，挤成虾酱。只好预先约定，交一半定金，排个儿等候。润笔是韩家出的例儿，一尺一两金子。可"益照临"张家不甘称俗，出价一尺二两，一抬一哄愈抬愈哄。卖一张纸才多少钱？尹七爷抹两笔就成金，这真叫点纸成金。萃华斋和尹七爷对半分成，一下一块发大财。西关街鼎福营造厂来人揽活时说，外边都嚷嚷黄家要依照租界洋楼样子盖楼。三天两头便有媒婆子登门，冲着病病歪歪半死不活的二少爷提亲说媒。连门口要饭的也见多。黄二奶奶信神信佛，听见要饭的在墙外叫唤，就叫精豆儿拿几个铜子去打发，好给自己来世积善积德积福。可这一来要饭的成群结队，大门口一片片破衣烂袄，扯着破锣嗓子叫苦叫穷叫疼叫饿，把二奶奶叫烦了，只好叫来影儿弄条狼狗去赶去撵。

八哥虽不精通买卖，却看清世道。萃华斋势头正旺，更要加柴吹风，火上浇油，借劲添劲铆劲使劲，便与惹惹和九九爷一合计，立时印了八百张传帖，交由八哥那帮弟兄城里城外各处张贴散发。帖上印着：

萃华斋津门纸局之冠百年老号旧址锅店街现今开设北城乡祠东街白衣巷胡同南口为扩充营业起见各货大加整理如南纸简笺喜寿屏联八宝印色湖笔徽墨簿籍表册石版印刷学塾用品无不刷旧翻新精益求精以期仰答赐顾诸君之雅意特邀画界最负盛名千金一道尹瘦石公挂单售画诸君士女如爱尹公墨宝请临本斋无限欢迎此启。

帖子一出，满城皆知。这"千金一道尹瘦石"叫得好。是八哥随口诌的，却把尹七爷的能耐全包进去。外号比大名好叫响。这"千金一道"又跟萃华斋穿连裆裤。这下眼瞅着就把几家南纸局挤垮。连买擦屁股的草纸也找到萃华斋来。九九爷乐得打早到晚咧着嘴，把嘴巴上的皱纹挤到耳朵边，模样变年轻。他对惹惹说："你爹在时也没这火爆过。咱纸局要还阳了。"

惹惹成了黄家大红人。天天出出进进，黄家个个朝他说好听的。十多年，二奶奶没拿正眼瞅过他，连丫头精豆儿也给他后背瞧。如今单说精豆儿，亲妹妹赛的。总拿些吃的使的用的悄悄掖给他。不知是二奶奶给的，还是精豆儿偷偷弄出来的。他问，精豆儿不说，眼儿变成一对桃花瓣儿。一天，精豆儿拿个带丝穗的绣花梳子套儿塞在他大肉手里，就势轻轻捏了捏他小手指头尖，好赛捏了他的魂儿。打小没女人这么待过他。他瞅着这比自己矮两头粉面红唇俊俏小女人，浑身冒邪火。夜里躺在老婆身边，总掉过背，寻思着和这小女人怎么闹怎么美。糊里糊涂把老婆想成这小女人时才来劲儿。心想，如今是时运财气艳福迎头全来了。这叫作：坏事没单，好事成双。

这天饭桌上，二奶奶拣大的肥的香的，夹在他碗里。酒喝多点，借劲儿忽把憋在肚里的话说出来："听说咱祖上传下个金匣子……"

不容这话多说，刚这一句，二爷的脸色跟死人差不多，撂下筷子剩下半碗饭走了。二奶奶也咯噔一下收起笑脸，没人敢吭声。精豆儿站在二奶奶身后朝他摇手。他想好事要坏，心头一惊，酒劲一扫光。话说到这儿，改不成躲不过岔不开。话撂在这儿，人也撂在这儿了。再瞧，人全走净，一桌子残羹剩饭碟子碗儿，独独他自个儿。又想，这金匣子里头到底藏着嘛玩意儿？为嘛一提，老黄家天塌地陷死了人赛的？早知这样不该提，都是老婆逼他闹他非提不可。好不容易锔好的锅又砸了！他"啪"给自己一个嘴巴，打得一个饭粒从嘴里蹦到桌上，大肉身子一抬就要回家，给那专坏事的娘儿们一顿狠揍。

第五回
倒霉上卦摊

嘛一样，没一样。世人没重样的东西。甭说人甭说脸更甭说命，两只蚂蚁瞅着一模一样，爬起来快慢不同；两个水珠瞧着不差分毫，可各待在各的地界儿，一个沾在花瓣上，一个掉进阴沟里，一天一地一香一臭一个有光有亮一个无影无踪。再往深处说，一件东西自己跟自己也不一样。今儿模样漂漂亮亮，明儿绊一跤，摔掉大门牙，说话撒气漏风，即便补上个金牙，一张嘴照人眼，模样也变。再比方，天生一条油黑大辫子里，藏进一根白发，不当事儿。不知不觉，辫子就花了，再变可就变不回来了。

这里头多少道理且不说，且说惹惹进了家门，赛点着药捻子的炮，说炸就炸。兔皮帽一摘，死猫赛地远远扔到桌上，砸倒帽筒；马褂当中一裂，硬把两个盘花疙瘩襻儿扯断，穿鞋就上炕，大仰八叉一躺，眼珠子瞪圆瞪红瞧房顶，好赛瞧哪儿哪儿着火。老婆桂花一开口，他就拿话呛。黄家人向例女人厉害。惹惹占上风也不过开头三板斧，桂花火一上来便丢盔卸甲一败涂地屁滚尿流。近一阵子，惹惹在外边威风，时不时发点小火，桂花不觉顺他由他。气愈顺愈盛愈旺愈长，可是过了劲就要返回来。这叫作阴阳消长，一长一消一盛一衰，一衰一盛一消一长。六岁的胖儿子肉球儿要跟他亲热，一条小腿刚跨上炕沿，就给盛气十足的惹惹一脚蹬下去。肉球儿哇哇哭，桂花两眼瞪亮，问他要干吗。惹惹忽地一挺肚子坐起来，吼道："还问我，问你！好好的事叫你闹砸啦！我说别提那金匣子，你非叫我提。一提，二叔二婶全翻脸。好不容易圆好的事儿，一下子全毁啦！咱谁也没见过那金匣子，你知道那里头有嘛，为嘛总盯着那谁也没见过的破玩意儿。这叫我今后还怎么往二叔家去，全玩完啦！"

桂花是个大火药罐子，惹惹冒火她就炸，惹惹一炸她更炸。扯脖子一叫，鼻子眼珠眉毛全离了位，声音赛杀鸡："好呵！你怪我，我怪谁。谁说你家有个祖传金匣子，谁说你爷爷有遗嘱放在里头，不是你那不长命的爹？谁猜那匣子里头装着珍珠玛瑙大元宝，不是你这个王八蛋是谁？嘛，破玩意儿，当初谁说那匣子里的东西拿出一件就够吃半辈子？嘛，我闹砸了，我为谁？自来黄家人谁拿你当人？你忘了，大年初一去拜年，你那肥猪赛的二婶，见面就给你后脑勺。如今叫你进门上桌吃饭，就美得你不知哪是北了。你当人家拿你当人了，拿你当傻小子！当小跑儿！当狗使唤！为嘛一提金匣子他们就翻脸？那匣子里头有你应该应得的一份！你在人家面前当孙子，受气往家里撒，算嘛男人！我倒霉跟你这王八蛋，没胆子有能耐也行，没能耐有胆子我也认了，任嘛没有，没吃没喝没穿没用，活像要饭的！孩子大人见了娘家人就往小胡同里扎，怕人笑话。我上辈子干嘛缺德事儿啦，跟你这脓包受穷还整天受气呀……"

说到这儿，大哭大叫大闹，眼泪赛开河。索性把头发拉散，一头扎进惹惹怀里，扯衣服捶胸口挠脸揪耳朵。惹惹知道拿嘛话也挡不住止不住她，愈闹愈大愈凶愈狂；他使劲一推，把桂花推个驴打滚儿，叫一嗓子："我不活啦，跳白河去！"夺门往外跑，拿出个寻短寻死的样子，却赛逃灾逃难逃祸逃出家门。

在外头东转西转瞎转一通转，转悠来转悠去就来到北门外的鸟市，瞧瞧红嘴黄莺虎皮百灵，逗逗飞，逗逗叫，逗逗神儿，心里的乱七八糟才静下来，可抬头瞅见一只野雀，落在干树枝上往下打量。笼中鸟不得自由，却天天有人侍候吃喝，总比野雀空肚子瞎飞强，歇不住待不久无家可归有家难回。这想法合上自己，好不自在。

一路走出鸟市，便是院门口。这儿没店没铺没房，一大堆摊子棚子挤得热热闹闹，卖吃卖喝修破缝穷五行八作，江湖上的金瓶彩挂也夹在当中。先前一到这儿，必得看看洋片杂耍变戏法儿。今儿打不起兴致，瞧嘛都没劲。拉洋片的出洋相，耍杂耍的赛耍猴，变戏法的糊弄人。一个棚子吼喊乱叫锣鼓乱敲闹得正欢，上前冒一头看，原是打滦州来的影戏，这倒新鲜，有心钻进去瞧，只见门两边写着一副对联：

有口无口且将肉口传皮口，
是人非人聊借真人弄假人。

大对联旁还附一副小对联：

天下事无非是戏，
世间人何必认真。

一琢磨，立时没了心气儿，才要走，忽听右边一个声音朝他说。声赛敲钟，直贯双耳："这位大爷，您转过脸儿我瞧瞧。"

他扭脸瞧见对方。敦敦实实一个红脸大汉，油皮亮脸，双目点灯，秤砣鼻子，大嘴赛船，大耳朵赛鞋底子，耳朵垂儿是俩肉蛋，好比庙里老佛爷耳朵，满脸福相。板赛地挺着方肩圆背，坐一张木头桌前赛口钟。桌上摆着笔墨，摇课使的三制钱，占签使的竹筒子，插一把发红发暗又发亮的竹签子，一准是五十根；一沓子八格纸给小砖头压着，怕风掀跑。风干好事也不干好事。上边拿四根竹竿挑块白布当棚，太阳照白布，一片光亮，唱戏赛的，却是个卦摊。可卦摊上唯独没半本相书，看来一切天机神数过去将来眼前祸福都装在他肚里了。

惹惹本是玩玩乐乐大闲人，嘛事不走心，无所求，不信命。天津卫算卦相面这套五花八门，走江湖所道"金批彩挂"，头一字"金"就指相面算卦。像什么梅花数马前课批八字黄雀叼帖坐地不语灯前神数奇门遁甲，相面相鼻相手相口相耳相痣，他都试过，向例当玩。说对了，一乐；说错了，也一乐。金批彩挂，全凭说话；谁信谁愁，不信不忧。今儿更没心思玩这个，抬手抱拳拱拱说："谢您了，我还有事。"才要走。这红面相士说："哪去！您没处去，到十字路口了，该问问道儿了。"

这话一下逮住他。他一怔工夫，红面相士便道："您别疑惑我的话，您的事儿全在脸上。想打听，我告您。不想跟您要钱，只想给您指个明道儿。您要打算糊涂着，只管走，我不拦您。"

这话赛根绳，套住惹惹脖子，愣拉回来。惹惹说："我腰里钱不多，够你使三天。你要说对，我全撂在这儿，错了，我掉头就走。"

红面相士说:"这话要是打别人嘴里说,我就叫他走。您说,我不当事。为嘛?俗话说——倒霉上卦摊。可不是您找的我,是我找的您。为嘛?您的事别人不知,我知。我看您人不错,害人之心没有,防人之心也没有。当下落到这地步,姥姥不疼舅舅不爱,家里逼着,外头挤着,瞧不着路,够委屈您的。我是不想叫您两眼一抹黑走下去。谁在乎钱不钱呀!"

愈说愈对心气儿。红脸相士拿眼在惹惹大脸上画一圈儿,便说:"三十四,癸酉年生人,属狗,老人全不在了吧?"

开头三句就叫惹惹吓一跳。脚没蹦心蹦,红面相士笑道:"这不算嘛,全在您脸上呢。脸上没有,我也说不出来。天有天道,事有事理,人有人命,这叫作天定不能移。都说看相玄,其实不然。一人一个样,全是胎里带。人在娘胎里,没落世,命就定下了。可是,命是一码事,运是一码事,运能变,命不变。就说您小时候——我捏捏您耳朵——好,不错,够个儿,也够厚,轮大果满,幼福无边。我不单给您看相,还把相上的道理告您。人一生下来,打左耳朵开始,左耳朵七年,右耳朵七年,二七一十四,这叫'儿运',也叫'父母运'。为嘛叫'父母运'?吃喝指父母呗!十五岁运气就到这儿——脑袋顶正中间,对,这儿,走天中。说到脑门,叫'天庭'。天庭必得饱满。您天庭还算不错。顶好的天庭是,其高如立壁,其广如肝肺,光滑无纹,不塌不陷无棱无角,好比鼓帮儿,这种人很少,您还够不上。为嘛?您脑门上头往后头抽点,下边往前头撅点,鼓还鼓,没成壁。一到十五,黄金成土。十五岁您家出点事?"

"我娘正是这年死的。"惹惹说,赛招供。

"我说是不是?"红面相士心里高兴,满脸生辉,说话一带劲,声调顿挫,"您还克父母。为嘛这么说?您这两边,眉头上头,叫日月角。左边是日角,属阳,是您爹;右边是月角,属阴,是您娘。左角够高,老人主贵,您爹是个高贵人,吃过穿过,嘛都见过,金河银河,打兜里绕过。您祖业根基够厚,所以我说您小时候命不错。还是那句话,儿运就是父母运呗!可是到后头就坏事了。为嘛?您回去对镜子瞧瞧,脑门上三道,这叫冲煞纹。出了这纹,必得是——财也散,事也伤,家也败,东西也坏。这不是您人不好,是您命不好。要叫我说,叫您赶上了。赶到您十五以后,一切全完。二十二走司空,您这正好一个坑。您摸摸是不?"

惹惹一摸吓一跳,叫道:"我一直不知有个坑。"

"看相,要紧是看骨头,不看肉。肉有时候多,有时候少;皮有时候亮,有时候暗,可皮肉变得了,骨头变不了,这就是命。哪鼓哪瘪哪好哪坏哪祸哪福,都在骨头上。您二十二出过嘛事?"

惹惹一寻思,又吓一跳,"那年地震,土地爷翻跟斗,我的房子塌了。我叔叔婶子叫我打老宅子搬出来。"

"人挪活,树挪死,树断根,人断气。这气不是人死活那口气,是您跟祖宗家业不接气啦!"

"我听得后脖子直冒凉气。别人不知道的,您全知道;我自个儿不知道的,您也知道。"惹惹说,两眼瞪得锃亮溜圆赛一双玻璃珠儿。

"别急,我的话还没完。再说您这人,嘴大、手大、脚大。三大对三大。口大,心胸大,小事不走心,大事不当事。所谓'口阔容拳，出将入相'。您这人不别扭，也不找别扭。换个人上吊的事儿，您往脑袋脖子后边一扔。要说心里有数没数，谁心里都有杆秤。可您的秤杆上没星，不计较。论肚量，您能进总理衙门做大事，可您没有官运。为嘛？在您嘴上。古人称嘴是'口之城郭，舌之门户'。无论大小都得端正，最忌偏歪尖小单薄露齿，口若露齿，有事难遮。看相的把人嘴分作五种，一是方口，二是樱桃口，三是吹风口，四是仰月口，五是覆船口。您嘴大四方，口角齐正，原本好好一张方口，可您门牙差点，往外撅，把上嘴唇顶得略微往外掀起来，这就沾上点吹风口，做事欠果断，心肠热又软。再加上您脑门中间没纹，不是操心命。天生不操心，命不入官门，心肠软，不当官。您别急，还有句话等着您呢——不操心，却省心，不做官，不伤神，舒舒服服大闲人。我是不是觉出您的脾气来？我可不认识您，相上有嘛，我说嘛。"

惹惹只管鸡赛地点头。他给红面相士说是吹风口，怕露齿，闭着上下唇，更说不出话来。

"再说二大，是手大。您瞧瞧自己这两只手，掌长肉厚皮细指软，《白鹤神相》上说的'贵人之手'总共四条，您一样没丢全沾上了。这种手富不怕富，穷不怕穷。大钱如船挡山外，小钱如风阵阵来。虽说您祖宗有钱不能赙受，六亲不认靠不着，您也不缺钱花。钱打哪儿来，我不知道。可您穷不死，饿不着，一沾穷，必有贵人。"

"倒是常有朋友帮忙。接个短，找点活，不瞒您说，我人缘儿还可以。"

"我说我不知道吧。您不是穷命，可您再瞧瞧您的手。手指头够长，手掌不够宽。指头是钱耙子，手掌是钱库。有钱没库，有了金山存不住。就是几个铜子，放在兜里也痒痒。人家缺钱您就给，认识不认识领进家就吃，吃完连人姓嘛叫嘛也忘了。这才叫手大。您好交，朋友有事您好张罗，朋友也心甘情愿给您使唤。天时地利人和，您压根占着人和。我这话要有半点错，您现在站起身就走。"

"没一个字儿错！"惹惹叫道，"我爹我娘我老婆也不比你知道我！"

红面相士听得欢喜接着说："再说三大，脚大。人活在世，站着走路，全得使脚，死了一躺，脚才没用。脚是人根，也是命根。脚大命必大。"

"这话您甭细说，我说吧！去年坐车去紫竹林租界，一车人全掉沟里，最轻的把脖子摔断。只我一个爬上来，没事儿，连肉皮也没蹭破，这事奇不奇？老爷子，你算绝啦！过去我常说，谁算卦谁傻瓜，今儿我才明白，谁不信谁傻瓜！我再求您一件事，我眼下怎么样？是不是赶上倒霉事儿了？"

"我刚头拦您，就要告您这个。刚才这一大套，说的是命，现在说运。为嘛先说命，后说运？命是死的，运是活的，好比命是河道，运是水里的鱼。不知命，碰到好运，该抓不敢抓，不该抓愣抓，好事弄坏、坏事更坏。眼下您以为山穷水尽，实则柳暗花明。您回去瞧鼻尖儿，人的运气一来，先亮鼻尖，您这是鼻赛灯苗，运气正高；运气一到势如潮，逢凶化吉鼠避猫。可人转运时候，好比冬去春来交节换气，总要三天暖两天寒，别怕！为嘛呢？不管您怕不怕，天该凉就凉该暖就暖，由不得您。当下是，明珠埋土许多年，有光不发实可怜，大风一日忽吹起，拨开云雾见晴天。您信我就听我的，别犯嘀咕，拿出胆子，爱嘛干嘛。不信您抽个签子瞧瞧，一准是'天地泰'。上阴下阳，阴压阳，可天边阳气愈来愈旺，上边阴气愈来愈衰。这里有四句话，'眼前迷雾都不算，云彩后边是蓝天，蓝天万里再没影，大圆太阳头上悬'。少说三五月，多则大半年，阳劲儿一上来，您是新袍新褂新靴新帽新鱼新虾新房新轿，吉祥安泰，万事如意。到那时，管保是'乾天卦'，要有半点不对，我就不算个相面的！"

惹惹赛穷秀才中举，差点给红面相士叩头叫爹。左瞅右瞧没一个看热闹的，身后只有一个小卦摊，算卦那人没事做，背朝他趴在小桌上打瞌睡。他便乘兴凑前压低声说："实话告您，我家祖传有个金匣子，都说叫我叔叔婶子独吞了……这是家丑，不该外扬。既然您这么神算，我打算问问您……"

红面相士立时张手制止惹惹的话，正色道："您打往，这不是我的事。人有命运，我便算命，世间是非，非我所能。我要瞎说，就是骗您。您这是衙门里的讼事儿。"

惹惹心里惭愧脸发烧，起身掏银子付钱，不料这相士说："银子您拿去，我的话要应验了，您再送钱来也不迟，到时别美得晕头转向，把我忘得一干二净就是了。"

惹惹叫这相士道破天机，心里的石头全搬走，满心欢喜，哪能甩袖子就走，忙把怀里的碎银子零铜子掏净了，撂在桌上，再三再四谢过才去。刚走出市口，迎面来个男人，跟他脸对脸站住，仰头瞅他。这人四十来岁，矮小精瘦，短打扮，后腰别一杆二尺多长斑竹烟袋，一头玉石嘴，一头大银铜烟袋锅儿，比嘴还大。光脑袋，梆子头，一绺黄毛刚能揪住缠起一道红线辫根，赛个起性的小猪鸡巴。干巴脸上一左一右鼓起两颗骨，赛核桃。上头架一副圆眼镜，镜片发蓝挡着眼神，眼镜却对着自己。惹惹认的人多，怕记不住得罪人，便说："哥们儿，嘛事？"

这人板着青巴脸说："谁是你哥们儿，我不认得你。刚头你叫人看相了？"

"你怎么知道？"惹惹一怔。

这人嘴一歪，左嘴巴一条弯沟，说："你本不该这么得意，却一脸笑，一准叫那个在江湖混饭吃的相士唬住了。"

"为嘛不该得意？"

"自己的宝贝在人家手里，得意嘛？"这人说完就走。

惹惹一惊，心想今儿怎么专碰奇人，上去扯住他袖子说："你能帮我？"

这人拿一对蓝眼再看他，直看得惹惹心里发毛，才冷冷说一声："你随我来。"转身便走。

惹惹身不由己老老实实跟在他身后脚后屁股后边。

此处有诗曰：

方离乱土岗，又入深水潭，

人事明处解，鬼手暗中牵；

打破葫芦皮，籽出把芽钻，

开花结葫芦，籽复在其间。

第六回
祖传金匣子

许是应上红面相士的卜语，好事有腿，你不找它它找你。第三天影儿就找上门来，对惹惹说："二奶奶请您去一趟。"

一听这"请"字，事就有光彩了。

急步出家门，大步进大门，九九爷迎上来说："大少爷这两天身子不舒服吧？您没到，铺子都快乱套了，几次打算叫灯儿影儿去看看您，都没腾出人来。刚头还说，没主角就要晾台了。"

惹惹听得满心高兴，咧开大嘴乐呵呵说："您说哪去了。有您九九爷，千条线万条线，也乱不了一根线头。我先到里头瞧瞧二婶，跟手就来，有嘛事您只管言语。"

两步跨进二道门。只见一清瘦老者，身穿银灰素袍，头戴玄色方巾，乌鞋净袜，淡雅爽利，正朝后院走着，步轻无声，好赛天上风吹云飘，细看却是二叔。惹惹忙打招呼说道："今儿太阳真好，又没风，正好晒书，回头我去给二叔帮忙吗？"

二叔微露一笑，摇摇手，手腕一转指指里院便走。二叔平日不好笑，笑一笑，比哭还难。今日居然对他解颐开颜，必是好兆。惹惹心想，要是好事，真的要给那红面相士重重送些银子去。

抬腿撩袍，三步跨进三道。精豆儿笑嘻嘻迎上来说："这几天没见着您，二奶奶天天念叨，再请不来，就要拿娘娘宫的宝辇接您去啦！来，快随我来吧！"说着朝他一笑。他忽觉得精豆儿小脸赛朵有红有白鲜活水灵的月季花儿。一怔当儿，已然站在房前，精豆儿站在台阶上说："大少爷，干吗站着不进屋呢？"跟手就听二奶奶在房里叫惹惹。赶紧再一大步，便进了屋。

只见二奶奶一脸喜相慈相和善相，再瞧不出前几天饭桌上提起那金匣子时的神气。那神气好赛撂下一张死沉死沉的帘子，这会儿帘子卷起，有光有色好看至极。二奶奶说："惹惹，这几天为嘛不露面？"

这话反叫惹惹发窘，倒好赛自己有嘛亏心事，支支吾吾吭吭叽叽应付一句："我身子不大舒服。"这话是刚头九九爷的问话，要不他便无话可说了。

二奶奶并不问他身子可好，好赛就要他这句话，随后便说："惹惹，这几个月里里外外都指着你，叫你受苦受累，我也不说客气话了。咱一家人相互没藏着的话。你也知道，你二叔是个就能喘气的活人，你弟弟是个就能喘气的死人，再说，黄家的正根还是你。不指你我指谁？过去你婶子糊涂，现时下明白了。你婶子没心眼，可脾气不好，先前有嘛对不住你的，你也别记着啦……"

惹惹使劲摇手，赛摇两片大厚肉，却止不住二奶奶的话往下说："那天你不是提到祖传的金匣子……"

惹惹把一句话硬插进来："叔叔婶子待我这么好，我可再不能提那个。"

"你别拦我话。我问你一句实的——当初你爹跟你说过那匣子没有？"

"恍惚说过，我也记不清了，您想我爹死时我才多大呀……"

惹惹说。有根有据的事儿，反叫他盖块布，桂花要在场，非把他嘴扯去，可二奶奶的话叫他要命想不到——

"惹惹，你没爹，二叔是你爹；你没娘，二婶我就是你娘。告诉你吧，金匣子有，早就该给你！"这话把惹惹说傻了。二奶奶接着说："为嘛早先不给你。我话直了——你那时整天闲着，没正事，怕你指着它，荒废你这人。你们黄家祖上有话，这匣子必得一代代往下传，里头的东西，不能往外拿，只能往里添。你没事干，穷急眼了，能保不动它？再说一个小匣子，还能装下金山银山。祖宗往下传它，不过传份意思，有它老黄家算有个根底罢了。精豆儿，你去拿来——"

惹惹直跺右脚，叫着不要。精豆儿打柜上端过一个大漆盘子，上边盖块红绸子。听说了半辈子这祖传金匣子就鼓鼓囊囊方方正正盖在绸子下边，这样子赛变戏法。惹惹说嘛不拉开这绸子，二奶奶伸手拉去，好一个照眼耀眼刺眼的小金匣子一下显露出来！上头铸花刻花挖花镶花，有龙有凤龙凤呈祥，有花有鸟花鸟精神，有蝙蝠有对鹿福禄双全，还嵌着红宝石蓝宝石绿宝石晶晶发亮灿灿发光大钻石。精豆儿伸出兰花小指挑开匣子盖，黄布衬出五个金元宝，个个圆圆满满饱饱实实金煌煌，在匣子里也在惹惹眼珠子里。惹惹的眼珠子比金子还亮。

"二婶——"惹惹想说不要又想要，张嘴没话，鼻子下边一个大洞。

二奶奶说："甭含糊，也甭谢我，这东西你应该应分，这是你们老黄家的东西，我不姓黄，也没福气赔受。你要是不拿着，就是不接你祖宗的香火。惹惹，这东西你拿去！记着，打今儿，这家就是你的家，纸局就是你的业。还有，买卖不能叫你白忙活，每月初一关钱，你拿二十两，年底拿双份。"

惹惹腿一软，差点给二奶奶趴下叩头。宠劲过了，照样受不住。一时连二奶奶脸也不敢瞧，巴不得赶紧离开，又急着报恩报德，便说要到前头铺子去忙。二奶奶说："这金匣子外人谁都没见过，精豆儿赛我闺女，我不防她。你可万万别叫九九爷瞧见。先送回家去再来！"

惹惹接过金匣子，好沉压手。一时美得忘天忘地，居然没谢二奶奶，捧着宝匣大步出来。精豆儿跟出屋说："我给你个包袱皮，来！"

精豆儿领他往东出一道小门，进一道小院。这院向例只给二奶奶贴身丫头住。往北有扇门通后花园，如今后花园废了，使砖堵死门洞，往南也有扇门，通一道院，是厨房和马婆子住室，再往南还通一道院，三间房，一间住着九九爷，一间住着灯儿影儿俩伙计，另一间叫纸局当库房使。惹惹当初住在老宅子后花园的两间房，进出走后门，很少到前边来，更不轻易踏进丫头的住所。这院倒还干净清静，也嫌寡净，砖墙砖地，无草无木，虽说朝东朝阳，不知为嘛有股子阴气潮气冷气，进院一打激灵，好赛进坟场。精豆儿一推房门，里头却是有红有绿又艳又亮。花窗帘花被单花纸墙围，到处贴着画儿，还都是年前打马家口买来的上海石印月份牌画；柜上桌上摆满小零小碎，瓶儿罐儿壶儿碗儿灯儿花儿梳妆盒儿水银镜儿针线盏儿。一股香粉味儿胭脂味儿刨花油味儿混着人味儿，浓浓扑面扑鼻。惹惹站在门口没敢进，精豆儿回头一笑，说："怕我就别进来。"这声儿这调儿这神儿这话儿，赛掏了惹惹心窝子，一怔当口，精豆儿朝他一招手，小手赛花瓣，又抓住惹惹的魂儿。魂飘身随，抬脚就进屋。

　　精豆儿一扬腿，跪在炕沿上，伸直小腰板打开玻璃被格子找包袱皮儿。小屁股一撅正对着惹惹，说方有方说圆有圆说尖有尖。胳膊一动，柔柔软软小腰，风吹柳赛地左扭右扭，一双绣鞋底子，好赛两牙香瓜片，要攥就一把攥个正着。惹惹忽上邪劲，再不退非上去。偏巧精豆儿身子一摇晃，哎哟一叫，赛扭了腰，猛地往后仰倒，不正不斜正正好好香软一团栽在惹惹怀里。惹惹嘛世面都见过，可是他怕桂花，唯独风月场的事儿向例不沾。这阵势叫他心怕，却推不动她。这小女人的劲儿不比老爷们小。小猫赛地在惹惹怀里打滚一折腾，光溜溜嘴巴，毛茸茸头发，几下就把惹惹蹭迷糊了。跟手仰起小脸，一张小嘴，又轻又重又松又紧咬住惹惹大腮帮子。惹惹登时觉得天地都是肉做的，一时狗胆贼胆虎胆都上来，天不怕地不怕老婆更不怕，一翻身把这小女人压在自己肚囊子下边。只见精豆儿一双小眼赛一对小火苗，烧她自己也烧惹惹。惹惹的大重身子压她还剩半口气，她便喘着这半口气娇声嫩调地说："大少爷，我把身子给你，你要不要？"

　　惹惹不说话，只揪扯她衣服。她忽一使劲，生把惹惹推得一个屁股蹲儿坐地上。精豆儿闹得蓬头红脸，起身说："今儿不行，二奶奶说喊我就喊我去，改一天。大少爷，咱得说好，你得使心疼我，别拿我当玩意儿。我命不好，三岁死了娘，没人疼过。后娘欺侮我，才来当丫头的，您要再欺侮我，连个人给我坐劲都没有，多惨……"说着眼圈一红，抬手要抹泪。

　　惹惹一翻身爬起来，打开匣子，拿出个小金元宝给精豆儿。精豆儿手一推，脸赛小白板，说："你拿我当嘛人了，拿这破玩意儿买我？我爹活着时候，家里开银号，打小我不认钱。"

惹惹说："我可没拿这东西当钱！戏里不都讲信物吗？"

精豆儿这才笑，说："当信物，还成！"收了金元宝，不叫他再来纠缠，拿了包袱皮塞给他，又嬉笑又装横，推他出了屋。

惹惹抱着金匣子，出了黄家，好赛还在梦里头。人活三十几，财运艳福一齐来，哪样滋味都是头遭尝到。一忽儿琢磨精豆儿脸儿嘴儿肉儿，一忽儿又琢磨手里包袱皮里匣子里几个金灿灿小元宝。一想到老婆桂花，心里不对劲。再一想，老婆惦了多年的金匣子总算给自己捧回来，情不自禁出声说："总算对得住你了。"

话音没落地，就给人拾起来。这人说："嘛事对得住哥们儿？"

抬头一瞧这人不认得。这人急了，"你怎么拿哥们儿当鬼看？"

再瞅，矮一头的小个子，黑硬一张短脸，头扣卷檐毡帽头，笑眯眯正瞅自己。不是别人，正是铁嘴八哥。这一瞅，醒过味儿来，八哥却换一副疑惑神气，上下打量自己两遍，说："你手里是嘛玩意儿？"

"嘛也没有。"

"没有这是嘛？"

惹惹一看自己手里的包儿，慌神了，忙说："没嘛没嘛。"

"没嘛就送给我吧。"八哥打趣说，上去要夺。

"没嘛，真的没嘛。"惹惹着起急来。

八哥变了口气，说道："愈说没嘛愈有嘛，你要不给我看，我转身就走，咱哥们儿打这就算完。"

惹惹难了。看得出，这多年顶要好的穷哥们儿脸上有点挂不住。惹惹向例肚子存不住事，嘴里留不住话。今儿若碰不到八哥，不出三天，也得找到八哥倒出来才舒服。他见左右没闲人，拉着八哥到一座庙后头，找个背人的墙旮旯，一口气，把前几天饭桌上怎么提金匣子，回家怎么错怪叔叔婶子闹金匣子，直到刚头二婶又怎么给他这金匣子，怎么来怎么去怎么回事说得净光光，完事赛拉泡屎一样痛快，张着大白笑脸看八哥。

八哥先是横着眼不高兴，随后弯起眼满心欢喜，直插嘴说："哥们儿这回抖啦！"可等到惹惹把话倒尽，他却眼睛眉毛挤成一堆，脑门子上全是横纹。

"怎么，不好？"惹惹问。

"有点不对劲。"八哥边说边琢磨，眉毛拧成绳，两眉毛头直斗，眼珠子在眼窝里忽闪忽闪。

"嘛不对劲？"惹惹说，"大金匣子，五个大金元宝，全给了我，还安坏心眼？人家凭嘛给咱，要是想赖，愣说没有，咱有嘛词儿？大金元宝又不是臭虫，在谁屋里谁还嫌它别扭？"

"我说的不是这个。我是说，你说你错怪了你叔叔婶子，这话不对！前天，我和老亮打听到北京琉璃厂宝文堂一位客商，带一船货打算出海到南边去卖。赶上涨潮十天半月走不成，又不想原船原货返回去，贱价卖给文美斋。我们赶去，拦下了两箱子笔，地道京造的写大条幅用的'一把抓'。正巧孙猴知道保定府来个买笔的正要这货，住在侯家后永安客栈。我们使不小劲跟两头说好，一头半价买下，一头加价卖出，马上跑到纸局去拿款。一看九九爷神气不对，客气还客气，可是客气跟客气不一样，有的客气为了近，有的客气为了远，咱干吗吃的，看不出来？他转身进去，半天，影儿出来，一人给我们十个铜子说，这事你们就甭管了。这叫人话？甭说送便宜来，就是一般扛活的来，也没跟人这么说话的。我们冲谁，不是冲哥们儿你。冲他们，扔两块砖头子进去！"

惹惹说："影儿那小子不会说话。生他的气，你不傻了。"

"你别胳膊肘朝外拧。你二叔不是我二叔，你二婶不是我二婶。打今儿往后再帮他们忙，我不是你哥们儿，是你儿子！你别拦我，话还没说完。我当时说，我找大少爷，你猜影儿那小子说嘛？他说你找错门啦，我们二爷二奶奶赶他走啦！我一听不对劲儿，跟手我到你家，没见着你，可嫂子也一肚子气连损带挖苦，呛我一顿。哎，咱不说嫂子，就说影儿那话，不是他编的吧，他又不是做小说的！"

惹惹听了发怔。八哥又说："我再给你泼点冷水，几十年他们为嘛按着这金匣子偏说没有？为嘛当下说给你就给你，比吐口唾沫还容易？你说你爹只听说过这东西，自来没见过。你怎么知道匣子里准是五个金元宝？所以我说不对劲儿。"

惹惹一惊，又怔。人怔，身子赛木头，眼珠子赛石头，傻站着。八哥说："打开，叫我看看。"

惹惹伸出脖子，大肉脸左右一扭一看，没人。掉身拿后背挡着外边，打开布包，露出匣子，掀开匣盖，现出元宝。惹惹说："全是真金，盖子上镶的全是宝石！"

八哥没搭茬，却问："你不是说五个元宝，怎么四个？"

"明明五个。"惹惹话一出口，忽想到刚头把一个给了精豆儿，马上改口说："瞧，我怎么记错了。四个，是四个，没错。"脑袋轰一下赛热馒头。多亏冷热别人瞧不出来。

八哥说："哥们儿，你挨赚了！先说这匣子上的宝石全是假货，不信你拿到珠宝行叫人去看，一码水钻，染色的水晶玻璃，纯粹样子货。我在东门外锦花珠宝店干过半年零活，假玩意儿逃不出咱眼。这匣子也不是真金，鎏金，你瞧这四角，磨得露铜了。再说这四个元宝，金倒是金的，值不值钱？也值！在咱哥们儿手里算大钱，可在人家有钱人手里不算钱。你自来不趁这东西，到手就当宝啦！你掂掂，一个不过三两，甭说别人，尹七爷一张画十二两，就值你这一匣子。你再拿脑袋好好想想，你黄家那大宅院连房子带地值多少钱？你这几个月给他们赚多少钱？你们祖上要拿这点东西当传家宝，不是好比咱们夜壶传给下辈？哥们儿咱挨赚啦！人家不过拿它哄你傻小子出力干活。这么一来，我倒认准你家真有个金匣子，可不是这个。哥们儿，人家拿豆腐干刻个字儿，换去玉玺，你却攥着这豆腐干以为自己当了皇上。哥们儿，嘿，你还真行！"

八哥说完，龇着满嘴黄牙哈哈大笑。这一笑，惹惹更受不住，"啪"地把金匣子一摔，金元宝全骨碌出来，使劲一跺脚，叫道："我找他们闹去，他们把我欺侮死了！"大步要返回黄家。

八哥扯住他说："你闹就能闹出真的？有能耐想辙把那真玩意儿弄出来。你要去，你去，我走啦！"

八哥假走，想叫惹惹求他帮忙。不想惹惹正在火头上，有火有气有怨有怒都想撒，便朝八哥叫道："你走，走呀！你看我惹惹有没有能耐。我要再求你，我人字倒写着！"

八哥一听拨头就走。一根棍折两半，掰了。

惹惹拾起金匣子，拿回家。桂花一见乐得满口小白牙。金子比

332

嘛都亮，照花桂花两眼，竟然看不出明明挂在惹惹脸上的事。她把金匣子放在铺上，拿出四个金元宝掏出来排成一排，撂下窗帘，怕人偷看。一边忙着给惹惹温酒炒菜。一得空儿就回身伸脖探头往屋里铺上瞅一眼。待酒热菜熟端进屋，正要高高兴兴好好说说这金匣子事，忽然不见惹惹，出门叫也没人答应。

谁也不知，惹惹去找一位奇人。此人有名也无名。有名，名叫蓝眼；无名，就是说天津卫谁也不知蓝眼这一号。

这儿再添几句小诗，都是市面上常唱的歌词儿：

有名常无能，
有能常无名，
打雷不下雨，
下雨不刮风。

杨巴卖面茶，
中间放芝麻，
一碗喝一半，
刚把香味哑。

第七回
闹鬼儿

天天大早，精豆儿去到二奶奶房中侍候梳洗穿戴，收拾零杂。今儿推门进来脸色就不对，嘴巴上的胭脂好赛涂在白纸上，眼珠子离离叽叽，不赛一对儿。端起尿盆，人朝里走，二奶奶说："死丫头，你这是夜游吧！"

精豆儿才醒过味儿来。回身到门口，脚没迈出门槛，先把脑袋伸出去，左看右瞧，赛做贼。忽然哇一声，当啷一响，尿盆子扔在地上，尿泼一地，裙脚裤腿全湿了。二奶奶发火，叫道："见鬼啦！"

再瞅精豆儿脸，比鬼还怕人。鬓角的花耷拉着，瞪眼手指院子，张嘴赛洞，说不出话。二奶奶是狮子脾气兔子胆，不知外头有嘛，不敢出屋，只问："嘛，嘛，嘛呀？你这样怪吓人的！"

精豆儿上前，小嘴凑在二奶奶耳朵边，急急地说："咱家不干净，昨儿闹了一夜……我刚一出门，好赛……"

二奶奶马上使手堵住精豆儿的嘴。登时后脖颈子冒冷气，头发根发孛，浑身汗毛都立起来，一根汗毛下边一个鼓鼓的鸡皮疙瘩。扭身一屁股坐在床上，俩眼珠转来转去，好赛瞧哪儿哪儿有鬼。忽见亮堂堂玻璃窗外站着个白白细细的大无常，才要叫，再瞧原来是长长一道阳光。一下吓得差点闭过气去，手推精豆儿，说："快去叫惹惹，叫惹惹快来！"

精豆儿没胆子出屋，站在房中间扯脖子喊惹惹。惹惹正在前头铺子折腾纸，这老远，愣听见精豆儿叫他，赶到二奶奶屋，只见两张白脸，精豆儿一说有鬼，惹惹吓得旱地拔葱蹦老高，以为二奶奶精豆儿是俩鬼呢！静下来才说道："压根也没听说咱宅院不干净呀！"

"有过，十年前咱家还有打更巡夜的。那年秋后，打更的听见西边经房里有响动。那院子一直没人住，可听到里头有说话声、走道声、斟茶倒水还有嗑瓜子声。你二叔不信神也不信鬼，转天夜里去推门，那房子没人住谁会在里头插门，可门就推不开，还听有女人咯咯笑。九九爷打西头吕祖庙请来个老道，使了法，一剑打窗户扎进去，拔出来，剑头有血。"

"我的妈呀！"惹惹说，"是不是大仙？"

"谁知道。老道二话没说就走了，打那儿院子就静了……"

精豆儿说："快叫惹惹跑一趟，去请那老道来！"她也不赛往常那么机灵，直着眼赛俩墨点，有点犯傻。

"不知老道还在不在呢，那年就八十八了，当下还不九十九？"二奶奶说，"叫九九爷快去请吧，他熟！"

惹惹忽赛想起谁来，说："不用老道，我有能人，我去请来！"说着扭身大脚丫子已经踩在门槛外，几步就跑到街上，赛鬼追的。

就这么一闹，不知谁告谁，谁传谁，不多会儿一家子都知道家里闹鬼。唯独没人告诉二爷，告不告他全一样。天塌不惊，地陷不慌，没有事能叫二爷：喜怒哀乐，愁怜爱恨愤忧。没这些，也没嘛怕的。虽说如此，大伙认准他昨夜也遇见鬼。今早二爷到前院用早饭时，脸皮赛蒙块灰布，平时他最爱吃石头门槛的素包子，顶少也得吃两个，今儿才咬一口，叼着包子就走，赛猫赛狗，一看这邪乎样，事情就不一般。

不光二爷，二少爷今儿也闹得厉害，躺在床上不动劲儿，心跳成一个儿。跳到厉害时，鸡胸脯一下下往上拱，拱得肋条骨嘎嘎直响。问他只说，昨晚上有人往他窗户上吹气。马婆子向例信邪不信正。人说嘛，她有嘛，也说有人往她窗户吹冷气。还把九九爷拉去看，居然看到她窗纸上有两洞，洞眼有棱有角，她说一准是长指甲女鬼抓的。影儿说得更玄，愣说他夜里起来撒尿时瞧见这鬼，八尺来高，披头散发，粉面红唇，耷拉一尺半长大舌头，滴答着血。马婆子说："这就是老爷在世时，在后花园歪脖柳树上吊死那丫头，莲花！头十年在西院经房，叫老道拿剑扎着的那个也是她，报冤报仇来啦！"

灯儿说："我不信，我怎么没觉到。"

影儿说："你睡得赛死狗，把你连床抬走，你也不觉得。"

大伙把话一凑，事就明了，鬼出来了。直说得眼发直腿发木后脊梁发瘆。好赛鬼就躲在自己身后头。人人缩脖，好赛都矮了一截子。正怕正慌正乱的工夫，千金一道尹七爷来了。每回尹七爷来，黄家人赛大年初一天亮接财神，迎着敬着供着笑着陪着，九九爷乱乱哄哄糊糊涂涂，不知打哪儿蹦出这句话："今儿铺子盘货。"说完自己听自己的话不对劲儿，人老不灵舌僵嘴迟，转不过弯儿来。尹七爷嘛人，人在下边混久了，比上边人更会看神气听口气摸心气儿，知道这是挡驾。立时不高兴。心想没我尹瘦石点石成金笔，你们黄家饭桌至少天天少俩菜。当下尹七爷名大气壮，人要得意，便没韧劲，性赛干柴，沾火就着。张口便说："今儿来是跟您打个招呼，打明儿起，我尹七爷改在墨香堂挂笔单。上个月还有两幅六尺中堂卖出去没结账，回头您把账结了，叫影儿把润笔给我送家里去。"

不容九九爷挽留，打帽架摘下帽子扣在头上就走。九九爷追上去，心一急，忘了门槛，摔个昏天黑地，爬起来再瞧，尹七爷甩着两条细胳膊一路走去，那架势拦不住。回到铺子一琢磨，事要坏。尹七爷是铺子两只手，八哥是两条腿。这俩人都给得罪，一个走了一个不来，没腿没手，有嘛干头？买卖人最会讨人欢喜，怎么自己刚头连句人话也不会说，都是叫鬼闹的。想着想着，心里赛废掉的后花园长满了草。

没一会儿，惹惹请来一位能人，干瘦小人，戴圆眼镜，镜片湛蓝湛蓝，这人就是蓝眼。

刚头蓝眼在家抽烟袋，好赛正等惹惹来。惹惹一敲门，蓝眼就在屋里说："我说不出三日你准来找我吧！"真是料事如神。站起身将长烟袋杆往腰后褡膊上一插，将倚在墙角一块带把儿的八卦罗盘交给惹惹拿着，说声："走吧！"就来了。

蓝眼一进黄家门，干巴小脑袋拨浪鼓赛的来回转，后脑勺上翘起的辫子头，赛壶把儿，跟着转悠，镜片唰唰闪蓝光。一路进了二道院，坐在茶厅。九九爷忙关了铺子，带着灯儿来上茶上点心，点烟侍候，一边叫影儿去关大门。家里有事，不能叫外人知道。精豆儿挽二奶奶出来见蓝眼，二奶奶脑门箍一道梭子状绣花抹额，显然受了惊吓，怕再吓，把这大冬天防风的玩意儿也戴上。

惹惹上来说："这位是蓝天师，算卦看相瞧风水无所不能，一身功夫，还能施展法术驱鬼捉妖。人家轻易不出头露面，八抬大轿也请不动，一听咱的事，二话没说就来了。蓝天师，这位就是我婶子。"

蓝眼下巴轻轻一点，镜片一闪。闲话没说，提着木头罗盘到当院，取了院子正中摆在地上。罗盘上画三道圈，里圈是子丑寅卯辰巳午未申酉戌亥十二宫，中圈是坎艮震巽离坤兑乾八宫，外圈是壬子癸、丑艮寅、甲卯乙、巽辰巳、丙午丁、未坤申、庚酉辛、戌乾亥二十四方位，中心黑白一对阴阳鱼儿。蓝眼东瞅西看南瞧北望，再挪挪这罗盘，扭脸问二奶奶："您盖这宅子时，请谁看的风水？"

二奶奶说："哟，这哪知道。盖这宅子时，我还没过门子呢。怎么，不好？"她以为蓝眼看出毛病察出祸根。

蓝眼说："圣人也得择地而居。皇上生在皇宫，死在皇陵，无论阳间阴间，都得讲风水。不单皇上讲，百姓照样也讲。"

"您的话我爱听。我们宅子哪儿不对，您只管说。"二奶奶赔着笑脸说道。

蓝眼面皮糙，看不出表情，眼镜片子厚，瞧不出神气。声调干巴，没高没低没顿没挫，可张嘴就一套："好，您想听就告诉您——居家住地，先要讲地势。东要有流水，名叫'青龙'；西要有大道，名叫'白虎'；南要有污池，名叫'朱雀'；北要有丘陵，名叫'玄武'。您这房子往东是白河，天津卫最大的河，终年有水，再好不过，青龙有了；往西是北门里大街，天天车水马龙，白虎有了；往南，城里净是些臭水坑，城外一片芦苇荡，天连水，水连天，朱雀也有了；往北，虽说咱天津卫没山，可北边地高，玄武也算有了。

青龙白虎朱雀玄武配齐不易，摆妥更难。这四样，叫作'四神相应'，大吉大利之地！大明永乐二年，明成祖建天津城，就按这地势摆设的。所以我问您当初盖宅子时谁看的风水，是位能人！"

蓝眼开门见山，扔出这几句，赛一股清风，把二奶奶也把全家人脸上灰土赛的晦气一扫而光。

九九爷对蓝眼说："天师，您刚说话这会儿，我想起来，盖这宅子时，看风水的先生是河东陈家沟的商四爷，大号叫'赛诸葛'。"

"他是我舅舅。"蓝眼说。

一家人听了更服蓝眼，这叫祖上有根，没根不服人。

蓝眼对二奶奶说："刚头说是地势。单看地势不成，我还得看庭院各处，各间房子的地形地相。各房各院各有各的规法，这里头讲究大啦，错一点不成，差半点也不成。比衙门的刑法律法严多了，刑法律法有商量，这没商量。我得各处转转，有毛病没毛病，一看就透。不论妖怪藏在哪儿，也甭想逃出我这双眼。"

直说得眼冒蓝光，光芒逼人。

二奶奶朝蓝眼两手合十作揖，说道："求天师千万救我一家子。九九爷，您叫惹惹快陪天师去看吧！"

没料到，这一看，下面故事的曲曲弯弯全都出来了。

第八回
阴长阳消

　　九九爷打十三岁就进黄家，六十有八，比二爷还长十岁，瞧过二爷尿裤，看过二奶奶进门那两天哭天抹泪撒大泼。这老宅院出哪门进哪门，当初哪间房子许进哪间不许进哪间干吗用哪间住过谁谁住过，全在他肚子里。惹惹离开这宅子时年岁虽也不小，可他记粗不记细，又在外折腾多年，新事压旧事，旧事赛旧画，早就糊涂了。九九爷则不然，没新事，记旧事，连哪扇门拉手嘛样的，嘛时候坏的，又换个嘛样的，都记得牢牢，好赛他耳朵坏了，换的耳朵。

　　九九爷提一大串铜钥匙走在前，惹惹陪蓝眼随在后。没往里院走，拨头回到影壁前，往西到头，一道门关着，挂条长销，摘一把钥匙捅进去，用劲拧弯，锁舌头才"嗒"地弹开。门轴快锈死，惹惹掉过屁股顶，吱扭扭才开，进去一瞧，打南向北好长好直好深一条走道，看不见地砖，满是没脚没膝的野草，长短足有几十丈。好赛进了深山古道。两边高墙，一道道院门，全赛死人的嘴，闭着。

　　"这是西跨院，大少爷没离开这宅院时，这西院就没人住了。至少十年没人进来过……"九九爷说。

　　蓝眼没言语。九九爷打开正把着西南角的头道院门，里头的荆条蒿草足有一尺高，甭说进人，脚也插不进去。虫飞蝶舞，反添凄凉。几间房门窗有开有闭，窗纸给风扯去，里头一码漆黑，冒冷气。惹惹不觉一步退到蓝眼身后，赛怕那鬼钻出来。九九爷说："这是经房。当初办丧事和尚老道念经的地界儿。老太爷和老爷作古时候，打大悲院请来和尚就在这儿做的道场……"

"归西之路，正好念经。"蓝眼说罢转身出来。

进一道月亮门，也是破门烂窗歪梁斜柱碎瓦败墙废井死树，横竖扯的蜘蛛网反照阳光，锃亮银亮贼亮。木头上的油漆快掉光，却还看得先前都是朱红大漆。惹惹说："我姑姑出嫁时，好赛就在这儿办的喜事。"

九九爷露出笑颜，愈笑脸上褶子愈多。他说："大少爷记性真不赖。这叫'鸳鸯房'，门叫'鸳鸯门'。姑爷来串门都住在这儿。那时候，柱子上挂着金漆大匾，房檐下悬着水晶玻璃凤尾灯，四月里满院子海棠花……唉！"说到这儿，脸耷拉下来，一脸褶子赛掉在地上。

蓝眼没吭声，上下左右看一眼，扭身出门。

下一道院，推开门，一片黑拥上来，赛进了夜里。惹惹说："这就是那年着火烧的这房子吧！"

"可不是，好没眼儿，自个儿愣烧起来。幸亏离着展家花园涌济水会近，来得快，邻居们使挠钩上手就把房顶掀了，要不非把前后几个院子连上不可！"九九爷说，"那天大火苗龙赛地往天上蹿，火星子直往你二婶房顶上掉。多亏头三天连下大雨，房子精湿，没烧起来，可这院子烧得净净光。两屋子书，一张纸也没剩下。原先这是老爷老太爷念书的屋子。那时候嘛样？几十亩房子院子，看不见一粒尘土。上下人都穿得整整齐齐，头是头，脚是脚。一次我裹腿的人字儿打歪了，老太爷叫我解开重缠。一张带字的纸也不准往地上扔。每道院都有个字纸篓，带字的废纸扔在里头。隔七天，崇文会派人来敛走。那是嘛规矩？家能不旺，业能不兴？现在算完啦，主仆不分，上下颠倒，甭提崇文会的字纸篓，您瞧瞧茅坑去，旧书都擦屁股了。洋人一句话，赛过县衙门的告示，国破家败，不闹鬼闹嘛？"

惹惹耳听九九爷说话，眼睛却瞅着书房廊柱上的木头对联。对联板子烧煳，费半天劲才念出一句："文心活泼认源头。这是下联，上联一个字儿也认不出来了。"

九九爷立即说道："上联是，'学端品详由正路'。书房门两边也挂一副对联，烧没了。上头是，'潇洒谢红尘满架图书朝试笔，光明生玉案一窗明月夜鸣琴'。"

惹惹大眼睁圆，叫道："九九爷好记性呀！"

九九爷说："哪是记性好，老太爷那时候，每道门上都有对联，不单这些正房，连厨房库房前后门上全有，写着处世做人的道理，我们这些下人个个都得会背。哪赛灯儿影儿他们，嘛都不懂，天天混日子。要赶上老太爷在，还不使棍子轰走！门房的对联写着'常将勤补拙，勿以诡为能'。就是训诫我们的话。厨房门上写着'烟火但祈家一处，子孙惟愿世同居'。你去问马妈，她一准还记得。后门外边的对联是'光前已振家声久，裕后还留世泽长'，如今后墙一塌，对联不知叫谁扛走烧火。记得这对联恐怕就我一人了。"

惹惹才要接茬说话，忽瞧蓝眼不见，走出院子，只见他站在走道顶头一扇门前等着。九九爷忙去换把钥匙打开门，原来是废弃的后花园。水池早干成大土坑，假山上的珊瑚石，不知给谁推得东倒西歪，山头一座破亭子，一根柱子断掉，那伞赛的亭盖居然叫三根柱子撑着，歪得要倒，只是没倒。几棵大树老树都是半死不活。一棵老槐树已然枯死，光剩下骨头架子，干树杈张牙舞爪；一棵大榆树叫雷劈了一半，半死半伤半活半衰，正在捯气儿；一棵柳树躺下来，柳条垂不成，在地上爬；一棵梧桐干脆趴在地上，新叶赛落叶；两棵柏树好赛俩长虫，拧成麻花，不知谁要把谁缠死。九九爷手指山上那亭子说："那年头，女人不能上街，大宅子后院假山上都安一个亭子，女人在家待闷了，站在亭子里往外头看看舒舒心，这叫'望海亭'。亭柱上原先也有副对子，写着'山巅听海涛有情耳枕海涛眠，亭中看天下无心劳身天下行'。这是当年浙江来的一位小文人，名叫冯骥才写的。后来因这写了一篇小脚的小说，惹恼了满城女人家，吓跑了。老太爷读了这小说，恶心得闹了三天胃口，直吐绿水儿骂这姓冯的家伙拿国耻赚银子，叫人把这对子铲去……"

话说到这儿，蓝眼站在那边一扇关闭的门前，打门缝往里张望。九九爷上去说："这是三道院的后墙，里边眼下是二爷的住房书房。二爷脾气个别，无论嘛人都不准进他院子，天师您就打这儿瞧瞧吧！"

惹惹从来没进过二叔的院子，心里好奇，挤着一只眼，扒门缝往里瞧。房舍大多狼牙狗啃砖歪瓦乱顶斜墙倾漆剥木烂，却有松有竹有花有草有蜂有蝶有虫有草有花香有清气有虫声，石桌石凳石头上晒着书卷经文，地上有米粒，鸟雀来啄食，檐下燕搭巢，飞去又飞回。不见二爷，院子正中一株矮矮菩提树，郁郁葱葱绿绿莹莹。真是：

门无车马终年静，身卧烟霞一事无，

树上新花常照眼，檐下老鸟时入屋；

窗外竹叶桌上影，枕边经义梦里悟，

不明白是大明白，装糊涂才真糊涂。

惹惹不知二叔这活法，看得奇怪。转脸只见蓝眼在破门板前，把鼻子眼睛挤进一条两寸宽大裂缝里看。惹惹一招呼，蓝眼扭头，鼻子眼儿吸得全是土，还有两只黑蚂蚁在鼻头上爬。惹惹一指，才使手扒拉下去。

九九爷领他们原道回去，看东院。东边还整齐。打头道院库房、二道院厨房、三道院丫头精豆儿住房，都用心看过。连房角地砖顶棚墙皮都看过动过敲过。不赛看风水，好赛盗墓。到头一扇青石做框的八角门，门洞使砖堵死。蓝眼刚要扒砖缝往里看，九九爷说："这就是后花园角上那两间破房，当初大少爷就住里头，闹地震时塌了，大少爷搬走就没再修。"

蓝眼说声："该塌。"便掉头不再看。

看到二奶奶这道院时，分外地仔细。把罗盘摆在二奶奶房间当中地上，上看房梁，下看地砖，每块地砖都拿脚踩，每块墙砖都使手指敲，里里外外拿步子量，完事猫腰看二奶奶床下，里头黑，手一摸，当啷一声把床底下尿桶捅倒。

二奶奶房后有棵大槐树，四尺高的地界儿生个大树洞，能蹲进去个小孩儿。蓝眼叫影儿拿根长杆子往里捅，一捅咚咚响，赛个铁家伙，蓝眼镜片一闪，扔了杆子，拨头回到前院茶厅，问九九爷："盖房子动工时，我舅公掺和了吗？"

九九爷抬手摸光脑袋，说道："记不起来了。这房子是河东李公楼光源营造厂连工带料一手包的。"

蓝眼偏脸对二奶奶说："二奶奶，您找我，家里必定有事。谁家好好的，找我？相面看风水的，不算外人。我要有话不直说，起码白喝您一碗茶水，还把您蒙在鼓里，这就是我没德了。有灾不除，赛有火不浇，也对不住我这朋友大少爷。您要叫我直说，不论嘛难听的，您耳朵都得接着。"

二奶奶说："天师！你是救我，不是害我，我还不懂这个！"

"好，我直说了——"蓝眼把右腿往左腿上一架，打后腰拔出烟袋塞上烟叶，胳膊短，烟袋长，点火够不上。打着药棉，手指一弹，火正落在大银烟袋锅上。这小花活就叫大伙服了。他腮帮一瘪坑吮上两口，吐出浓烟立时把脸遮住，话就打这烟里传出来，"刚头说四神相应，大吉大利，是说您这宅子坐地的大势。细一瞧，毛病不少。先说地面，哪高哪低，讲究最严；沾吉便吉，沾凶便凶，按风土上分，叫五土。五土是梁土、晋土、鲁土、楚土、卫土。鲁土是东低西高，富贵雄豪，您这宅子对了，是吉。楚土是前高后低，灭门绝户，荒主败家，晋土是前低后高，人旺财满，多牛多马。您这宅子毛病出来了，前头地面高，后头地面低，还往后斜，您觉出来不——愈往后愈潮。楚土，是凶！"这话把二奶奶脸说白了，蓝眼看见赛看不见，接着说，"可是您后花园那假山堆得好，把凶字消去一半，凶字也把您宅子消去一半，您当下半个宅子不是废了？再说梁土，地面必平，平赛镜面，最忌讳四边高中间低，赛水盆，中间往下塌，阴气中间聚，住在里面必是人相斗，事不宁，先富后贫，妖兴妖怪作怪，到头来家破人亡，这叫'卫土'。您宅子顶大的毛病就在这儿！二奶奶，您要听着害怕，我就打住。"

二奶奶手脚冰凉两腿发木双眼发直，还是叫道："干吗打住。您的话句句在理，字字到家。我家要有一个您这样明白人，就不会天天活得这么提心吊胆。我说我为嘛不爱在屋里待着，天天湿气打脚心往浑身骨头里钻。床子柜子桌子腿下边都得垫块木头，一阴天，地上赛有层水，粘脚精滑，晚上上床，都得叫精豆儿把鞋搁在凳子上。要不一过夜，一拿鞋，下边一堆潮虫子！蓝天师，您说这房子还有救吗？"

蓝眼说："先别忙，我的话才说一半，要说您这宅子毛病远不止这点。西跨院经房连喜房便是犯大忌。喜丧相连，喜不冲丧，丧冲喜，喜事早晚成丧事。"

"是呵，我们姑奶奶出门子才一年，孩子憋在肚里，一块死了。"二奶奶说。

蓝眼在浓烟里的脑袋影儿，点了两下，表示被他言中，接着说道："打八卦上说，您这宅子是离命，属九紫火星。大门要是开在东边，叫'震门'，最好。木火相生，一门高贵，男孝女贤，田宅无数。可惜大门也开在南面……"

九九爷说："我记起来，那位赛诸葛也说要开在东边，可老太爷说南边临街，人马车轿都方便，就改在南边开大门。"大伙听了愈发对蓝眼服气。

"坏就坏在没听我舅公的话。离宅开离门，还叫'离门'。虽说离伏位，小吉，可是离是火，离宅离门火中火，一时兴旺，不利子孙。阳气过盛，便要变阳为阴。这一变化，还得遇上火灾。您这宅子烧过，我刚头瞧见了，就是这道理。可是您纸局的门开在辰巳方，还好，辰巳开门为巽门，坎延年，上吉，巽天医，中吉。买卖不绝，家到嘛时候，业到嘛时候。要是开在西边兑五鬼，煞气冲门，失财损德这家早就完了。"

听到这儿，大伙松口气。松一扣紧一扣，偏偏蓝眼又紧口气说："要说您老宅子犯忌的话，得说到明天。远的不说，说也没用，咱说近的，说了您好改。刚头说您纸局开得不错，可堆货的库房不对。辰巳之方设库，二十四尺为吉，四十八尺为凶。偏偏您拿四十八尺的房子堆货，拿二十四尺房子住人，必得赶紧换一个儿。厨房应放在四凶方位，好拿油烟熏走凶神恶煞。现在安在艮震之间，差点，将就吧。可灶眼必得朝南，离门入火，烟火不断。现在却朝西，鬼兑五，大凶，不改不成。再有烟囱必得高过房，脊三尺，三尺之下，妖邪易人，您的烟囱顶头二尺，矮了，要拔高。顶要紧的是您这房房院院地面下凹，房里院里全得垫土，少则三寸，多则半尺，要害之处不动，动别处没用……"

精豆儿插嘴说："哟，这得大兴土木呀！"

蓝眼说："大姐，这宅子要叫我住，就整个拆了重盖。我这是补救办法，不补没救。我把该说的话说了，改不改不由我，可也由不得你，连二奶奶照样由不得。万事由天，天有天理，地有地理，犯了天地，妖孽难夷。我法力再大也没辙！"

二奶奶板脸对精豆儿呵斥道："你闭嘴！"又换了脸儿笑着对蓝眼说："还有嘛您只管说，不信天师我们信谁？"

惹惹对蓝眼说："天师！您要嘴里留半句话，可就算害了我们一家子！"

蓝眼抽三口烟吐三口烟，人赛着火裹在烟里，说道："你们既然这么说，我也就豁出去，不管您高兴不高兴了。这宅子还犯一大忌，就是里院房后那棵大树。树有三忌，一忌是院中梅树，梅花属媚，主人沾花，阴阳不和，克妻败家；二忌是门前老柳，老柳衰相，家门不祥，争讼相扰，事败神伤；三忌是大树盖顶，阳气截住，阴气升腾，吉利不至，病灾无穷。这棵大树非齐根砍去不可！二奶奶，您这宅子，四面已经废了西北两方，四角已然荒了未申、戌亥、丑寅三角，只剩下东南两方，辰巳一角。破一方，角不存，坏一角，两边倒。再毁去这两方一角，您还有家？二奶奶，您要是一般贫贱人住在这儿，早就灾祸横生，多亏您吉人吉相，尤其额门准头地角这三才顶好，少运富贵，中运福禄，晚运荣昌；眼睛鼻子耳朵嘴巴两手哪儿哪儿都不露穷相，这才顶住了眼前的凶难，我也才敢没藏没掖，有嘛算嘛，有嘛是嘛，全兜给您。您要听我的，说改就改，今儿花钱，明儿发财，今儿受累，明儿富贵，长阳消阴，立吉除凶。甭说妖魔鬼怪，天塌下来也躲着您。我忙，向例没废话，说完该走啦！"说着，烟一停，烟袋杆一插后腰，浓烟一飞一散一淡，立时露出干巴脑袋蓝眼镜，起身便走。

二奶奶拿话拦住蓝眼，说："天师等等，您帮人帮到底，救人救到家。我明儿就破土动工，照您的话改。您再忙也得给我盯着。我家没一个明白人，弄不好又赛当初盖这宅子，愈改愈坏！九九爷，还不拿银子重谢天师。"二奶奶边说边作揖求他。

蓝眼说："您是吉人，我愿帮您，大少爷又是我朋友，朋友不提钱，明儿早我一准来就是了。"说罢拔脚出门。

转天一早，惹惹打老龙头火车站西边振华营造厂，请来泥匠瓦匠木匠油匠，六七个人。要在前些时候，八哥一帮弟兄来全干了省了许多钱，可如今惹了八哥，不敢去找。这一来破费不小。五六辆驴车马车大板车满满装着青砖白灰沙石木头杆子麻绳镢头榔头铲子斧子钳子凿子大锯大锤各类家伙，一路响着马蹄马铃马嘶马叫马喷嚏，来到黄家。街坊邻居以为黄家真的赶时髦，学洋人起二楼，碰见黄家人就扫听。

九九爷关大门，收了铺面，带着灯儿影儿一边折腾货物换房换屋，一边斟茶倒水，照顾工匠。惹惹盯着照顾蓝眼的烟茶酒饭。蓝眼在茶厅前放一张紫檀木案，摆炉焚香，供清水一碗，还拿来一柄三尺七星龙泉剑，鲨皮鞘，金丝穗，剑面如月如银，剑根嵌着紫铜文字图形，正面是八卦，背面八个字，写的大篆：法力通天驱妖降魔。蓝眼把剑斜放案上，人坐在厅内，敞开门，正对香案，喝茶抽烟。干活的工匠来，有问必答，有错必纠，赛戏台上脑袋插雉鸡翎子的主帅，好不威风真威风！逢到掀砖揭瓦掀墙挪柜折腾东西，都不嫌辛苦亲自去督看。灶改了，烟囱挪了，库房的货物清底倒腾一遍，轮到各屋刨砖垫土，都把家具床铺种种用物兜底翻个儿搬出来。连病在床上的二少爷也搭到当院，马婆子守在旁边给他风吹盖身日晒遮头，一下折腾得烧起来，身子热得赛烤山芋，急得马婆子哗哗掉泪。精豆儿说："这不赛大抄家吗？"

蓝眼说，主人住房必得新砖新土，这叫'换气'，旧砖掀去，还要掘地三尺，湿成稀泥的老土，裹着潮虫子钱串子火蝎子蜈蚣蚯蚓，全打屋里拿锨扔出来，还有一颗牙，不知哪位先辈掉的，二奶奶捏起这牙一瞧，掉下泪珠子说："这是老奶奶整七十岁那年，吃榛子时硌下来的。这牙一掉，满嘴牙活了，吃东西嚼不烂，先闹胃，后闹心，转年人就完了。老奶奶活着时候最疼我，除去老奶奶黄家人全是狼心狗肺……"

愈念叨愈难过愈伤心，哭成一个儿，站在门口不走，大伙没法干活。

蓝眼说："快扔到房顶上，牙上房，吉利！"

二奶奶听了，赛捏个虫子，使劲一扔。"嗒"掉在瓦上，人安心静才走开。

顶热闹是砍大树。工匠们怕树倒砸房，使大麻绳四下拉住。蓝眼说："还用这笨法儿。拿锯上去锯，一截截锯下来。"

"天师真有高招。"惹惹乐呵呵咧大嘴说。

"哪是高招！这里有讲究，灾祸都得碎尸万段。"蓝眼说道。

只用半天工夫，这铺天盖地的树帽子，给分段锯下，扔了一院子。再一截截锯树干，锯到一人来高地界儿，中间有洞，锯下来的赛空木桶，在地上骨碌来骨碌去。离地还有三尺，一个小木匠说："里头赛有东西。"拿根棍子捅捅咚咚响，他纳闷，说："怎么铁器赛的？"

"掏出来瞧瞧！"蓝眼说。镜片唰唰闪光，好赛刚洗过的玻璃片。

精豆儿小眼珠滴溜转两圈，说："埋上算了。"说完使劲盯着蓝眼看。

蓝眼的眼叫镜片隔着，看不透。可蓝眼不搭理精豆儿，说道："掏，这是邪物！"叫惹惹把香案上的七星宝剑拿来，剑尖闪着一点寒光指向树洞，对小木匠说："掏出来。"

小木匠胳膊伸进树洞，抓住那东西使劲一提，死重，一下没上来。憋口气，铆足劲儿一下提出树洞外。众人目光全撂在这东西

350

上，原来是个撒尿使的大铜夜壶，歪嘴歪把没盖儿。不等众人出声，小木匠忽地大叫，咣当一声把这夜壶扔在地上。眼睛直冒惊光，一时猜不透他为嘛。再瞅，里头满罐金晃晃。

惹惹瞪大眼，失声喊："金匣子！"

蓝眼镜片也一闪。可精豆儿眼快眼尖眼亮眼贼眼准，薄嘴皮听使唤，一动便说："大长虫！"

这话把大伙连蓝眼都惊得往后蹦半步，再把脖颈一伸看清楚，一条金黄大长虫盘在夜壶里，脑袋别在下边，满满齐着壶口，蛇鳞晃晃灿灿闪闪耀耀，真赛一罐金子。蓝眼一惊，小辫竖起来，看清心定，辫根才耷拉下去。说道："你们站开，待我降妖！"转身到香案前把剑尖蘸了清水，取一道黄表贴在剑面，双手握剑竖在胸前，双目闭合口念咒语，一步步不斜不偏走到夜壶前，忽然张目怒喝："妖魔看剑！"剑尖朝下一扎，立时打壶口蹿出个拳头大的蛇头，金眼赛灯，红舌赛火，直往外喷，众人四下一齐惊呼惊叫惊跑，蓝眼一翻手腕，剑取横势，寒光到处，嗖地斩下这蛇头。带血的蛇头落在壶外，蛇身在壶里滑溜溜鳞闪闪嗞嗞响转来转去，一边也矮了下去，跟手通红鲜红猩红的蛇血淹没蛇身，溢出壶口来。蓝眼左右一瞧，人都站在几步开外，惹惹远远站在房门口高台阶上，直叫："死了吗？死了吗？妖怪死了吗？"

只有精豆儿站在原地没动劲儿。

蓝眼朝众人说："前些日子这宅子不干净，正是这东西兴妖作怪。狐黄白灰柳五大仙，柳是蛇，行五，阴气最盛，成精化女鬼，快堆些柴火把它烧了，别叫它再聚上气儿！"说罢，便剑尖扎起蛇头撂进壶中。

惹惹忙招呼众人，敛些树枝再抱些柴火，把夜壶架起来烧。先是腥味臭味怪味，后是肉味臭味煳味。烧煳的夜壶拿出宅子扔了，人人觉得赛除块大病。

树砍去，没树影，没阴凉，没知了叫，没老鸹闹，清清亮亮宽宽敞敞一片光明，院子变大赛个大空场子。屋里屋外垫了土，人赛高一截，脑袋离屋顶房檐近一截，只是天上星星月亮太阳云彩还是老高老远。新土软，脚踩便晃，马婆子说赛踩高跷。九九爷一脚没踏实，趴在地上。灯儿拉他不起来，他说躺在上边比走在上边舒服。

完事儿，蓝眼到香案前，叩齿三声，端起清水碗含一大口，朝东打喷嚏赛地喷出来。取黄表两张提笔画符，一边口念咒语：

赫赫阴阳日出东方敕书此符尽扫不祥口吐三昧之火
眼放如日之光捉怪使天篷之力破疾用镇煞金刚降伏妖怪化
为吉祥急急如律令敕

两道符眨眼画好，看赛天书。一道是镇宅净水神符，贴在影壁上，一道是张天师镇怪物符，使砖压在房后老树刨掉那坑里。这一来，宅子真静了。二奶奶夜里烧香，烧到半炷看香头，右香中香一齐短，左香独高，竟是"消灾香"。谁说不灵，真灵奇灵！打这儿，夜里再没响动，影儿灯儿夜里也敢出屋撒尿，只是二少爷这一折腾，病见重不见轻。热天犯喘，天天灌药吃药敷药熏药贴药全不顶事。蓝眼说，毛病在二爷住的那后院地面上，本来地面就前高后低，前边一垫，后边更低。前高后低，无灾有疾，还是犯忌。再有，蛇妖常是一雌一雄，杀掉的这长虫是雄的说不定还有条雌的藏在后院里。无论二奶奶怎么闹，二爷死活不信不听不肯。二奶奶二爷碰面就吵，背后就骂，下边吵架好办，上边吵架难办，几个佣人私下说是说非。鬼静人不静，天天不清静。

一天午后，二奶奶歇晌睡了，惹惹钻进精豆儿房里作乐。撕撕扯扯时候，精豆儿忽问："你请那蓝天师挖墙掘地的，要干吗？"

惹惹说："还不是因为闹鬼，怕你害怕！"说着大胳膊一张就去抱。

精豆儿"啪"使劲打他大手一下，说："你喝了蜜，嘴倒真甜呀，你心里想着嘛，别人不知，我知！"

"你知道，你说说。"惹惹说，"我想干吗我都不知道，这倒怪了。"

"你们是借茬找那金匣子！"精豆儿说。

"呀！我要有那意思，天打雷劈，我是你儿子！我跟你起誓！"惹惹大声说。眼珠子瞪老大，真赛发誓。

精豆儿拿小眼在他大脸盘上找来找去，没找到嘛。随手把个糖豆儿塞进惹惹嘴里，说："没有就没有，你喊嘛，想叫人知道你在我屋里？"跟着又换个口气说："那个金匣子嘛样儿，你能告我？"

"那天二婶不叫你给的我，还问我？"惹惹笑着说。

"你要动假的，我也没真的。这事，咱俩心里都赛点灯，通亮。二奶奶给你那个是假的，是她打娘家陪嫁来的首饰匣子。你要告我那东西真的是嘛样儿，我好帮你找。你不说，好！我还不稀罕知道呢！人家拿心给你，你拿狼心狗肺待人家！"精豆儿说。赌气一扭身，把小后背掉过来朝惹惹。

"我干吗瞒你。不单我，连我爹也没见过。我爹就说那东西是祖传的，里头全是价值连城的宝贝。我爷爷去世时，我爹正在福建买货，这东西就叫二叔二婶私吞了。为了这金匣子，我爹一直跟二叔二婶别扭着。哎，你跟二婶这么多年，没听她提起过？"

"没有。头遭儿听说，还是那天你在饭桌上提起的，我看二爷二奶奶脸都变色了。"

"是呀，脸变色就准有，要不为嘛变色？那匣子离不开这家，这院子，这十几间房子，说不定就在二叔那院里，要不他为嘛从来不叫人进去，对吧！"

精豆儿立着耳朵，赛俩小饺子皮儿，光听，嘛也没说。

第九回
火眼金睛穿墙透壁隔裤子看屁股

一年二十四节气，十二节，十二气。立春为节，雨水为气，立夏为节，小满为气，立秋为节，处暑为气，立冬为节，小雪为气。十二节当中，插进去十二气，便是二十四节气。节分气，气连节，节藏刚，气含柔，刚柔相济，气节相接，一年便是春去秋来，暑消霜降，叶凋冰封，跟手又是雪解冰消，天地回暖，大雁排成人字，叼着南边的绿色儿，一路叫着喊着唱着来了。天有冷有热，地有寒有暖，一股大气贯通天地。可天寒地冻天热地裂，是打表面上瞧的，内里未准这样。不然为嘛天凉地洞暖，天晒地窖凉？天地相互之间，一边顺应，一边较劲。不较劲，不动劲，不动不变，不变不活，不活不死，不死不生。天理如此，世间道理也照样一样这样。

今日大暑，赶上三伏，惹惹顶着大毒太阳，脑袋哗哗冒汗，赛打水里捞出的西瓜。拿手一抹，一层水下来。还是蓝眼有根，肩膀头晒冒烟，鼻尖却半粒汗珠子也没有，不怕不叫不难受不当事儿，显出功夫来。两人一高一矮一拐弯儿，进了鱼市。卖鱼的贩子都躲在阴凉地，光着膀子，拿湿布蒙头。盛鱼的大木盆小木桶盖着席子荷叶苇帘子。不盖盖儿的，没活鱼，鸟死朝上，鱼死朝下，死鱼们都翻过身，把雪白肚皮挺出水面。刀鱼娇气，出水就死，一晒就变色，银里透蓝，蓝里透紫，真赛一把刀；泥鳅气足，水不开锅就不死，一个劲儿折腾；王八最有本事，吊在竹竿树杈上，脑袋尾巴四只爪子缩进大肉盖里，给太阳烤得赛刚出锅的烤饼，还活。

惹惹咧开大嘴又哈哈笑道："当王八也不错，起码晒不着。"

蓝眼没答话，使手一指，前头一堆人，有的说有的笑有的起哄看热闹，过去一瞧，是件稀罕事儿。一个天下少见的大胖子，坐在一个大箩筐里，叫一杆大秤吊着，大秤挂在大柳树杈上。秤杆赛擀面杖粗，秤砣赛水师营的炮弹，大胖子赛一堆肉塞在筐里，大白肚皮儿大黑肚脐儿鼓在上头，好比大肚弥勒佛。两条胳膊架在筐沿，拿把大蒲扇呼呼扇风，直扇得筐晃杆摆秤砣摇，一个鱼贩子踮脚看秤星，叫道："恭喜万爷，今儿又长了，三百八了！"

"我不信，你按住秤绳儿，我下来自个儿瞧。"大胖子在筐里叫，嗓门好粗好厚好足。

蓝眼对惹惹说："这胖子就是咱要请的火眼金睛万爷。他每使一次眼，就伤一次元气。他怕瘦，天天上秤约，轻一斤重，吃二斤肉。"

说话间，只见鱼贩子捏住挂秤砣的皮绳子，一扬秤杆，"哐啷"，大胖子连人带筐赛打天上掉下来，砸得地面直冒烟。这一蹾，人在筐里塞实出不来，几个看热闹的才要上去拉，大胖子两眼一合，气贯满身，脑门立时变红，忽一发力，荆条大筐哗啦摔得粉粉碎，大胖子身子不笨，一挺腰站起双腿，扭头一瞅秤星，哈哈大笑，笑得浑身肉直扑棱。惹惹从旁瞧出刚头大胖子万爷闭目凝气时，鱼贩子手腕微微一抖，把秤绳往上挪了一截。这一挪真是神不知鬼不觉。惹惹本是街面上的人，这些花活窍门全懂。上去说："万爷，我也算个胖子了，可您一个顶我两个还富余。"

蓝眼冲大胖子说:"这就是我昨儿跟您提过的黄家大少爷,今儿我们请您来了!"

大胖子万爷朝惹惹抱拳拱拱手说:"好说好说大少爷!您那宝贝就是埋地三丈深,我一眼也给您找出来。您瞧那小子——"他手指刚刚戏弄他那鱼贩子说:"他里头穿的是他老婆的红裤衩,不信您叫他脱下外边的裤子看,错了我是瞎子!"

鱼贩子一怔,吓得一蹦。

万爷叫道:"脱下来给大伙瞧,不脱,大伙就扒家伙!"

惹惹来了精神,也叫道:"大伙上,瞧瞧万爷的能耐!"

鱼贩子扭身要跑,立时给几个汉子按住,鱼贩子求饶叫苦要横求饶全没用。裤带扯断,一拉裤子,里头果然是娘儿们穿的大红裤衩。众人大笑,松了手,他便提裤子撒丫子跑,好赛有人宰他。惹惹看傻眼,说:"万爷,您是在世的二郎神,火眼金睛呀!"

万爷说:"这不算嘛,真能耐您还没瞧过呢,到您家去再瞧吧!哎,咱得有话在先,我使一次眼,伤一次气,掉一斤肉,你得再补一只鸡吃!"

"蓝大爷早把这话告我,我给您预备好四只活鸡,一码九斤大芦花,保准您吃下去,转天长出十斤肉来!"惹惹乐呵呵说。

万爷听了哈哈哈笑,打树权拉下一件帆布大坎肩,两条胳膊赛大腿,打肩口往两边一伸,坎肩没扣儿,裂怀腆肚子,一手呼呼摇着大蒲扇跟着惹惹就走。惹惹说:"到我家,您千万别提金匣子的事儿,就说看那母长虫来的。我二叔那院不准人进去,我二婶才答应请您去。我家前一阵子不是闹鬼吗……"

万爷边走边笑边喘气边扇风边点头边说:"知道知道知道。"

大胖子万爷一气坐散两把太师椅。九九爷叫灯儿影儿把门楼里那条大懒凳搬来，撂在当院，才算坐住。新垫的土软，屁股一压，凳子腿儿还是陷下去半尺，反倒坐瓷实了。

天津卫大宅院的虎坐门楼内，靠墙都摆一张七八尺长大条凳，面宽腿粗。看门的平时坐在凳上守门待客。没事时候多，有事时候少，夏天歇伏，冬天晒太阳，所以叫"懒凳"。

精豆儿在二奶奶耳边嘀咕两句，二奶奶便笑着说："万爷，惹惹说您能隔墙瞧见东西，我一听就说非请您来不可。这本事打小听说过，可没亲眼见过。您别单看那母长虫在哪儿，也叫我们见识见识您的本事。"

惹惹说："万爷的本事我可领教了。刚头在鱼市，隔着裤子把一个鱼贩子穿嘛裤衩都看出来了。"

精豆儿说："二奶奶不想听你说，只想自个儿看。"

灯儿影儿在一边笑，好赛不信这肥猪肥象赛的大胖子真有能耐。蓝眼镜片一闪，低头在万爷脖子后边说一句。万爷脸上收了笑，闭上双眼，大肚囊子一鼓一瘪，把全身精气蓄进丹田，跟手脑门有条青筋涨起，鼓一道棱儿，秃脑瓜顶由青一点点变红，赛煮熟的海螃蟹盖。红色接着往下走，打脑门越过眉骨红到眼皮，忽然两眼一张，目赛金星，照人眼花。他一跺脚，手一指二奶奶住室，眼珠子赛射出一道光，直冲过去，瓮声说道："二奶奶，您柜子上锁那抽屉里，那绸子包儿里，真还有几件好东西。"

二奶奶傻了，禁不住说："您怎么知道？"

万爷不搭理她，却说："我已经把您那包儿，打柜里移到小圆桌上，您自己进去瞧吧！"声调嗡嗡响，显出元气浑厚。

二奶奶跑进屋看，声音打里头传出来："呀，抽屉上锁，东西打哪儿出来的，这不神啦吗？"

万爷坐在院当中懒凳上说："您别动它，我再给您把这包移回去！"说着，闭目调息运气使气，大伙垂手屏息，谁也不敢动劲儿，怕给这气伤着。只见万爷赛喝口好酒美酒老酒，南瓜赛的大脑袋悠然一晃，眼皮一撩，说："好，回去了。"

二奶奶打屋里出来，脸色儿都变了，赛又碰见鬼，张着嘴，一口白牙黄牙银牙金牙，话说不出来，惹惹也惊得不知说嘛。

万爷好神气，对大伙说："惹惹说我隔裤子能看见裤衩，你们脑袋虽不摇，心里却不信。信了没劲，不信才好。老爷子——"他手一指九九爷说："您里边那条白裤衩干吗不缝缝？裤裆都裂了。"

九九爷瞪大眼，明明白白是叫他说中了。

万爷又一指灯儿说："小子，你这条绿裤衩该洗洗啦！"

灯儿露出一副傻相。

万爷再一指影儿，没指裤子，却指他脚，说："你鞋跟下边干吗掖几个铜子儿？怕个子矮不够高，垫垫？"

影儿脸刷白，直瞅九九爷。明摆着这是偷柜上的钱。万爷把这几人看过说过，才使眼瞄向精豆儿，精豆儿赛给钉住，心儿腾腾跳。不知这神通广大的胖子会说出嘛话来。万爷不对她说，却问蓝眼："天师，女人肚脐有痣是吉是凶？"

"痣在哪？肚脐眼儿里头还是外头？"

"卧在里头。"万爷瞅一眼精豆儿说。

"嘛色儿？"蓝眼又问。

"白的。"

"鼓的还是平的？"蓝眼再问。

"鼓的，赛小米粒。"

蓝眼便说："面无善痣，身无恶痣。可是，平痣无事，鼓痣招事，黑痣主吉，白痣主凶，不好！"

精豆儿刚头那股子机灵劲儿登时一扫光。万爷这才对她说："大姐，有我万爷在，你们身上有嘛也藏不住。"

这话说得一院子人都赛一丝不挂光屁股站在当院，没人再敢夯翅，精豆儿不觉拿手挡着下体，好赛不挡着，就叫这大胖男人看个底儿掉。随后，万爷使火眼金睛找那雌长虫，手指哪儿，眼找哪儿，如同电光石火，任它铜墙铁壁，一穿就透。看得大伙觉得所有房子都赛玻璃盒子。忽然万爷目光停在北面墙上，凝神注目，眼珠子直冒光，惹惹以为瞅见金匣子。万爷却问："里院屋中那和尚是谁？"

这话说得大伙全糊涂。

九九爷说："哪来的和尚，后院只有我们二爷。清瘦脸，留胡子，可是？"

"对。小手指留长指甲，右耳朵垂下有个小肉疙瘩。对吧？"万爷说。

"是我们二爷，怎么是和尚？"九九爷说。好奇怪。

"身穿土色上衣，正在打坐，屁股下坐个蒲团，不是和尚也是俗家弟子。"万爷说。

"不会吧，我们二爷天天在房里读书呀！正看书吧？"

"不不，合着眼，正入定。"万爷说，"我看他跟看您一样清楚，不信您去瞧。"

九九爷没答话，满心狐疑。一家人好奇怪，二爷天天守在屋里，敢情念经打坐学做和尚。谁也不知怎么回事，也不敢多嘴多舌。这工夫，万爷脑门冒汗流油，头皮由红变白，眼珠子也是光退神收，好赛快落下去的日头。他慢慢起身说："二奶奶，放心吧。您这宅子打今儿干净了，我看见一条蛇道，从您房后穿过里院，绕过后花园假山，打后墙西北角那个缺口走了。现今您院里，狐黄白柳灰一概绝迹，只有百十只大耗子，没一个成精的，安心过日子吧！"

这几句话便把二奶奶说得放心松心宽心开心，立即招呼九九爷将蓝天师和火眼金睛万爷请到前院茶厅，由惹惹做东做主，陪着喝茶吃点心吃零碎，随后喝酒吃菜喝酒吃肉喝酒吃鱼喝酒吃下水喝酒喝汤，再喝茶吃点心吃零碎，才把今天使的精气神全补上。完事拿出四只叽叽嘎嘎乱叫的红冠子大活鸡交给万爷提走。临出门，精豆儿还捧来沉沉两包银子，是二奶奶犒谢二位法师的。蓝眼接银包时，小声对精豆儿说："万爷说，您肚里的娃娃是男的。"

要不是蓝眼已然捏着这银包，准掉在地。精豆儿一惊过后，悄悄对蓝眼说一句："回头我到您府上去一趟。"

蓝眼镜片厚，神气看不透。

出了大门，万爷不等惹惹心急开口，便对惹惹说："大少爷，我把您府上茅坑里都看了，根本就没那金匣子。"

这句话没把惹惹人说死，也把他心说凉。

第十回
波光月影禅语破天机

说人没能耐，都信；说人有能耐，半信；说人有奇能，不信。惹惹说的，桂花就不信。眼见为实耳听为虚，惹惹买只花母鸡拉着桂花，要去鱼市见识见识那位火眼金睛穿墙透壁隔裤子看屁股的神人万爷，桂花不去。她说宁肯信那双贼眼，也不信黄家没有那祖传的聚宝盆，要不二婶为嘛拿假的唬弄咱们？男人心散，女人心专。惹惹拿脑袋专心专意一想，老娘儿们的话在理。一天，蓝眼来找惹惹说："你二叔有鬼。"

"打哪儿说起？"惹惹一下摸不透这话来由。

"这些天，他白天躲在屋里，夜里打后墙跳出去。"蓝眼说。

"谁告你的？"惹惹一怔，跟着笑道，"我二叔又不是张生，哪会跳墙？"

"你小子是外场人，怎么不通事理，你不是县太爷，哪兴逼供。告你个信儿，还追来路。好，我走了。"蓝眼说罢，抬屁股就要走。

惹惹一把拉住他，按他坐下说："怪我不懂事儿。我跟你不见外，张口就说呗，你不说，我不再问就是了。哎，你说是不是二叔把金匣子转出手了？"

蓝眼说："你家的事，我不掺和！"

惹惹咧开大嘴满脸笑，哄蓝眼高兴，说道："咱是嘛朋友，你不是说吃饭使一双筷子，走道穿一条裤子吗？嘛你家我家的，咱不是还说过，金匣子到手，三份里有你一份？咱今夜里摸摸去怎么样？"

蓝眼蓝色镜片正对着他。还是那两句话：蓝眼镜片厚，一眼看不透。

当夜，惹惹同蓝眼溜进后花园，躲在假山下几块石头后头候着，好一阵子不见动静。惹惹心浮待不住，认定蓝眼听来谎信儿，可又不敢跟蓝眼提走。蓝眼气沉，蹲在一块珊瑚石后头，赛前后两块石头。不会儿那墙头蹿了一个黑影，惹惹一惊，心想二叔好灵巧的身手，飞贼赛的，再瞅是只野猫。这野猫跳墙跑了，又上来一个黑影，停在墙头不动。用眼一看，差点笑出声儿来。哪来的二叔，分明是闹猫吧！可是跟手见这黑影变大，原来是这后头的黑影不是猫，真是人，慢慢骑上墙头，来回转动笨手笨脚溜下墙根。站在那儿左右瞧瞧，便直朝西北角围墙缺口走去。看影子看身个看走路的架势，没错就是二叔。蓝眼一拍他滚圆溜圆肥圆的肩膀头，赶紧起身，绕过假山，紧随二叔出了后花园，便是龙亭街。两人一路不近不远跟在后头，拐进无量庵胡同，往北再朝西穿过只家胡同，横过北门里大街进小直门口，黑灯瞎火绕来绕去停在一座高台阶大宅院门前，惹惹看迷糊，不知谁家。却见二叔抬手拍门，门儿吱呀开了。这俩离得远，黑乎乎看不见听不清，含含糊糊只传过来两三句寒暄话，人进去，门关上。挺长一条街，没人影，狗影也没有。

惹惹忽见那门口挂的灯笼上写着"金"字，便对蓝眼说："这不是金家花园吗？"

天津卫念书的阔人好修园林。自打乾隆年间，顶顶气派的要算张霖造的问津园和一亩园，查日乾查为仁父子俩造的芥园，龙震造的老村和梁洪造的七十二沽草堂。顶阔气顶风雅，愈阔气愈风雅，金家花园也算一号。但当年盛极一时，如今嘛样，谁也不知。

蓝眼说："管它是哪儿，咱跳墙进去瞧个透亮。"

园子好大，前后左右是四条街，外墙直上直下，两人溜墙根转一大圈，也没找到下脚的地界。蓝眼说："你高我轻，我踩你肩膀，你先驮我上去。"

"你上去，我怎么办，我不会爬墙，还是你驮我吧！"惹惹说。

"那你还不踩死我。"蓝眼说，抬头瞅见一棵歪脖树，一股杈子搭在墙头上，镜片一闪，主意说来就来，问惹惹，"你会爬树吗？"

"没这能耐。"惹惹傻笑道。

蓝眼"哼"一声说："没能耐享福，有能耐受累。过来，你蹬我吧。"说着，抱着大树蹲下来。

惹惹搂着树干，右脚一蹬蓝眼右肩膀，左脚踩在蓝眼左肩膀，这一下差点把蓝眼踩死。只听脚掌下嘎巴一响，以为把他骨头踩断。刚要蹦下来，却觉身子晃晃悠悠升起，脑袋碰着树叶。蓝眼生活死扛连推带拉总算把惹惹弄上墙，跟手自己赛猴子几下也上了墙头。朝里一望，好一片水光月光灯光树影石影人影，树影落在水光里，石影照在月光里，人影立在灯影里，就赛一张画铺在眼前。再朝下一看，运气不错，下头刚好是假山真石，正好下脚。两人下了墙。惹惹身笨，几尺高，居然差点骨碌下去，要不是蓝眼手疾眼快，非叫人当贼抓着。两人穿石绕坡，登上山头，伏在一片深草里杂木后，扒开几朵野花，清清楚楚瞧见下边三个人。

一个大高个，光头，一身白纺绸带暗条裤褂，褂子放在裤子外头，光滑平整宽绰凉快，褶褶都赛刀裁一般齐，胸厚肩方，手宽脚大，阔脸直鼻，双眼赛灯。连鬓大胡子油黑油亮油光，长长盖住胸脯，远远瞧，也是根根见肉，站在灯下赛一棵松。他对面石磴子上坐着一人，脚蹬草履，身穿玄袍，原来就是黄二爷，真赛和尚。惹惹打小没见过二叔这样打扮，心里好奇怪。正面一棵盘根绕枝满是疙瘩的老柏树下，长长青石凳上，坐着一位老僧，清瘦脸白胡须，嘴赛女人透红色，两眼赛小孩有黑有白锃光锃亮，长眉毛打两边太阳穴耷拉下来，赛拂尘。灰布袍子给灯一照，赛银；领口袖口净白纯白绝白，赛雪。坐在那儿，真是清风清水清空一般一片空灵。石桌上摆着茶壶水碗，文房四宝，铺着白纸。几盏灯，有的立在柱头，有的挂在树上，有的插在石缝里。假山上有个池子，平时存雨水，用时放水成一道瀑布流泉，石上镌刻二字：洗心。此刻拔去池口的塞子，池水打层层叠叠石面上，涓涓潺潺淋淋滴滴细细薄薄纷纷扬扬而下，一片赛铃赛琴赛檐前滴雨窸坎铿锵之声。月亮灯火一照，有光有影有情致有野趣。大耗子窝赛的天津城中间，有这样一块一角一旮旯天地，真是人间天上，俗界中的仙境。

惹惹说："那留大胡子的老爷子叫金梦鱼。他祖上金芥舟是乾隆年间天津卫头一号画画的，一辈子好游山逛水。这金梦鱼也一手好画，听说他在墙上画个猫，屋里老鼠就绝了，可他就是不肯挂笔单卖画，有钱不赚，喜欢玩票儿，他……"

"我知道。"蓝眼截住他的话。他不想听惹惹说，只想弄明白这三个老家伙要干吗。

"那老和尚是哪儿的？天津卫一百零八座寺庙，我只逛过娘娘宫。我二叔是不是听他讲经来了？这老和尚他……"惹惹又说。

365

"河北仁天寺的方丈慈净禅师。"蓝眼说,"你总出声儿,人家可都长着耳朵。"

惹惹这才住口,住口没闭嘴,眼前这场面叫他发蒙。

只听二叔说:"今儿不是讨宝,是送宝来了。"

蓝眼一捅惹惹,叫他盯住,金匣子眼看就要现世。这下正捅在惹惹胳肢窝,惹惹怕痒,这在平时准要呵呵笑起来,可这时竟忘了痒,使劲把右耳朵撅到前面听。眼不得看,只好斜眼儿。

大胡子金梦鱼说:"黄二爷有宝快捧出来,没准一句叫我顿悟了。"

惹惹把心提到嗓子眼儿,二叔的话却叫他入了迷魂阵:"今儿在房内入定,忽然眼前一片山水,山水相融,无限清澄,无边无涯,无影无踪,一时好畅快呵!待睁开眼来,正瞅见墙上一幅董北苑的水墨中堂。平时看高山大壑,气象雄伟,可这会儿再看,不过巴掌大小了。心想为嘛心中山水远非画中山水所及?为嘛画家欲求咫尺千里而不可得?为嘛板桥居士说'眼中之竹不是胸中之竹耳'?我悟明白了,世间万物,莫大于心。"

"天地呢?心在天地间,还是天地在心间?哪个大?"金梦鱼问。一边大手轻轻拂动胡须,好赛玩马尾巴。

"天人合一,同大。"二叔说罢转脸问慈净禅师,"法师,我这话对不?"

"有大即小,无大为大。"慈净禅师说。这话,声音轻且清,赛阵微风,吹入满园。

金梦鱼应和一句:"身心俱无,即是佛道。"

二叔怔住,没懂,好赛变成一块呆石头。

慈净禅师起身飘然到石桌前，取笔蘸墨在大白纸上点了一个墨点。惹惹以为这老和尚要写字画画，不料他掷了笔，含笑瞅着二叔。看样子他也以为老和尚要耍笔墨，不知为嘛只点这一个点儿。

金梦鱼忽大叫："小了，小了。"

慈净禅师朝金梦鱼微微点头，长须长眉赛穗子一齐轻轻摆一摆，好赛月入波心一样美。随即卷起纸，引灯火烧了，顷刻成灰成烟，蹿上天，又看二叔，赛问。二叔糊里糊涂，却马上点头表示明白，可这点头斜着点，赛点头又赛摇头。

金梦鱼忽又大叫："大了，大了。"

禅师又朝金梦鱼轻轻点头微微笑笑，飘然回身坐在青石长凳上，好赛一朵云彩偎在山头上。

二叔抬头望天，已是灰飞烟灭，没一粒尘土。愈看愈大愈深愈远愈黑愈凉愈静愈亮，眨眨眼，似有所悟，便说："有即小，无即大，有有大小，无无大小，所以法师说无大为大。"

慈净禅师说："黄居士，您生在世上，有家有业，有妻有子。饿便吃，吃有肉荤菜素酒香水淡，冷便穿，穿有薄单厚暖绫贵布贱，情有饶薄，事有得失，哪一件不在'有'字上。谁能避开这'有'字？您说。"

二叔答不出，金梦鱼这回也没词儿了，大浓胡须空空垂着，赛道帘子，藏口又遮口。

禅师二次到石桌前，取笔又在白纸点上一墨点，随后面朝二叔一扬长眉，好赛向二叔讨个解脱的法子。二叔没法，坐着不动。金梦鱼上前，拿支净笔饱蘸清水，一手撩起大胡子，一手使净水笔点在这墨点上，顷刻墨点化开，缓缓愈化愈大愈淡，灰灰一片。金梦鱼双眼闪闪，说道："有为实，无为虚，实为小，虚为大，以虚化实，通天接地。"

二叔说："再大也是有！"明摆着不甘示弱不服气。

老禅师随口念出四句诗：

何必强求无，

无在有无中；

古井深无底，

万物落无声。

黄二爷听罢，顿觉天宽地阔，大大的园子，树石无声，水月流光。月亮赛要照亮这园子，黑夜又赛要吞掉这园子，半明半暗，才觉深远。天上无星无月则无边，有星有月有远近；有远有近，亦近亦远。这层层叠叠虚虚实实明明暗暗浓浓淡淡争争让让透彻了，才无上无下无高无低无始无终无际无涯无贫无富无有无无。黄二爷又觉心有所悟，开口便说出几句老子的话："人法地，地法天，天法道，道法自然。"

老禅师一甩袖子，长眉长须随着一飘，朗朗说："又何必法，一片自然。"

直说得月耀星明云淡天远水清石奇松苍草碧灯亮花鲜茶香杯净笔精墨妙心舒意弛血和气平万籁无声。黄二爷唰的起身，两袖一抛，扇动清风，对金梦鱼说："你唱个歌，且教我舞它一番！"

金梦鱼说："好呵！"跟手唱起苏东坡的《水调歌头·大江东去》，声音赛敲钟，胡子给气冲得一飘一举，黄二爷踏着歌儿的板眼，抡着双袖舞起来。唱到跳到"多情应笑我，早生华发，人生如梦，一樽还酹江月"时候，人影月影灯影歌声水声袖声混成无忧无虑随心所欲一片，好赛大江入海，肆泻无阻。老禅师慈眉善目，手捋银须笑着看。

惹惹对蓝眼说："我二叔疯了吧？"

蓝眼一扯惹惹，说："走——"

"急嘛，金匣子还没露手呢。"惹惹说。

"你真是俗物！那东西怎么会到这种人手里。"蓝眼说。

惹惹没听懂，稀里糊涂跟着蓝眼登石爬墙上树下来，身笨人重，树权没劲，"嘎叽"把树权掰断。挺大人掉在地上，赛卸下一大包米。

"哎哟，我脚崴了。"惹惹说。手里还攥着半根树权子。

"还不快起来，要是里头人听见，马上就来人抓咱们！"

惹惹站起来又趴下，抬头哭丧着脸儿说："你看看，我的脚后跟是不是朝前了？快背我去找王十二！"

蓝眼没理他，自个儿走，小步紧捯，很快没了影儿。

第十一回
拴红绳的大鲤鱼

人身子五件事，吃喝拉撒洗。

没钱下池塘，有钱进澡堂。天津卫三大澡堂：龙泉池、华清池和福仙池。跳进华清洗龙泉，清清爽爽赛神仙。成天人缠事扰尘蒙土裹烟熏火燎，扎在这池子里，热热的水儿舒舒服服一泡，泥一搓，皮松肉软，骨头节睁眼，汗毛孔喘气。所以天津卫人不叫"洗澡"，叫"泡澡"。

惹惹一撩福仙池门帘，伙计迎上来问他洗盆洗池。盆儿是单人，池子赛涮羊肉的共合锅，大伙一齐涮。惹惹乐呵呵说："大池子里挤虾酱，我可不干。没把尘土洗去，倒叫那里头的陈年老泥把汗毛眼儿全堵上了。"

"这是您大少爷有钱，才这么说。"伙计笑嘻嘻，拿喜祥话哄他。哄人都是哄钱。伙计又说："来个单间吧？"

惹惹打个奔儿，说："两人一间的也行。"

伙计瞅他一眼，心里立时明白。嘛价钱嘛人，仰脑袋伸脖子一嗓子贯满澡堂子："盆池一位，两人一间——"

另一位伙计来，领他走到一间屋前。花玻璃上拿红油写着"壹拾肆号"。伙计问他怎么侍候，惹惹说："搓身子修脚剃头打辫全不要。"推门进去，里头雾气蒙蒙热气烘烘水汽腾腾，同间一个黑黑小矮个客人，光着身子，面朝里坐在凳子上，一个伙计正给他搓背。惹惹客气一句："您了正忙着。"

伙计寒暄两句，那黑客人听见他声，没应声，也没回头。惹惹不再搭话，挂了帽子，几下把衣服里里外外脱得净光净，松开辫子，赤条条走进里间，打开水桶舀几勺热水，兑在大木盆里，一屁股坐下去，水就溢出来一半儿。水也有劲儿，跟手把他托起，直把他两个柚子赛的大膝盖头，大包袱赛的大白肚囊子，带着肚脐眼儿托出水面。惹惹坐在里头一通死泡，足足把皮肉泡软泡松泡胀泡红，再狠搓狠刷狠冲，最后把泥儿土儿味儿油花儿留在盆里，光着两瓣大腚，甩着浑身上下耷拉肉，走到外屋，只见那同间黑客人穿鞋戴帽正要走。他一瞅这人背影，上去抓住这人后脖领使劲一扯，叫道："你为嘛，为嘛装着不认识哥们儿？"这人给他扯得转过身转过脸，原来是铁嘴八哥！惹惹急赤白脸地说："不行，这么不行，半辈子的哥们儿要绝交也得说明白，不能叫我糊涂一辈子！"再一使劲，愣把八哥推得坐在对面床榻上，自己坐在这边床榻上。

八哥黑脸黑，没别的色儿。盯着惹惹瞅一会儿才说："那我问你一句，为嘛三四个月你没找我一趟？"

惹惹把脑袋耷拉下来，说："我没脸找你。你那天的话不错，金匣子是糊弄我，假的……可你也得舍个脸儿给我，不能见面装生人，叫我心里嘛滋味？"

硬的经不住软的，软的经不住热的。八哥脸皮立时透出红色，眼珠子的光也变柔。可是他把话憋住没说，等着惹惹更有热气儿的话，好赛等酒喝。

惹惹一口气便把这三个多月，怎么在院门口看相碰上蓝眼，家里怎么闹鬼请蓝眼来看风水扒房垫土斩妖蛇，怎么打鱼市请来火眼金睛找宝，又怎么夜里跟踪二叔看见老和尚怪人怪语怪事打树上掉下来崴脚脖子，一说一大串，赛竹筒倒豆子水桶倒水，一下全出来。

八哥"哎呀"一声说："哥们儿，你怎么撞上蓝眼那小子了？那小子外号叫'坑人'。还赛块烙铁，一沾就掉块皮。沾紧了，非把你穿个窟窿不可。福神街开油铺的贾三爷知道吧？永裕号，大买卖，也是大宅门，人是个小罗锅儿。前年家里盘灶，灶盘好，憋烟。烧火时，没火苗，全是烟，烟不打烟囱走，全倒回屋子。蓝眼去了，那小子别说，嘴上有点能耐，张口一串一串，听得懂又听不懂，把贾家唬住了。他说人家盘灶看错皇历，犯忌。一捯日子查皇历，那天正忌作灶修厨。蓝眼说邪气堵在烟囱眼里，拿一捆整根的大长苇子，贴块符纸点着往灶膛里一捅，腾一下，烟打烟囱蹿出去，通了！贾三爷手大，赏他十两银子。完事，老亮告我，这是蓝眼和盘灶那伙泥瓦匠勾好，玩的花活。盘灶时在灶膛里头走烟那眼儿糊块纸，气不通，柴火不着，自然憋烟。他使长苇子一捅，把纸捅破，气一通，烟也就出去。你说他坑人不坑人？"

"可他也有真功夫，会混元气功，我亲眼见过，那天在他家，他朝我发功，叫我左手长，我一比，左手真比右手长一截！"

"这不算嘛，要说天津卫气功，还得数龙老师。在人家龙老师面前，别说发气，能喘气就不错。哎，你当下还和他联络着？"

"不了，不了，打那天从金家花园出来，我崴了脚，他再没露面，找他，他只说根本没那金匣子，想必是要和我断了。这些天我总寻思，他不安好心。"

"这是你福气。"八哥说，"可是……那金匣子，我想还是有。鱼市那火眼金睛万爷倒真有两下子，隔墙看东西绝不假。他也跟咱论哥们儿，他的话，我信。只怕那金匣子早叫你家人吃空了。"

"当下我也不琢磨那玩意儿了。这几个月，纸局赛半死的人，张嘴捯气儿。尹七爷一走，没大钱赚。再一折腾房子，换土铺地，把咱那阵子赚的钱花得精光。我二弟一天不如一天，天天捧着药罐子。沙三爷开的药，净是牛黄麝香犀角猴枣安息香羚羊粉冬虫夏草吉林野山参嘛的，都是贵药，等于喝银子。铺子没人顶事儿，九九爷腿没劲不能跑，影儿懒不肯跑，灯儿笨嘛也跑不来。铺子打早到晚一天顶多卖十张纸，十天卖不出一块墨，跟要饭的差不多了。咱哥们儿干的时候嘛气势？我二婶上月晚上烧香，不知打香头看出嘛来，一头栽倒中了风，这几天嘴才正过来，可下不了床铺，说话含含糊糊赛含块热豆腐。眼瞅这一家子赛后花园，一点点荒了……我总觉得都是我闹的，好好的，找嘛金匣子？拆房砍树，地皮也掀了，祖宗的元气叫我搅和散啦，不瞒你说，我有点心亏……打这月，我不在铺子里关钱。今早二婶说，后天就是九月十七敬财神。家里要好好吃顿羊肉面。二婶说弄条大活鲤鱼来，最好是拴红绳的。我洗了澡就到鱼市找找去……"

八哥说："鱼市上拴红绳的都是假的。这种活鲤鱼得头年祭过神，在脊背上拴根红绳，送到河里放生。第二年再打上来才行……听说，敬过三次神的活鲤鱼，才能跳龙门。"

"哟，这到哪儿去找？"惹惹说。

八哥一龇牙笑了，脸黑牙白，说道："你找我呀！鱼阎王老麦嘛鱼弄不着，他和咱论哥们儿！"这一笑，没一点皱巴劲儿了。

惹惹心里好快活，可还有点歉意，有点窘劲。

澡堂伙计一推门，一怔，这俩爷们儿好怪，脸对脸坐着，为嘛一个穿衣戴帽，一个赤条条光溜溜一丝不挂？身上水珠儿早晾干，红色儿褪去，白白一个大胖家伙。

无水无鱼，有水有鱼，死水鱼死，活水鱼活；天津卫五河交汇，七十二沽布阵，外加上无数湖泊池塘沟渠坑洼河湾港汊。地不连水连，鸟不活鱼活。天津人嘛鱼没见过没逮过没吃过！汪西颢写过四句诗：

> 天津古泽国，
> 水族纷骈罗。
> 巨细鱼卅种，
> 下逮蛏蛤螺。

这诗太文，念读听都费劲，这一改就明白了：

> 天津水做的，
> 是鱼就能活。
> 闭眼坐河边，
> 一抓鱼一个。

八哥带着惹惹，手提个盛鱼使的空水桶，在海光寺西边一大片河汊子里，走了多半天，各踩两脚泥，愈踩愈重，脸上叫花蚊子咬得满是疙瘩，惹惹两眉毛中间鼓起个锃亮的肿包，来个二龙戏珠，也没找到鱼阎王老麦。八哥叹口气才要说："家走吧！"忽见远处滩头一钓翁，使竿钓住一家伙，瞧着够沉，竿子打成对头弯，好赛后羿射日那弓。八哥叫道："就是他，没错！鱼阎王！"

两人赶忙一前一后一快一慢，绕过河湾，跑到老麦跟前。竿还绷着，线赛紧弦嗡嗡响，可是水下边纹丝不动。老麦不慌不忙稳稳攥着竿把儿。奇了，是鱼为嘛不动，赛钩上一块石头。

惹惹钓过鱼，笑道："别是钩在草上了吧？"

老麦赛没听见。打怀里掏出个铜环，从竿子底把套进去，手指捏住铜环"当儿"一弹，铜环顺着竿儿飞起，再套着线儿滑下去，哧溜入水，约莫铜环刚刚沉到河底工夫，竿提线起，下头钩住的东西浮上来，就势一拉，出水竟然一个锅盖赛的大王八。惹惹眼睛清楚，心里糊涂。这叫嘛钓法儿？

八哥说："老麦，这大王八快成精了，你怎么顺线扔下个铜环，它就上来呢？"这话也是惹惹要说的话。

老麦边择王八拴王八，边说："铁嘴八哥，你光动嘴皮子，今儿我传你一招。王八个大，一下上不来，再说这东西样子傻，心贼，一钩它嘴，它前爪子就抓住底草，硬拉，竿非断不可。这铜环溜着线儿下去，正朝它脑袋去，它扬起爪子一挡，就撒开草。上边一提竿，下边水一托，不就上来了？你要拿它当石头当草根，可就叫它跑啦，哈哈哈哈。"这话也是说给刚头多嘴多舌的惹惹听的。

八哥说："哥们儿服了！"他和老麦果然熟。天津卫能人，真都跟八哥论哥们儿。认识能人，也算能人。八哥把惹惹一介绍，说了来意，老麦挺痛快，说："这不难。"

惹惹信他是能人，却不信他能钓着拴红绳的鲤鱼。河这么大，哪能要嘛钓嘛。再瞅老麦，人不奇，貌平常，干巴黑瘦小老头，脸叫风吹得赛地皮，皱纹一条一条老深老深；破竹笠，赛破筛子，一圈帽檐破破烂烂；手里的竿子不过一根晾衣服的竹竿，上边插一节竹扫帚秒子，尖上拴根丝线，钩上没倒刺。家伙愈差，能耐愈大。再瞧老麦，上头穿件破布坎肩，晒得没色儿，下头挽着裤腿，腿肚子赛铁球，斜挎个皮口袋，里边稀里哗啦地响，全是鱼。惹惹小时好钓鱼，这种老爷子见多了，可他一说一笑一张嘴，嘴里牙上鲜红鲜红一丝一块，赛流血，他是不是嘴烂了？

老麦抬头看天低头看水转头四下看地势，这一看，挺神气，好赛大将观敌阵，找一条破阵之法。老麦手一指东边说道："八哥，给我提着王八，咱到那边去。"

惹惹说："我来。"抢上去一提王八，比料想的沉，赛提块石头。

东边水浅，靠岸一片苇秆草秆。日头在西，正晒这边。老麦捏着鱼钩在嘴里一抹，鱼钩变红。细看钩上锁了一条鱼虫。原来嘴里红丝丝含的都是鱼虫子。

八哥对惹惹说："这是咱鱼阎王的绝招。虫子含在嘴里，裹着唾沫有鲜味，招鱼。这一抹，正好把虫子穿在钩上。"

惹惹头次看人这么钓鱼，正好奇当口，竿一弯，水就响，真的拉住一条鲤鱼。夕阳一照，水翻金花。扯到近处一看，可惜脊梁背上没有红绳。惹惹才要说几句讨老麦高兴的话，怕他不肯帮忙。只听老麦对着钓住的那鱼说："没你的事干吗来？回去叫你爹来。"说罢竿尖一低一送，松了线，放跑了鱼。

八哥说："它能听你的？"

刚说出口，竿在鱼阎王手里一抖，霎时弯成大弓。这鱼一惊一蹿出了水面，惹惹恍惚当是蹦出一个娃娃，金银白亮，后背飘着红带，定神才知，这正是他要的拴红绳大活鲤鱼！惹惹叫起来："妈呀！好大！就是它！快、快、要跑！"急得乐得连蹦带蹿。鱼在水里蹿，他在岸上蹿。老麦却稳稳握着竿子，拿竿使线领鱼遛鱼诱鱼戏鱼累鱼玩鱼，眯缝笑眼，那神气好赛山间老者瞧着闲云野鹤。惹惹只顾发急，忘了脚底下湿泥，鞋底一味溜，来个老头钻被窝，坐在泥地上，摔一屁股两手黄泥。

老麦哈哈哈大笑，说："大少爷碰事还真玩命！"

八哥手拉手拉起惹惹，大鱼已然上岸。足有七八斤沉，红鳍红尾金鳞金身，脑袋赛猫脑袋大，须子赛豆芽粗，肚子上的鳞片好比指甲盖大小。再瞧脊梁上总共拴三条红绳，都扎成大蝴蝶扣儿。金红相配，大福大贵。惹惹眼瞧这鱼还不信是真事，止不住说："这不是神了吗？"

除非有人蹲在河里，把这大鱼挂在钩上；没人弄假，就是真能耐。就是世上人全不信，惹惹也信了。别人不信惹惹，惹惹也信老麦。

更神的是这鱼阎王全不当回事儿，好赛探囊取物，普普通通简简单单随随便便平平常常。他把大鱼放在木桶里，拔些草盖上，对惹惹说："敬过神，别忘了放回河里，还指着他跳龙门呢！"说着龇出满嘴黄牙。天津卫碱大，人牙都是黄的。

惹惹说："老爷子，赶明儿我真要拜您为师。我就喜欢能人。"

鱼阎王只笑不答，也不要钱。真能耐不卖钱，摆摆手叫他俩"去吧"。

路上，八哥说："你瞧咱这老哥们儿能耐怎样？"

"我真想跟他学两手，打小钓鱼没钓过半斤以上的，可看样子，老爷子不教。"

"你哪是学能耐的人。整天惹惹惹，钓鱼还不叫你受慢疾？再说，人家是嘛能耐，猫窝里也能钓上鱼来。每天不钓三十斤不回家，要不叫'鱼阎王'！你顶头当个鱼小鬼儿。"

两人说说笑笑，一路进了南城门，再一直往北走。惹惹说："哥们儿，你说我家纸局还有救吗？"

"实打实说，够呛。这次不比上次。不光是你们把尹七爷气跑了，要紧是前次那股子劲儿没了。怎么说好呢，打个比方，人有病没吃过药，药下肚立时管用。可刚缓上气儿，病二次再来，还使那药就不成了。"

"你别瞎比方。治病找王十二，治铺子我就找你！"

"嘿，我这辈子叫你粘上了。可惜你不是娘儿们，不然我就用不着打光棍了。"

"你去找你嫂子商量商量——问她我能不能娶个小婆，黑脸的。"惹惹说完呵呵大乐。

两人满心高兴，轮着提那桶大鱼，到了黄家门口，四条膀子都赛泡了醋，酸透了。惹惹人还没进门，大嗓门就飞进去："灯儿！影儿！快拿大木盆来！拴三道红绳大活鲤鱼来啦！"

大伙出来瞪眼瞧鱼，听着八哥白话这大鱼的来历，有说有问又听又问时候，九九爷悄悄把惹惹叫到前边铺子里说："大少爷，咱家又出事了。"

"嘛事？"惹惹问。瞅着九九爷眼神儿不对。

"咱家挨盗啦。"九九爷说。

"金匣子？"惹惹不知为嘛又说出这仨字。

"不是。前头库房门给撬了，后院二奶奶存东西那门也撬了。"

"丢东西没有？"

"库房存的好纸好墨好砚台，全给掏空了。二奶奶那货房有嘛，我向例不知道，没数儿也没底儿。"

惹惹听了转身往外走，叫九九爷一把拉住说："你千万别喊去。这事没告诉二奶奶，告诉她人非出大事不可。当下灯儿影儿也不知道，事没弄清之前，我都瞒着。"

"谁告你的？"

"库房门被撬，是今早叫我看出来的。二奶奶那货房被撬，是精豆儿说的。大少爷，库房空了，咱铺子还指嘛赚钱！"

咯噔一下，惹惹觉得脚底下有个洞，一下掉下去。黑天黑地昏天昏地没天没地一片空。

第十二回
糊涂八爷

三百六十行，天津卫嘛都讲玩绝的。不绝不服人，不绝人不服。即便鸡鸣狗盗之流，也照样有能人高人奇人。时迁偷鸡一绝，天津卫河北邵公庄糊涂八爷偷鸡更叫绝妙。

他拿个铜笔帽，尖上打个小眼儿，使根粗丝线穿过去，抽出线头儿。再拿粒黄豆，也打个眼儿，把这黄豆拴在线头儿上。随后把这黄豆粒儿、线儿、铜笔帽儿全攥在手里。线尾巴绕在小拇指头上。只要见到鸡，左右前后没人，先把黄豆粒儿往地上一扔，抻抻线，黄豆一蹦一蹦，赛活的。鸡上来一口吞进去。他不急，等黄豆进肚子才一拉，线拉直，再把铜笔帽顺线儿一送，正套在鸡嘴上，鸡张不开嘴，没法子叫。黄豆往外一拉，也正好卡在里头，结结实实，比套狼还有劲儿。几下拉到身边，往上一提，活活一只大鸡，不叫不闹给棉袍子盖住，完活回家。还不叫偷鸡，叫"钓鸡"。鱼阎王钓水里的，他钓陆上的。

他偷鸡专择冬天，一为了棉袍有遮有盖，二为了冬天鸡没食，见东西就吃。人说他一冬钓一千只鸡。他摇头摆脑晃身子眯缝眼说："我连酒壶在哪儿都找不着，偷？"

糊涂八爷整天泡在酒里，没人见过他站直了嘛样，睁开眼嘛样，黑眼珠子嘛样。他姓涂，行八，大号涂八，外号"糊涂八爷"。

糊涂八爷一次露馅。三月二十三在娘娘宫前看皇会，忽要拉屎，可人挤成黏粥，出不去，正赶上他身边是庙前那根铁糙木造的大旗杆，杆上飘着一面"敕封护国庇民显神赞顺垂佑瀛堧天后圣母明著元君宝幡"四丈八长二十四金字大幡旗。他借着旗子遮挡，猴赛的几下爬上杆顶，蹲在风磨铜圆顶子下边的小刁斗里，拉了泡屎便下来，可叫人瞧见了。过两天飞来不少乌鸦到旗斗里吃屎，吃了就醉，全掉在庙里庙外庙顶子上。这事传遍河北邵公庄，人问他，他满嘴喷酒气，舌头赛短半截，呜噜呜噜说："那旗杆子九丈九长，你当我是魏元太的风筝吗？"

宁肯信其有，不肯信其无。他愈这么说人愈信。可信也不信，不信也信，天下事都这么糊涂着。醉鬼怎么偷，可不偷他哪弄来的买酒钱？

八哥领惹惹去找糊涂八爷。八哥说，神偷抓小偷，一抓一个准。这叫以毒攻毒。可就怕糊涂八爷不肯出山。直到糊涂八爷门口，也没想好拿嘛话勾他出来帮忙，没料到糊涂八爷一见惹惹就应了。惹惹认得这人。

头年，惹惹到河北看老丈人。去早了，肚子饿，进一家果子铺喝豆腐脑儿。果子铺都是长桌子长板凳。对面一条凳上坐三人，两个坏小子是一伙的，嘻嘻哈哈胡闹乱逗，旁边板凳头上坐着个迷迷糊糊小老头，一件土色绸袍旧得没光，两肉眼泡儿中间夹着蒜头鼻子，长辫子盘在脑顶上，闷头吃喝，吃喝正香，嘴巴咂咂响；辣椒末儿放多了，辣得满脑门大汗珠子。这俩小子吃完，发坏，互相递个眼神，一撮筷子，猛地一块起身，为的叫板凳那头翘起，把这迷糊老头扔在地上。稀奇的事儿出来了，板凳居然好好的纹丝没动，迷糊老头照旧闷头吃，好赛没事儿。怪了，板凳那头就是趴条狗也得翘起来，为嘛没动？俩坏小子低头一瞅，吓得吐舌头，转身一前一后跑了。惹惹探过脑袋一瞧，这迷糊老头屁股悬着，根本没挨凳面，中间空着半尺。他怎么就赛真坐在凳子上一样，还逍遥自在吃吃喝喝？惹惹说："您这能耐头遭见，我得拜您为师。"他心诚没假意。这迷糊老头抬起迷糊眼，瞅瞅他，把手里筷子立在桌上说："拜它为师就成了，你先坐坐它。"

"坐筷子？那不插进屁眼儿里去了。坐多会儿？"

"三年。"

"嘛，三年？"

"坐都坐不住，还练能耐。"迷糊老头说罢起身摇摇晃晃腾云驾雾赛地去了。

惹惹哪料到这人就是大名鼎鼎神偷糊涂八爷。八哥不知前因，便不知糊涂八爷为嘛这么痛快应了。糊涂八爷一句话把本意交代明白了："我帮你们逮这小偷。可过后嘛也不准往外说。"

八哥说："您不说，我们绝不说。咱哥们儿卖过谁？"

当日，糊涂八爷自个儿一人，装作过路，围黄家绕一圈，观了地形地势。忽见黄家在墙外那窄窄的白衣庵胡同，靠墙放着个倒秽物的土箱子，心生一计，便对八哥说："还有靠得住的人吗？"

"要几个有几个。"

当下找来老亮和杠头两个，分派他俩守住白衣庵胡同南北两口，随即把一包金银细软交给八哥，叫他放在那土箱子里，盖上盖儿。天一黑，糊涂八爷带着惹惹八哥上了胡同西边那房。这房是河北大街开银号米掌柜的外宅，近些天大婆闹得凶，小婆躲进租界，房子没人住，上房没事。可惹惹前两月打金家花园墙头掉下来差点摔死，抬头看房就怵。八哥身轻，找个墙角上去了。惹惹赛头驴，不知往哪蹬。正要说自己也去把守胡同口，后脖领忽给一手抓住，一提，人赛鸟，脚离地，轻飘飘上了房。再瞧，自己和糊涂八爷都站在房顶上。这才深信，糊涂八爷是不掺假的飞贼。他不知说嘛好，只听糊涂八爷说："趴下！"三人一齐趴在房瓦上，三头六只眼没过房脊朝下看，直对着紧靠黄家外墙根儿那土箱子。

没想到趴在瓦上赛受刑。趴一会儿还成，时间长了大瓦片硌胸脯硌膝盖硌胳膊，脚尖顶得生疼；肚囊子是软的，可天黑露降，瓦片精湿精凉，一股寒气打肚脐眼儿往里钻，肠子肚子往下坠，要拉稀。歪过身子，换个姿势还好，待久了大瓦片又硌肩膀硌腰肘硌大胯，哪儿鼓硌哪儿。等过子午时还不见动静，糊涂八爷和八哥就往两边爬，各守一个房犄角。房角高，得看。惹惹见他俩没在跟前，悄悄翻身，肚皮朝上，屁股后背肉厚，又得喘气，好受多了。一舒服便睡着，惹惹闭眼就有梦，梦见老婆桂花手指尖戳他鼻头儿叫："金匣子叫你给精豆儿啦！"眼珠子瞪得赛钟馗。吓得惹惹一拨拉脑袋惊醒，眼前一个大黑脸盘，瞪一双大金眼直对自己。浑身汗毛一参，刚要叫喊，忽看清楚是只黑黑大狸子，蹲在脑袋前头瞅自己。兴许是这狸子饿疯了，把自己当死的，正寻思吃不吃自己。他眼皮一眨，大黑狸子咪溜一下跑了。再瞧，天色变蓝，启明星亮，没料到短短一梦，就是一夜。身上被露水弄得湿淋淋赛泼了水，精凉精冷。他扭脸左右一看，糊涂八爷和八哥俩黑影在房脊两头，一动不动，赛俩龙头。心怕不合适，翻过身来，不会儿天模糊亮了。糊涂八爷招呼他下房。

糊涂八爷走到土箱子跟前，掀盖儿一瞧，里边那包细软居然不翼而飞！奇了，两人在房上不错眼盯着这土箱子，两人守着胡同两头，人影也没见，箱子里的东西打哪儿走的？糊涂八爷脸色刷白，头次睁开眼，赛耗子眼溜溜乱转。忽然猫下腰，一摸土箱子靠墙那面，居然是活板，拉开箱子一摸墙上的砖，竟然是活砖。糊涂八爷这才松口气，说："这人比我能耐强多了，差点叫我栽在这儿。"随对惹惹说："这事叫县太爷也没法断，是你自家的事！"

糊涂八爷不糊涂，惹惹反而糊涂了。

这正是：

小石翻大车，

浅水困巨船；

瓜坏先坏瓢，

伤人是算盘。

一连多少天，惹惹没在黄家露面，今儿进门，就见差好大样儿。门楼里居然有摊屎，想必大门口常没人守着，过路的，叫屎憋急，找不着茅房，跑进来脱裤子拉一泡。惹惹进门再进院也不见人影，到铺子里瞧瞧，门儿大敞四开，柜台前后全没人，东西全晾着。一只家雀在柜台上啄算盘珠儿玩。心里奇怪，跑进二道院就听吱哇喊叫的吵架，原来精豆儿和马婆子正撕扯着，两人都是披头散发，其余人围着劝架。马婆子拿着擀面杖胡抡，精豆儿灵，跑到她身后揪住裤腰带，马婆子怎么转她怎么转，马婆子身胖人笨，往后东抢西抢打来打去打的都是自己。灯儿影儿九九爷怕给杖头扫上，不敢靠前，俩女人赛相互叼住冠子的鸡，腾腾折腾起一阵黄土烟子。

马婆子打不着精豆儿，反把自己打急了，骂着："二奶奶还没说嘛，你来指使我！我进这门时，你还不知在哪儿尿炕呢！一家人吃喝全找我，外带侍候二少爷。二奶奶梳头你也不管了，叫我！这家人轮到谁也轮不到你称王！今儿我马婆子就要杀杀你的邪气！"说着猛一转身，擀面杖使劲往后抽。

精豆儿忽一松开她腰带，跳开，马婆子打空，劲儿使得太猛，原地转两圈，"扑通"坐在地上。精豆儿跑到二奶奶房前台阶上，骂道："你吃黄家，喝黄家，穿黄家，不给黄家干活就滚蛋！别倚老卖老，拿年份压人！岁数大是你活的，王八还活一千年呢。你干吗不早滚？你绝后没地界儿去，赖在这儿等死也算理儿？"

马婆子一听要疯，蹿起来要冲上去，惹惹和九九爷赶紧抱住马婆子，影儿就势一把夺下擀面杖，马婆子朝影儿骂道："好呵，你小子拉偏手，怕我打她是吧，为嘛？我马婆子耳不聋眼不瞎，你和那小妖精干的肮脏事，别当我马婆子心里没数！你们都安嘛心？小妖精——"她指着精豆儿扯开嗓子叫："反正今后没好了，你不要脸，我也不给你面子。男盗女娼，这家就是给你们败的！"

屋里传出二奶奶的声音："别闹好不好，我心里直扑腾……精豆儿！"

精豆儿脸朝马婆子，话却是对着二奶奶说的："我心里也扑腾！"

这话赛一声大锣，把大伙镇住。谁也没料到精豆儿敢跟二奶奶发威。惹惹怕事闹大，招呼九九爷和灯儿把马婆子捯回屋，自己将精豆儿拉回房。进门精豆儿不等劝就对惹惹叫道："我里外受气，哑巴吃黄连，这儿待不住啦！"

"有话跟我说，我帮你还有亏吃？"惹惹说，想拿他俩私情先稳住精豆儿。

"跟你说嘛，我早就要跟你说，你听着，我肚里有了！"精豆儿说。

"有嘛？"

"嘛？你装傻有瘾？有你的崽子！"

"怎么会？"惹惹一下浑身发软，头皮发爹，"咱没那事，哪来的？"

"天掉下来的！托梦投来的！你这么大男人嘛不懂？"精豆儿亮晶晶小眼直对惹惹说。

"离一大截子呢，我不信，你唬我。"

"你不认账，好，我认头叫你欺侮了。我早猜着，你仗着家大业大，拿我当玩意儿。好，你走吧，我不再找你就是了。你们黄家没一个好东西……再过仨月，肚子鼓出来，我跳黄河也洗不清。"精豆儿说着，小手一捂脸哭了，先是嘤嘤啼啼，后是呜呜咽咽，眼泪赛小玻璃珠儿打指头缝里钻出来，打湿衣襟，好委屈真委屈委屈极了。

惹惹不知事打哪儿起，话打哪儿说，孩子打哪儿出来的，可这事闹出来，真要出人命。他一急，一跺右脚，说："你说怎么办就怎么办，我这一百八十斤全交给你了！"

第十三回
阴盛阳衰精豆儿称王

立冬过了，房上的草都黄了细了干了，太阳一照，金的银的玻璃赛的闪亮。老家贼也见肥，站在黄家当院晾衣服绳上，赛一串小绒球，看意思预备过冬了。前院茶厅前那棵老海棠树的叶子快抖落干净，可今儿一早，灯儿叫着喊着拉着九九爷去看，一看吓一跳，好赛打地上冒出一大朵红云彩，原来开了一树大海棠花，个个有发起来的木耳一般大，又红又白又鲜又亮又繁盛又饱满，好赛新娘子头戴的凤冠。

"奇了，海棠入冬开花，听都没听过。"灯儿说。

"这是好兆。八成二少爷的病要有好转。今早光喘可没痰了，眼珠子挺亮。这下，二奶奶病也要有缓。"马婆子咧嘴笑道，老脸上居然笑出俩酒窝儿来。

唯有九九爷发呆发怔发傻，缓缓摇头说："不对。冬天开花，这是阴气太盛。老太爷过世那年冬天，这海棠也开过一次花，只是花少，总共不过十几朵。"

马婆子说："快打自己嘴巴，怎么念损呢！"

九九爷说："不是我念损。你去闻，这花没香味儿。嘛花没香味儿？纸的。"

这话叫人听得汗毛眼儿发凉。马婆子和灯儿凑到树前，踮起脚闻花。马婆子鼻眼粗，用劲儿一吸，花贴在鼻头上，再一出气儿，花吹得老远。马婆子说："说也怪，为嘛一点香味儿没有？不单没香味儿，嘛味儿也没有，赛假的。"

忽听一个又脆又亮的女人说："好一大帮大闲人呀，都跑来闻花来了。够不着，到三义庙后头庆寿八仙会借几副高跷来，别把脖子的筋抻着！"

只见通里院的圆门洞口站着个小女人。身穿一件漂漂亮亮粉红绣花琵琶襟宽袖夹袄，袖口领口镶一道紫缎团花平金宽边，绲着绦子，下头一条瓷青地暗回纹长裤，裤脚盖绣鞋，却只露着鞋尖上缝的珠子；脑袋绾个散头髻，金钗玉簪插一头。这一身，好叫讲究。瞧这打扮不知哪家姑奶奶，再瞧却是精豆儿。小粉脸儿含笑，小眼珠儿射凶光，小红嘴儿一撇，右手一叉腰，腰儿软，肩膀上身脖子脑袋全往后边歪。她身后站着一个人，是影儿。精豆儿扭头对影儿说："去，给我摘些花戴在头上，我就不信嘛阴气不阴气！"

众人赛鼠避猫，嘴不出声脚不出响赶忙散开走开。

九九爷人不灵话灵，冬天海棠开花不是好兆，下晌二少爷就不妙，人赛破尿脬，光撒气不进气，胳膊腿发硬，直翻白眼，嘴赛蛤蜊死闭着，马婆子慌了，去找精豆儿，掉着泪珠子，说："二少爷还剩下半口气，我怕……"

"怕嘛？早干吗去了？"精豆儿说。对着小圆镜子，把一头海棠花调理好，叫来影儿说，"去请舅爷！"

九九爷跑来说："是不是把大少爷请来？"

精豆儿小脸板得赛石板，又平又硬又冷。说话的口气，好赛她是主家："找他干吗，瞎惹惹，乱掺和，再来个不干正事的，添忙还是添乱？"

这话骂惹惹，也是说给九九爷听的。九九爷不敢多言语，缩头缩脚退出来，回到铺子里一寻思，悄声对灯儿说："你快跑一趟去找大少爷，就说二少爷不行了，叫他赶紧把神医王十二请来。哎，你把王十二爷领来吧，先别叫大少爷露面，这话你记住了？"

灯儿把话照原样重复再说一遍。九九爷点头说："救人赛救火，跑着去吧！"

灯儿刚出门，九九爷忽想起年初填仓节二奶奶摔跤，王十二和沙三爷犯顶的事。心想，我怎么糊涂了，弄不好又犯顶，病没瞧成，两位都得罪，还要惹恼精豆儿。马上拔腿追出门却不见灯儿。便骂自己："我真该死了，干吗叫灯儿跑着去呢。王八追兔子哪追得上！"回到屋里摇头叹息悔恨不已等着出事，一时恨不得一头撞南墙。

影儿去请沙三爷，灯儿去请王十二。一管笔同时写不了两件事，只好说完一件再说一件。

先说影儿。

影儿打户部街出来，一到北门里大街，并没往南去南门找沙三爷，而是拨头朝北出北门，先把精豆儿叫他办的一件绝密事办了。才返回来到南门里小费家胡同，转悠半天竟然没找到沙三爷家，以为找错地界儿。再瞧，沙三爷家还在，可门楣上治病的牌匾摘了，大门贴上县衙门封条，几十个大泥蛋子摔在门板上，当下晾干，赛贴饼子。沙三爷一准惹祸吃了官司。

影儿人贼精。当初在侯家后混日子，一天蹲在墙旮旯拉屎，正巧地方走来，见势不妙，提起裤子，摘下瓜皮帽扣在屎上便跑。地方以为他是小偷儿，把偷来东西扣在帽子底下溜了，使手一摸沾一手屎。

影儿见沙三爷出了麻烦，绝不在这面前多站片刻。一瞅对面问津行馆墙根站着几个汉子晒太阳，便上去扯个谎说："几位大爷，这儿是不是有位神医，叫什么没病找病沙三爷？我妈闹胃口，三天不肯吃东西。有人说小费家胡同住着这位沙三爷，一服药保好。"

几个汉子哈哈大笑。一个黑大汉说："嘛？神医？兽医，骡子病了找他差不多。"

影儿说："别拿我找乐。要是我请不去这位沙三爷，回家我爹就把我捆在树上揍死。"

"揍你？你就说，这卖野药的差点叫县太爷揍死。"黑大汉说，还笑。

"我不信！你们拿我涮够了，也该叫我明白明白。我就捎你这两句话回去，说他兽医，卖野药的，我爹揍我还不更狠。"

一个白脸汉子说："小哥儿，我告你，你回去就说，这卖野药的沙三发迹，是把前任县太爷李大辫子唬住了。上个月不是换一位伍知县吗？人家伍知县懂医，说他老婆病了，大前日拿绿呢大轿把沙三接去。沙三隔帐子给县太太号脉。他一捋袖子，三指头往寸关尺上一搭，便说：'恭喜大人，太太有喜了。'伍知县问：'请问大夫，这孩子是男是女？'沙三张口就说：'回禀大人，脉上是贵子。'伍知县说：'不错，正是男的！'一撩帐子，打床上跳下个人来。床上躺的哪是太太，是人家伍知县的大少爷！"

白脸汉子说到这儿，忍不住扑哧一声喷出满口唾沫，唾沫星子溅在影儿脸上。几个汉子纵声放声狂声大笑。那黑汉子笑得一仰身，翻个跟斗。影儿使手背抹脸上的唾沫，问道："后来呢？"

"嘛后来，跟手伍知县招呼衙役们拉他到大堂，五十板子，打得他屁股飞花。伍知县说：'骗我小事，叫你误了多少性命！'就把他家抄了封了。那些叫他看病看坏的瘫的傻的聋的瞎的半死不活的玩完的，家里人全跑来了，有冤申冤有仇报仇，你数数那门板上多少泥饼子，就知他毁了多少人。小哥们儿，幸亏你今儿来，要是早来半个月，你妈一准死在他手里。"

影儿说："当下他人呢？"

黑脸汉子说："你还找他，还是找死？"

影儿说："我听着好玩，想知道这人下落。"

白脸汉子说："谁知他躲哪儿去了，这会儿正热闹，好些人找他算账呢！还有人找他偿命，说不定给人揍死，尸首扔到南门外野地里喂狼吃了。"

影儿假装说："算我妈福气！"当下谢过这几个汉子便走。穿过鼓楼时，有人小声叫他，一瞅竟是沙三爷坐在茶汤摊上喝面茶。穿件挺旧单袍，风一吹净是褶子，更显单薄；头戴风帽，一拢两边，只露窄窄一条脸，面皮发黑发灰发白发黄发青，鼻子好赛给人捏了，细赛干黄瓜。沙三爷说："你这去哪儿？"

"找您呀！"

"你去过我家没有，看见了嘛？"沙三爷赶紧问，神气赛贼。

影儿说瞎话当玩，随口就来："还没去呢。打家出来时憋泡尿，想到您家撒去，不想天凉尿急，憋不住，正找茅房就碰见您了。我真运气省腿儿了。"

"嘛事找我？"

"二少爷要蹬腿，打发我来请您去看病！"

一听"看病"两字，沙三爷吓得手里的茶汤差点掉地上，幸亏左右没人看出他来。影儿看见装没看见。沙三爷没敢再吭声，撂下茶汤碗，拉着影儿急急便走。影儿明白，如今的沙三爷，拿他当人便是人，拿他当狗便是狗。

再说灯儿。

灯儿找到惹惹，惹惹拉着灯儿就出西城，三步并两步，两步并一步，脑袋伸在腿前头，赶到西北角贞士街王十二家，事急心急敲门声急。门一开，两人一齐挤进去。王十二好赛怕人，赶紧关门，却把他俩关在门内。

惹惹说："十二爷，您救人一命，赛过神仙。我弟弟说咽气就咽气，您不去，我背您去！"

王十二一见惹惹，转身给惹惹瞧他那乌亮大发辫，进屋抽烟喝茶不吭声。

惹惹大步跟进来，一瞅王十二雷打不动的样子，心里着急，挺大男子赛孩子哭了；灯儿嘴笨，不知话打哪头说，眼泪也开了河。大眼泪小眼泪大水珠小水珠大雨小雨噗啦啦掉了一地。

王十二见了，浓眉紧锁，嘴巴肉微微一抖，心里赛有所动，便说："当大夫就是给人治病，心狠不是大夫，可我如今有难处。上次在你家撞上沙三爷。沙三爷在官府里给我使坏，告我不懂医道，以医行骗，差点把你家二奶奶治死。县里来人摘了我的牌子，说只要我再行医，打断我的两腿，看我是不是真会接骨头！"

"沙三爷告您？为嘛？"惹惹说。

"大少爷，不是我净心说您，您不是指本事吃饭的，不知这里边的事儿。人遭了嫉，比杀父之仇还凶。"

惹惹说："这好办，您戴个大风帽，遮上脸，绝没人瞧见。我们管保也不露半点风声出去。上回您不叫说，我们说闲话时也避着您。我老婆都没听我提过您，不信您去问。"

王十二再板起面孔说："大少爷，我还有一家老小，别再毁我了。您快去请旁人吧，天津卫有的是名医。您就是说到明儿天亮，我还是在这儿坐着。"

"名人十有九个是唬牌的。我就信您一个，您不去，我不走。"惹惹说。大肉脸又是赔笑又是哀求又是死磨硬泡，不是样儿。

王十二站起身，话里加了硬劲："你不走，我走。"说着要出门。

惹惹扑通一下跪下来，挺着大肉身子，流着泪说："十二爷，您救我弟弟这一命，我下辈子变狗伺候您，变鸡变鸭子叫您吃！"

灯儿见主人跪下，噗的也跪下，一高一矮赛俩狗，直着眼求王十二。王十二叹口气，叫他俩起身，细细问过病情，沉吟片刻，便说："人体五脏，配以五行。金为肺，木为肝，水为肾，火为心，土为脾。五行之间既相生又相克。金生水，水生木，木生火，火生土，土生金，这是相生；金克木，木克土，土克水，水克火，火克金，这是相克。人的五脏同一个道理，相生相克，浑然一体。若是该克不克，该生不生，就得病。按这道理治病，便是虚则补其母，实则泻其子。可照您一说，二少爷五脏全乱了套，谁不生谁，谁也不克谁，甚至相反相成。外感邪气，内伤正气，既是阳虚，又是阴虚。打哪儿下手呢？愈补愈虚，愈泻愈实，愈补愈泻，无可名状，无药可救，愈动愈乱。人怕有名，病怕无名，二少爷百病缠身，已经是五行逆乱，阴阳离决了。大少爷，为嘛您不早来呢？"

"不瞒您说，前阵子一直是沙三爷给他瞧病，沙三爷不准再请旁人。"

王十二听了没吭声。惹惹说："这么说，我弟弟命该绝了。"

王十二起身打里屋拿出个锃亮乌黑圆漆盒，盒盖上边使细赛头发的铜丝，嵌着行云流水日月星辰的图形。打开盖儿，盒里头铺着软软红绸，中间沉沉压着四粒蜡皮药丸。蜡是好蜡，润洁赛玉。王十二取出一粒交给惹惹说："这是'万应续命丸'，你赶紧拿回去。记住，你先使手按二少爷脚面上的肤阳脉，只要有脉，就把这药剥去蜡皮放在温水里捣烂，撬开嘴给他一次灌下去。当下，二少爷一条半腿都已经迈进阴间，没法儿回春还阳了。这药只能多留他几天，少则三天，多则七天。大少爷，人活有数，药力有限，我就这点能耐，我去不去都这意思，快去吧！"

惹惹捧着药丸叩头谢过，身上分文没有，王十二也没打算要钱，拨头往家跑，到了户部街口，惹惹对灯儿说："我不便露面，你拿这药给马妈，偷偷给二少爷灌了，也别管它嘛脉了，死马当活马治，活一天算一天吧。记着，千万别提十二爷，人家救咱，咱可不能害了人家！"

灯儿点头把药丸攥在手心，跑回去交给九九爷。九九爷心里石头才落地，药到治病，人不来省麻烦，正好。当即把药转给马婆子。此时，沙三爷已经来过，看病开方随后要了两件遮寒衣服和些碎银子走了。马婆子把沙三爷的药倒进茅坑儿，换上王十二的"万应续命丸"，给二少爷灌下去。一炷香工夫，居然眼动嘴动手动脚动肚皮动有呼有吸有气色，却好赛还阳回春返青起死复生。马婆子眼角还挂泪珠子就乐得弯成弯儿。二奶奶得信儿，拄根杖子来瞧二少爷；心里欢喜，自己病也见好。二爷居然一天也来三趟，都夸精豆儿夸沙三爷，再派影儿去请沙三爷，可赛找个要饭的找不着。余下人各人心里都有数，不说罢了。惹惹悄悄对九九爷说："十二爷药灵，话必灵，您赶紧折腾些存货出去，给二弟预备预备吧！"

话说过三天，马婆子一早到二少爷屋侍候。二少爷已经挺在床上，眼珠子狠瞪着，赛死鱼，不会眨眼儿了。马婆子哇一声，转身刚要去叫人，精豆儿堵在门口说："人死如灯灭，咋呼嘛，你想叫二奶奶知道，再拉上一个？"

马婆子这才领略到精豆儿的厉害。小小女子，眼前挺个死人，只当没事儿。马婆子不敢出声儿，掏出块帕子捂住嘴，眼泪就赛流水哗哗下来。

精豆儿去到后院领来二爷。二爷平时那股子平平静静清清淡淡虚虚乎乎劲儿登时没了，一下嘴唇跟脸皮一个色儿，脸皮和墙皮一个色儿。眼睛里赛打一道闪电。精豆儿一怔，二爷的神气向例赛佛爷，头次露出人样。二爷站在二少爷床前足足愣了好长一阵子，可没喊没叫没哭眼圈儿也没红，这也是能耐。随后对精豆儿说："去叫九九爷赶紧料理，别惊动二奶奶。"

这多年，二爷头次说人话。

不料精豆儿半搭不理呛他一句："这话不说我也知道。"

仆犯主，炮轰天。可二爷真是心如死水，波澜不起，听赛没听见，扭身回去回院回屋。

当日九九爷找来惹惹商量，托八哥打东门里万事顺棺材铺买口柏木棺材，全凭八哥拿嘴拼命划价，只出了一半价钱。棺材好歹漆着大漆，光亮照人影儿，总算过得去。乘夜收尸入殓抬出门。没请和尚老道念经没发报丧帖子没出殡更没烟茶酒饭照应借吊唁混吃混喝的亲友。套辆马车运到西关外黄家坟地一埋了事。怎么活都是活，怎么死都是死。可是，死人没事，活人有事。埋了二少爷转天，精豆儿就拿白眼珠看马婆子了。马婆子心里有数，心一明，眼就亮。安安静静把自己东西收拾好，换身干净衣服，到后院叫开二爷门，趴下来给二爷叩个头说："二爷，我马婆子在您家二十年，您和二奶奶待我恩重如山，照理我该把命都撂在这儿才对，可我对不住您，不侍候好二少爷，我没脸待下去了。今儿就回家去，心里怪不是滋味……"说到这儿呜呜哭，一边抽噎一边掉泪一边说："二奶奶有病，我不该离开……可我……我没有立脚的地界儿，二爷！我家走也不放心，不管您乐意不乐意，我马婆子今儿把心里话全掏给您。受人恩惠，不能不忠，不忠不算人。往后您不能整天待在后院，不管前院的事儿，您得留神宅子里的小人！"

这一番心肝肺腑带泪带血的话，黄二爷听过不过使手捋捋胡子。看眼神，好赛嘛也没听进去。马婆子又说："到嘛时候，我也忘不了您和二奶奶的好处！"又叩了三个头，才走。人哭成一个儿。

马婆子的远房侄孙香瓜，打老家丰润赶一辆驴车来，等在门外。惹惹这两天正在黄家帮忙料理丧事，见马婆子要走，嘛话拦不住，只好和灯儿帮马婆子运东西，总共三个包袱，大小两只箱子，一个被褥卷儿，外头拿炕席裹着。九九爷躲在屋里假说跑肚，实是怕瞧见马婆子肿成桃儿赛的俩眼。

东西挪到门洞，马婆子的侄孙香瓜刚要进来接手，精豆儿带着影儿一阵风赛地赶到。精豆儿说："影儿，把大门闩上！"

大门一关，门洞暗。精豆儿说："马妈，二奶奶有话，我不能不做。人走了，东西还得查看查看。"

惹惹心想，这事怪了，马婆子回家的事并没跟二婶说，哪会叫人来查。可他一瞅精豆儿比捕快还凶的眼神儿，没敢多话。精豆儿的话字字赛洋枪子儿："影儿，站在那儿干吗，看热闹？开箱子打包袱！"

没等影儿动手，马婆子忽然大吼一声："躲开！我马婆子没一件脏东西，不怕亮出来见太阳，你别把我东西污涂了！我自己来，看吧——"说着打开箱子包袱，一件件东西往外扔，一边叫着："看吧看吧，哪样东西是黄家的？查呀说呀！"霎时间，棉裤棉袄裙子坎肩兜肚绣鞋帕子腰带脚布碎布破布头儿，外加盒子罐子筒子刀子剪子尺子针线绒花荷包抹额粉袋纸卷鞋样，噼里啪啦稀里哗啦叮哩当啷扔了一门洞，还把一个盛头油的小瓷缸摔得粉粉碎。

精豆儿全不当事儿，说："被褥卷儿也得打开瞧瞧，瞧清楚你好落个清白。"

马婆子使劲扯断捆被的线绳，一打开，中间有个蓝包袱皮儿，四四方方见棱见角包着一件东西。精豆儿小眼亮得赛蜡烛头，声儿都变了调儿："匣子？"

惹惹一听一看心里一动。马婆子几下打开蓝包皮，原来一个带水银镜油烘烘破梳妆盒，马婆子把盒子啪的扣过来，梳头描眉抹粉上油绞汗毛的东西撒了一地。精豆儿一下气势矮下来，马婆子跳着脚骂道："谁偷东西偷人偷汉子，谁不得好死！天打雷劈，瞎眼烂舌头后背上长疮！糟心烂肺，查我，你敢把你房里东西亮出来给大伙瞧吗？我马婆子把娘家陪嫁的首饰都卖了，给二少爷买药，还说什么清白不清白。小妖精，你给我当孙女还不够岁数，欺侮到我头上，骑我脖子拉屎还嫌不舒服。你使嘛法降住的二奶奶，开头走盘珠，后来算盘珠，如今成了佛顶珠！你好能！好凶！借二奶奶口压我，跟我发威！我马婆子一忍再忍，一而再，再而三，今儿忍到头啦，豁啦！香瓜，进来揍她，给你奶奶出气！"

怕到头，就不怕。这一叫，香瓜在门外砸门。乡下人拳头赛砖头，砸大门赛大鼓。响声在门洞里一震，震耳朵。影儿吓得要跑，精豆儿骂他："你小子脓啦，把大门打开，叫他进来！姑奶奶今儿要见识见识！"

谁也料不到这小女人胆子这么壮。影儿愈不敢开门，精豆儿愈喊，外头愈砸。惹惹忙招呼灯儿把马婆子东西理好。可门闩朽了，经不住用劲，忽然咔嚓断了，大门大开，门外挤着一大群看热闹的。香瓜高高大大壮壮实实站在人当中，脸涨得柿子赛的通红，攥两大拳头要冲进来拼命。惹惹出去一把抱住香瓜说："你把门踹了，破门而入，要吃官司！兄弟，听我的话没亏吃，赶紧送你奶奶回家，惊动了地方给你奶奶找事儿！"

乡下人怕官，这话算把一头压住。惹惹就劲儿叫道："灯儿影儿还不快把马妈的东西好好搁车上，搀马妈出来。"

这头压住，那头反闹得更凶。精豆儿人矮，骂得直蹦高。九九爷跑出来，见这场面，急得胡子都散了，对精豆儿说："少说两句，息事宁人吧！咱黄家从来还没丢过这种脸。"

精豆儿邪火四射，一下冲向九九爷，叫道："谁丢黄家的脸？黄家不养闲人，狗老了，都得往外撵！"

九九爷赛给雷打上，气一噎，人堆下来。惹惹撂下香瓜，一大步跨进来抓住九九爷。火也往上轰，扭脸刚要骂精豆儿，精豆儿斜眼冷笑，朝他说："你想打我？朝我这儿打，这儿——"说着一挺肚子，肚子鼓鼓赛小盆。这就正中惹惹的短儿。惹惹一软，也差点栽倒，多亏倚住九九爷。软的倚软的，扑通两个一齐坐在地上。

　　完啦！全完啦！惹惹坐在冰凉的地上，不知为嘛想起半年前在院门口那红面相士的话，心里骂道："这王八蛋！没一句话真的，全他娘的唬人！"

第十四回
正气出丹田

正午正中，日头当头，脑袋顶反光，影子踩在脚底下。

阳气不贯，阴气不散；阳气一松，阴气就盛；阳气一逼，阴气便退；阴气到头，阳气回头。这两样，一高一低一进一退一强一弱一反一正。

惹惹被挤得没退路，逼急眼，去找八哥。八哥左边眉毛一挑，问道："咱哥俩谁也不准瞒谁，老实告我，你跟那小妖精到底有事没事儿？"

惹惹顾不得面子，把"事儿"兜底一说，八哥笑道："隔着笔帽就能写字，你傻啦？她肚里孩子不定是谁的哪？你养活过儿子，连这还不懂。哎，你那肉球不准是你的吧？"

惹惹"啪"一拍脑门，立时觉得天亮地亮眼亮心亮，大叫道："我怎么叫她蒙住了！"

"你不傻，谁能蒙住你。你是中了那小妖精的邪了，你怕她闹事儿！"

惹惹面露笑容说："是这么回事儿。你这一句话，事全透了。"

"我这才半句话，还有半句。你还一半蒙在鼓里呢！使邪的不单那小妖精，还有那坑人蓝眼。他俩是一明一暗。"

"这话瞎说了。自打金家花园那次，我再没见过他。"

"傻巴，不是你不想见人家，是人家不想见你。昨儿后晌，老亮给北门外一家套火炉，瞅见你那小妖精去找蓝眼。她和蓝眼勾上手，你家可就比闹鬼闹长虫闹黄鼠狼热闹多了。我看这邪劲儿使到头啦，非端了他们不可，要不你这二百来斤就搭在里边了！"

"治蓝眼？说得容易！他会混元功，一发气，你右手比左手短一截。我试过，没假。他还能隔一丈长，把人打一个跟斗。"

八哥沉了沉说："那也甭怵，咱有人。我去请龙腾云龙老师。龙老师到，他就是使洋炮也顶不住。"

当下两人商定一条绝计。邀来那群小哥们儿，城里城外布下阵来，把这二妖圈在阵中。

夜里，精豆儿躺在床上刚合眼，忽听有人敲外墙，好赛使块灰片敲，轻而又轻，却极是清晰。每次三下，一个时辰一次。精豆儿不知何人何意何故，一直不敢闭眼，使耳朵紧贴在墙皮听，除去这声儿，嘛也听不出来。后来嗡嗡的响，赛蜜蜂，却是自己耳朵里的声音，才要翻身入睡，听到有人在房上走，踩得瓦片嘎巴嘎巴响。吓得她喊了两嗓子："有人，贼，抓贼！"可是前院马婆子走了，里院二少爷死了，二奶奶病了，灯儿影儿还在好远。她摸把剪子想夺门出去，只听窗根底下有人咳嗽一声，闷声说一句："害人终害己。"

这声音赛鬼，阴冷阴冷，听得头发根竖起来。精豆儿算大胆子，把剪子使劲一扔捅破窗纸，"咔嚓"落在外边地上。此后再没动静，也不知窗外那人那鬼躲在哪儿。她背靠墙，围着被，浑身打哆嗦，眼睛盯着窗户直坐到天亮。先是月照窗纸，亮赛月亮，天月是圆，窗月是方。窗纸亮，破洞黑。慢慢窗纸暗，破洞亮，直到洞眼透进光来，壮着胆儿开门看并没一人，地上剪子却掰成两半，剪子尖正对自己。精豆儿转着小眼，思忖半刻，没声张没叫人，回屋收拾个鼓鼓小包袱，没打正门走，翻后墙走后门出了黄家，也没走大街小街，钻来钻去都是小胡同。天津城里小胡同全通着，这样一直钻出北城门直奔蓝眼家。心想绝没人看见，哪知这一举一动一切一切都看在人眼里。

这叫作：

明处有眼，暗处有眼；

对着心眼，还有心眼。

天寒地不冷，龙老师有功夫。光脑袋不戴帽子，大脸通红锃亮，好赛霞光映照；油光乌黑棒槌粗大辫子，豹尾巴赛的直垂腰根；皂袍皂裤皂鞋宽宽绰绰松松快快，全是单的。坎肩也没穿，好赛过夏天，只在大襟口别个朱砂葫芦。黑发黑眉黑衣服黑眼珠，白牙白袜白袖口白眼珠，红唇红脸红手掌红葫芦，就这红白黑三色儿，叫人爽快爽眼爽神！身后跟着四个徒弟，一码竹布黄衫，高靿白袜，齐到膝盖下头，头扣卷檐小帽，外套豆绿粤缎缺襟坎肩，个个也是精气神十足。

龙老师在蓝眼门前两丈远的地界儿站定，八哥立时借来条板凳一放。龙老师坐下，头正脖直肩正腰直大腿平小腿直脚面平后跟直，双腿与肩同宽，两只大手红润润放在膝盖上。先是两眼直望蓝眼门板，跟手收了目光，眼皮微合，赛闭非闭赛睁非睁赛睡非睡赛笑非笑，这是调气聚气运气。这当儿早有一帮好事的闲人来看热闹，老亮杠头狗剩孙猴那帮弟兄等在四边，冲众人摇手，不叫出声，只悄悄说："龙老师降妖来了！"

有好戏看谁捣乱，没人使嘴都使眼。惹惹忽然"咦"一声，只见龙老师脑袋顶赛香炉冒起白烟，先淡后浓，腾腾升空，有人以为龙老师烧着了。忽见龙老师抬起双臂，翘起双掌，向前缓缓推去，掌前好赛有股气顶着，肩头手腕一较劲，远远蓝眼那扇门竟然嘎嘎响，赛要裂。这股气比大风劲儿还大。猛然就听咔嚓巨响！这门原是朝外开的，这一下连门轴带门框全离槽，硬推进去！登时把众人看傻，惹惹又傻又乐，心想蓝眼这回遇到高人，只是不知蓝眼使嘛招应付。

门一散，蓝眼闪着蓝眼儿打屋里出来，后头跟俩壮实小子。蓝眼叫道："哪个王八蛋活够了！"出门一瞧这阵势一怔，可没慌，稳住劲儿对龙老师说："你这老小子姓嘛叫嘛，想干吗，找死还是想长寿？"

龙老师轻轻一说，声音却赛鼓楼上的钟，送进每人耳朵，也沛然贯进蓝眼干巴小耳朵里："我来替这位大少爷降妖！"说着一指身后的惹惹。

蓝眼再看，惹惹没了，躲到八哥身后，他高，脑袋却在八哥脑袋上头，好赛一人长俩脑袋。蓝眼微微一笑说："我这朋友既然不讲朋友，咱就拿能耐招呼吧！"

这话吓得惹惹心里赛小鸟扑棱扑棱跳。

龙老师很少人前露面，蓝眼不知天津卫有这一号。认识有底儿，不认识没底儿，可认识有认识的法儿，不认识有不认识的法儿。他眼镜片朝龙老师一闪，便说："你这点秽气，也敢在我蓝天师面前放。今儿叫你老小子开开眼，明白明白嘛叫混元气。把你心

403

肝肺肠子肚儿折腾出来，不过三口气。我一抓就能抓来天地未开阴阳未分的混元气，一下把你打进护城河！"说着，举起一只干黄细白小手，在空中一挥一搅一抓一扔，扔向众人，叫道："我把混元气打进你们身内，你们大伙都比比自己两手看，我敢说，你们左手比右手都长一截子。"

众人伸出两手一比，都吓一跳。八哥也比手，果然长一截，少说三分，多说半寸。惹惹对八哥说："他上次就给我这么使过一次，可不能小看他。"

这话叫龙老师听到，哈哈大笑说："你们城里城外转转去，哪个左手不比右手长一截？两脚还不一般大哪！右手干活，肉紧筋紧骨头紧，除非左撇子！"

大伙恍然大悟，原来蓝眼唬人。一句话就破了蓝眼的招儿。惹惹八哥见自己请来的人高，高兴见笑容。蓝眼说："老小子，你小子左手叫我使混元气拉长，不敢比手，没尿儿，还使妖言糊弄大伙，你敢比比自己两手？不敢比就乖乖认输滚蛋！"

龙老师说："你爷爷天生右手长！"说着右手一伸，胳膊忽地长出一尺，手指头长出三寸，抬手打头上折一枝树枝，缩回来还原样，手捏树枝掏耳朵。

好好的胳膊怎么凭空长出一尺？不单大伙，蓝眼也看呆，眼珠子赛粘在镜片上。八哥对蓝眼说："坑人，小心龙老师伸手抓住你！"说得众人哈哈笑。

蓝眼叫道："好小子，天师我哄哄你们玩，不知好歹，今儿跟你们动真格的了！"一抬手，身后那俩小子打屋里端出把太师椅，请蓝眼坐下；又抬出个板凳，摆在龙老师和蓝眼中间，点支蜡烛，滴了蜡油,粘住蜡根。一朵烛光当中烧。蓝眼稳住身子,缓缓举手,手心朝天伸直胳膊。忽地脚脖一抖,打下边到上边,打脚脖子小腿膝盖大腿大胯腰肢胸脯肩膀脖子下巴嘴巴鼻子耳朵眼皮脑门脑顶直到胳膊手腕手掌指尖,抖得赛一根藤鞭。连后脑勺上那壶把儿赛的黄毛小辫也左甩右甩,插在后腰上那杆长烟袋也东晃西晃。

龙老师说:"这式子倒挺好看,好赛戏里周瑜生气。"

蓝眼赛没听见,手在空中忽一抓,赛嘛也没抓着,又赛全抓着。忽往场子中间那蜡烛一扔,说也怪,烛火忽长忽大忽明,火苗足蹿起半尺长。蓝眼镜片闪闪,目光穿过镜片直逼龙老师说:"混元之气乃天地之精气,见到了吧!你再不滚,我就把你当蜡烧!"

众人又见傻。惹惹对八哥说:"这回咱哥们儿要惨!"

话音没落地,龙老师手一指,赛股气冲去,好好一根蜡突然自个儿"啪"地打中间断开,上半截掉在地上,只剩下半截粘在凳上。龙老师朗朗说:"你这蜡头里掺油了。有能耐把这下半截照样来来,叫我见识见识。"

蓝眼嘴巴赛给塞子塞住。龙老师说:"八哥,点上蜡。"

八哥说声:"好您了!"上去点上蜡。好稀奇!蜡点着,火苗子不朝上,却朝蓝眼横着,赛一股风吹的。没风,是气。蓝眼没法叫火苗立起来,更别提把火苗转过来。一下栽到家,脑袋眼皮辫子全耷拉下来,赛秋后拉过秧的一架子黄瓜叶子。

蓝眼打后腰拔出大烟袋,点着药棉,使手指往铜烟锅里一弹,想使这雕虫小技挽回点面子,可这冒火的没落进烟袋锅,竟然一出手就赛虫子"哧溜"飞上天,眨眼没了。这块地界儿,到处全是龙老师发的气!蓝眼手一松,大烟袋"叭嗒"掉在地上。

龙老师说道："你连嘛是气都不懂，谈嘛功夫。气是丹田一股正气。有正气，压邪气。气在哪里，在人身上。心正气正，气正气足。纳正气于丹田，百炼方能得气。哪能凭空一抓就来，你当是变戏法。能叫你抓住的，是切糕！"

众人一阵大笑。龙老师说："叫藏在你屋里那小妖精出来！"

没等蓝眼去叫，一个小女人跑出来，"扑通"一下跪下，叫道："大师饶我，我叫这家伙毁了！"说着就细声细调嘤嘤哭起来，眼泪说来就来，噼啪掉在地。

龙老师说："你毁人，谁毁你，你是自己毁自己。你们都偷了大少爷家嘛东西？"

惹惹见精豆儿哭成泪人，当众栽面够可怜，想到自己跟她龙凤一场，虽说分不清情爱肉爱还是心爱，反正热热乎乎亲爹新娘相互叫过，心里一软便对龙老师说："平平常常的东西就算了，只问她一件，偷没偷我家祖传的金匣子。"

精豆儿这才开口，抽抽噎噎地说："哪见过嘛金匣子，只有一个小金元宝，是大少爷送给我的。"

惹惹大脸一烧，心软让不过心狠，到了还叫她连骨头带肉咬一口。铁嘴八哥从旁一下明白，为嘛那天惹惹抱着假金匣子打黄家出来，说是五个金元宝，里头却是四个。眼下不是跟惹惹揭老底儿的时候，便把话撂在肚里。龙老师嘛人，心里一片阳光，嘛事一放进去就雪亮。就对蓝眼和精豆儿说："你们说，这事是官了还是私了？"

蓝眼说："江湖人，不见官。"

八哥在龙老师耳边轻声说两句，龙老师对精豆儿蓝眼两个说：

"好，你俩今儿就给我滚出天津卫。打明儿起，只要叫我碰上，我就叫你们成这板凳！"说着单手一推，丈来远的凳子"啪"一声巨响，粉粉碎，凳面凳腿散了一地，跟手龙老师起身回去。

惹惹不敢留在这儿，拉着八哥跟龙老师一齐走，好赛一阵龙卷风一卷而去。

蓝眼精豆儿几个半天不知说嘛做嘛想嘛，看热闹人中一个眼尖，忽叫："瞧，龙老师的气！"

瞧天，太阳云彩，瞧不见气；瞧地，土地砖头，也瞧不见气。却见刚刚龙老师头上的树枝，已然冰解霜消，正滴滴答答滴答水儿。一如天暖，回春转阳。

惹惹和八哥送龙老师回府，小谈片刻，再三谢过，兴致勃勃到黄家。远远就见灯儿站在门口发呆发木。一问才知，黄家一下少了俩人：影儿和九九爷也都不见了。

灯儿说，刚头有人在门外喊影儿，影儿出去又返回来，扛一大包袱就走。灯儿问他去哪儿，他只说："傻蛋！你就守着这坟头哭吧！"九九爷打天亮就没见。灯儿里里外外前前后后房房院院转悠三圈，也没找到人影。这是绝没有过的事，天天天亮，九九爷头一个爬起来扫院子，随后就收拾茶厅和铺面，这事有点邪门儿。惹惹说："影儿是有人送信儿给他，走了是好事儿。可九九爷怎么能没了，没九九爷可怎么办？"

"先别咋呼，到他房里瞧瞧。"八哥说。

九九爷房里整整齐齐，使的用的铺的盖的都照平时样子放着，嘛迹象都瞧不出。墙角使几张草帘子盖着一堆东西，掀开看竟是些残坏的花砖雕木字匾。尤其这些砖雕，都是高手马顺清精心刻的。

这柱头斗板反云马蹄墩龙门草四方角兵盘檐百凤头抢草脊，连脱落的泥蛋子"算盘球儿"也都敛来。灯儿说这都是九九爷打西边老宅子拾来的，也不知他收藏这些破烂干吗。惹惹明白，真正恋这破家的正是这老家人。他想起一句老戏词儿："忠字后头是悲字，两字下边一颗心。"

正要感慨一番，八哥忽叫他看，九九爷箱子柜子里头空一半。八哥眼珠子一转，问道："灯儿，你最后瞧见九九爷是嘛时候？"

灯儿说："昨后晌天擦黑时候，他自个儿打着灯笼在各院转悠来转悠去，还打开西跨院那门进去转悠半天才回来。我问他找嘛，他说嘛也找不回来了。我听这话挺离奇，细琢磨也琢磨不出嘛来。前天，精豆儿和他大闹一场，突然间人赛老了一大块，胡子一下全白了。马妈一走，没人做饭，天天九九爷打发我去买熟食。给他，他不吃。饿了整整两天啦，别饿死在哪儿了吧……"

八哥问惹惹："九九爷是哪儿人？"

"武清……不，好赛是落垡。"惹惹说。

灯儿说："是落垡，他跟我讲过那里闹白莲教的事儿，就是不知是哪个村的。要不，我去落垡打听打听。"

八哥说："哪乡哪镇说不清，到哪儿去找。他打小在黄家，家里有没有人谁知道，怕连根儿也断了。再说，知他到底往哪儿去了？"

一阵空。丢了人，就是丢了魂儿。

惹惹忽问灯儿："我二婶呢，谁侍候着？"

"精豆儿吧。"灯儿说，"这阵子精豆儿不叫我到里边去，全她一人顶着。"

"顶个屁，谁顶她。"惹惹说，赶紧招呼八哥去里院看二奶奶，一路说，"说不定九九爷在我二婶屋。"

跑到里院进屋看，还是没九九爷，只二奶奶挺在床板上，睁着鼓鼓的眼，跟她说话也不知，还好，眨眼皮儿，使手背凑近她鼻眼儿，也有气儿。惹惹说："糟了，又犯病了。"

八哥说："哥们儿，你家的阴气算顶足劲儿了，龙老师也反不过来！"

第十五回
刨祖坟

人有两样东西没数：一是天地，一是自己。您不信，您是高人，本领齐天，无所不知不能不通。您能盖一百零八层玲珑白玉塔，能造一只小小的活蚂蚁，会爬会动打洞上树吗？为嘛？这里边有个"命"字。命不能造，天地也不能造，可又是谁造的天地造的命？神医神药，治病不能治命，能工巧匠，盖房不能盖天。知之治之，不知不治。相士神算，也只是算昨儿不算明儿。过去的事都明摆着，明儿的事谁知道？事情不这样就那样，瞎蒙也能蒙对一半。嘛是命？裹在事情里头不觉知，可等事情过去一琢磨，它就出来了。您想，为嘛当初当时您偏这样不那样？这就是命！不信自信，不信也有。

信命必信神。愚人不知，是人哄着神，不是神哄着人。要不为嘛大年三十，诸神下界，烧香叩头所有神仙全得拜过来，所有吃喝玩乐穿戴捯饬全有规矩有讲究有章法有避讳有吃法喝法穿法说法。虽说打初一到十五，新鞋新帽新袄新袍酒肉花糕放鞭放炮敞开折腾，可另一边还得小心翼翼提心吊胆如履薄冰，生怕吃错穿错做错说错犯了忌讳，恼了神仙，招灾招祸，多一层神佛多一层事儿，多许多神佛多更多事儿。事多累人，可愈累愈快活，不累不安心。二奶奶向例最讲这套，拿年最当回事儿。如今瘫在床上不能动弹，一

410

切便全由惹惹张罗。

腊月一进二十，红糖红纸香烛香锞供果供品鞭炮烟花神码佛像窗花吊钱瓜蔬梨桃灯笼鲜花盆景点心糖块名酒名茶牛羊大肉新碟新碗新筷子，满满拉进两板车，小山赛地堆在车库旁边一间小屋。还打估衣街给二叔二婶各买一整套新衣裳，里外三新，不要旧的要新的。二十三是祭灶日，二十五是打扫日，里外大清除，尘土枯叶脏纸烂布油泥污垢猫尿鼠屎鸟毛蛛丝破墙皮一概除净，掸水压尘，清气清肺，亮光亮眼，玻璃擦得赛没玻璃，透光赛透气儿。惹惹对这些年例儿老例儿妈妈例儿，知其一不知其二，八哥全懂，米要小站的，盐要芦台的，鱼要御河的，梨要泊镇的，萝卜要刘庄的，黄牙白菜要李楼的，烟火要草厂庵的，鞭炮要福神街的，点心要"大德祥"的，年画要"戴廉增"的，窗花要"易德元"的，空竹要屈文台"刘海戏金蟾"牌子的。各都有各的讲究。八哥还陪着惹惹找一位书春先生，写了一大包对联福字。打大门到院门到每间房门框上都贴对联，门楣影壁箱柜水缸水桶都贴福字。倒福字是贴在水缸水桶上的，怕倒水把福倒掉，才改个意思说"倒福"是"福到"了。还有种香干大小的福字，专贴在灶龛上。惹惹向例凡事不用心，这次才知道这些规矩。愈讲规矩愈嫌没规矩，愈有规矩愈喜欢规矩，规矩愈多愈嫌规矩少。

桂花骂惹惹："你还有完没完，如今咱一家子劲儿全都使上，够对得住你们黄家了。他们嘛时候拿这份心待咱们，着魔啦，跑这儿充孝子来！"

惹惹一听就火，叫着："亲叔叔亲婶子，我能撇下不管？"

桂花火更冲，嗓门更大，拿出老一套压惹惹："人是亲的，东西是假的！你忘了他们拿那假匣子骗咱？你当你的狗，我回我的家。我走！"

八哥见他俩干架，忙上来对桂花劝说："嫂子，咱这么说吧，要是冲着黄家这门，甭说您，我要是想进来也是条狗！他们用人朝前，不用人朝后，我也受过。我跟你们还不一样，我跟他们不沾亲带故，凭嘛受这窝囊气？我八哥为嘛？还不是为你俩！嫂子心里比我透亮，您看看这局面，这家明摆着早晚还不是你俩的，对吧？我人直口直，一句话可说到底了！"扭脸又对惹惹说："当下，你是这一家之主。嫂子刀子嘴豆腐心。说豆腐心还不对，豆腐脑儿心！她为嘛？为你。这家现有的活钱不多，你得拿钱当钱使。再说过年也犯不上使这么大劲儿。你二叔没拿过年当事儿，你婶子怕连这年也挨不过去。这么干，等于把钱往大街上扔。你这家可不是一锤子买卖，这大宅院往后就在你手心儿里，日子长着呢！手里攥不住钱还成？你说我这话在不在理？"

铁嘴八哥真行，几句话叫桂花赛冷水浇沸汤，一下心平气和心畅气舒心满意足。惹惹却没言声，赛没听进去，八哥心里好奇怪。

自打马婆子走了，精豆儿滚了，影儿跑了，九九爷没了，黄家就空了。八哥说："惹惹，你们一家就搬进来住吧，这里里外外不能一天没人，你是黄家正根，理正情顺。"惹惹想想也对，找二叔把事全说了，二叔赛听别人家的事，点头说："也好，你二婶交给桂花，这家就交给你。"好赛给他一梨一桃。当天惹惹全家就搬进来，也叫八哥来住，帮一把手儿。八哥光棍一个，人来就是家来，住在九九爷空下那屋子。惹惹内有桂花，外有八哥，自己又能张罗。不多日便鸡鸣狗叫，屋里有热气儿，菜有香味儿，像个家样儿了。

九九爷走后，盘点铺子时，惹惹瞅见钱匣子贴着封条，封条上有九九爷写的字和按的手印儿。上头写的日子正是他离开黄家的日子。匣子上头撂有本账，账上注明现款数额，揭开封条一数，镚子儿不少。九九爷为人真叫惹惹感叹不已。账上的存货却拿红笔消掉不少，凡消掉必注一个"窃"字。不论九九爷怎样守家，也经不住后边挖墙脚。破罐不存水，破扇不扇风，兴家难守家苦，守家难败家易，这又叫惹惹长叹不已。八哥说："自古向例忠臣屈死，奸臣美死。皇上拿龙眼都分不出来，何况你们一个黄家！"

　　惹惹想把纸局拾起来干。八哥说："依我看，这种买卖赚头不大，天津人好吃喝讲实惠，舞文弄墨的终究不多。眼下已经十三家纸局，没有多少油水可捞。不如先把存货清了，看准哪样买卖得手又赚钱再说。"惹惹点头称是。靠着八哥那帮弟兄清了货底，换来的钱够使一年。"真是瘦死骆驼比马大。"八哥笑道。跟手叫弟兄四下打听财路。

　　桂花过惯穷日子，穷勤富懒，她眼里有活，手不识闲，只是侍候二婶不甘心。一想起过去受的气就气，气连气，气勾气，气激气，气顶气。可女人心窄又心慈，瞅着二婶身不能动嘴不能说只眨眼皮这副可怜相，禁不住还是给她喂吃喂喝灌汤灌药洗脸洗手弄屎弄尿，赛侍候月子里的孩子，收拾得干干净净，额外还要煎炒烹炸做一大家人的饭。

　　一天惹惹出门办事，迎头碰见一人，一瞅脸便叫道："哎哟，这不是十二爷吗？干吗到门口也不进来坐坐，天冷，快请进来喝杯热茶，有好茶！"

　　王十二一见惹惹，忙说："我不瞧病。"

惹惹说："没请您瞧病，喝茶呀！"硬把王十二拉进门。

到前厅坐下。十二爷问："沙三爷当下是不是在府上？"

惹惹笑了，说："他还有脸来，您没听说他的事。甭说别人，我兄弟就死在他手里。在天津他是唬不住人了，想必到别处卖野药去了吧。"

王十二"噢"一声，脸上肉松下来，神气平和。于己既无感慨，于人也无幸灾乐祸，显出为人气度。

惹惹说："是我害了您，我心里明白，怎么说，沙三爷也和我家沾上点亲。我给您赔不是吧！"

王十二说："他是他，你是你，一人一身，一人一心，怎么能往一块连。你是热心眼儿，好心眼儿，我打头次就觉出来。再说，知县一走，我当下又行医了。过去的事抛开，你只管安心。你家里人都好？"

"不瞒您说，我二婶头半年中风，中间缓上来一次，二次再犯就瘫在床上不能动劲儿。"

"我去瞧瞧！"王十二说着站起身来。

惹惹好高兴，引王十二进了里院。王十二进院一瞧一怔，站住了。惹惹问他为嘛，他没答话，进屋给二奶奶瞧了病，回身出来坐在茶厅，沉片刻才说："大少爷，我有话问你，你二叔还健在？我两次来都没见过他。"

"说健在就健在，说不在就不在。不瞒您说，我二叔二婶打进洞房那晚上就大吵，听说他俩总共就同过一天房。一直没孩子，不知为嘛。我二弟是要来的。我二叔是怪人，多大的事不当事儿。我二弟死他都没掉一个泪珠子，整天关门待在后院，不叫人进去，干

414

吗谁也不知道。过去一直是我二婶掌家，俩人整天没话。我二婶拿他当棵树，他拿我二婶当根草。如今我二婶病成这样，他急也不急问也不问，隔三天到我二婶屋里站一站就走。我这话您未必信，天下怪人我见不少，我二叔算头一号。"

王十二听罢，点头道："阴阳不和，离心离德，百病难除，百灾难躲。大少爷，我还要问你一句，这次来一瞧，你家怎么大变模样，地面高起一块，树都跑哪去了，连根草也不见，大光板？"

惹惹似有许多话说，可话在肚里一转存住，嘴上应付两句："人说我家风水不好，树砍了，地面垫了土。"

王十二说："好好的看嘛风水，愈折腾愈坏。"

这话赛警句，叫惹惹一惊，张着大肉脸脱口说了半句："都是叫那玩意儿闹的……"跟手打住。

王十二瞧出话里不简单，有事儿，有难言之隐，不再追问，要来笔墨开张方子，说道："你好好孝敬孝敬你二婶吧，她日子不会太长了。"说完便去。

惹惹就决意尽心给二奶奶过好这个年。

王十二药神药灵药快，二奶奶见缓见活见好。眼珠动有眼神，嘴唇动想说话。眼瞅着就大年三十了。大屉蒸食做好，桂花过日子是把好手，大白馒头蒸得又白又足，个个皮儿不破，豆馅糖馅小包儿又圆又亮赛鸭蛋，上头拿花椒蘸红水点上红花儿。还使手捏个小兔，拿红豆安眼；拿剪子剪成刺猬，拿绿豆安眼。再使糯米面做大花糕，一层粘面一层枣，叠成一尺高，上头插一朵纸剪的三鲜石榴花。照规矩，初一初二初三不准动厨动刀，初一的饺子都得年前包好，撒上干面粉，放进屉盒存着，要吃再煮，屉盒两边刻着钱形小孔，怕味怕馊怕坏。桂花捏的饺子一边大小，个个立着赛小包袱，褶子赛花边。每样蒸出来，惹惹就端给二婶瞧，哄她高兴。二婶眼睛居然笑了。惹惹还跑到宫北王合成画铺买来几张新样儿的年画，一张张打开给二婶瞧，一边说笑话："您瞧许仙这傻样，木头疙瘩赛的，我要是白娘子绝瞧不上这木瓜！"

没料到二婶没笑，反打眼角滚出泪珠子，一串串掉下来，没声没响落在枕头上。惹惹忽觉自己失言，二婶准是把许仙和二叔连在一块儿，委屈起来。不等他劝，二婶嗓子咕噜咕噜赛要说话。惹惹说："要哭就痛快哭，眼泪哭净就该笑了！"

二婶忽然呜呜哭出声，破天荒居然叫出来俩字："惹惹！"

惹惹高兴得大喊大叫："好了，好了，病要好了！"俩脚丫子一捯跑出去，把这喜事挨个儿告诉，跟着就戴帽换靴，到鱼市去买大鲤鱼。没有大鲤鱼，哪来大吉利。

可到了鱼市没大鱼，顶头一斤来沉。大年根儿底下，好东西都抢光了。惹惹不甘心，想起鱼阎王老麦，一铆劲，穿过城池出南门过海光寺，去到大苇荡。这天奇冷，大河盖盖儿，干苇子冻成冰棍儿，根根透心凉。风头带刃，唰唰割脸，可惹惹心里有股热气儿顶着，迎风迈大步。眼前天暗冰暗，日亮冰亮，风寒冰寒；唾地成冰块，眼毛都发黏，只有不怕死不要命的才拿镩子凿凌眼，钓冰窟窿。惹惹想到八哥说过，鱼阎王老麦一天不钓三十斤不回家，只有鱼阎王会在这冰天雪地里。想到这儿，抬眼就见远远左边河心一个老头子蹲在冰上垂钓，一准是老麦。过去一叫一问一瞅，不是！是个更老的家伙，满脸硬褶子赛刀疤，都是给冷风割的。

"大爷，您知道有位叫鱼阎王老麦他……"

老家伙冻成一团，袖手拳腿儿，鱼竿拿腿夹着，听他一问，冻硬的胡子朝南边一撇。更远更远那边深灰暗灰反光发光的冰面上，有个黑点，赛只乌鸦，就是老麦！他谢过老家伙，心急脚快跑过去，差十多步远，脚底赛抹油一哧溜，又来个老头钻被窝，这次不比上次，上次是泥，这次是冰，冰赛光板，手抓不住，身子收不住势，一直飞到老麦身前，叫老麦拿腿挡住，可差点把老麦一齐撞进冰窟窿。他抬起笑脸说："我又求您来了。上次也这么摔一跤！"

那人没言语，忽见这人是老麦又不是老麦，人变年轻，脸鼓皮细眼亮没胡子。这人说道："我是老麦的兄弟，小麦。您有嘛事？"

"我跟您哥哥是朋友，他帮过我忙。我想求他几条四斤重的大鲤鱼。他人在哪？"

"没了。"

"好好的怎么没了？"惹惹一惊。

"上个月钓鱼回家，路上给一辆马车轧死。车要是空的还好，偏偏一车鱼，足有一千斤，愣是叫鱼压死了！"

鱼阎王给鱼压死，这叫嘛报应？自古能人全死在自己能耐上，废物没一个死在自己废物上。惹惹忽觉浑身冷得打哆嗦，声音也打哆嗦，"你能帮我弄四条……两条也行……钱好说……"

小麦摇摇脑袋，打凌眼提上个网兜来。网上满是冰碴儿，里边全是小鲫鱼，顶大不过半尺长。一出水就冻，尾巴一弯就硬。惹惹人凉心凉心气凉，这一凉，觉得不妙，怕不是好兆。

大年三十，黄家到处挂灯。惹惹打九九爷屋铺底下找出几盏老宅子使的羊角灯，洗涮上油整饬一新，上拴绳下拴穗中间插花，玻璃罩上拿红漆写个"黄"字。惹惹字儿打小就没写规矩过，这一写肥肥大大歪歪扭扭憨憨实实，八哥说个个像他自己，大嘴巴大脸盘大肚子大屁股。拿光一照，暗淡多年的"黄"字见了光彩。

为了将就二奶奶，祭神辞岁祀祖先拜尊亲吃年饭这套就挪在二奶奶屋里。全神大纸贴在迎面柜子上。人间信奉的神佛全在上边：元始天尊、太上老君、太上道君、如来佛、玉皇大帝、王母娘娘、和合二仙、玄武、文昌、文曲、武曲、奎星、寿星、观音大士、雷公、电母、城隍爷、土地爷、财神爷、关帝爷、灶王爷、龙王爷、药王爷、二郎神、王灵官、神荼、郁垒、钟馗、河伯、东海龙王西海龙王南海龙王北海龙王、眼尖娘娘斑疹娘娘百子娘娘千子娘娘子孙娘娘乳母娘娘送生娘娘、雷部邓元帅辛元师庞元帅毕元帅石元帅吕元帅刘天君谢天君葛天君……人没数，神没数。不分佛家道家，有谁算谁，全神全拜。忘拜一个，招灾惹祸。红纸墨笔，脸都贴金纸，叫金脸。柜上还摆着祖宗牌位蜡烛香炉神符佛龛供果供品黄钱纸锞。蜡头一亮，香烟味一窜，二奶奶立见精神，眼珠有光，气色转正。桂花拿枕头垫在她背后，点三炷香插在她手里，居然捏住了，嘴巴叽里咕噜地动，想必是祈求祷告。完事桂花接过香插在炉里，香燃一半，二奶奶眼神忽直，惹惹以为二婶要完，吓一跳，原来是瞧香头。桂花翻开桌上一本《神传二十四种香谱》，查对三炷长短，只见香谱上画着，三炷香中间和左边高，右边短，是"孝服香"，主凶。桂花拿剪子上去假装剪蜡捻儿，乘机把右边那炷香轻轻一拔，拔成一般高，扭身对二奶奶说："瞧，三炷一边高，'平安香'！平安无事大吉祥！"

二奶奶眼神立时活了，精神了，好看了。

惹惹乐呵呵说："二婶，不会儿我们拿炮把邪气一崩，明年您就赌好吧！"说着扭脸对灯儿说："二叔怎么还不来，该吃年饭了。"

灯儿打灯笼去，马上回来说："二爷说不来了，叫大少奶奶回头把吃的东西送去。"

惹惹说："嘛事碍得过年。把灯笼给我，我去。你上前院去把八哥请来吃年饭。"出门便跑到二叔门前敲门说："二叔，您总得吃团圆饭呀，今儿不比平常，大年三十过年呀！"

打里边黑黑冷冷空空旷旷传出一句干干巴巴枯枯索索的话："日复一日，哪来的年。"

惹惹给这没头没脑的话弄得没头没脑，再说再请再叫，里头没话。惹惹转回来，八哥已然坐在屋，惹惹变副笑脸说："二叔拉肚子，甭等他，咱吃吧。"

有别扭藏着，有事儿掖着，有笑挪到脸上，有好话挂在嘴边儿，就这么过年。

今儿大伙打头到脚打里到外全一身新。惹惹头上一顶崭新亮缎黑帽翅，给大脑袋撑得锃圆，顶尖一颗红玻璃球儿，赛只鲜樱桃。青黑海龙对襟绒马褂，里头一件湖色青纱青绗棉袍，当胸一排疙瘩襻儿，个个盘成大云字花，地道是这一年刚流行的袍褂。这一身衬着肥头大耳细皮嫩肉，活活一个大宅院的大少爷了。桂花拿出当年出嫁过门那身行头。这套行头即使前些年过年也舍不得穿出身儿。上头是五彩夹金线三镶三滚满花红袄，下头是元青百褶鱼鳞裙，样式花色料子虽老虽旧，赛戏装，又压在箱底多年，有股樟脑味儿，可老东西有种沉着劲，雍容华贵气，新东西没法儿比。人配衣裳马配鞍，往常那种穷气贫贱气倒霉气全没影儿了。再在额头抹粉嘴唇抹油腮帮抹胭脂，香瓜髻上插两朵裕丰泰大红绒花，一副喜庆相，换天换地换个人。桂花还给二奶奶鬓角插个大金聚宝盆，给儿子肉球儿脑袋上扎根朝天杵，脚下套一双老虎鞋，脖子挂一副丁零当啷响的长命白银锁。真是眼睛瞅哪儿，光彩在哪儿。这么多年，桂花头次过年这样像样儿，不是要转运是嘛？甭说她一家子，八哥和灯儿今儿也穿得有模有样。平时短打，此时袍子马褂，胳膊腿不随便，举手投足支支棱棱，赛台上唱戏的。

　　酒足饭饱一嘴油。子午交接时，放炮崩邪气。怕吓着二奶奶，一帮人全跑到前院。桂花抱着肉球儿在茶厅里隔窗子瞧。惹惹八哥灯儿三人捋起袖子，先拿竹竿挑起一大长挂雷子鞭点着，一边配上二踢脚。放炮怕断气，跟手便是南鞭北鞭钢鞭钻天猴炮打双灯黄烟带炮，接着又是烟火盒子万龙升天飞天百子孔雀开屏八仙上寿海屋添筹鱼龙变化草船借箭还有对联宝塔莲塔火扇牌坊葡萄架高粱地四面斗襄阳城。鞭炮在空院子里一响，震得耳朵发木发麻发疼，烟花喷放，火树银花，五彩金光，照得天亮地亮房亮人脸亮。惹惹一瞅茶厅窗子，隔着玻璃桂花和肉球儿红光照脸满脸笑。惹惹大声叫道："还有个两尺高的大泥寿星呢，我放给你们看！"声音不大，压不过鞭炮声。

　　忽然一个地老鼠喷一溜火，打袍子下边钻进裤裆。惹惹忙捂裤裆，怕烧着那东西，身子还往上一蹿。正巧好大一样东西"嘭"地正砸他脑袋上，他还以为天塌了，吓得一喊，却听墙外有人叫："进财进水来啦！"

低头瞧，原来一捆柴火，拿红绳扎着，上头贴张金纸，写着"真正大金条"字样。是那些穷鬼借着人过年高兴，送柴（财）呈吉祥讨小钱的。八哥咧嘴龇牙笑着叫道："财气当头罩呀！"

惹惹乘兴对灯儿说："快去，扔一把铜子儿出去！"

一大把铜子儿扔出墙，登时外头一片丁零当啷下小雨赛地金钱响。

年过去，劲使尽，羊角子灯叫风吹歪，满地鞭炮屑儿，土箱子里满是鱼刺鸡爪鸭肠果核瓜皮菜根肉骨头破福字。人也乏了，换一番情形一种局面。劲是气，气是精，精是神，劲一泄，精气神差一块，过年时说那些吉祥话没一句顶饯。二奶奶病不见坏可丝毫不见好，正月十三一早突然浑身使劲儿说起话来，说话赛鬼哼哼，听不清，却听得叫人起鸡皮疙瘩。惹惹忽然想起一句老话：过了初一过不了十五。心里头敲小鼓，忙跑到前院，想打发灯儿快去请王十二。不巧灯儿八哥全有事出去不在家。急得惹惹站在大门口冷风里直转悠，风吹得风帽两边那两片"啪啪"直抽脸，赛左右开弓打嘴巴。

桂花明白，这是回光返照。她心里一直惦着件事，再不问全玩完，趁屋里没旁人，坐在床边凑近二奶奶说："二婶，实话跟您说，惹惹他爹跟您这两个房头，本是一根子上的两枝儿。可两家不和，闹这么多年，谁也不肯说明了，其实就为了那祖传的金匣子！事到如今，不是我们还图那破玩意儿。想想您这家，大空架子，我们有心没力，这三房六院，吃喝拉撒，哪儿不得用钱？再说天天还得给您买药。我们不图它，可人活在世上，不能没钱。你总得为我们想想，要是穷得我们没辙，一走，谁侍候您……"

二奶奶大鼓眼一眨一眨听着，刷白的脸忽然一下涨得通红，心急脸红，赛憋着嘛，跟手浑身猛抖，抖得床铺吱扭吱扭直响，要完。桂花急得对着她耳朵大叫："您倒是说呀！人死，嘛也带不走！"

二奶奶断断续续就说出两个人名："二爷、你爷爷……"下边有声没字，有气没声，跟着没气，一蹬腿，完了。

不会儿，灯儿回来，惹惹上去"啪"给他一个山响大嘴巴，跳脚喊道："人死了，你回来干吗？"

黄家办丧事，少不了那一大套。二奶奶停在房里时，二爷只来过一次。可这次不比二少爷死时那次。二少爷死他是动了心，这次不动心不动色不动情，好赛独立深谷，眼前一片空空流云。惹惹打侧面瞧他，人瘦多了，却静得出奇。静赛石清赛水闲赛云淡赛烟空赛天，神气赛经棚里请来念经的和尚老道。

送走二奶奶的第三天，惹惹正在前厅料理办丧事甩下的杂事，忽听有人叫他，扭头一看，一个老者身穿灰布棉袍，头戴月白里子马莲坡大檐帽，背个黄布口袋，胳膊夹柄油纸雨伞，裤脚掖在高靿袜筒里，脚套一双草编的棉靴篓子。再瞧一惊，竟是二叔，刚要说话，二叔已经打大门出去，身轻赛风，走路赛飘。惹惹追上去说："您要去哪儿呀？"

二叔只答四个字儿："东南西北。"

这话似答非答，惹惹急了，说："这家怎么办？"

二叔瞅他一眼，眼里一片迷糊，好赛云洞。没等惹惹再问，人便去。门对面墙根蹲着个矮矮胖胖黑衣黑脸大蝙蝠赛的糟老头子，见到二叔，站起身没打招呼却一并走了，嘴里不停出声哈哈哈。

惹惹装一脑袋糨糊回到院内，找到八哥把话说了。八哥一听，叫道："那糟老头子就是老哈哈吧？多少年没见过他，怎么勾上你二叔呢？"

"我跟你一样，你不知道我也全不知道。我二叔这是去哪儿呢？"

八哥糊里糊涂，糊里糊涂说："上山求神拜佛成仙去了吧！"

这一来，黄家大院空空荡荡只剩下惹惹桂花两个。桂花听说二叔走了，灵机一动，叫惹惹八哥随她到二叔那院，要找金匣子。惹惹心里正不是滋味，一听"金匣子"三字就火，说："哪来的金匣子，根本没那玩意儿！"

桂花立时声调高起来："有！你二婶临死时告我的。你不找，我找！这么大堆破房子，下雨漏了你拿嘛补。穷鬼别装阔佬，不行我也走，我不跟你喝西北风！"

"动不动拿走降人！你走就走吧！"惹惹叫起来。嘴巴子肉直抖。

八哥嘴快，赶紧插进来说："嫂子话没错。如今这金匣子论情论理论命都该你得了。你是黄家的千顷地一根苗儿，继承祖业堂堂正正，哪有自己的财宝愣不要的理。那匣子找来找去，就差你二叔那几间屋没找过。说不定真藏在那儿。"

惹惹只好跟去。一开门吓一跳，满眼经文书卷。在他仨人眼里这份穷劲乱劲破劲烂劲就别提，好赛除去这铺天盖地带字的旧纸糟纸擦屁股纸别的嘛都没有。惹惹看见地上有个和尚打坐使的蒲团和几件五衣七衣，还有香炉诗瓢麈尾禅榻，更信鱼市那火眼金睛万爷真有能耐。八哥和桂花翻箱倒柜，掀砖刨地。惹惹无心干，忽见地上有本破书，全是洞，不知是虫子还是老鼠咬的。拾起一看，是本《四书本义汇参》。书里不少文章惹惹小时念过，一看记起来，不看全忘。掀开一页正是孔夫子《论语》中的"阳货篇"，有句世人皆知的话："子曰，惟女子与小人为难养也。"可两个洞把"女子"和"小"字咬掉，打下边又透出个"人"字来，变成这么一句："子曰，惟人与人为难养也。"

惹惹似有所悟，再悟就悟不透，想法忽来忽跑掉。人没悟性，光使脑袋没用。正寻思间，桂花忽叫："惹惹，快来！东西在这儿！"

惹惹忙转过大身子瞧，正中八仙桌子给他们挪开，揭开地砖，有个圆咕隆咚大窟窿。桂花喜欢得两手直搓。八哥下手一掏，抓出蓬蓬松松一件东西，里头吱吱叫，扔在地上一扒，干草死叶破纸烂棉花里，露出一窝刚生下的小肉耗子，还没长毛儿，乱爬乱动。八哥叹口气说："完啦，该嘛命就嘛命，别指望那金匣子啦！"

他折腾满脸土，脸色更黑。

桂花忽然对惹惹说："我想起来，二婶还提起你爷爷哪，是不是叫你爷爷带进棺材。对，没错！要不二婶为嘛不说没有，偏偏提起你爷爷？"她沾一脑袋蛛丝灰土，可心不死，眼还冒光。亮光直对惹惹。

惹惹一跺右脚，声音都喊劈了："干吗，你还要刨我家祖坟！"脸涨成大南瓜，太阳穴上的筋鼓得手指头粗，嘣嘣直跳，赛要拼命。

不等桂花闹，八哥说："要真的在坟地十成有十成算没了。前天听说你家坟地给人刨了，棺材也撬了，我没敢告你们，叫老亮他们拿锨整好。"说完偏脸拿左眼朝惹惹挤了挤。

惹惹明白，这是八哥糊弄桂花。不糊弄，事不平；一糊弄，事才静。

打这儿，没人再提这金匣子。不说不想不猜不疑不争不斗不闹不急不愁不恨不狠，这才相安无事。正是：

> 坎顺离和震声轻，震安巽松兑波平；
> 兑纯艮定坤无际，乾天浑与万物同。

第十六回
阳春三月

　　一岁之首，始自春分，大气回转，更换干支，渐渐日长夜短冰解寒消阳升阴降气盈朔虚；太阳高起，北房的阳光也就一天天一分一寸眼瞧着往外退。惊蛰一过，土地爷伸懒腰，缩在土里过冬的虫子胳膊腿见动。种子也在地底下翻个儿，打算出头露面。惹惹在茅房一泡尿，激掉墙角半块糟砖。气足劲足，阳旺神旺，八哥笑道："这股劲儿，足能把河里的火轮冲个底儿朝天，还愁不发家？"

　　如今的惹惹正经八百是黄家大少爷大老爷。虽然二奶奶多年坐吃山空，外加偷盗一空，空成知了皮蟛蟹壳儿。可有八哥就不愁没办法。阔人能败家，穷人能富家，八哥出个顶好顶绝顶用的主意，把老宅子那片废房废园废地废料割掉卖掉，换一大笔活钱，有钱不干花，使钱折腾钱。把纸局改作药铺。当下世面开始认西药，黄豆粒大的小西药片下肚，头疼脑热拉稀流脓，转眼就好，比娘娘宫的香灰灵多了。可买卖家不能单使一手，又请王十二来挂牌门诊，中西合璧，有病保好。八哥叫老亮辞了果市口瑞芝堂的差事，到这儿领班。人和事顺，买卖对路，眼瞅银钱成串往钱匣子里跑。家要脸面，买卖要门面，再拨笔款，里外修葺一新。上油下漆雕花描花挂灯挂匾，上上下下人全都头是头脚是脚衣是衣帽是帽。破庙赛的老黄家，一下变成了天津卫一处显鼻子显眼大宅门。

人穷想富时，人富想穷时。一天，惹惹忽然想起一个人来，就是他倒霉那阵子遇到的红面相士。掐指一算，正是大半年，红面相士的话分毫不差全应验了。这"命"真是不可不信，愈琢磨愈信，更该信相面算卦神机妙算，绝非赚人。自己无知，前些时候运气没转过来，沉不住气，反倒骂人家。想到这儿，包了重重一包银子，去到鸟市北边的院门口，好好答谢人家。这也是当初答应过人家的，也叫还愿。

在院门口，穿棚过摊，转悠三圈儿，居然没找到那红面相士。直把两条腿走乏了，心想这老爷子多半是江湖术士，远走他乡了。扭脸瞅见一个小卦摊，白布帐子上使墨笔写着"六爻神卦"四个字。由于信命，上去算算。算命先生是个黑瘦小老头儿，哪哪儿都小：小手小脚小脑袋小辫儿；俩小眼没眼白，乌黑乌黑；小鼻头儿翘着，俩小鼻子眼张着，乍看赛四个眼。

算命先生拿出六块算木，有的刻一，有的刻--，摆出个"天地泰"（☷）的卦式。再伸手打竹筒里把竹签全攥在手里。这竹签总共是五十根，他先抽出一根撂在桌上，表示祈求神灵。跟着双手捧竹签举到眼前八分高处，神气赛庙里的佛爷一般庄重，闭眼闭嘴，只剩下俩鼻子眼对着惹惹。要是平时，惹惹非笑出声儿不可。此时却不觉心中一片敬重之情。生怕心不诚，卦不灵，惹着神，伤了命。忽然"嚓"一响，算命先生两手左右一分，竹签分成两半，两手各攥一把。再打右手抽出一根放在左手里，随即打左手里的竹签八根八根地拿下，先生拿下三次，最后只剩一根。算命先生睁眼一看便说："下卦正是乾卦。"

桌上"天地泰"的下卦也是乾卦，便没动算木。跟手照刚刚这法儿，又来一遍，剩下不多不少还是一根。算命先生惊张双目，四个眼儿直对他，细嗓门儿赛女孩儿，叫道："大爷，恭喜您了！又是乾卦！您瞧瞧吧——"随手把桌上算木上边三块坤卦，换成乾卦，叫着："您好命好运，乾为天（☰），上上卦！这一年来，除去大胡同会友脚行殷五爷，就是您占上了这卦！这卦不用细说，要嘛有嘛，想嘛来嘛，无事不通，无事不成，您想干吗就敞开干吧！"

"好灵呵！"惹惹大叫。大嗓门儿差点把旁边卦摊上叼签的黄雀儿吓飞了。

算命先生说："瞧您说的！不灵我不是在这儿赚人吗！"

惹惹说："您这卦灵，我信。眼下我事事都能跟这卦合上。可我还信一位相士，半年前他就说我，今儿再算，一准是这卦。您说他神不神？那些话，句句都应了，半句没跑儿。他也在这儿摆摊算卦，今儿我是特意谢他来的，不想他不在这儿了。"

算命先生一瞅他手里的包儿，问道："那人嘛样儿？"

"是位老爷子，挺壮实，大红脸盘，两眼锃亮，赛关老爷。嗓音……"

不料算命先生一听就叫道："哎呀，大爷，您怎么撞上他啦！"好赛惹惹撞上老虎。

"怎么？"

"那是个江湖骗子。他专跟一个外号叫'坑人'的家伙搭伙骗人。年前坑人那小子，因为勾结城里开纸局黄家的使唤丫头，偷了人家祖传的聚宝盆，叫一位龙老师使气功伤了内脏，赶出城去。这红脸骗子也跟着跑了，他要再待在这儿，非叫人砸摊子不可！"

惹惹听了张眼张嘴巴，成了大傻子。半天绕不过弯儿来！算命相士再说嘛话，一句也没听进去。眼前只剩下四个黑点儿。临走给钱不知怎么给法儿，糊里糊涂将那包银子撂在桌上。到家便把八哥拉到前厅，将这事前前后后说过，心里还纳闷。说道："我真不知嘛叫真嘛叫假，嘛叫灵嘛叫不灵，到底有命没命了。"

八哥笑道："要叫我说，你这是拿钱烧的。要是如今还穷得揭不开锅，也不会去找这困扰。"

"别拿我找乐。我是叫你给我解解扣儿。"

"嘛扣儿？有扣儿也不在你身上，都在他那帮家伙嘴里，也兴是那红脸相士赚你，也兴是这黑脸的算命先生赚你。他编这套，好叫你信他吧。你这不是把那大包银子给了他吗？"

惹惹听罢，嘴巴松开笑，可眉头还皱着疙瘩，说道："一句话你信不信命吧？"

"依我说，命自然是有。可谁也不知道。你非叫人说，别人就使一套蒙你。世上的事不这样就那样，怎么说也能蒙对一半。蒙错了，你只当受骗，不信，不信就不认真；蒙对了，你就信，愈信愈认真，愈认真愈上当。打个比方，当初你给我看那假金匣子时，说里头有五个金元宝，我一看是四个，你说记错了，可后来才知道原本就是五个，我却不认真，没再追问你，为嘛？你蒙了我，我不信你，也就不认真了。"八哥眯缝小眼边笑边说。

惹惹脸红一阵白一阵冷一阵热一阵薄一阵厚一阵，最后哈哈大笑说："你小子真是铁嘴，打今儿，我嘛也不信，就信你了。"

八哥说："那好！我有件事正要跟你商量，我打到咱店里治病买药的人身上看出，穷人治病不怕花钱，富人长命不怕花钱。龙老师赶跑蓝眼出大名。咱这前院撂着没用，干吗不请龙老师来教教气功，这也是一本万利的买卖。"

惹惹称赞他道："你一肚子净是好主意！"便拿轿子请来龙老师。

龙老师说："大少爷赏脸给我，哪能不识抬举。可我有话在先，气功有两样用处，一是伤人，一是养身。前样我不教，后一样的功夫我应了。"

惹惹说："只要您肯大驾光临，教嘛都成。"

龙老师便在黄家开山收徒教授气功。一时登门拜师，求得养身健身去疾除病者多赛蚂蚁。惹惹才知，天下大事，第一活命。八哥又冒出个主意来说："没牌子叫不响，又不能光叫'气功馆'，总得有个字号，最好使您大名。"

"主意虽好，可我没能耐，出了名还不是虚的，有嘛劲！"惹惹说。

"天下有各式各样的名，当官的有嘛能耐，不也出名！再说又不叫您出气功的名，为的是叫咱气功馆出名。哎，你的大号叫嘛？"

"惹惹。"惹惹笑道。

"那是外号，咱哥们儿二十年，我只知道你外号，大号呢？"

"'存真'两字。过去使不上，我都快忘了。"

"好，就叫'存真气功馆'吧。这回拿龙老师名气给您创牌子。您如今是黄家大少爷，不能再使唤惹惹，该换大号啦。"

于是黄家大门上挂起一块大匾，乌黑大漆板，锃亮五个大金字：存真气功馆。

龙老师隔一天来一趟，日子要双不要单，真能耐不掺假，天天发功，黄家大院成了大气功场，终日阳气回荡。站在院里人人觉得精饱神足刚正清纯意阔气舒劲满力张，尘埃不起、净气入体，脑也清，心也静，目也明，耳也聪，血也畅，打嗝放屁都舒服，连空气也赛点灯发亮。阳旺还需阴足，墙旮旯便潮乎乎长出了绿苔，头年换的黄土接上下边的地气；石润生苔，土润生草，一茬鹅黄嫩绿草芽子拱出地面。那些新栽的花木居然马上生叶开花，枝挺叶足花盛香浓，引来蜜蜂蝴蝶满院飞。早晨树头家雀吱吱喳喳踩蛋，夜里房上野猫闹春。多年不见的老鸹喜鹊也在上边飞来飞去找地方搭窝……

龙老师带一帮弟兄照看铺面，有站里，有跑外；惹惹带灯儿张罗气功馆。灯儿专管斟茶倒水跑杂事。惹惹好穿那件玄黑亮缎马褂，横开襟，一排十三粒铜扣子，这是时髦的十三太保马甲式样。腰带上葫芦寿星坠了许多，赛染料铺门口挂的幌子。龙老师闲时过去说说话，龙老师忙时就站一旁瞧练功教功。一天，看得眼馋，对龙老师说："我就喜欢能耐人，可我自己没能耐。跟能耐人在一起，总觉得自己矮一截。龙老师能不能也教我两手？"

龙老师说："功夫靠时候，时候靠性子，大少爷您受得了？"

"咱嘛没受过，来吧！"惹惹乐呵呵说着，站在练功的人群前头，问道："开头该嘛样？"

龙老师听罢，叫他拿桩站稳。龙老师一句句教，他一样样做：双手下垂，双腿分开，腿与肩宽，头正腰直，两眼微合，舌舔上腭，神意照体，周身融融。眉心想一个"松"字，浑身想一个"放"字；外敬内静，心澄貌净，一念不起，万念皆空。肚子横瞧是老钱，外圆内方，正中钱眼，便是丹田，丹田存气再融意，意与气和，意止气静，以意领气，意动气行……

惹惹一阵手忙脚乱。先是闭上眼，一片黑，脑晕身晃赛坐船，害怕一头栽倒，想抓不知往哪抓，又怕抓着旁人叫人笑话。稍稍稳住，耳朵听见一片呼气吸气衣裳窸窣之声。脑袋愈不要想事儿，愈想事儿，不想事儿叫嘛脑袋？好不容易琢磨到那钱眼那丹田，却觉不出气来，气在鼻子眼里，肚子里哪来的气？肚子有气还不放出屁来？没气没法儿引，哪里又是鼻准中正天庭天印天门腰俞尾闾肾根关元气海肫中廉涌泉……自己哪儿也不是哪儿了。忽觉鼻头发痒扑扑动，赛有人拿鸡毛掸子掸他鼻尖，想笑不敢笑；睁大眼容易，睁小眼难，使劲才把眼睁开一条缝，竟是一只大蝴蝶落在他鼻头上。黄膀子黑花，一开一合一扇一扇，头上一对打卷的须子，尾巴一对撇成八字的翎子。好家伙！这么稀罕的蝴蝶，别叫它跑了。手随心动，一把抓个正着。大蝴蝶在手里直扑腾。正想悄悄掖在袖子里，不叫龙老师看见。却听龙老师钟赛的声音："算了吧，大少爷——"他睁开眼，龙老师站在他身前，朝他笑道："大少爷，和尚经老道经尼姑经洋毛子的洋经，各有各的一套；神仙老虎狗，各有各的活法，你何苦受这份罪呢，自己乐自己的去吧！"

惹惹挑着眼皮，寻思滋味儿，忽然张开大嘴白牙，大笑哈哈哈。

这正是：

哈哈哈哈哈哈哈，何必眉头皱疙瘩？

圣人皆是绊脚石，跳出石阵无牵挂。

抛船下水浪做床，弃巢上天云为家。

脚随身随心随己，左前右后上中下。

1988 年 3 月 8 日，天津